VdN

Der Eisenbahnkönig
im eigenen Salonwagen

Manfred Ohlsen

Der Eisenbahnkönig Bethel Henry Strousberg

Eine preußische Gründerkarriere

Verlag der Nation
Berlin

ISBN 3-373-00003-3

2. Auflage 1987

Lizenznummer: 400/88/87
LSV 0268
Lektor: Rüdiger Schroeder
Technischer Redakteur: Ingrid Welzer
Einband: Hans-Joachim Schauß
Typographie: Kerstin Vorwerk
Lichtsatz, Reproduktion und Druck:
(52) Nationales Druckhaus, Betrieb der VOB National
Buchbinderische Verarbeitung:
INTERDRUCK Graphischer Großbetrieb, Leipzig – III/18/97
Best.-Nr. 696 819 9
01580

Bildnachweis:
Archiv des Autors (17); Archiv des Verlages (50);
Berlin Museum, Berlin (West) (1); Deutsche Staatsbibliothek (2);
Dietz Verlag (5); Märkisches Museum (5);
Museum der Stadt Gera (1); Nationalgalerie Berlin (2);
Universitäts-Archiv Jena (2);
Zentrales Staatsarchiv Merseburg (2)

Einleitung

Der Name Bethel Henry Strousberg – sicherlich ungewöhnlich klingend für einen gebürtigen Deutschen – läßt von Anfang an vermuten, daß es damit eine besondere Bewandtnis hatte. So ungewöhnlich wie der Name war die Person selbst, die man durchaus als die merkwürdigste und spektakulärste Gestalt der deutschen Finanzwelt in der zweiten Hälfte des 19. Jahrhunderts bezeichnen kann.[1]

Aus der unklaren Durchschnittlichkeit seiner Vergangenheit auftauchend, begann sein Stern Mitte der sechziger Jahre in Preußen hell zu strahlen. Sein Reichtum, sein Einfluß, seine Geschäfte, seine Verschwendungssucht und sein wagehalsiges Vordringen in immer neue Bereiche beschäftigten und erregten die Öffentlichkeit. Bald galt Strousberg als einer der größten Grundbesitzer, der Rittergüter sammelte wie andere Briefmarken, er wurde konservativer Abgeordneter des Norddeutschen Reichstages, beachteter Experimentator bei der Lösung der sogenannten sozialen Frage und tat sich als Förderer der Künste und des damals noch sehr aristokratischen Turfsportes hervor.

Man nannte ihn in seiner besten Zeit «Wunderdoktor» und «Kulturheros», aber vor allem galt er als *der* Eisenbahnkönig. Der Eisenbahnbau, eine der bedeutendsten technischen Errungenschaften des 19. Jahrhunderts, war seine wichtigste Domäne, die entscheidende Grundlage seiner aufwendigen Existenz. Hieran entzündete sich sein besonderes Talent für Finanzmanipulationen, und daraus erwuchs schließlich sein Millionenvermögen.

Strousbergs Aufstieg war unvergleichlich. Es schien, als sei dieser Mann in seinem Expansionsdrang nicht aufzuhalten. Fasziniert beobachtete man seine Entwicklung und fragte sich, wo er hin wollte und wohin er gelangen würde. Seine originäre Erscheinung, bis dahin ohne Vorbild und Vergleich in Deutschland, gab seinen Zeitgenossen beträchtliche Rätsel auf, so daß sie ihn nicht selten mystifizierten. So sah der österreichische Schriftsteller Eduard Bauernfeld in Strousberg einen typischen Repräsentanten des «wild Dämonischen» dieses Zeitalters, das sich für ihn auch im Richard-Wagner-Kult zeigte. In Wagner und Strousberg verkörperte sich für ihn außerdem «der Kobold der Reklame zugleich mit dem Dämon des Egoismus und der rücksichtslosen Gewaltsamkeit», eine Erscheinung, die nach seiner Auffassung nur in die Barbarei führen konnte.[2]

Dämonisch wirkt Strousberg auf uns Heutige wohl kaum noch. Dazu waren seine Motive und Ziele doch allzu irdischer Natur und letztlich auf den Wunsch reduzierbar, Ansehen und ein großes Vermögen mit all seinen Annehmlichkeiten zu erlangen. Strousberg unterschied sich darin, trotz angelsächsischen Kolorits und mancher Extravaganzen, nicht vom typischen Bourgeois der Gründerzeit, die – entgegen der landläufigen Meinung – schon einige Jahre vor der deutschen Reichseinigung von 1871 begann und fragwürdig-schillernde Blüten hervorgebracht hatte.

Wie groß zeitweilig die Aufmerksamkeit war, die Strousberg genoß, zeigt auch eine nicht nur ironische Bemerkung Friedrich Engels' gegenüber Karl Marx: «Der größte Mann in Deutschland ist unbedingt der Strousberg. Der Kerl wird nächstens deutscher Kaiser. Überall, wohin man kommt, spricht alles nur von Strousberg.»[3] Viel ist von diesem Ruhm allerdings nicht übriggeblieben, obwohl die Eisenbahnlinien, die Strousberg bauen ließ, noch heute befahren werden. Das ist wohl nicht nur auf den zeitlichen Abstand und das ruhmlose Ende des Eisenbahnkönigs zurückzuführen, sondern auch auf das schlechte Gewissen der zahlreich Beteiligten aus Adel und Bürgertum an seinen oft anrüchigen Geschäften. Der Schleier des Vergessens sollte vieles zudecken. Strousbergs Wirken warf ein allzu grelles Licht auf die Zeit vor und nach der Bismarckschen Reichsgründung, ihre prominenten Personen und deren Verstrickungen in die Auswüchse des Gründertums. Die Höhen und Tiefen von Strousbergs Karriere sind unlösbar verbunden mit jenen Jahren, die man auch mal «große» genannt hatte, auf die aber, die Biographie Strousbergs bestätigt es, dunkle Schatten fallen. Zu den vielen, meist un-

Bethel Henry Strousberg

schönen Dingen, die man später an Strousbergs Namen aufhängte und die ihn, ablenkend, zum schlimmsten Sündenbock der Gründerjahre machen sollten, schrieb er selbst: «In ihrer Gesamtheit bilden obige Redensarten eine Art Nebel, der mich umgibt, und der meine Gestalt so verschleiert, daß man mich nur in karikierten Umrissen wahrnehmen kann.»[4] In der eigenen Darstellung seiner Taten wertete er diese allerdings viel zu subjektiv, als daß sich dadurch dieser Nebel wirklich verteilte, sondern wohl eher noch verdichtete.[5] So war denn unser Augenmerk darauf gerichtet, unter Einbeziehung aller uns zur Verfügung stehenden Quellen, sein Wirken realistisch darzustellen und historisch zu werten, damit versuchend, den Nebel zu durchdringen.

Die Mission

Der Musentempel

Wenn man im Herbst des Jahres 1868 die Straße Unter den Linden in Richtung Brandenburger Tor ging und noch vor Erreichen des Pariser Platzes beim berühmten Hotel Royal in die Wilhelmstraße (heute Otto-Grotewohl-Straße) einbog, befand man sich schon fast vor dem auf der rechten Straßenseite gelegenen Palais, das sich Berlins bekanntester Finanzmann dieser Zeit, Bethel Henry Strousberg, gerade hatte erbauen lassen. Es stand im sogenannten diplomatischen Teil der Wilhelmstraße zwischen den Linden und der Leipziger Straße, jenem Teil, der mit seinen zahlreichen repräsentativen Adels-Palais viele königliche Ministerien beherbergte und von aristokratischen Familien bewohnt wurde. Die Wilhelmstraße galt daher als eine außerordentlich exklusive Straße, deren legendären Ruf auch das viel bespöttelte uralte Straßenpflaster nicht beeinträchtigte.[6]

Mit seinem Einzug in das Palais Wilhelmstraße 70 wurde Strousberg fast zum Nachbarn des preußischen Ministerpräsidenten Graf Otto von Bismarck, seit gut einem Jahr auch Kanzler des Norddeutschen Bundes. Beide, den gefürchteten Politiker und Strousberg, bezeichnete die «Illustrierte Zeitung» als die «Größten, die der Muße und der Laune in jenen Jahren immer Unterhaltung boten».[7] Die Ankunft Strousbergs in der Wilhelmstraße, eines Mannes von jüdischer Herkunft, von dem man einige Jahre vorher in Berlin kaum Notiz genommen hatte, signalisierte Erstaunliches – solch plötzlichen Aufstieg kannte man bis dahin in Preußen nicht. Noch erstaunlicher war jedoch, daß sich darüber niemand sichtlich erregte, nicht einmal der sonst auf seine Repräsentation und Privilegien so bedachte preußische Adel, wofür allerdings besondere Gründe vorlagen, über die noch zu sprechen sein wird. Sicherlich ließ aber auch viele der enorme Erfolg des neuen, großen Mannes vorsichtig schweigen.

Obwohl Strousberg Unter den Linden und in der Jägerstraße Büros unterhielt, wurde auch sein neues Palais so stark besucht, daß Fremde glauben konnten, hier sei ein Ministerium oder eine andere wichtige Institution untergebracht. Lieferanten, Unternehmer, Gutsbesitzer, Beamte und Angestellte; Projektemacher, Spekulanten und Bittsteller, darunter nicht selten Träger der bekanntesten Namen der preußischen Adelsgesellschaft, sie alle stiegen die Stufen des von hohen Säulen getragenen Portals hinauf.

Das von ihnen aufgesuchte Palais Strousberg genoß den Ruf, das bedeutendste Privat-Palais zu sein, das in der zweiten Hälfte der sechziger Jahre bis zum deutsch-französischen Krieg errichtet wurde.[8] Es hatte 900 000 Mark gekostet, für damalige Verhältnisse eine riesige Summe, und war nach einem Entwurf des vielbeschäftigten Architekten August Orth errichtet worden, der an mehreren Projekten Strousbergs mitwirkte und als «geistiger Vater» der Berliner Stadtbahn bezeichnet wird.[9] Orth nahm auch teil an der Ausschreibung für den Bau des Berliner Doms und der Gestaltung der Berliner Museumsinsel und errichtete unter anderem in Berlin die Zionskirche in der Nähe des Rosenthaler Platzes.[10]

Im Strousbergschen Palais empfing die Besucher ein überaus großzügiges, von einer imposanten Glaskuppel überdachtes Vestibül, in dem ein Springbrunnen und die von Säulen getragene Haupttreppe aus weißem Marmor mit ihren Geländersäulen aus Bisquit-Porzellan die Blicke auf sich zog. Wer von den Besuchern Gelegenheit hatte, in den Speisesaal oder die Bibliothek des Hausherrn zu gelangen, wurde beeindruckt durch die kostbaren Täfelungen aus Nußbaum und das prächtige Interieur. Auch ein großer Teil der etwa fünfzig weiteren Räume war ähnlich sorgfältig eingerichtet. Die Bibliothek, deren Decke der Genre- und Historienmaler Wilhelm Peters gestaltet hatte, war außerordentlich umfangreich und umfaßte neben belletristischen Werken Bücher der verschiedensten Wissensgebiete. Den Tanzsaal, in dem die glänzenden Bälle und Feste des Eisenbahnkönigs stattfanden, zierte ein von dem Berliner Maler Friedrich Schaller geschaffener Bilderfries. Als besonders originell

Strousbergs Palais
in der Wilhelmstraße 70

Vestibül mit Haupttreppe
im Palais Strousberg

empfand man die durch wenige technische Veränderungen im überdachten Lichthof schnell zu installierende Theaterbühne, auf der die Gäste des Hauses häufig berühmte Künstler bewundern konnten. Der Stolz des Hausherrn aber war die Gemäldegalerie, die er Besuchern gern und oft zeigte. An der bildenden Kunst hatte er überhaupt sehr lebhaftes Interesse, allerdings durchaus nicht ohne geschäftlichen Hintergrund. In den meisten Räumen des neuen Hauses sah man zahlreiche Gemälde und Plastiken, viel mehr noch, als es dem schon üblichen üppigen bürgerlichen Zeitgeschmack entsprach, der mit seiner scheinbaren häuslichen Sphäre von kulturvoller Weihe und Entrücktheit von dem sehr materialistischen Erwerbsleben ablenken wollte.

Strousberg kannte beim Kauf von Kunstwerken und der Vergabe von Aufträgen an Künstler kaum Grenzen, sollte sein Palais doch ein glanzvoller Musentempel sein, der seiner Person eine besondere Aura verlieh. Noch nach dem Bezug des Palais gab er dem Bildhauer Reinhold Begas, unter anderem bekannt durch Berlins Neptun-Brunnen, den Auftrag, ein kolossales Marmorrelief über die Beziehungen zwischen Musik und Tanz für seinen Musiksaal zu schaffen.[11]

Aber nicht nur das Innere, auch das Äußere des Hauses sollte an einen Musentempel erinnern. Wie die «Spenersche Zeitung» im Jahre 1868 schrieb, erweckte das Gebäude denn auch den Eindruck, als sei es «den schönen Künsten gewidmet».[12]

Die Einrichtungen des Palais zeugten von einer weiteren Vorliebe seines Besitzers: der Nutzung neuester Erfindungen. Das Palais, das Blumenhaus und der Marstall für zwölf Pferde wurden bereits durch ein neuartiges Heißwassersystem erwärmt, ein Komfort, der zu dieser Zeit noch nicht einmal in allen königlichen Palästen anzutreffen war. Für den Betrieb der leistungsfähigen Küche, zum Waschen und Baden wurde Dampfkraft genutzt, beleuchtet wurde das Haus durch eine geradezu verschwenderische Fülle raffiniert konstruierter Gaslampen.

Eine ebenfalls nach modernsten Erkenntnissen gebaute Telegrapheneinrichtung versorgte den vielfach engagierten Hausherrn mit den aktuellsten Börsennachrichten und schuf blitzschnell die Verbindung zu seinen zahlreichen Unternehmungen.[13] Wie alles, was

Telegraphen-Station um 1860

Strousberg tat, wurden auch seine technischen Neuheiten viel bewundert und in Zeitschriften so nachdrücklich gewürdigt, daß es dem vielseitigen Eisenbahnunternehmer schon beinahe selbst den Nimbus eines Erfinders eintrug.

Der große Macher

Strousberg befand sich, als er das Palais bezog, in seinem fünfundvierzigsten Lebensjahr. Er hatte es also, wenn auch erst nach durchaus wechselvollem Schicksal in noch relativ jungen Jahren zu Reichtum, Ansehen und Einfluß – alles in ungewöhnlichem Umfang – gebracht. Aus seiner prächtigen Umgebung gelöst, war an dem stämmigen, untersetzten, schnurrbärtigen Mann mit der breiten Stirn und den dunkelblonden zurückweichenden krausen Haaren nichts Auffallendes. Meist trug er den üblichen bürgerlichen Gehrock mit Weste, über dem etwas gerundeten Bauch hing die goldene Uhrkette, und das steifleinene Hemd zierte am Hals die damals verbreitete dunkle Schleife. Strousbergs Porträts geben nicht viel von seiner Persönlichkeit preis. Sie zeigen den typischen Ausdruck von Bourgeoisbildern des 19. Jahrhunderts, in denen Solidität und Selbstbewußtsein als gewünschte und bestimmende Züge festgehalten wurden. Auch die vier- und sechsspännigen Equipagen, die Strousberg durch das Land fuhren, das zahlreiche Gefolge, das ihn begleitete, der «asiatische» Luxus, der ihn umgab und ihm die Erscheinung eines Fürsten verlieh, sollten Erfolg und Gediegenheit suggerieren. Zweifellos genoß Strousberg jedoch diesen Luxus und die großartigen Auftritte auch ganz persönlich; das gehörte zu seinem Wesen, das sich darin manchmal ins Groteske steigerte. Das ihm keineswegs übel gesinnte «Kleine Journal», eine Zeitschriftengründung Strousbergs, sprach später, als ihm dieses Blatt schon nicht mehr gehörte, noch wohlwollend von seiner Liebe zur Kunst und zum Luxus als zu seiner geistigen Disposition gehörende Eigenschaften. «So wie er in der Durchführung großer Geschäfte eine Grenze nicht kannte», schrieb das Blatt, «so glaubte er auch sich in der Anschaffung der Güter, die das Leben verschönen, eine Schranke nicht auferlegen zu sollen.»[14]

Von vielen Zeitgenossen wird als ein weiterer hervorstechender Charakterzug Strousbergs sein sehr stark entwickeltes Selbstbewußtsein genannt. Er betonte dieses Selbstwertgefühl allerdings derart, daß Zweifel an dessen Echtheit berechtigt erscheinen. Hinzu kam, daß ein «Heer von Schmeichlern», so «Das kleine Journal», ihn auf der Höhe seiner Erfolge in seiner Selbstsicherheit in geradezu hoffärtiger Weise bestärkte.[15] Schließlich hatte der Eisenbahnkönig ja Aufträge, Anstellungen und andere Vergünstigungen in großer Fülle zu vergeben. «Es waren Baumeister, Zeichner, Landwirte, Menschen aller Art, jeden Standes, jeder Beschäftigung, die in den letzten Jahren förmlich wie eine Armee Strousbergs zu Tage traten», schrieb die «Illustrierte Zeitung» im Jahre 1869, «gescheiterte, zum Teil dem Adel angehörende Existenzen, die glückselig sich unter den Fittichen eines Großkaftan geborgen wußten und warteten, was für ein Amt ihnen auf einem der Güter oder an einer der Eisenbahnen oder in einem der großen Etablissements ihres Chefs zufallen würde.»

Viele genossen es nachhaltig, diesem «Großen» zu dienen, fiel doch etwas von dessen Glanz auch auf sie, und so gebärdeten sich nicht wenige selbst wie kleine Strousbergs. «Je mehr Strousbergs Stern stieg», bemerkte die «Illustrierte Zeitung», «seine Unternehmungen sich erweiterten bis ins Unübersehbare, desto bewußter traten diese Beamten eines industriellen Königs auf, desto mehr sah man sie von der Philosophie ergriffen, daß doch die ganze Herrlichkeit der Welt nur in Geld bestehe, alles damit zu schaffen sei, alles davon abhänge, sich davor beuge; und wie Sieger in einem eroberten Lande, so sahen sie die Welt zu ihres Strousbergs Füßen und konnten des Gelüstes sich nicht entschlagen, die Form ihres geschäftlichen Verkehrs nach diesem souveränen Geldbewußtsein einzurichten.»[16]

Kritische Anmerkungen zu Strousberg aus dieser Zeit sind verhältnismäßig selten. Hoch klang für ihn das Lied vom braven Mann. Die meisten kritischen Schilderungen Strousbergs stammen denn auch aus späterer Zeit. A. Riedler, ein führender Ingenieur, der auch für Strousberg arbeitete, meinte im nachhinein, daß er sich keines bedeutenden Eindrucks von dessen Persönlichkeit erinnere, «wohl aber der Paschapracht, mit der er auftrat».[17]

Dabei gab Strousberg auf seine persönlichen Umgangsformen erstaunlicherweise nicht allzuviel. So trat er hochgestellten Besuchern, die feierlich gekleidet und mit Orden dekoriert bei ihm erschienen, nicht selten ungeniert in Hemdsärmeln gegenüber. Manchmal empfing er auch im seidenen Schlafrock auf einem Kanapee liegend, ohne daß er sich des Ungewöhnlichen seines Verhaltens bewußt zu sein schien. Viele sahen in diesem Verhalten aber nicht nur Gleichgültigkeit gegenüber bestehenden Konventionen, sondern anmaßende Überheblichkeit und beleidigende Geringschätzung.

In der «Gartenlaube», der damals weitverbreiteten Familienzeitschrift, beschrieb ein gewisser Hermann Heiberg einen auch recht unkonventionell verlaufenen Besuch bei Strousberg, den er zusammen mit einem Verwandten unternahm: «Als wir zur festgestellten Zeit die Treppen des edelgehaltenen Baues hinaufstiegen», schrieb Heiberg, «hielt ein Viergespann vor der Tür, im Vestibül stand ein halb Dutzend livrierter Diener und ringsum saßen Petenten, die des Augenblicks gewärtig waren, wo sie sich dem Gewaltigen nähern durften. Während wir noch mit dem Diener sprachen, öffnete sich die Tür und laut redend erschien ein mittelgroßer, etwas korpulenter Mann mit scharf prononcierten Zügen, der rasch voranschritt und weder uns, noch die Übrigen eines Blickes würdigte. ‹Ah, Sie, Herr von B.?› hub er an, als mein Verwandter sich näherte und mich gleichzeitig vorstellte. ‹Tut mir sehr leid! Jetzt muß ich fort. Morgen um diese Zeit, wenn es ihnen gefällig ist.› Und zu mir gewandt: ‹Freut mich, Sie kennen gelernt zu haben! Besuchen Sie mich mal wieder. – Sie, – Führen Sie die Herren durch die Zimmer.› Nachdem er die letzten Worte einem der Diener zugerufen, eilte er rasch und ohne Gruß an uns vorüber und jagte im nächsten Augenblick bereits mit seinem offenen Gespann davon.»[18]

Der spätere deutsche Botschafter in Bukarest Joseph Maria von Radowitz, der sich ebenfalls einmal von Strousberg unkorrekt empfangen fand, nahm übel und äußerte sich deutlich: «Er mißfiel mir gründlich bei dieser ersten Begegnung.»[19]

Der Bankier Ludwig Bamberger, ein liberaler Achtundvierziger, der lange Jahre im französischen Exil verbracht hatte, dann jedoch seinen Frieden mit Bismarck machte, lernte Strousberg kennen, als er für eine Pariser Bank eine mögliche Zusammenarbeit mit Strousberg erkunden sollte. In seinen Erinnerungen berichtet er über seinen Eindruck von dem Eisenbahnkönig: «Was damals in Deutschland noch etwas seltener war, das kannte ich aus meiner zehnjährigen Praxis in Frankreich nur zu gut. Ich sah sofort, daß ich das, was man einen faiseur nannte, vor mir hatte und telegraphierte nach Hause, die Hände davon zu lassen.»[20] Viele drängten sich Strousberg aber geradezu auf, insbesondere die Aristokratie, die, geschäftlich noch unsicher, nach hohen kapitalistischen Profiten strebte, sah in ihm ihren glückbringenden Mann. So gehörten zu Strousbergs Geschäftspartnern auffallend viele Adlige, unter anderen der Herzog von Ujest aus dem Hause Hohenlohe, Fürst Anton von Hohenzollern-Sigmaringen, Prinz Friedrich der Niederlande, der Herzog von Ratibor, Graf Lehndorf-Steinort und der Baron von Alvensleben.

Der Adel war eine besondere Stütze bei Strousbergs Geschäften, nicht die ausschließliche, aber doch eine bevorzugte. Allein die Verwendung der hochkarätigen Namen und Titel brachten Strousberg bei seinen Gründungen im gesellschaftlich noch immer von der Aristokratie geprägten Preußen viele Vorteile. Man setzte diese Namen mit einer gewissen Gediegenheit gleich und unterstellte ihren Trägern kein kurzfristiges Glücksrittertum, weil sich das für diese nicht zu lohnen schien. Der Name Strousberg hätte, auch als er schon etwas bedeutete, nicht ausgereicht, um einem breiten geldanlegenden Publikum die notwendige Sicherheit und Solidität zu vermitteln. Die vielen glänzenden Namen, die die Strousbergschen Unternehmungen zierten, sei es als Konzessionsinhaber oder als Gründungsmitglieder und Aufsichtsräte, hatten daher eine wichtige geschäftliche Funktion. Um solche Persönlichkeiten, die natürlich auch von anderen Unternehmern umworben wurden, für sich zu gewinnen, ging Strousberg einen Weg, der ihm persönlich lag und der Mentalität des Adels entsprach. Strousberg wollte diesen Herrschaften, die einerseits nach kapitalistischen Gewinnen strebten und andererseits ihre vom Feudalismus geprägten Lebensverhältnisse zu konservieren trachteten, nicht nur mit hohen Profiten nützlich sein, sondern sie durch seinen aufwendigen Lebensstil und seinen Reichtum anziehen und ihnen imponieren.

Strousberg paßte sich deshalb adligen Lebensverhältnissen nicht nur an, sondern er gestaltete alles noch üppiger und gigantischer, noch repräsentabler, als in der Hocharistokratie üblich. Zwangsläufig wirkte vieles, was er an äußerem Glanz entfaltete, überdimensional und übersteigert. Er erstrebte mit ganzer Kraft, selbst einer der Reichsten und Repräsentativsten im Lande zu werden, und die Verleihung des Adelsprädikats – anscheinend nur noch eine Frage der Zeit – sollte den Richtigen erhöhen, einen perfekten Herrn. Wieweit er es wirklich war, steht dabei auf einem anderen Blatt. Sein Verhalten erinnert ein wenig an das Gespräch zwischen König Georg III.

von England und seiner früheren Amme, die den König bat, ihren Sohn zu einem Gentleman zu machen, und der ihr darauf erwiderte, daß er ihn wohl zum Herzog ernennen könne, zum Gentleman sich dieser aber schon allein machen müsse.

Eine solche Differenzierung war in der Person Strousbergs sicherlich nicht angelegt; Reichtum, Ansehen und Vornehmheit bildeten bei ihm etwas Zusammenhängendes, durchaus käuflich Erwerbbares. Sein Renommiergehabe erscheint uns heute nicht nur als abstoßend, sondern auch als höchst unklug, Ressentiments gegen den Aufsteiger geradezu herausfordernd. So etwa, wenn er gegenüber dem Bankier Adolph Salomonsohn auf den Rat hin, seine Barmittel nicht ausschließlich so unproduktiv festzulegen, sondern für größere Guthaben zu sorgen, mit der großspurigen Bemerkung reagiert, daß jedes seiner Kinder als Rittergutsbesitzer zur Welt kommen müsse.[21] Auch der Trubel seiner Feste schuf dem Eisenbahnkönig nicht nur Freunde. Als beispielsweise berichtet wurde, daß bei einer der Vergnügungen Strousbergs zum Ergötzen der Gäste Goldfische in mit Champagner gefüllte Bassins gesetzt wurden, um diese Tiere zappeln und sterben zu sehen, gab es in der Öffentlichkeit empörte Stellungnahmen. Wenn diese Nachricht auch falsch sein sollte, zumindest wurde sie von Strousberg heftig dementiert, recht ausgelassen ging es bei ihm zweifellos zu.[22] Und gerade das machte diese Lustbarkeiten für seine erlauchten Gäste so anziehend. Strousberg kam mit seinen Festen den offenen oder geheimen Wünschen vieler Angehöriger des preußischen Adels durchaus entgegen. Er machte möglich, was viele wollten, sich aber aus den verschiedensten Gründen nicht selbst leisten konnten. Und so honorierten sie an Strousberg, daß er sich nicht als puritanischer Bourgeois gab, der das Geldscheffeln zum alleinigen Prinzip erhob, sondern als exquisiter Gastgeber, der das gewonnene Geld wie ein Adelssproß ausgab.

Eine Einladung bei Strousberg galt daher allgemein als durchaus ehrenvoll. Zu ihm ging die «beste Gesellschaft» nicht verschämt und mit schlechtem Gewissen, wie zu manch anderem emporgekommenen Bourgeois, den man aus geschäftlichen Gründen nicht verärgern mochte, sondern mit großem Vergnügen. H. Beta, ein zeitgenössischer Publizist, schrieb mit Blick auf den Eisenbahnkönig, «daß sol-

Opernball

che Herren mit Wein und Weibern, Pferden und Equipagen, Gastereien und Gastronomien fabelhafte Tausende durchbringen» und solches Verhalten «angeblich zum Geschäft» gehöre.[23] Tatsächlich aber beruhten die Geschäfte Strousbergs sogar sehr maßgeblich auf seinen gesellschaftlichen Beziehungen. Das wirft allerdings ein bezeichnendes Licht auch auf die Verfassung dieser Gesellschaft, die sich durch die Strousbergschen Extravaganzen so blenden ließ und so begeistert danach verlangte. Strousberg selbst war Produkt und Repräsentant seiner Zeit, der ohne Skrupel versuchte, den an ihn gestellten Ansprüchen gerecht zu werden. Es wäre allerdings falsch, in ihm nur einen Geldprotz ohne Maß zu sehen, einen Blender und Betrüger, der lediglich eine Zeitlang unverständlich viel Glück gehabt hat. Sein großer Ruf als Eisenbahnkönig war durchaus nicht unberechtigt, und sein Wirken hat bleibende Spuren im Eisenbahnwesen Deutschlands und anderer Länder hinterlassen. Er gehörte zweifellos zu den bemerkenswertesten Vertretern des Kapitalismus der freien Konkurrenz in Deutschland, und sein schöpferischer Verstand und seine Tatkraft befähigten ihn zu sehr beachtlichen Leistungen. «Groß war seine Fähigkeit, selbst komplizierte Dinge einfach zu sehen und anderen suggestiv vorzutragen», schreibt der Eisenbahnhistoriker Karl Ottmann über Strousberg und fügt hinzu, «freilich auch die Fähigkeit einfache Dinge zu komplizieren, wenn es galt, etwas undurchsichtig zu machen.»[24]

Der «Berliner Börsen-Courier» würdigte Strousberg mit der Bemerkung, daß eine Unterhaltung mit ihm stets «eine überaus fesselnde» gewesen sei, bei der immer ein «liebenswürdiger und wohlwollender Zug in seinem Wesen» hervortrat. «Tatsächlich», so schreibt das Blatt wörtlich, «haben alle Personen, die mit ihm in Berührung standen, sei es als Beamte, sei es als Mitglieder seines Haushalts, sei es, daß dieselben in freundschaftlicher oder gesellschaftlicher Beziehung zu ihm standen, stets lebhafte Zuneigung für ihn empfunden, die manchmal an Hingebung grenzte.»[25] Allerdings fehlt es auch nicht an Berichten von Zeitgenossen, die Strousberg wiederum als herrisch, hochfahrend und schroff bezeichneten. Alles in allem kann aber angenommen werden, daß in Strousbergs Charakter beide Seiten vertreten waren – die verbindliche und die grobe – und er sie nach Gelegenheit und Laune auch zeigte.

Bei breiteren Volksschichten genoß Strousberg trotz seiner Prachtentfaltung ebenfalls eine gewisse Popularität. Es verschuf ihm Anerkennung, daß er als Unbekannter im standesbewußten Preußen eine so beachtete Stellung einnahm und die Etablierten ihm scharenweise nachliefen. Ausschlaggebender aber war wohl sein Beitrag zur Armenhilfe. Er besaß auf Grund eines langjährigen Aufenthaltes in England ein Gespür für die Gefahren, die seiner Klasse durch das Anwachsen des Massenelends und der revolutionären Gesinnung der Ausgebeuteten drohten. Er schrieb darüber warnend in Zeitschriften und versuchte, auch praktisch mit der Unterhaltung von sogenannten Volksküchen und der Lieferung von Heizmaterial ein eigenes Beispiel für die Bekämpfung des größten Elends zu geben. Nach dem amerikanischen Slogan «Tue Gutes und sprich darüber» handelnd, schlachtete Strousberg das natürlich auch für sein Ansehen aus.

Die Zeitungen unterstützten ihn dabei bereitwillig. Als ehemaliger Journalist hielt Strousberg die Beziehungen zur Presse schon für wichtig, als viele ihre Bedeutung noch nicht recht erkannt hatten. Mit der Gründung der Tageszeitung «Die Post» schuf er sich sogar selbst ein Sprachrohr, das in der Öffentlichkeit ein günstiges Klima für seine vielfältigen Unternehmungen schaffen sollte. Wie ein damaliger Publizist schrieb, hatte es Strousberg mit Hilfe seiner «Post» und mit einer «bis in ihre äußersten Konsequenzen verfolgten Reklame» geschafft, «sich in kurzer Zeit mit einem undurchdringlichen, quasi sagenhaften Nimbus zu umgeben und zu einer Persönlichkeit hinaufzuschrauben, von der das Volk glaubt, daß ihm nichts unmöglich sei».[26] Radowitz nennt ihn denn auch einen Mann, der einen Zauberstab zu haben schien, «durch dessen Berührung überall Geldquellen entsprangen, aus denen nur geschöpft zu werden brauchte».[27]

Diesem Ruf entsprechend behandelte man Strousberg überall mit dem allergrößten Respekt. Der englische Diplomat Sir Edward Malet, der später als Botschafter in Berlin Herr im Palais Strousberg, dem Sitz der englischen Vertretung, wurde, schilderte in seinen Memoiren, wie er bei seiner Ankunft im Hotel «Zu den drei Königen» in Basel zum erstenmal mit dem Namen Strousberg bekannt wurde: «Das gesamte Personal des Hotels hatte in der Empfangshalle Aufstellung genommen, und als ich mich einem Manne näherte, der seinem wichtigtuenden Auftreten nach zu schließen, der Hoteldirektor war, bat er mich, beiseite zu treten. Ich zog mich also in eine Ecke zurück, da ich dachte, ein König oder zu mindestens ein Prinz komme gleich nach mir herein. Ich sah, daß ein Ober mit angezündetem Kandelaber durch die Halle ging und die Stufen zur Straße hinunterstieg. Er kam zurück und geleitete einen kleinen ältlichen Mann mit einem prächtigen Pelzmantel herein, der von einer anmutigen jungen Dame jüdischen Typs begleitet war. Sie schritten die Treppe hinauf, der Kandelaberträger voraus; das Personal verschwand, ich kam aus der Ecke hervor. Ich fragte den Portier, der nach der allgemeinen Aufregung die seinem Beruf angemessene unbeteiligte Haltung wiedergewonnen zu haben schien, wer da gerade angekommen sei. Meine Frage überraschte ihn sichtlich, er antwortete: ‹Es ist Herr Dr. Strousberg›. Der Name sagte mir nichts, und so fragte ich: ‹Wer ist Herr Dr. Strousberg?›. Der Portier staunte noch mehr. ‹Sie kennen Herrn Dr. Strousberg nicht›, sagte er, ‹den großen Finanzmann aus Berlin?›.»[28] Strousberg schien tatsächlich auf dem Höhepunkt seiner Erfolge eine Stellung erreicht zu haben, die niemand mehr erschüttern konnte. Die «Illustrierte Zeitung» schrieb denn auch 1869 beeindruckt: «Jetzt ist Dr. Strousberg der große Mann – Neid, Mißgunst, Verleumdung müssen schweigen und reichen nicht mehr an ihn heran.»[29]

Die Herkunft

«Gründertum, Aktienschwindel, Spekulations-Manie, Finanzkrisen, Konzessionsunfug, Verschleuderung des Aktienkapitals, teurer und schlechter Bau, Diskreditierung eines wichtigen Industriezweiges, Demoralisation des Publikums usw. sind die Ausdrücke und Begriffe, mit denen man meinen Namen anhaltend in Verbindung gebracht hat»[30], schrieb der Eisenbahnkönig in seinem Buch «Dr. Strousberg und sein Wirken». Dieses Buch enthält auch biographische Angaben, jedoch nicht lückenlos und manchmal, was die Familiengeschichte betrifft, auf übertriebene Reputation angelegt. Es gestattet aber, den Werdegang Strousbergs in groben Umrissen bis zu seinem Einstieg in das Eisenbahngeschäft zu verfolgen, das ihm neben Reichtum auch die Verbindung mit den oben genannten unschönen «Ausdrücken und Begriffen» einbrachte.

Demnach verlebte der künftige Krösus seine Kinderjahre in Neidenburg in Ostpreußen, wo er am 20. November 1823 geboren wurde und den Namen Bartel Heinrich Strausberg erhielt. Nach seinen Angaben besaß sein Vater in Neidenburg ein Exportgeschäft, das aber hauptsächlich von der Mutter Caroline Strausberg, geborene Gottheimer, betrieben wurde. Der Vater scheint für das Geschäft wenig Interesse aufgebracht und sich mehr seinen vielfältigen Passionen gewidmet zu haben. «Mein Vater», schrieb Strousberg, «einfach in seinen persönlichen Bedürfnissen, hielt offenes Haus, hatte Passionen für Pferde, Kunst und was sonst zum vornehmen Leben gehörte und benutzte seine häufige Anwesenheit in Berlin, um vieles dort Vorgefundene bei uns einzuführen.»[31] Strousberg schildert ihn weiter als gebildeten Mann mit guten Sprachkenntnissen, der sich auch gern wissenschaftlichen Studien und der Musik widmete. Er soll dazu ein ausgezeichneter Reiter gewesen sein, über außergewöhnliche Körperkräfte verfügt sowie eine ausgeprägte Vorliebe für gefährliche Abenteuer besessen haben. Das hat ihn wohl auch bewogen, im Jahre 1812 mit der Napoleonischen Armee bis nach Moskau zu ziehen, von wo er dann den fürchterlichen Rückzug der «Großen Armee» mitmachte. Im Jahre 1813 trat er nach Angaben Strousbergs als Freiwilliger in ein preußisches Landwehr-Ulanen-Regiment ein, um am Kampf gegen Napoleon teilzunehmen. Trotz der bestehenden diskriminierenden Bestimmungen für jüdische Glaubensangehörige soll er bis zum Premier-Leutnant avanciert sein. Für seine Verdienste soll er auch von König Friedrich Wilhelm III. Ende der zwanziger Jahre ein verspätetes Gnadengeschenk in Höhe von 10 000 Talern erhalten haben.

Das Exportgeschäft des Vaters schien keine besondere Bedeutung erlangt zu haben, denn in einer von J. Gregorovius geschriebenen Stadtgeschichte von Neidenburg, in der die angesehensten Kaufleute der Stadt genannt werden, wird er nicht aufgeführt. Andere Strausbergs sind hier ebenfalls nicht erwähnt. Lediglich Strousberg selbst, wenn auch unter dem falschen Vornamen Ferdinand, wird hier als ein Sohn der Stadt bezeichnet, der auf dem Gebiet der Industrie und des Handels zu großem Ansehen emporgestiegen sei.[32] Mit dem Tode der Mutter kam es zum Zusammenbruch des Geschäftes der Strausbergs, der Vater schlug sich fortan, wohl nicht sehr üppig, mit Rechtsberatungen durchs Leben. «So lebten wir bis zum Tode meines Vaters, welcher einige Jahre später erfolgte, im eigenen Hause», so Strousberg, «äußerlich anständig, im Innern aber unter Entbehrungen, die uns vielleicht den geschwundenen Wohlstand überschätzen ließen und mich prädisponierten, später mit allen Kräften nach einer Häuslichkeit zu streben, in der den Meinigen womöglich Komfort und Alles, was ein vornehmes Wesen, ästhetischen Sinn und gute Sitten erwecken kann geboten werden sollte.»[33]

Voll Stolz berichtet Strousberg von dem früheren Reichtum und dem Ansehen der Familie. Nach seiner Schilderung war der Großvater väterlicherseits einer «der geachtetsten und reichsten Männer der Provinz Ostpreußen», und der Urgroßvater soll sogar schon im Jahre 1726 in Polen geadelt worden sein. Das große Vermögen des Großvaters soll durch die Napoleonischen Kriege beeinträchtigt und dann endgültig durch die wichtigsten Erben, zu denen Strousbergs Vater offensichtlich nicht gehörte, «durch übergroße Gastfreundschaft, Sport und sonstige Passionen allmählich klein gemacht» worden sein.[34] Den Großvater mütterlicherseits schildert Strousberg als einen außerordentlich frommen, dem Glauben seiner Väter ergebenen Mann, der sich früh vom weltlichen Treiben zurückgezogen hatte und sich eines hohen Ansehens erfreute.

Die Geltung der Familie neu zu begründen und den verlorenen Reichtum wiederzuerlangen, bewegten den jungen Bartel Heinrich offensichtlich in starkem Maße. «Der Vater flößte mir den Glauben ein», berichtet er, «daß ich einer höheren Gesellschaftsklasse angehöre und daß es meine Aufgabe sei, Großes zu leisten, um den Glanz der Familie wieder herzustellen.»[35] Als der Vater starb, gab es für den zwölfjährigen Sohn, der zu dieser Zeit die Schule in Königsberg besuchte, eine weitere einschneidende Veränderung. Der Vater hinterließ keinen nennenswerten Besitz, und so wurde in der Verwandtschaft beschlossen, daß der junge Bartel Heinrich nach London zu seinen Onkeln Gottheimer, den Brüdern seiner Mutter, reisen sollte. Diese waren durch ein gutgehendes Ex- und Importgeschäft dort zu Wohlstand gelangt und sollten sich um die weitere Entwicklung des Neffen kümmern. Mit welchen Gefühlen Strousberg dann Abschied von den Geschwistern nahm und die lange Reise nach London antrat, wissen wir nicht, aber mit dem ihm eigenen Selbstgefühl will er als Zwölfjähriger die Reise auf eigenen Beschluß hin unternommen haben, damit die Geschwister das Wenige, was sie hatten, nicht mit ihm noch teilen mußten.

Lehrjahre

In London angekommen, trat Strousberg als Dreizehnjähriger ohne Widerstreben in das Handelshaus Behrend Brothers, das Geschäft seiner Onkel, ein, obwohl er keine besondere Neigung zu dem Beruf des Kaufmanns gehabt haben will und ein ähnliches Angebot in seiner Heimat abgelehnt hatte. Ausgeschlagen hatte er aber vorher auch, ein Studium in Preußen anzustreben, da er, nach seiner Aussage, dafür nicht die Unterstützung seiner Verwandten in Anspruch nehmen wollte. Die Verhältnisse in Ostpreußen schienen ihm, angesichts der Möglichkeiten, nach England zu gehen, eng und wenig attraktiv. Abenteuerlust bestimmte seinen Wunsch sicher auch. «Ich versuchte», so schrieb Strousberg später, «mein Glück im Ausland, nicht weil ich dort hoffte, Reichtum zu erwerben, sondern weil ich in der Ferne, frei von den Rücksichten, die mich in der Heimat hemmen mußten, mich vorbereiten und befähigen wollte, meine Mission zu erfüllen.»[36]

Und diese Mission war, «Großes zu leisten», wie er erklärte, so nebelhaft unbestimmt das für ihn anfangs auch gewesen sein mag. Sein Ehrgeiz, von dem er offen, beinahe naiv stolz spricht, war, etwas aus sich zu machen, was immer es sei, und diese Motivation trieb ihn ständig suchend voran. Ehrgeiz als eine natürliche und eher positiv als negativ zu sehende Eigenschaft, eine Voraussetzung für besondere Leistungen, fand bei ihm eine fast zügellose, von irgendwelchen moralischen Hemmungen kaum gebremste Ausprägung. Welche Richtung sein Ehrgeiz nehmen und was er bewirken würde, bestimmten dann schließlich die gesellschaftlichen Gegebenheiten, seine persönlichen Eigenschaften und Fähigkeiten – aber auch sein Glück und Unglück.

Wir wissen wenig darüber, wie sich Strousberg in das für ihn ungewohnte Leben in der Weltstadt London eingewöhnte und welche Schwierigkeiten er mit den englischen Gewohnheiten hatte. Da er sich aber später immer wieder positiv auf die englischen Verhältnisse bezog, scheinen sie sich ihm auch so gegeben zu haben. Die Sprachschwierigkeiten soll er sehr rasch überwunden haben, wobei er die englische Sprache nicht nur außerordentlich schnell lernte, «sondern», wie das «Kleine Journal» berichtete, «in solcher Vollkommenheit, daß er selbst den Engländern mit seinem Englisch imponierte».[37] Den neuen Verhältnissen trug der junge Mann Rechnung, indem er gleich zu Beginn seines Aufenthaltes seinen Namen anglisierte und sich von nun an Bethel Henry Strousberg nannte. Er ging sogar noch weiter und unterzog sich der Taufe. Weshalb er zum christlichen Glauben konvertierte, ist nicht bekannt, aber Gewissenskonflikte waren wohl kaum der Grund. Eher ist anzunehmen, daß er, wie bei seiner Namensänderung, auf den Rat seiner Onkel hörte, die ihm für sein weiteres Vorankommen eine völlige Anpassung an die englischen Verhältnisse empfahlen.

Von seinen Londoner Verwandten berichtete Strousberg, daß sie ihn tatkräftig unterstützten und ihn vielseitige kaufmännische Erfahrungen machen ließen. Darin waren auch ausländische Märkte einbezogen, wobei der Kohlehandel, der im Geschäft der Onkel eine wesentliche Rolle spielte, ihn hauptsächlich beschäftigte. Strousberg reiste viel in seiner neuen Heimat umher und lernte dabei recht gründlich das Land kennen, das in der Industrialisierung das fortgeschrittenste in der Welt war und an der Spitze des Welthandels stand. In England arbeiteten viele Fabriken bereits mit Dampfmaschinen, die hochentwickelte Arbeitsmaschinen antrieben. Die Produkte wurden durch ein gut ausgebautes Verkehrssystem über Eisenbahnen, Kanäle und hervorragende Straßen zügig befördert und schnell an die Abnehmer herangebracht. Das Erleben des gegenüber preußischen Verhältnissen viel entwickelteren kapitalistischen Wirtschaftssystems sollte ihm später bei seinen Unternehmungen sehr zugute kommen.

So lernte er an der Royal Exchange, der Börse von London, die Spekulation und den Handel mit Aktienpaketen. Er wurde vertraut mit der Arbeit der Banken und Aktiengesellschaften, ihren Methoden der Kapitalschöpfung und -verwertung, insbesondere ihrem alles unterordnenden Profitstreben. Die vielen Verbindungen, die Großbritannien durch sein großes Kolonialreich mit allen Teilen der Erde hielt und seine Stellung als wichtigster Handelspartner der europäischen Staaten, die es auf Grund seines industriellen Vorsprungs einnahm, ermöglichten es Strousberg, besonders anschaulich Einblick in viele ökonomische Zusammenhänge zu erlangen. Allein die Docks von London, in die Anfang der vierziger Jahre des vorigen Jahrhunderts bereits jährlich etwa sechzehntausend Schiffe ein- und ausliefen, waren an Umfang und Geschäftigkeit unübertroffen.

London selbst machte den Eindruck eines ungeheuer großen

Schiffsverkehr auf der Themse

Marktes. In vielen Straßen herrschte ein unvergleichliches Gewühl von Menschen und Pferdegespannen. Schon damals füllten Droschken, Pferdeomnibusse und Arbeitswagen zahlreiche Straßen. Und diese Lebhaftigkeit behielt die Riesenstadt – London besaß bereits zwei Millionen Einwohner – täglich bis in die späten Abendstunden, denn die Dunkelheit wurde hier schon durch Gaslicht, sonst überall noch in den Anfängen steckend, mit über hunderttausend Lampen besiegt. Vor den eleganten Geschäften der St. James Street, der Bond Street, am Piccadilly und der Pall Mall flanierten vor allem die Wohlhabenden, darunter, die mehr bewunderten als belächelten, die neueste Herrenmode zur Schau stellenden jungen Dandys. Besonders hingezogen fühlte sich Strousberg zu den vornehmen und ruhigen Vierteln von Westminster und West End, zu der Exklusivität und dem Lebensstil der englischen Oberklasse. In dieser sah er sein Vorbild, an der er seine eigenen Vorstellungen von erstrebenswerter Lebensweise formte.

Strousberg bemerkte aber auch das elende Leben der meisten Londoner, die schmalen Gassen mit den Backsteinhäusern in East End, die von Kohlenruß fast schwarz waren, deren Bewohner jedoch noch von den etwa zwanzigtausend Obdachlosen um ihr Dach über dem Kopf beneidet wurden. Groß war auch ständig die Zahl der Arbeitslosen, und überall begegnete man Bettlern, die um Almosen baten. Nach zeitgenössischen Berichten war das Bild, das die vielen Amputierten, Blinden und Entstellten boten, erschreckend. Die Straßen wurden zudem unsicher gemacht von Ganoven und Deklassierten – man schätzte allein die Zahl der Diebe auf hundertzwanzigtausend und die der Prostituierten auf sechzig- bis achtzigtausend.

Strousberg registrierte aufmerksam, ähnlich wie der junge Friedrich Engels in Manchester, dieses Massenelend, das der Kapitalismus erzeugte, und obwohl er niemals seinen bourgeoisen Klassenstandpunkt verlassen sollte, blieben jene Eindrücke auch auf ihn nicht ohne Wirkung. In London lernte er den Klassenkampf zwischen Kapital und Arbeit kennen. Dort erlebte er die Herrschaft der Unternehmer und den Kampf der Arbeiterorganisationen, insbesondere der Trade Unions und der Chartistenbewegung, die damals die politischen und ökonomischen Forderungen der englischen Arbeiter vertraten. Wenn er sich auch diese Forderungen nie zu eigen machte, liegen in diesen Erlebnissen doch die Wurzeln für seine Beschäftigung mit gesellschaftlichen Fragen. Strousberg war auch darin später vielen deutschen Bourgeois voraus, die einen bornierten Klassenstandpunkt pflegten. Auf Grund seiner englischen Erfahrungen sah er die Gefahren, die den Kapitalismus bedrohten, viel deutlicher. Er glaubte, daß sie sich nur abwenden ließen durch eine Minderung der Klassengegensätze, und zeit seines Lebens blieb er der Illusion verhaftet, daß dies auf Dauer möglich sei.

Nach seinen eigenen Angaben beschäftigte sich Strousberg neben seiner Büroarbeit, die er nicht besonders liebte, schon früh mit gesellschaftlichen, hauptsächlich ökonomischen Fragen. «Ich benutzte diese Zeit dazu», so Strousberg, «mich wissenschaftlich über die Verhältnisse der verschiedenen Länder, mit denen wir in Verbindung standen, als auch über die Grundsätze von Bank- und Handelssystemen zu informieren und widmete überhaupt mein Taschengeld, Ge-

Das englische Parlament

halt und jede freie Stunde geistiger Weiterbildung.»[38] Strousbergs Studien gingen hauptsächlich in Richtung Geschichte, Kunst, Ökonomie und Sprachen. Er erweiterte sein Wissen vor allem autodidaktisch, besuchte jedoch ebenfalls, soweit ihm das zeitlich möglich war, Universitätsvorlesungen und andere Lehrveranstaltungen.

Nach einigen Jahren begann Strousberg seine Kenntnisse für die Mitarbeit an Zeitungen und Zeitschriften zu verwerten, für die er vorwiegend handelspolitische Darstellungen und statistische Beiträge verfaßte. Diese Tätigkeit schlug ihn nach und nach so in ihren Bann, daß er die Arbeit bei den Gottheimers trotz günstiger finanzieller Aussichten aufgab und sich ganz dem Journalismus widmete. Nach einiger Zeit gelang es ihm sogar, Parlamentsberichterstatter der angesehenen «Times» zu werden.[39] Bei dieser Arbeit, er schrieb auch noch für einige andere Blätter, lernte er das politische Leben Großbritanniens recht gut kennen, außerdem verdankte er ihr die Bekanntschaft vieler einflußreicher Persönlichkeiten, denen er sich gefällig erweisen konnte und die ihm später recht nützlich wurden. Reichtümer aber konnte er mit seinen Beiträgen für die Presse nicht sammeln.

Über Strousbergs sonstige Lebensumstände ist aus der Frühzeit recht wenig bekannt. Sicher hat er nicht nur gearbeitet und sich weitergebildet, im Jahre 1845 heiratete er jedenfalls die gebildete und gutaussehende Mary Ann Swan. Für diese Verbindung war wohl die gegenseitige Zuneigung ausschlaggebend, denn Vermögen oder Aussichten darauf besaß die junge Frau nicht, obschon sie aus einer recht angesehenen Familie stammte. Sie war eine Verwandte der englischen Seefahrer Sir John Roß und Sir James Clarke Roß[40], die zusammen und einzeln zahlreiche Entdeckungsreisen unternommen und dabei unter anderem den magnetischen Nordpol entdeckt hatten.

Die Familie der Mary Ann scheint die Ehe mit Strousberg nicht gerne gesehen zu haben, denn den Hochzeitsfeierlichkeiten blieb sie fern. Ob sie am Charakter des jungen Bräutigams oder an seiner sozialen Stellung oder seiner Herkunft Anstoß nahm, ist nicht bekannt. Jedenfalls ließ sich Mary Ann von der Haltung der Verwandtschaft nicht beeindrucken, und sie wurde Strousberg eine Ehefrau, «die», wie ein Chronist schrieb, «ihrem Gatten in Zuversicht und großem Vertrauen, mit Liebe und Ergebenheit anhing».[41] Dem mag so gewesen sein, aber sie hat zweifellos auch die in Strousberg steckende Unrast noch verstärkt.

Für Strousberg bekam fortan das Geldverdienen einen noch höheren Stellenwert. Dabei spielte aber nicht nur die wachsende Kinderzahl – aus seiner Ehe gingen im Laufe der Zeit sieben Kinder, fünf Mädchen und zwei Jungen, hervor – eine Rolle. Sein Ehrgeiz griff bedeutend weiter, als nur seine Familie durchzubringen. Außerdem war Mary Ann eine bürgerliche Dame und, wenn auch unvermögend, so doch einen gehobenen Lebensstandard gewohnt, den ihr Strousberg unbedingt erhalten wollte. Allerdings entsprach ein «standesgemäßes» Leben, wie wir bereits wissen, durchaus auch eigenen Wunschvorstellungen.

Aber das zu erreichen, war leichter gedacht als getan, und die Wirklichkeit sah so aus, daß die finanziellen Schwierigkeiten kein Ende nahmen. Nachdem Strousberg es noch eine Zeitlang mit dem Journalismus versucht hatte, ohne daß er den berühmten Silberstreif

New York 1851

am Horizont sah, glaubte er wieder einmal seine «Mission» in der Ferne besser erfüllen zu können.

Diesmal waren es die Vereinigten Staaten, die ihm mit ihrer Größe und ihrer schnellen kapitalistischen Entwicklung der geeignete Boden für den eigenen Aufstieg zu sein schienen. Und eines Tages setzte er denn auch seine Füße auf die Planken eines jener Schiffe, die das auserwählte Land ansteuerten. Die «Illustrierte Zeitung» bezeichnete Strousbergs Familiengründung und die Sorge um den Lebensunterhalt als den Grund für diese Reise. «So beschloß er denn», schreibt die Zeitung, «in Amerika sein Glück zu versuchen, und ließ bis auf weiteres seine Familie in London. Ein Jahr irrte er durch die Städte der Union, bald durch Unterrichtgeben sich ernährend, bald durch Gelegenheitsgeschäfte auf größere glücklichere Chancen spekulierend. Es gelang ihm dies letztere einmal durch An- und Verkauf einer durch Havarie beschädigten Schiffsladung, und zum erstenmal so im Besitz einer größeren Summe kehrte er auch gleich nach London zurück.»[42]

Genau datieren läßt sich die Reise nicht, da darüber sehr widerspruchsvolle Angaben existieren. Es spricht aber einiges dafür, daß diese Reise zwischen 1847 und 1850 stattfand[43] und etwa ein Jahr dauerte.[44] Auch über die Aufenthaltsorte Strousbergs in Amerika ist wenig bekannt. Nach eigenen Angaben hielt er sich außer in den Vereinigten Staaten in Mexiko und auf Kuba auf. Strousberg hat über seine Amerika-Reise wenig mitgeteilt, insbesondere über seine «Geschäfte». Da er nicht gerade an übertriebener Bescheidenheit litt, geht man wohl nicht fehl in der Annahme, daß seine Erwartungen nicht erfüllt wurden. Wahrscheinlich hatte er aber auch in den USA den Journalismus nicht ganz aufgegeben, sondern Berichte an englische Blätter geschickt, denn nach seiner Rückkehr nahm er seine journalistische Tätigkeit in London wieder reibungslos auf. Allerdings begann die Suche nach anderen Gelegenheiten zum leichten Geldverdienen ebenfalls aufs neue.

Der Herausgeber

Die Arbeit für die Zeitungen war ihm jedoch schon bald wieder lästig. Nach seinen eigenen Angaben mißfiel ihm die Oberflächlichkeit, mit der die jeweiligen Tagesfragen behandelt wurden, und auch die Vielfalt der Themen, über die er zu schreiben hatte. Sicherlich wurde ihm diese Art von Journalismus aber vor allem dadurch verleidet, daß er viel Zeit in Anspruch nahm und schlecht bezahlt wurde. Strousberg orientierte sich deshalb allmählich auf die Mitarbeit an periodisch erscheinenden Zeitschriften, die ihn auch zeitlich unabhängiger machte. Auf diesem Weg gelang es ihm, im Jahre 1852 leitender Redakteur von «Lawsons Merchant Magazine», einer geachteten handelspolitischen Zeitschrift, zu werden.[45] Einen großen Teil der Beiträge jenes Blattes schrieb er selbst. Von seiner jetzigen Position aus war es für Strousberg nur noch ein kleiner Schritt bis zu dem Wunsch, eine eigene Zeitschrift ähnlicher Art herauszugeben. Im Jahre 1854 gründete er denn auch die statistisch-ökonomische Zeitschrift «The Merchants Magazine». Dazu kaufte er noch das belletristische Monatsjournal «Sharpe's London Magazine», und beide Zeitschriften zusammen brachten ihm die nicht unbeträchtliche Summe von jährlich 1500 englischen Pfund (ca. 30 000 Mark) ein.

Dieses Geld hätte sicher manchem ein finanziell unbeschwertes Leben beschert – Strousberg nicht. «Eine solche Summe reichte für meinen Hausstand», bemerkte er dazu, «wie ich solchen in England führte, nicht aus. Ich machte zur Zeit, wie immer, wo es nur möglich war, ein vornehmes Haus, in dem Gastfreundlichkeit, Kunstsinn und Komfort herrschten.»[46] So stand Strousberg trotz einer gewissen Wohlhabenheit immer wieder unter dem Druck, neue Geldquellen zu erschließen – ein Problem, das künftig sein ständiger Begleiter sein sollte. Eine Zeitlang verdiente er zwar als Direktor einer Londoner gemeinnützigen Baugesellschaft etwas hinzu, aber auch das verschaffte ihm nur eine Linderung, keine langfristige Lösung seiner pekuniären Probleme. Der Zwang, sich ständig durch zusätzliche Beschäftigungen die erforderlichen Geldsummen zu beschaffen, belastete ihn zunehmend, ohne daß er aber seinen teuren Lebensstil aufgeben konnte. Schmerzlich will er empfunden haben, daß die Suche nach Geld ihn immer mehr von seinem angeblichen Herzenswunsch – der Schriftstellerei – abhielt. Zu diesem Zeitpunkt hatte er, folgt man seinen Angaben, bereits Material für zwei größere Werke gesammelt, ohne die notwendige Muße zum Schreiben gefunden zu haben.

Diese für ihn unbefriedigende Situation brachte ihn schließlich auf die Idee, nach Berlin überzusiedeln, dort von den Einnahmen seiner Magazine zu leben und seinen schriftstellerischen Neigungen nachzugehen. Im preußischen Berlin lebte es sich zu jener Zeit wesentlich billiger als in London, so daß gute Aussichten zu bestehen schienen, daß Strousberg mit seinen Einnahmen hier besser auskommen würde. Seine Zeitschriften würden außerdem, so hoffte Strousberg, mehr einbringen, wenn er sie in Deutschland drucken ließ, wo die Herstellungskosten so gering waren, daß die Differenz die Transportkosten nach England mehr als aufwog. Aber Strousberg will vor allem der «fast unüberwindliche Drang, nach dem Vaterlande zurückzukehren», zu dem Entschluß geführt haben, England nach so vielen Jahren wieder zu verlassen.[47] Diese Aussage ist aber wohl nicht mehr als eine Verbeugung vor seinen deutschen Lesern, auf deren

Berlin in den fünfziger Jahren

Sympathie er damit zielte. Er war längst zum Engländer geworden. Die Sehnsucht nach seinem Vaterland wurde bei ihm ganz eindeutig von den sehr rationalen Überlegungen seiner ökonomischen Sicherung bestimmt. Darüber hinaus wurde er von der Zuversicht geleitet, daß er mit seinen englischen Erfahrungen in seiner früheren Heimat, in der ein wirtschaftlicher Aufschwung eingesetzt hatte, erfolgreicher vorankommen würde.

Mit solchen Hoffnungen reiste Strousberg im Jahre 1855 nach Berlin und ließ sich in der respektablen Lennéstraße, unweit des Tiergartens, nieder. Hier verfaßte er für «The Merchants Magazine» volkswirtschaftliche und handelspolitische Beiträge und stellte seine ökonomischen Statistiken zusammen. Für «Sharpe's London Magazine» schrieb er literarische Kritiken, äußerte sich zu allgemeinen künstlerischen Fragen, ja trat sogar als Autor von Zeitschriftenromanen an die Öffentlichkeit. Während sich «The Merchants Magazine» eines gewissen fachlichen Ansehens erfreute, aber finanziell nicht auf eigenen Beinen stehen konnte, erwies sich seine belletristische Zeitschrift als der eigentliche Geldbringer. Doch nicht lange. In Berlin stellte sich nach und nach heraus, daß Strousberg falsch kalkuliert haben mußte. Die aus London kommenden Abrechnungen wiesen das deutlich aus. Seine englischen Abonnenten verringerten sich von Monat zu Monat, und bald kam auch die zweite Zeitschrift in die roten Zahlen. Schuld daran war, daß die Zeitschriften nie zum vorgesehenen Auslieferungstermin in England ankamen und dies die Besteller vergraulte. «Ich hatte übersehen», so Strousberg, «daß der deutsche Drucker, der deutsche Spediteur und der deutsche Buchbinder noch nicht den Wert von Zeit und Pünktlichkeit schätzen gelernt hatten.»[48]

Strousberg mußte sich letztendlich entschließen, die beiden Zeitschriften an einen englischen Verleger zu verkaufen. Aber auch von London aus ließen sie sich nicht wiederbeleben und gingen bald darauf ein. Da mit dem Verkauf der Zeitschriften Strousberg die Existenzgrundlage in Preußen entzogen war, mußte er nach England zurückkehren. Dort angekommen, aktivierte er seine Bekanntschaften mit einflußreichen Geschäftsleuten, denen er nun seine «preußischen» Erfahrungen anbot. Nicht ohne Erfolg. Schon 1856 kehrte er erneut, diesmal als Vertreter der englischen Versicherungsgesellschaft «Waterloo», nach Berlin zurück. Kurze Zeit später wurde Strousberg bereits ihr Generalvertreter für Preußen.[49] Der erste Schritt für seine «deutsche» Karriere war getan.

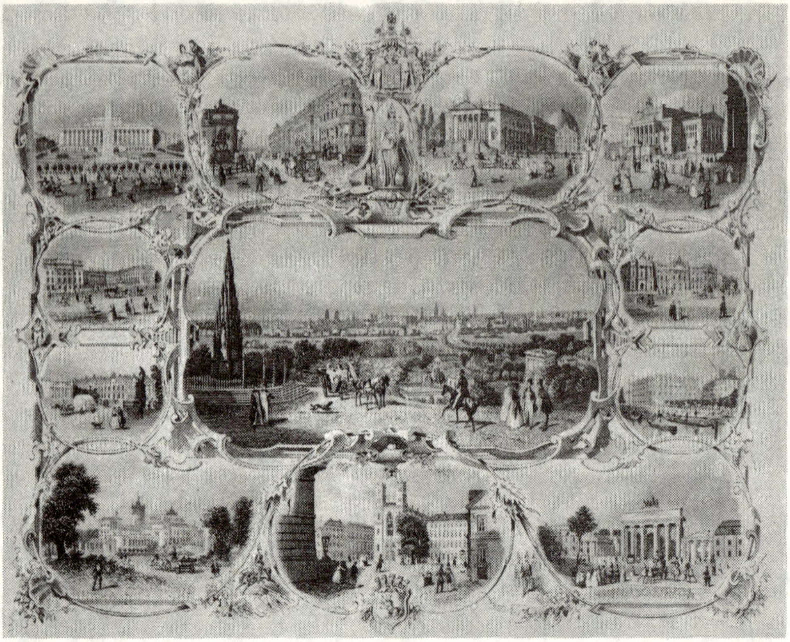

Berliner Ansichten um 1855

Fortuna schwankt

Als Generalvertreter einer angesehenen englischen Versicherungsgesellschaft hätte Strousberg nun wieder einmal gut leben können und für seine schriftstellerischen Ambitionen, wenn es ihm damit ernst gewesen wäre, auch noch Zeit gefunden. Aber ihn beschäftigten weiterhin zahlreiche andere Projekte. Darunter erneut eine Zeitschrift. Nach dem Vorbild von «Sharpe's London Magazine» gründete er ein Blatt, das er «Der illustrierte Omnibus» nannte und mit dem er auf das Unterhaltungsbedürfnis der Berliner spekulierte. Doch der «Omnibus» rollte nicht gut. Gegenüber den bereits existierenden illustrierten Zeitschriften konnte sich das Blatt nicht durchsetzen, da seinem Herausgeber der finanzielle Atem fehlte, die schwierige Einführungszeit zu überstehen. Der «Omnibus» ging ein, bevor er richtig gestartet war.

Danach widmete sich Strousberg eine Zeitlang dem ehrgeizigen Projekt, deutsche Kunst englischen Käufern schmackhaft zu machen. Durch seine Beiträge für «Sharpe's London Magazine» hatte er Kontakte zu deutschen Künstlern bekommen und versuchte, sie für eine spektakuläre Kunstausstellung in London zu gewinnen. Es gelang ihm dabei zwar, die englische Presse für das Projekt zu mobilisieren, bekannte deutsche Künstler aber waren nur wenige Strousbergs Wünschen gefolgt. Die Namen der wenigen, die ihn unterstützten, nutzte er aber als Werbeaufhänger für seine eigentlichen geschäftlichen Absichten. Strousberg hatte in Deutschland eine große Zahl von zweit- und drittklassigen Kunstwerken, meist Gemälde, auf eigene Rechnung gekauft, die er auf dieser, von ihm organisierten Ausstellung zu verkaufen gedachte. Seine Rechnung ging jedoch nicht auf. Zwar verkauften sich die Arbeiten der guten Maler, aber die Masse von Strousbergs Sammlung fand keinen Käufer. Das lag vor allem daran, daß er den Kunstgeschmack und die Urteilsfähigkeit der britischen Käuferschicht erheblich unterschätzt hatte – ein Ausdruck seiner eigenen Überheblichkeit, die ihm noch häufig Streiche spielen sollte. Das Ergebnis war eine finanzielle Pleite, die ihn davon abhielt, sich jemals wieder als Kunsthändler zu versuchen.[50]

Erfolgreicher verliefen dagegen Strousbergs Bemühungen, seinen Ruf als Wirtschaftsfachmann aufzuwerten. Am 10. August 1857 hatte er sich an die Universität Jena um Auskunft über die Erlangung eines Doktortitels gewandt und nach positivem Bescheid am 8. September ein Promotionsgesuch an die Philosophische Fakultät gerichtet. Kurze Zeit später, am 18. September 1857, wurde ihm dann schon der Doktor dieser Fakultät verliehen, ohne daß er vorher eine wissenschaftliche Arbeit anfertigen und verteidigen mußte. Man begnügte sich in Jena mit dem Nachweis von Strousbergs Universitätsstudien in England und der Vorlage der Jahrgänge 1852 und 1853 von «Lawson's Merchants Magazine», die er mit eingereicht hatte. Da sich Strousberg nach Ansicht der Fakultät als «vielseitiger und hochgebildeter Mann» ausgewiesen hatte, stand seiner Graduierung nichts im Wege. Er brauchte sich noch nicht einmal selbst nach Jena

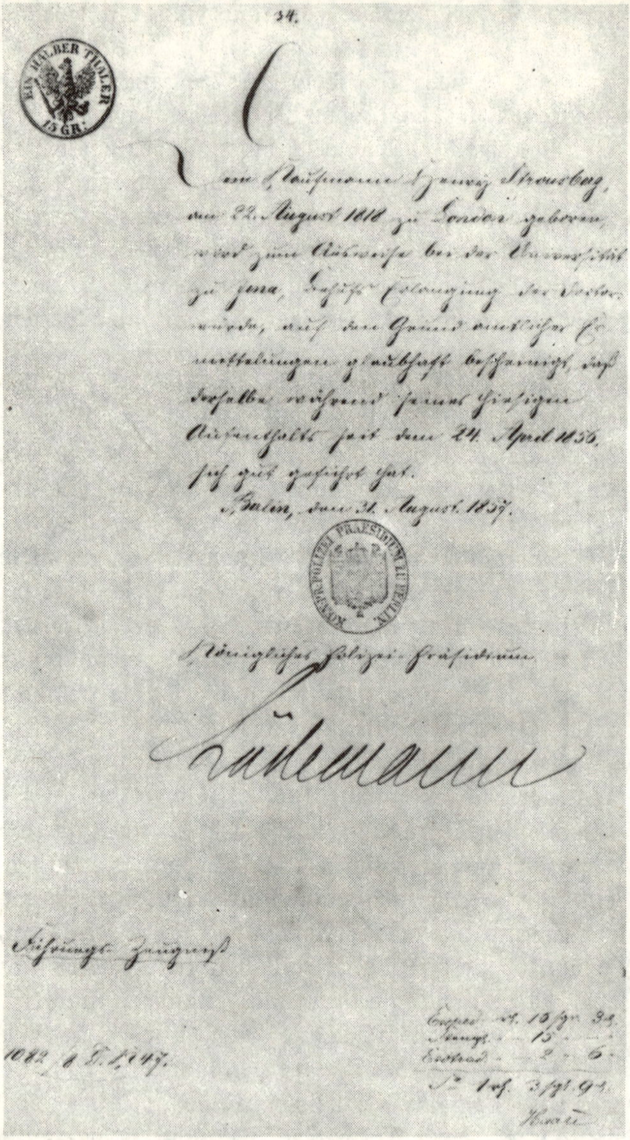

Strousbergs polizeiliches Führungszeugnis für seine Bewerbung um den Doktortitel

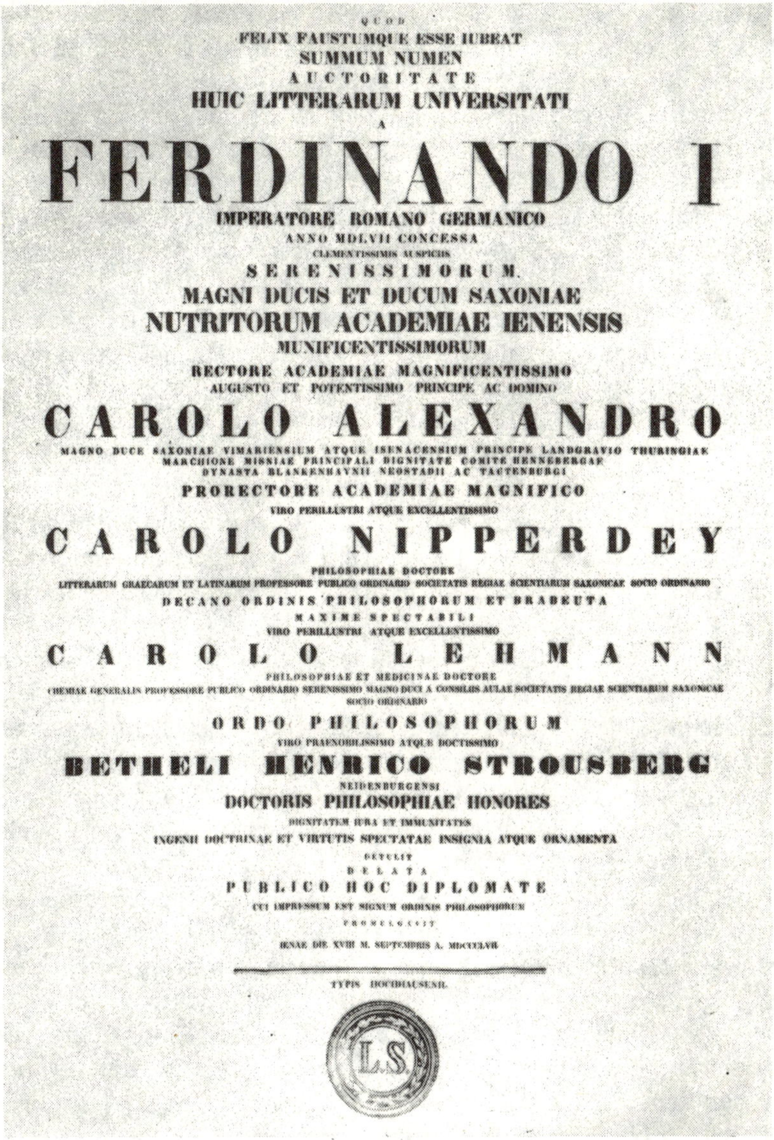
QUOD
FELIX FAUSTUMQUE ESSE IUBEAT
SUMMUM NUMEN
AUCTORITATE
HUIC LITTERARUM UNIVERSITATI
A
FERDINANDO I
IMPERATORE ROMANO GERMANICO
ANNO MDLVII CONCESSA
CLEMENTISSIMIS AUSPICIIS
SERENISSIMORUM
MAGNI DUCIS ET DUCUM SAXONIAE
NUTRITORUM ACADEMIAE IENENSIS
MUNIFICENTISSIMORUM
RECTORE ACADEMIAE MAGNIFICENTISSIMO
AUGUSTO ET POTENTISSIMO PRINCIPE AC DOMINO
CAROLO ALEXANDRO
MAGNO DUCE SAXONIAE VIMARIENSIUM ATQUE ISENACENSIUM PRINCIPE LANDGRAVIO THURINGIAE
MARCHIONE MISNIAE PRINCIPALI DIGNITATE COMITE HENNEBERGAE
DYNASTA BLANKENHAYNII NEOSTADII AC TAUTENBURGI
PRORECTORE ACADEMIAE MAGNIFICO
VIRO PERILLUSTRI ATQUE EXCELLENTISSIMO
CAROLO NIPPERDEY
PHILOSOPHIAE DOCTORE
LITTERARUM GRAECARUM ET LATINARUM PROFESSORE PUBLICO ORDINARIO SOCIETATIS REGIAE SCIENTIARUM SAXONICAE SOCIO ORDINARIO
DECANO ORDINIS PHILOSOPHORUM ET BRABEUTA
MAXIME SPECTABILI
VIRO PERILLUSTRI ATQUE EXCELLENTISSIMO
CAROLO LEHMANN
PHILOSOPHIAE ET MEDICINAE DOCTORE
CHEMIAE GENERALIS PROFESSORE PUBLICO ORDINARIO SERENISSIMO MAGNO DUCI A CONSILIIS AULAE SOCIETATIS REGIAE SCIENTIARUM SAXONICAE
SOCIO ORDINARIO
ORDO PHILOSOPHORUM
VIRO PRAENOBILISSIMO ATQUE DOCTISSIMO
BETHELI HENRICO STROUSBERG
NEIDENBURGENSI
DOCTORIS PHILOSOPHIAE HONORES
DIGNITATEM IURA ET IMMUNITATES
INGENII DOCTRINAE ET VIRTUTIS SPECTATAE INSIGNIA ATQUE ORNAMENTA
DETULIT
DELATA
PUBLICO HOC DIPLOMATE
CUI IMPRESSUM EST SIGNUM ORDINIS PHILOSOPHORUM
PROMULGAVIT
IENAE DIE XVIII M. SEPTEMBRIS A. MDCCCLVII

TYPIS HOCHHAUSENII.

L.S.

Strousbergs Promotionsurkunde der Universität Jena

zu begeben. Wenn auch einfach, verlief die Erlangung der Doktorwürde korrekt, und Strousberg konnte mit Recht den Titel führen, was bis in jüngere Zeit noch angezweifelt wurde.[51]

Weitere Gelegenheiten, sein Ansehen zu erhöhen, ergaben sich für Strousberg bei verschiedenen Aufträgen, die der britische Gesandte in Berlin, Lord Bloomfield, ihm in diesen Jahren verschaffte. Es handelte sich dabei meist um eine Art Beratertätigkeit, insbesondere bei juristischen Fragen, wobei es in der Regel um Ansprüche englischer Bürger in Preußen ging. Diese Beratertätigkeit, die Strousberg kostenlos ausgeübt haben will, brachte ihn häufig mit englischen Geschäftsleuten, die Interessen in Preußen hatten, in Verbindung. Seine Kontakte zu einflußreichen preußischen Amtspersonen verstärkten sich durch diese Tätigkeit ebenfalls. Beides sollte sich für ihn als nützlich erweisen. Auch der Nachfolger Bloomfields, Lord Loftus, der 1860 die britische Gesandtschaft in Berlin übernahm, nutzte die Dienste Strousbergs. So soll dieser unter anderem einen Streitfall zwischen dem britischen Gesandten und dem Grafen Arnim, dem Besitzer des Gesandtschaftsgebäudes, für beide Seiten befriedigend geregelt haben.[52]

Neben seinen vielfachen geschäftlichen Betätigungen und seinem Hauptberuf als Generalvertreter der «Waterloo» studierte Strousberg die theoretischen Grundlagen des englischen Versicherungswesens. Die englischen Versicherungen galten auf dem Kontinent als die zuverlässigsten und zahlungsfähigsten, was ihnen in Europa einen großen Kundenkreis eingebracht hatte. Der zwischen ihnen herrschende heftige Konkurrenzkampf, der natürlich zu Lasten der kleinen Gesellschaften ging, brachte immer größere Versicherungsunternehmen hervor. Bei diesem Kampf, in dem es besonders hart zwischen alteingesessenen Unternehmen und neugegründeten Firmen zuging, nahm Strousberg zugunsten der großen, alten Gesellschaften Partei. Bald war er auf diesem Gebiet so versiert, daß er über die Probleme des Versicherungswesens mehrere Broschüren verfaßte. Mitunter wurde er bei Versicherungsstreitigkeiten in London als Sachverständiger oder als ratgebender Mathematiker, wie Strousberg es nennt, herangezogen. Bei einem dieser Fälle verdiente er 10 000 Pfund Sterling.[53]

Strousberg befand sich damit – es war Anfang der sechziger Jahre

– im Besitz von Mitteln, die, wie er es selbst bezeichnete, seine «Lage gewissermaßen zu einer bequemen machten». Sofort lebten seine früheren schriftstellerischen Pläne wieder auf. Doch eine neuerliche Ablenkung ließ nicht lange auf sich warten. Eines Tages erschienen bei ihm einige Engländer mit Empfehlungsschreiben der britischen Gesandtschaft und dem Wunsch, ihnen bei Schwierigkeiten, die sie mit der Finanzierung einer Eisenbahnlinie in Preußen hatten, behilflich zu sein. Dieser Verlockung konnte er nicht widerstehen, prompt sagte er seine Mitarbeit zu. Wahrscheinlich ahnte er nicht, welchen entscheidenden Schritt er damit getan hatte, denn diesmal sollte es keine Episode bleiben, sondern sein Leben nachdrücklich prägen.

Kapital und Eisenbahn

Die Faszination, die im vorigen Jahrhundert von den Eisenbahnen ausging, war enorm. Die heutige Gewöhnung an den technischen Fortschritt läßt uns nur noch schwer nachempfinden, was es für die Menschen damals beispielsweise bedeutete, plötzlich schneller und bequemer reisen zu können als je zuvor.

Hat die Fahrt mit der Postkutsche heute etwas romantisch Anheimelndes, so sind die zeitgenössischen Schilderungen alles andere als romantisch. Durchgerüttelt und staubig, von Kälte oder Hitze geplagt, erreichten die Reisenden meist recht strapaziert ihr Ziel. Und die Damen und Herren entstiegen den Kutschen keineswegs so elegant und gepflegt, wie es in Spielfilmen zu sehen ist. Kein Wunder, daß das neue Verkehrsmittel auf den eisernen Schienen schnell Anhänger fand. Aufgeschlossene Zeitgenossen prophezeiten ihm eine große Zukunft und sahen das Aufblühen des Reise- und Güterverkehrs voraus. Manch einer sah in dem fauchenden Stahlroß mit den riesigen Kräften jedoch ein exotisches Ungeheuer, dem man nicht trauen konnte.

Natürlich fehlte es auch nicht an ernsthaften Gegnern und Warnern, die mit wissenschaftlichen Argumenten den technischen Fortschritt bekämpften, von philosophischen, religiösen und moralischen Erwägungen ganz zu schweigen. Da wurden schwere Unfälle durch

Die Postkutsche – Vorgänger der Eisenbahn

das Platzen von Lokomotiven, Rauchvergiftungen und verheerende Brände vorhergesagt. Mediziner befürchteten bei Tempo 30 nicht nur für die Reisenden schwere gesundheitliche Schädigungen, sondern auch für diejenigen, die einen solchen «rasenden» Zug beobachteten. Selbst das Vieh auf den Weiden sollte den Anblick nicht ertragen können, den Kühen sollte die Milch versiegen.

Dennoch ließ sich der von den Erfordernissen der Zeit getragene Siegeszug der Eisenbahn auch in Deutschland nicht aufhalten. Schon sechs Jahre nach dem berühmten, den technischen Durchbruch bedeutenden Sieg von George Stephensons «Rocket» im Lokomotivwettbewerb bei Rainhill im Jahre 1829, wo mit einer Zuglast von 12,6 Tonnen eine Höchstgeschwindigkeit von 25,6 Kilometer je Stunde erreicht werden konnte, wurde die erste deutsche Eisenbahnstrecke für den Personenverkehr eröffnet. Mit den 6,4 Kilometern, die die Strecke von Nürnberg nach Fürth maß, war das noch ein bescheidener Anfang, doch schon zehn Jahre später, im Jahre 1845, hatte das deutsche Eisenbahnnetz eine Länge von 2300 Kilometern erreicht und nach einem weiteren Jahrzehnt 8290 Kilometer. In den fünfziger Jahren war die Eisenbahn bereits zum anerkannten Verkehrsmittel für den Personen- und Güterverkehr geworden. Nun

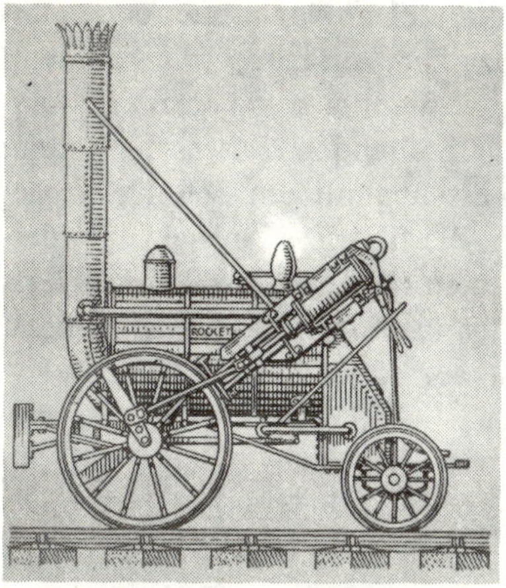

Stephensons «Rocket»

Wettfahrt von Rainhill

konnte man von Berlin aus schon Großstädte wie Hamburg, Leipzig, München und sogar Wien erreichen. Dennoch war das Eisenbahnnetz noch sehr lückenhaft, und es gab daher von vielen Seiten Bemühungen, neue Eisenbahnlinien zu bauen.

Strousberg jedenfalls ließ sich rasch für das ihm neue Gebiet begeistern, zumal auch noch süßer Lohn in klingender Münze herauszuspringen schien.

Daß sich englische Kapitalisten für technische Unternehmungen in Deutschland interessierten, war durchaus nichts Besonderes. Infolge der noch relativ schwachen Wirtschaftskraft standen in

Deutschland große Kapitalien für die Anlage von bedeutenden Investitionsvorhaben nur sehr begrenzt zur Verfügung. So war denn englisches Kapital besonders oft bei aufwendigen neuen Betriebsanlagen, etwa bei den sich schnell verbreitenden Gasgesellschaften, dem Tiefbergbau oder dem Bau von Eisenbahnlinien, beteiligt. Abgesehen von den großen Geldsummen, die für diese Anlagen erforderlich waren, lieferte England in der ersten Hälfte des 19. Jahrhunderts häufig auch die technischen Ausrüstungen.[54] Beim Eisenbahnbau stammte das Material anfangs fast ausschließlich aus England – nicht selten auf Kredit. Die berühmte Lokomotive «Adler», die den ersten deutschen Eisenbahnbetrieb von Nürnberg nach Fürth im Jahre 1835 eröffnete, kam ebenfalls aus einer englischen Lokomotivenfabrik.

Bei der allgemein schlechten Kapitallage in Deutschland, die auch für Preußen galt, waren solche englischen Unternehmer, wie sie sich bei Strousberg meldeten, immer willkommen. In diesem Falle ging es um eine Eisenbahnlinie von Insterburg nach Tilsit. Das Komitee, das sich bereits seit einigen Jahren bemühte, diesen Bahnbau zu verwirklichen, brachte jedoch die notwendigen Finanzmittel nicht auf. Obwohl in ihm neben Moritz Simon, dem größten Bankier Königsbergs, weitere einflußreiche ostpreußische Unternehmer, Großgrundbesitzer und Staatsbeamte saßen, drohte dieses Projekt am fehlenden Geld zu scheitern.

In dem Engländer Hendry fand man dann schließlich doch einen Unternehmer, der an der Übernahme des Generalauftrages – hauptsächlich, um Eisenbahnmaterial abzusetzen – interessiert war. Hendry erklärte sich bereit, das Anfangskapital zur Verfügung zu stellen und zwei Drittel der Kapitalgarantie zu übernehmen. Aber er allein schien weder den Verantwortlichen in Preußen, die die Konzession zu bewilligen hatten, noch den ostpreußischen Förderern der Bahn, die ein Drittel des Kapitals aufbringen wollten, als Gewährsmann sicher genug zu sein. So mußte sich Hendry nach weiteren Interessenten für das Projekt umsehen und fand sie schließlich in den Londoner Geschäftsleuten John Chapman, Sir John Henry Pelly, Robert R. Notman, Charles E. Mangles, George Bernard Townsend und James Gilbert Johnston, die später noch an weiteren Eisenbahnbauten

Die Eröffnung der ersten deutschen Eisenbahn
Nürnberg–Fürth 1835

Wagenzug aus der Frühzeit der Eisenbahn

in Deutschland mitwirken sollten. Diese Herren wollten natürlich nur unter der Voraussetzung in das Geschäft einsteigen, daß das Risiko nicht zu groß und der Kapitalgewinn aussichtsreich war.[55] Da es aber sowohl mit dem Risiko als auch mit dem Gewinn von Anfang an Schwierigkeiten gab und sie andererseits in zu vielen Unternehmungen steckten, als daß sie sich für längere Zeit in Preußen aufgehalten hätten, sahen sie sich nach einem dort ansässigen Agenten um. Es war nicht verwunderlich, daß ihre Blicke auf Strousberg fielen, der sich gleichermaßen durch seine englischen Bindungen und Geschäftserfahrungen als auch durch seine Kenntnisse der preußischen Verhältnisse empfahl.

Solch ein Agent war unbedingt vonnöten, denn nicht nur die Finanzierung und der Bau einer Eisenbahnlinie waren langwierig und kompliziert, sondern auch die Erlangung der staatlichen Konzession. Der Zweck der Bahn mußte nachgewiesen, ihre Rentabilität und Kapitalverhältnisse dargelegt sowie eine Baukostenberechnung, die Linienführung und viele technische Details dem Handelsministerium eingereicht werden. «In Preußen», bemerkte Strousberg später, «herrscht der Handelsminister sowohl bei der Konzessionserteilung wie auch als Aufsichtsbehörde als unumschränkter Herr, außer wo das Kriegsministerium aus strategischen Gründen mitzusprechen hat . . . Er erläßt Verordnungen und legt die Gesetze nach seinem Belieben aus.»[56] Tatsächlich hing von der Haltung des Ministers für Handel, Gewerbe und öffentliche Arbeiten, wie seine offizielle Bezeichnung war, sehr viel ab, wenn auch die eigentliche Konzession nur vom preußischen König auf Antrag der Regierung, in Preußen Staatsministerium genannt, erteilt wurde. Langjähriger Herr im Handelsministerium war der erst liberale, später konservative, dem rheinischen Großbürgertum entstammende August von der Heydt, der seit 1848 das Amt innehatte. Viele Jahre hindurch konnte er sich in Kabinetten mit unterschiedlicher politischer Haltung behaupten, was ihm den Ruf eines üblen Opportunisten einbrachte. Aber ihm wurde nicht nur politische Prinzipienlosigkeit vorgeworfen, sondern es fehlte auch nicht an anderen Vorwürfen wie Amtsmißbrauch und persönliche Bereicherung. Ebenso wie Strousberg erregte er als Bauherr großes Aufsehen, als er sich eine prächtige, große Villa am damals noch idyllischen Berliner Landwehrkanal erbauen ließ. Dieser Villenbau wurde ihm, wie sein freundlich gesinnter Biograph Bergengrün berichtet, «in gehässiger und kleinlicher Weise von gewissen Kreisen, die von der Heydt immer noch als Eindringling betrachteten, übel ausgelegt».[57]

Der wegen seiner früheren liberalen Einstellung manchen Konservativen verdächtige bürgerliche Aufsteiger hat in seiner fast vierzehnjährigen Amtszeit den Eisenbahnbau sehr maßgeblich beeinflußt, wobei er sich von dem Fernziel einer allumfassenden Staatsbahn leiten ließ. Das in Preußen existierende Nebeneinander von Privat- und Staatsbahnen wollte er deshalb allmählich beseitigen. Dies entsprach vor allem seinem reaktionären Verständnis von Staatsautorität, außerdem erhoffte er sich davon – und nicht zu Unrecht – eine bes-

PREIS-COURANT

der

in der Restauration auf dem Bahnhofe

Hannover 1859

zu verabreichenden

Speisen und Getränke.

	Gr.
Fleischspeisen (gebratenes Rind-, Kalb-, Hammel- etc. Fleisch)	
a. mit Brod à Portion	6½
b. mit Kartoffeln oder Salat und Brod à Portion	7½
Butterbrod, ein ganzes (bestehend aus 2 Schnitten Rockenbrod oder einem 4 ₰ Weissbrod)	
a. belegt (mit Käse, Braten, Wurst, Sardellen etc.)	2
b. unbelegt	1
d°., ein halbes (bestehend aus 1 Schnitte Rockenbrod oder einem halben 4 ₰ Weissbrod)	
a. belegt (mit Käse, Braten, Wurst, Sardellen etc.)	1
b. unbelegt	½
Wein, eine Flasche guter Roth-, Weiss- oder Rheinwein	*20*
ein Glas, ¼ Flasche enthaltend, desgleichen	*5*
ein Glas, ⅛ Flasche enthaltend, desgleichen	*2½*
Bier, ein Glas, Quartier enthaltend, inländisches Lagerbier	*1*
Kaffee, Thee und **Bouillon,**	
eine grosse Tasse	2½
eine kleine Tasse	1½
Kornbranntwein,	
ein Glas, 1/16 Flasche enthaltend	1
ein Glas, 1/32 Flasche enthaltend	½
Liqueure, Rum, Cognac etc.	
ein Glas, 1/24 Flasche enthaltend	1

Speisen- und Getränkekarte
aus der Bahnhofsrestauration Hannover

sere Befriedigung der Verkehrsbedürfnisse. Aber die finanziellen Möglichkeiten des Staates waren viel zu gering, als daß von der Heydt in seiner praktischen Politik nur den alleinigen Bau von Staatsbahnen hätte fördern können. Um dem allseits wachsenden Verlangen nach Eisenbahnen nachzukommen, mußte er auch privaten Gesellschaften Konzessionen bewilligen. Ja, die Umstände erforderten sogar, dem privaten Bahnbau durch staatliche Zinsgarantien noch Anreize zu bieten, da das Risiko für den Profit recht groß war. Dafür sicherte sich aber der Staat in der Regel das Recht der Übernahme des Aktienkapitals der Bahnen zu ihrem Nennwert, das heißt zu dem auf der Aktie ausgedruckten Wert und nicht zu dem davon abweichenden Börsenkurs, wenn er es wünschte. Obendrein zog er ihnen vom Reinertrag eine gewisse Summe ab, die er zum Ankauf von Eisenbahnaktien verwendete. So hoffte er, über längere Zeit hinweg seine Pläne von einem Staatseisenbahnsystem realisieren zu können.

Die Politik von der Heydts war aber selbst innerhalb der preußischen Regierung umstritten, in der besonders der Finanzminister Karl von Bodelschwingh als Verfechter des Privateisenbahnsystems dagegen opponierte. Auch aus dem liberalen Lager erhielt von der Heydt viel Kritik. Doch mit dem Hinweis auf die Notwendigkeit der Stärkung des Staates und durch die Betonung der militärischen Vorzüge eines einheitlichen Eisenbahnsystems konnte er sich lange mit seiner Auffassung durchsetzen. Dabei kam von der Heydt zweifellos die bestehende Rivalität zwischen dem preußischen Junkertum und der liberalen Bourgeoisie um die führende Rolle im Staate zugute. Nicht wenige der reaktionären Junker sahen in einem privaten Eisenbahnsystem eine erhebliche Stärkung der Bourgeoisie, und sie boten daher eine Zeitlang ihren Einfluß auf, das zu verhindern, bis ihre eigenen wirtschaftlichen Interessen sie zu Korrekturen zwangen. Von der Heydt hatte ein weiteres Argument: Durch das verfassungsmäßige Bewilligungsrecht des Parlaments für Steuern, Abgaben und Anleihen – eigentlich seine einzige Waffe gegen die Regierung – stellte das angesammelte Aktienkapital einen finanziellen Fonds für die Regierung dar, über den sie notfalls unabhängig verfügen konnte. Bei dem Notfall war vor allem an eine eventuelle Kriegsfinanzierung gedacht. Und in diesem Sinne machte von der Heydt später, bei Aus-

Uniformen preußischer Staatsbahnbeamter

bruch des deutsch-österreichischen Krieges von 1866, dann als Finanzminister, auch Gebrauch davon.

Das «System Strousberg» wird geboren

Die englischen Geschäftsleute, die Strousberg aufsuchten, äußerten sich sehr pessimistisch über das beabsichtigte Vorhaben, den Bau der Eisenbahnlinie von Insterburg nach Tilsit. Zu lange liefen bereits die

Verhandlungen mit den amtlichen Stellen. Sie machten denn auch gegenüber Strousberg kein Hehl daraus, daß ihnen die vielfältigen Kompetenzen und bürokratischen Bestimmungen höchst zuwider waren und sie sich nicht länger damit herumschlagen wollten. Als englische Kapitalisten waren sie ohnehin waschechte Anhänger liberalen Manchestertums, nach dessen Grundsätzen sich der Staat aus wirtschaftlichen Angelegenheiten gefälligst weitgehend rauszuhalten hatte. Eine Prinzipienfrage machten sie jedoch daraus nicht, sofern es etwas zu verdienen gab. Aber gerade da lag die eigentliche und größte Schwierigkeit. Denn nach den Bestimmungen des preußischen Handelsgesetzbuches durfte eine Aktiengesellschaft erst gegründet werden, wenn das vorgesehene Gesellschaftskapital in vollem Umfang namentlich gezeichnet und zu zehn Prozent eingezahlt worden war. Nun hätten sich die Interessenten an der Bahnlinie natürlich einfach danach richten können. Sie brauchten nur ihre Kapitalanteile einzuzahlen, ihr Aktienpaket dafür in Empfang zu nehmen und es entweder in der Hoffnung auf Wertsteigerung in den Tresor zu legen oder es auch gleich wieder an der Börse zu Geld zu machen. Doch das Wagnis, daß sie die Summe, für die sie gezeichnet hatten, auch wirklich durch Aktienverkauf mit Gewinn hereinbekamen, war zu groß. Die Situation auf dem Aktienmarkt stellte sich wenig hoffnungsvoll dar. Nach anfänglicher Begeisterung des Börsenpublikums für Eisenbahnaktien verebbte diese zu Beginn der sechziger Jahre, als sich nämlich herausstellte, daß nicht alle neuen Linien automatisch mit Gewinn arbeiteten. Inzwischen konnte eine neue Eisenbahnaktie kaum noch zu ihrem Nennwert abgesetzt werden.

Auch bei der vorgesehenen Bahnlinie Insterburg–Tilsit waren die Gewinnaussichten düster. Sicheren Nutzen konnte man lediglich den örtlichen Anliegern voraussagen. Eigentlich war die Situation so, daß Außenstehende dafür kaum freiwillig ihr Geld hergeben konnten. Die Engländer wollten jedoch nichts unversucht lassen, und Strousberg fand, wie wir wissen, an der Sache Gefallen. Aber auch er stieß gleich zu Beginn seiner Sondierungen allenthalben auf Skepsis. Der in Handelssachen als Kenner geltende Justizrat Geppert, mit dem Strousberg schon bei anderen Gelegenheiten zusammengearbeitet hatte, zeigte sich ebenfalls pessimistisch. Geppert vertrat zwar die

Die Gründer der Tilsit–Insterburger–Eisenbahn
stehend v. l. n. r. Baron Hoff, Jacques, von Sanden, Simon, Geppert, sitzend v. l. n. r. Chaffers, Hendry, Johnson, Sir Henry Pellet, Notman, Chapman, Strousberg, Kleffel, Knüppel

deutschen Interessen an dem geplanten Bahnbau, aber Möglichkeiten für einen legalen Gewinn sah auch er nicht.

Strousberg suchte dennoch weiter nach einem Weg, wie er, bei wenigstens formaler Einhaltung der Gesetze, die Aufgabe bewältigen konnte. Dabei kamen ihm seine theoretischen Arbeiten und praktischen Erfahrungen in England und Preußen gleichermaßen zugute, die ihn schließlich eine Lösung finden ließen, über die er später schrieb: «Mein Plan bestand einfach darin: die Herstellung und Ausrüstung der Bahn, inklusive Landbeschaffung, Vorarbeiten, General-Unkosten und was Namen hat, dem General-Unternehmer für das gesamte Baukapital zu überlassen . . .»[58] Aber das war nur die eine Seite. Das Entscheidende war vielmehr, daß der Bauunternehmer seine Leistungen nicht in Geld erstattet bekommen sollte, sondern mit Aktien der zu gründenden Eisenbahngesellschaft. Die Aktienübergabe sollte dabei in Raten – entsprechend der Fertigstellung der einzelnen Bauabschnitte – in vorher festgelegter Höhe erfolgen. Der Vorteil für die Kapitalgeber, die als Gründer der Aktiengesellschaft vorgesehen waren, bestand dann darin, daß sie selbst nur einen Bruchteil der Gesamtkosten aufbringen mußten und praktisch kein hohes Risiko trugen. Sukzessive sollten die Aktien aus ihrer Hand in die des Bauunternehmers übergehen, der danach frei darüber verfügen konnte. Die Gründer der Gesellschaft konnten sich dagegen erhebliche Provisionen, Zuwendungen für ihre Tätigkeit im Aufsichts- und Verwaltungsrat bewilligen und sich an der Lieferung von Eisenbahnmaterial und der Bodenbeschaffung beteiligen. Darin bestand denn auch in erster Linie ihr Gewinn.

Das Risiko sollte nach Strousbergs Vorstellungen im wesentlichen der Generalauftragnehmer tragen, der für seine Leistungen die fragwürdigen Aktien bekam. Dieses Risiko mußte natürlich so bemessen sein, daß es tragbar erschien und noch Gewinnchancen bot. Um das zu gewährleisten, war es erforderlich, in diesen Plan eine ungesetzliche Manipulation einzubauen: Das Aktienkapital wurde höher angesetzt, als die Baukosten wirklich waren. Diese Gaunerei an den späteren Aktienbesitzern versetzte die Gesellschafter der Bahn in die Lage, dem Generalauftragnehmer mehr Aktien zum Nennwert zu geben, als es seinen Auslagen entsprach. So konnte man ihm beispielsweise für 800 000 Taler Baukosten durchaus auch eine Million Taler in Aktien erstatten. Die Differenz sollte mit Einsparungen durch den Auftragnehmer begründet werden, die er durch geschickte Senkung des Aufwandes und kostengünstigen Materialeinkauf erzielt hatte. Offiziell tat man so, als sei die Million Taler die realistisch angesetzte Bausumme. Die von Anfang an geplante Überbezahlung in Aktien ermöglichte aber auch dem Bauunternehmer, diese Aktien unter pari, das heißt unter ihrem offiziellen Nennwert, zu verkaufen oder beleihen zu lassen.

Der Gesetzgeber war im allgemeinen nicht in der Lage, die wirklichen Kosten des Bahnbaus festzustellen, so daß die Rechnung von Strousberg aufzugehen schien. Abgesehen von der Manipulation mit dem erhöhten Aktienkapital, was sich schlecht nachweisen ließ, konnte formal gegen den Finanzierungsmodus nichts eingewendet werden, obwohl die finanzielle Grundlage für den Bahnbau keines-

100 Species.

Altona. Kiel.

ACTIE

der

Altona-Kieler Eisenbahn-Gesellschaft

No.

Inhaber dieser Actie hat nach Verhältniss der darauf eingezahlten

Ein Hundert Species

oder

Zwei Hundert Reichsbankthaler Silbermünze

Theil an dem Gewinn und Verlust der Altona-Kieler Eisenbahn-Gesellschaft und ist deren Statuten unterworfen.

Altona, den 1. Juli 1844.

Für die Altona-Kieler Eisenbahn-Gesellschaft

die Directoren:

Auszug aus den Statuten der Gesellschaft.

§ 11. Die auf Inhaber lautenden Actien können auf Verlangen auch auf Namen notirt werden.

§ 14. Für schadhaft gewordene Actiendocumente können gegen Rückgabe derselben neue Ausfertigungen ertheilt werden.

§ 27 und 28. Zinsen werden gegen Vorzeigung der Actien, Dividenden gegen Rückgabe zu verabfolgender Dividendenscheine, (welche serienweise mit angehängten Talons ausgegeben werden) in Altona und Kiel bezahlt.

§ 29. Zinsen und Dividenden, welche innerhalb vier Jahren vom Verfalltage nicht erhoben sind, verfallen der Gesellschaftskasse.

§ 35. Wegen verlorener, vernichteter [illegible] Actien, Talons oder Dividendenscheine findet [illegible] das in den Statuten näher bezeichnete Mortificationsverfahren [illegible]

Eisenbahnaktie

wegs, wie vom Gesetzgeber verlangt, gesichert war. Das tatsächlich erforderliche Kapital sollte durch einen breiten Kreis von Geldanlegern aus den verschiedensten Schichten der Bevölkerung aufgebracht werden, die, durch das Angebot von Aktien unter Nennwert angelockt, auf Wertsteigerung und Zinsgewinne spekulierten. Für die eigentlichen Gründer der Gesellschaft, sofern sie nicht selbst Aktien ihrer Gesellschaft behielten, war der Kurswert der Aktien ohne Bedeutung. Sie hatten längst ihre Provisionen und Zuwendungen in der Tasche, wenn die finanziellen Schwierigkeiten mit den Aktien einsetzten, und konnten, wenn sie wollten, unbekümmert in den Reim der satirischen Zeitschrift «Kladderadatsch» einstimmen:

Wir sind sie los
Die Aktien, alle, alle
Nun freu' dich dran,
Gemeiner Mann!
Kurs, falle, falle, falle![59]

Strousbergs Plan befriedigte die Beteiligten in höchstem Maße, und der nun nicht mehr skeptische Justizrat Geppert brachte alles in die notwendige juristische Form. Danach wurde sofort, nicht ohne den preußischen Staat noch um eine finanzielle Beihilfe gebeten zu haben, um die Konzession für die 54,1 Kilometer lange Strecke Insterburg–Tilsit nachgesucht.

Das Staatsministerium unter Bismarck stellte sich positiv dazu und empfahl König Wilhelm die Bewilligung der Konzession und eine staatliche Beihilfe in Höhe von 140 000 Talern. «Schien es doch lange», hieß es in dem befürwortenden Schreiben des Staatsministeriums, «als wenn der Mangel an Kapital und Unternehmungslust in der genannten Provinz den Bau dem Staate zur Aufgabe machen würde. Den rastlosen Bemühungen des Komitees ist es jedoch in erfreulicher Weise gelungen, unter verhoffter mächtiger Unterstützung des Staates die erforderlichen Geldmittel in sichere Aussicht zu stellen, indem englische Kapitalisten für das Projekt gewonnen worden sind.»[60] Auch der König hatte gegen das Vorhaben nichts einzuwenden und bestätigte es am 15. Dezember 1862 mit folgendem

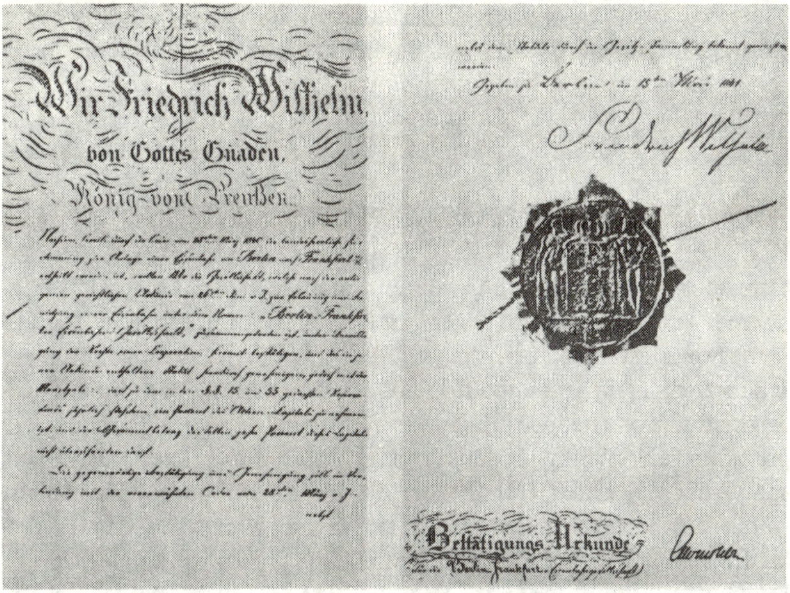
Wir Friedrich Wilhelm,
von Gottes Gnaden,
König von Preußen
Bestätigungs-Urkunde

Konzessions-Urkunde
für die Bahn Berlin–Frankfurt/Oder

Schreiben: «Auf den Bericht des Staatsministeriums vom 30. Nov. d. J. will Ich zur Anlage einer Eisenbahn von Insterburg nach Tilsit durch eine Aktiengesellschaft unter Vorbehalt der seiner Zeit zu bestimmenden näheren Bedingungen hiermit meine Genehmigung erteilen.»[61]

Damit war die wichtigste Hürde genommen, was Strousberg mit großer Genugtuung und Stolz erfüllte. Mit der ihm eigenen weit gefaßten Phantasie sah er wie ein Vogel, der in große Höhen aufgestiegen war, das Land unter sich ohne Grenzen. Er erkannte, daß er mit seinen Finanzierungsideen nicht nur die Lösung für den Bahnbau von Insterburg nach Tilsit gefunden hatte, sondern ein System, mit dem sich ohne eigenen hohen Kapitalaufwand viele weitere Eisenbahnbauten durchführen ließen. Tatsächlich sollte Strousberg in der folgenden Zeit seine Finanzierungspraktiken, die später von dem liberalen Politiker Eduard Lasker anklagend als «System Strousberg» bezeichnet wurden, immer wieder und mit nur geringfügiger Modifizierung anwenden. Sein langes Suchen nach dem Erfolg schien sich gelohnt zu haben, er hatte für sich den Stein der Weisen gefunden, mit dem sich Gold, viel Gold machen ließ.

Zulauf von allen Seiten

Strousbergs Methode, den gesamten Bahnbau einem Generalauftragnehmer zu übertragen, in sogenannter General-Entreprise, bedeutete keineswegs etwas Neues, in England und Frankreich gehörte sie schon zur allgemein geübten Praxis. Die Bezahlung des Generalauftragnehmers war jedoch ungewöhnlich und stellte die Generalentreprise auf eine völlig andere, sehr gewagte finanzielle Basis. Das spürte der Engländer Hendry, der die Linie Insterburg–Tilsit bauen sollte, sehr bald, so daß er aus seinem Vertrag wieder ausstieg. Er verkaufte seinen Vertrag an einen Landsmann, Joseph Bray, der sich in England als Bauunternehmer bereits einen Namen gemacht hatte. Bray hoffte, mit seinen Erfahrungen und seinem beträchtlichen Eigenkapital von drei Millionen Talern dabei besser zurechtzukommen als Hendry.

Strousberg selbst bekam einen Vertrag als Generalbevollmächtigter der englischen Gesellschafter und eine hohe Prämie für das Gelingen des Geschäftes. Noch während des Baus der Strecke Insterburg–Tilsit, der im Frühjahr 1863 aufgenommen wurde, widmete er sich bereits einer weiteren Eisenbahnlinie, die Ostpreußische Südbahn genannt wurde. Es handelte sich im Grunde um zwei Linien, und zwar eine vom Ostseehafen Pillau nach Königsberg und eine von Königsberg nach Lyck. Für beide Strecken gab es schon seit längerer Zeit Komitees, doch drohten auch hier alle Bemühungen wegen fehlenden Kapitals zu scheitern. An der Spitze des Komitees für die Linie von Pillau nach Königsberg stand der Bankier Oppenheim, der zwar mit seinem Kompagnon Warschauer über erhebliche finanzielle Mittel verfügte, diese aber nicht für den geplanten Bahnbau riskieren wollte. Den Bankiers paßte es nicht, wie Strousberg feststellte, «auf eigenes Risiko Aktien zu übernehmen, namentlich da die Bahn keine sofortige Rente abwarf».[62] Dem anderen Komitee stand der ostpreußische Regierungspräsident von Salzwedel vor, dem es aber nur gelungen war, einen Bruchteil des notwendigen Kapitals, etwa 300 000 Taler, von Interessenten zeichnen zu lassen. Im Zusammenspiel mit dem Bankier Simon, der bereits beim Zustandekommen der Linie Insterburg–Tilsit mitgewirkt hatte, nahm sich Strousberg der Probleme beider Komitees an. Er bereiste die vorgesehene Bahnstrecke und kam zu der Auffassung, daß es sich lohnen konnte, das Projekt voranzubringen.

Abgesehen von der ja erst begonnenen Strecke Insterburg–Tilsit existierte in Ostpreußen bis dahin nur eine Bahnlinie, die vom preußischen Staat gebaute Ostbahn, die eine Verbindung von Berlin über Königsberg an das russische Eisenbahnnetz herstellte. Auch die als ostpreußische Südbahn projektierte Linie sollte später über Lyck hinaus bei Brest-Litowsk an die russische Eisenbahn herangeführt werden. Als Bau- und Landbeschaffungskosten waren insgesamt dreizehn Millionen Taler veranschlagt worden. Hinter dem Projekt standen viele einheimische Großgrundbesitzer und Bourgeois, die sich von der neuen Verkehrsverbindung erhebliche wirtschaftliche Vorteile versprachen. Doch größeren Kapitaleinsatz dafür scheuten sie alle. Der Eisenbahnhistoriker Kurt Wiedenfeld wies darauf hin, daß die Besitzer von Bargeld dabei gewisse Hemmungen hatten, da ihnen eine solche Verwendung ihres Kapitals noch höchst ungewohnt war. «So vertraute man wohl einem Freunde und guten Bekannten die eigenen Ersparnisse als Betriebsmittel an oder auch einem persönlich bekannten als vertrauenswürdig erprobten Bankier», schreibt Wiedenfeld, «der dann tatsächlich als Garant der irgendwo arbeitenden Gelder wirkte. Jetzt sollte man aber das sauer ersparte Geld in eine Aktiengesellschaft einbringen, aus der es nicht wieder herauszuziehen war, und in eine Arbeitsrichtung, die noch völlig neu und in Deutschland unerprobt war.»[63]

Strousberg sah sich durch solches Verhalten nicht gestört. Seinem Finanzierungssystem gab er auch hier Chancen. Doch ging es ihm schon nicht mehr nur um die Finanzierung einer Bahn, sondern um einen höchstmöglichen Gewinnanteil. Da er seinen Unternehmungen bereits damals gerne edle Motive unterlegte, erklärte er, daß er das Projekt zustande bringen wolle, um seiner «speziellen Heimat einen großen Dienst zu leisten», aber immerhin gestand er nebenbei doch ein, daß er sich für berechtigt hielt, daraus eigene Vorteile zu erzielen.[64] So wollte er denn auch erst dann mitwirken, wenn die interessierten Herren der Vorbereitungskomitees ihm persönlich das zum Eisenbahnbau notwendige Bauland kostenlos übergaben und ihm für die aufgebrachten 300 000 Taler Aktien der neuen Gesellschaft abkauften. Nach erhaltener Zustimmung setzte er sich mit der englischen Gruppe zusammen, die wiederum als Kapitalgaranten fungieren sollten. Als Generalauftragnehmer wurde abermals Joseph Bray gewonnen. Am 2. November bestätigte eine königliche Kabinettsorder dann den Status der neuen Eisenbahngesellschaft. Strousberg trat wieder als Generalbevollmächtigter auf und war auch im Revisionskomitee der Gesellschaft vertreten. Die Initiative für das Zustandekommen der Gesellschaft lag diesmal schon eindeutig bei Strousberg. «Die Engländer wurden nur als Mittel zum Zweck betrachtet», schrieb er selbst darüber.[65] Wahrscheinlich hat er ihre Zeichnungsbereitschaft für die Aktien mit erheblichen Provisionen an sie verbunden, wie es bei ihm bei späteren Eisenbahnbauten ebenfalls üblich war. Provisionen bei Aktienzeichnungen waren damals übrigens ein weitverbreiteter Mißbrauch des bestehenden Aktienrechts. Strousberg selbst gab sich nicht mehr nur mit Provisionen zufrieden. Er ließ sich für den Wert des zur Verfügung gestellten Landes Aktien der Südbahn auszahlen und wurde damit, wenn auch vorerst nur nominell, zum Millionär.

Als Handelsware waren die Aktien allerdings nicht viel wert, sie ließen sich kaum absetzen. Das kam besonders Bray teuer zu stehen, der für seine Leistungen wieder in Aktien bezahlt wurde, von denen er nur wenige verkaufen konnte. Bray arbeitete daher vorwiegend mit eigenem Geld und englischen Krediten. Als die Hälfte der Strecke fertig war, ging ihm das Baukapital aus, so daß die Arbeiten an der Bahn weitgehend eingestellt werden mußten. Strousberg beschloß daher, Bray auszuwechseln, was der Aufsichtsrat dann auch förmlich vollzog. Brays gebrachte Leistungen wurden abgeschätzt und er selbst weitgehend mit nicht absetzbaren Aktien der Südbahn abgefunden. Praktisch war er damit ruiniert. Der Engländer machte Strousberg für seine Pleite verantwortlich und diskreditierte ihn deshalb nach Kräften bei den Berliner Bankiers.

Strousberg konnte seine Aktien besser nutzen. Er beschäftigte sich bereits wieder mit neuen Eisenbahnprojekten, und den daran Interessierten setzte er die Pistole auf die Brust, ihm Bauland und anderes Nutzland für seine Aktien zu überlassen. Jene Interessenten mußten wohl oder übel darauf eingehen, versprachen sie sich doch von der Eisenbahn erhebliche wirtschaftliche Vorteile. Da sich dieses Geschäft für Strousberg sehr gut anließ, waren auch einige Bankiers geneigt, seine verbliebenen Aktienpakete zu beleihen und ihm hohe Geldsummen zur Verfügung zu stellen. Es waren immerhin noch so viele Aktien, daß ein Berliner Bankier sie sogar nur in einem Bodenverlies aufbewahren konnte, weil die vorhandenen Tresore der Bank dafür nicht ausreichten.[66] Strousberg war nun zu einem wirklichen Millionär geworden. Die Ostpreußische Südbahn, die durch den preußisch-österreichischen Krieg noch einmal ins Stocken kam, wurde durch Anleihen auf den bereits gebauten Teil der Strecke finanziell wieder flottgemacht und im Dezember 1868 fertiggestellt, während die Insterburg–Tilsiter Bahn schon im Juni 1865 eröffnet werden konnte. Zinsen auf ihre Aktien vermochten beide Gesellschaften auf Grund der schlechten Ertragslage nicht zu zahlen.

Das kümmerte Strousberg verhältnismäßig wenig. Mit dem Verkauf seines Bodenanteils an Bray hatte er sich längst gesundgestoßen, und er steckte schon wieder tief in neuen Projekten. Strousbergs Ansehen wuchs in dieser Zeit unaufhörlich, obwohl die ersten Bahnen noch nicht einmal ihren Betrieb aufgenommen hatten. Es hagelte immer neue Angebote. Auch gegenüber den englischen Aktienzeichnern – Kapitalgeber kann man sie kaum nennen – stand er glänzend da. «Meine englischen Freunde», so Strousberg, «hatten bis zu dieser Zeit Gelegenheit gehabt, mich vollständig kennenzulernen, und sie schenkten mir absolutes Vertrauen. Ich wußte genau, wozu ich sie veranlassen konnte, und dieses setzte mich in die Lage, bei allen Konferenzen ohne Rückfragen oder Bedenken gleich sagen zu können, unter welchen Bedingungen ich eine Sache für dieselben und für mich übernehmen würde.»[67] Strousberg befand sich im Aufwind, der ihn schnell weiter nach oben trieb.

Bei einem der wichtigsten Angebote handelte es sich um den Bau einer Eisenbahnlinie von Berlin nach Görlitz. Die Situation ähnelte der bei den ostpreußischen Bahnen. Schon ein Dutzend Jahre, bevor Strousberg aktiv wurde, hatten sich hier gleichfalls verschiedene Komitees bemüht, eine Eisenbahnverbindung von Berlin in die Lausitz zu schaffen, wenn auch, je nach Interessenlage, mit unterschiedlicher Linienführung. Es gab von ihnen ebenfalls Konzessionsanträge, die jedoch wegen mangelnder Voraussetzungen, in erster Linie Kapitalmangels, abschlägig beschieden wurden. 1856 hatte sich dann ein recht vielversprechendes Komitee gebildet, das Verhandlungen mit der preußischen Regierung aufnahm. In ihm war der Adel stark vertreten, unter anderen durch Fürst Pückler auf Branitz, Fürst zu Lynar, Graf Kleist auf Zützen, Graf Pourtales auf Laasow und einige Grafen Solms. Auch die Oberbürgermeister Jahr von Cottbus und Jochmann von Görlitz gehörten ihm an, ebenso die die Finanzwelt repräsentierenden Bankiers Warschauer und Mendelsohn.

Trotz des nicht geringen Einflusses dieser Gruppe zogen sich aber auch diese Verhandlungen um die Konzessionsbewilligung endlos hin. Kriegsminister Graf Waldersee lehnte das Ersuchen prinzipiell ab, weil ihm die Bahn militärisch nicht ausreichend geschützt schien und die strategischen Verhältnisse gegenüber dem österreichischen Rivalen um die Vormachtstellung in Deutschland veränderte. Große Bedenken hatte gleichermaßen Finanzminister von Bodelschwingh, der sich nachteilige Auswirkungen auf den ohnehin angespannten Geldmarkt ausrechnete. Zwischen den Mitgliedern des Staatsministeriums entwickelte sich deshalb ein kontroverser, lang andauernder Schriftwechsel.[68] Von der Heydt als zuständiger Minister drängte dabei energisch auf die Befürwortung des Konzessionsantrages. Ihm gelang es schließlich auch, die Majorität des Kabinetts zu gewinnen, so daß am 7. Juni 1858 die königliche Bewilligung erteilt wurde.

Doch die Bahn blieb weiterhin ungebaut. Es wurden zwar technische Unterlagen erarbeitet, aber das notwendige Kapital war nur zum Teil aufzubringen. Erst 1863 sahen die Interessenten durch das Wirken von Strousberg auch für ihren Bahnbau eine Chance. «Ein mir

No. 3. Novbr.-Decbr. 1850.
(Winter-Cursus.)

Eisenbahn-,
Post- und Dampfschiff-
Cours-Buch.

Herausgegeben
von dem
Cours-Bureau des Königl. General-Post-Amts
in
BERLIN.

Verlag von Carl David in Berlin.
Burgstrasse No. 28.

Preis 10 Sgr.

Kursbuch aus dem Jahre 1850

bekannter Agent besuchte mich eines Tages», schilderte Strousberg die Kontaktaufnahme, «und teilte mir mit, daß er mit dem Rittergutsbesitzer Schreckel auf Lodenau in der Ober-Lausitz bekannt sei, und daß dieser ihm den Auftrag gegeben habe, mich zu fragen, ob ich seinen Besuch annehmen würde, um mit mir über den Bau einer Bahn von Berlin nach Görlitz zu sprechen. Ich hatte selbstverständlich nichts dagegen und Herr Schreckel besuchte mich. Von ihm erfuhr ich, daß er und alle Besitzer auf der Strecke die Bahn sehnlichst wünschen, daß die königliche Hofkammer im Interesse der königlichen Jagd bei Königs Wusterhausen, Prinz Friedrich der Niederlande im Interesse von Muskau und sämtliche Städte, hauptsächlich Görlitz und Cottbus, sich mit einem namhaften Betrage in Stammaktien beteiligen würden . . .»[69]

Schreckel wies bei diesem Gespräch auf die mehr als zehnjährigen Bemühungen der verschiedenen Gründungskomitees hin und hofierte Strousberg mit der Bemerkung, daß die Komiteemitglieder in ihm ihre letzte Hoffnung sahen. Abgesehen von dem Reiz, größere Summen bei einem so spektakulären, von Berlin ausgehenden Bahnbau zu verdienen, blieben Schreckels Bemerkungen über das königlich-preußische Interesse und das des Prinzen der Niederlande nicht ohne Wirkung auf Strousberg. Dazu kam noch, daß Schreckel nicht unerwähnt ließ, daß auch der Baron von Alvensleben, der Schwiegersohn des neuen Handelsministers, Graf von Itzenplitz, Mitglied des Komitees war. Für Strousberg war dies natürlich eine ideale Möglichkeit, über den Schwiegersohn dem Handelsminister, der so wichtig für seine Geschäfte war, gefällig zu sein. Itzenplitz war 1862 Nachfolger von der Heydts geworden, der das Finanzministerium übernommen hatte. «Unterschriftenmaschine», nannte ihn Bismarck und umriß damit in etwa dessen Fähigkeiten. Unter Itzenplitz wurde, obwohl die Eisenbahnpolitik von der Heydts offiziell nie aufgegeben wurde, der private Eisenbahnbau erheblich gefördert. Gefördert wurden dadurch zwangsläufig ebenso die untrennbar mit dem Bahnbau der Gründerzeit verbundenen Auswüchse: die Geschäftemacherei, die Korruption und der Betrug. Die Haltung von Itzenplitz' zum Eisenbahnbau charakterisiert am besten sein Ausspruch gegenüber Eisenbahninteressenten, die ihn um Unterstützung baten. «Gehen

Sie zu Strousberg», pflegte er zu sagen, «vielleicht kann der Ihnen helfen.»[70]

Auch sein Schwiegersohn, der Baron von Alvensleben, der große Besitzungen entlang der geplanten Linie hatte, kam zu Strousberg. Er brachte die Oberbürgermeister von Cottbus und Görlitz, die ihr Interesse bekundeten, mit dem ungewöhnlichen Finanzierungsexperten zusammenzuarbeiten, gleich mit. Unter der Voraussetzung, daß die bewilligte Höhe des aufzulegenden Aktienkapitals ausreichte, den Bau zu finanzieren, gab Strousberg seine Zusage. Er sicherte außerdem die Unterstützung der englischen Finanzgruppe und die Verpflichtung eines Generalauftragnehmers zu. Dazu erkor er wieder Joseph Bray, der zu diesem Zeitpunkt noch nicht das Desaster mit der Ostpreußischen Südbahn erlebt hatte. Die technischen Vorarbeiten waren vom Gründungskomitee bereits dem Baumeister Witzeck, der schon in Thüringen Bahnbauten ausgeführt hatte, übertragen worden. Eine Kostenberechnung lag ebenfalls vor, nur ging sie natürlich von anderen als den Strousbergschen Finanzierungsbedingungen aus. Dieser erklärte nach Prüfung der Pläne denn auch die vorgesehene Aktienauflage für nicht ausreichend und forderte ihre Erhöhung. «Die Herren», so bemerkte er, «glaubten dies beim Ministerium befürworten und durchsetzen zu können.»[71] Die von Strousberg geforderte Aktienauflage war aber selbst dem wohlwollenden Itzenplitz zu hoch, und so wurde sie etwas reduziert. Strousberg zürnte darüber, hielt aber seine Zusage aufrecht, weil er durch Einsparungen beim Bau noch einiges herauszuholen hoffte. Am 18. Mai 1864 bestätigte König Wilhelm I. die Konzession für den Bahnbau, zu dessen Verwirklichung 11,25 Millionen Taler in Aktien aufgelegt werden sollten.

Für Strousberg sprang bei der ganzen Transaktion sogar die erste Ordensehrung heraus. Itzenplitz war mit ihm so zufrieden, daß er für ihn die Auszeichnung mit dem Kronenorden IV. Klasse beantragte. In seinem Schreiben vom 16. Februar 1864 an den König schrieb Itzenplitz, daß die Auszeichnung Strousbergs «nicht allein als Anerkennung des bisher Geleisteten» dienen könnte, «sondern ihn auch zur weiteren erfolgreichen Tätigkeit ermuntern würde».[72]

Der Handelsminister fügte hinzu, Strousberg sei bestrebt, «sich dem Staate in der vorerwähnten Weise nützlich zu machen und den Wünschen der Regierung entgegen zu kommen».[73] Ein kleiner Schönheitsfehler in dieser Laudatio war nur die Erwähnung einer Geldstrafe von hundert Talern wegen Protestvergehens (wahrscheinlich wegen eines geplatzten Wechsels), die gegen Strousberg im Jahre 1857 ausgesprochen worden war.

In seinem Schreiben zählte Itzenplitz die schon von Strousberg in Angriff genommenen Bahnlinien auf und erwähnte dabei bereits ein weiteres Vorhaben – die Rechte Oderuferbahn. Diese Bahnlinie sollte durch Ergänzung der schon in den fünfziger Jahren eröffneten oberschlesischen Bahnlinie von Tarnowitz nach Zawatzki und von Tarnowitz nach Oppeln sowie von Pleß nach Dziedzitz entstehen. Maßgebende Initiatoren waren einheimische Magnaten, die leistungsfähige Transportmöglichkeiten für die in ihren Bergwerken geförderte Steinkohle suchten. Ihre dominierende Rolle spiegelt sich in der Zusammensetzung des Gründungskomitees der Oppeln-Tarnowitzer-Gesellschaft: Fürst Hugo zu Hohenlohe, auch Herzog von Ujest genannt, Prinz Adolph zu Hohenlohe, Herzog Viktor von Ratibor, Andreas Graf Renard und Baron von Muschwitz. Nur der Geheime Kommerzienrat G. H. Ruffer, ein Finanzmann aus Breslau, bildete da eine nichtadelige Ausnahme. In der Befürwortung des in den fünfziger Jahren gestellten Konzessionsantrages durch das Geheime Zivilkabinett hieß es: «Bei der hohen Wichtigkeit einer umfassenden Ausbeutung der unermeßlichen Reichtümer Oberschlesiens an Steinkohlen und Erzen ist es dringend zu wünschen, daß der betreffende Landesteil nach allen Seiten hin mit einem Netz von Eisenbahnverbindungen überzogen werde.»[74]

Dabei war man sich auch an führender Stelle darüber im klaren, daß diese Eisenbahnlinien in allererster Linie den dort ansässigen Großgrundbesitzern zugute kamen. Das traf auch für die Pleß–Dziedzitzer–Eisenbahn zu, für die der Fürst Pleß, ebenfalls Besitzer reicher Kohlenvorkommen, die Genehmigung zum Bau erhielt. In einem Schreiben an Finanzminister Bodelschwingh vom 12. Juni 1859 hatte von der Heydt auch nicht verschwiegen, daß diese Eisenbahn «zunächst das Interesse des Fürsten von Pleß fördern» wird, «dessen Besitzungen sie der ganzen Länge nach durchschneidet».[75]

Weitere Ergänzungen zu diesen Strecken, die zur späteren Rechten Oderuferbahn gehörten, fielen dann lange Zeit den schwierigen Kapitalverhältnissen zum Opfer. In Strousberg sah man deshalb auch in diesem Falle den Mann, das nie aufgegebene Erweiterungsprojekt zu vollenden. Das Komitee trat an Strousberg mit dem Angebot heran, den Bahnbau als Generalauftragnehmer durchzuführen. Die neue Bahn sollte neben einigen Anschlüssen an weitere Gruben vor allem eine Verbindung nach Breslau und an die Warschau–Wiener–Eisenbahn schaffen. Für den Generalauftragnehmer war ein feststehender Betrag vorgesehen, der zum Teil in Geld, zum Teil – der Finanzschwierigkeiten wegen – in Aktien zur Verfügung stand. Strousberg schreckte vor der Aufgabe des Generalauftragnehmers, immerhin dem unsichersten und schwierigsten Glied in der Kette seines Systems, nicht zurück. Die Gründe waren einfach: Er brauchte bereits neue Einnahmen, um andere Verpflichtungen erfüllen zu können. Am 11. Juli 1865 wurde dann die Konzession für die Rechte Oderuferbahn erteilt.

Strousberg war jedoch bereits früher gezwungen gewesen, die Aufgabe eines Generalauftragnehmers zu erfüllen, und zwar bei der Berlin–Görlitzer–Eisenbahn, die vor dem Zusammenbruch stand. Brays Schwierigkeiten als Generalauftragnehmer in Ostpreußen hatten sich auch auf die Berlin–Görlitzer–Eisenbahn ausgewirkt, ja wurden durch diese sogar noch verstärkt, denn die Aktien der neuen Bahn erwiesen sich ebenfalls als unverkäuflich. Der Verwaltungsrat der Bahn zeigte sich immer besorgter und bedrängte Strousberg, den Generalauftrag zu übernehmen. Dieser wußte natürlich selbst am besten, was auf dem Spiele stand, als es mit Bray nicht mehr weiterging und ein anderer Generalauftragnehmer nirgends zu finden war. Strousberg blieb daher keine Wahl. «Ich war mir dessen bewußt», schrieb er rückblickend, «mein Renommé und mein ganzes Ich waren für die Durchführung eingesetzt, und so bin ich mit offenen Augen der Gefahr entgegen gegangen.»[76] Sein bisheriges Engagement im Eisenbahnbau war, verglichen mit seiner neuen Rolle, vergleichsweise risikolos. Neben der finanziellen bedrückte ihn jetzt vor allem auch die technische Seite des Unternehmens. Dies führte unter anderem zu einem zermürbenden Ringen mit der Eisenbahngesellschaft und den staatlichen Aufsichtsbehörden. Beide stellten hohe Ansprüche an die Gediegenheit der Bauausführung. Strousberg war natürlich darauf aus, möglichst billig den Anforderungen gerecht zu werden. Während der gesamten Bauzeit gab es ständige Auseinandersetzungen, da beide Seiten den Vertrag anders interpretierten. Strousberg konnte sich aber mit seiner neuen Rolle beim Eisenbahnbau außerdem aus anderen Gründen nicht ganz abfinden. «Es war auch meinem Charakter nicht angenehm», so Strousberg zu der subjektiven Seite, «Befehle zu empfangen anstatt zu erteilen, denn ich mußte die Vollmacht des Finanzkomitees aufgeben, an meiner Stelle empfing Assessor Philippi die Vollmacht, die Techniker wurden meine Bauherren, und mir graute vor den Widerwärtigkeiten, die ich voraussah.»[77]

Doch wie getrieben, wenn auch verursacht durch quälende Finanzsorgen, stürzte sich Strousberg auf immer neue Eisenbahnprojekte. Da meldete sich bei ihm «Seine königliche Hoheit der Fürst von Hohenzollern» und wünschte im Interesse seiner großen Besitzungen in der Gegend von Posen eine Bahnlinie, die von Frankfurt a. O. nach Posen führte. Da gab es Interessenten, die eine Bahn von Halle nach Sorau in der Niederlausitz haben wollten, und sogar aus Österreich-Ungarn kamen Angebote. Strousberg versperrte sich nicht diesen Wünschen, im Gegenteil, er vertiefte sich sofort in diese Projekte und leitete, oft genug überhastet, die ersten Maßnahmen ein. Die Gleichzeitigkeit seiner Vorhaben, die damit verbundene persönliche Belastung schienen ihn nicht zu stören. Gestört fühlten sich jedoch andere, vor allem die Banken, weil er durch seine hektische Bauwut den Geldmarkt zu sehr in Anspruch nahm und sie dabei, bis auf wenige Ausnahmen, durch seine Finanzierungsmethoden ausschaltete. Das konnten und wollten sie ihm nicht verzeihen. Es wuchs aber auch die Zahl derjenigen, die bei den Strousbergschen Geschäften zwar irgendwie mit dabei waren, jedoch nicht auf ihre Kosten gekommen waren, die sich betrogen fühlten und Strousberg letztlich am liebsten dahin wünschten, woher er gekommen war. In einem Schreiben vom 23. Februar 1864, also schon ziemlich am Anfang der Regsamkeit Strousbergs, erwähnt Handelsminister von Itzenplitz, daß dieser viele Rivalen habe, er aber nützlich sei, weil nach den bestehenden Verhältnissen Staatsbahnen nicht zu bauen seien.[78]

Die dauernde Überbeanspruchung hinterließ natürlich auch bei Strousberg Spuren. Er wird gerade in dieser Zeit oft als aufbrausend, gereizt und schwierig geschildert. Strousberg gab das zu und sagte von sich: «In jener Zeit war ich übermenschlich tätig, hatte keine Zeit mit meinem inneren Menschen zu Rate zu gehen.»[79] Dabei spielte sicher nicht nur seine körperliche und geistige Belastung eine Rolle, sondern ebenso der psychische Druck, Erfolg haben zu müssen oder in einen Abgrund zu stürzen. Diese Gefährdung war sein ständiger Begleiter. Auch bei der Übernahme des Generalauftrages für die Berlin–Görlitzer–Eisenbahn wurde er von Befürchtungen gequält: «Ich sah voraus», so Strousberg, «daß mir Ärger, Gefahr und wahrscheinlich Verlust drohten.»[80]

Patriotismus

Strousberg sagt von sich aber nicht nur, daß er «übermenschlich tätig» gewesen war, sondern auch, daß er bis dahin vieles mit Glück zustande gebracht habe und sehr vermögend geworden sei. Bray, der bei den gleichen Bahnen dabeigewesen war, die Strousberg reich gemacht hatten, konnte das nicht von sich sagen. Er war einfach in der schlechteren Position gewesen und konnte sich höchstens damit trösten, daß diese ungünstige Position nun an Strousberg gefallen war. Eine Zeitlang jedoch schien alles gut zu gehen. Strousberg nahm den Bau der Berlin–Görlitzer–Eisenbahn wieder in vollem Umfang auf und bekam von der Seehandlung sogar bares Geld. Dieses vom ehemaligen Finanzminister Camphausen geleitete Geldinstitut übte damals quasi die Funktion einer Staatsbank aus. Die Seehandlung verwaltete im Einverständnis mit Strousberg ein Depot von Aktien der Berlin–Görlitzer–Eisenbahn, das als Baukapital diente, und sie zahlte darauf sogar bare Vorschüsse. Strousberg war damit sehr zufrieden, denn er bekam dadurch das zur Bauausführung notwendige Geld und brauchte so nicht ständig große Mengen Aktien auf den Markt zu bringen, was die Kurse erheblich gedrückt hätte. Die Seehandlung hatte da ganz andere Möglichkeiten, die Aktien vorsichtiger zu plazieren. In einem gewissen Umfang verbesserte Strousberg seine Zahlungsfähigkeit auch, indem er seine Subunternehmer und Lieferanten in Aktien bezahlte. Da er die Vergabe von Aufträgen von diesen Zahlungsbedingungen abhängig machte, viele Unternehmer aber von ihm die großen Aufträge erhalten wollten, blieb er damit nicht ohne Erfolg.

Im Jahre 1866 begann Strousberg ernstlich zu befürchten, daß eine politische und wirtschaftliche Lage eintreten könnte, die den Wert seines Aktiendepots erheblich verringern und den Absatz der Aktien verschlechtern würde. Er bat daher die Seehandlung, das Aktiendepot aufzulösen oder wenigstens erheblich zu verkleinern, weil er sichern wollte, auch langfristig über große Bargeldbeträge verfügen zu können. Die Seehandlung lehnte jedoch ab, hauptsächlich da sie keine Möglichkeiten sah, die dadurch hereinfließenden Gelder ansprechend zu verzinsen. Strousberg aber sollte mit seinen Befürchtungen recht behalten.

Es verstärkten sich die Anzeichen, daß die ständige Rivalität zwischen Österreich und Preußen, forciert durch die Politik Bismarcks, über kurz oder lang zum militärischen Konflikt führen würde. Hatten beide Mächte noch 1864 gemeinsam gegen Dänemark Front gemacht und sich die Kriegsbeute Schleswig-Holstein geteilt, so waren sie inzwischen längst wieder in ihre alte Konfrontation verfallen. Bismarck, der danach trachtete, ihr mit Gewalt ein Ende zu machen, wollte dabei den Kampf um die Vorherrschaft in Deutschland endgültig für Preußen entscheiden. Neben der diplomatischen und militärischen Vorbereitung des Krieges hatte Bismarck jedoch eine weitere schwierige Aufgabe zu lösen: Er mußte das zum Krieg notwendige Geld beschaffen.

Das aber war ein Problem. Preußen befand sich in einem schweren Verfassungskonflikt, da Bismarck seit 1862 nach einer parlamentarischen Ablehnung der vom König gewünschten Heeresreform ohne ein vom preußischen Abgeordnetenhaus bestätigtes Budget regierte. Steuererhöhungen und staatliche Kreditaufnahmen, die für die Kriegsfinanzierung hätten genutzt werden können, wären unter diesen Umständen vom Abgeordnetenhaus nicht gebilligt worden. Der Finanzminister Bodelschwingh, der Nachfolger von der Heydts, erklärte sich deshalb auch außerstande, die Mittel für den Krieg aufzubringen, obwohl ihn Bismarck so unter Druck setzte, daß er einen Nervenzusammenbruch erlitt und schließlich zurücktrat. Daraufhin berief Bismarck wieder von der Heydt zum Finanzminister. «Der Mann schafft Geld und das brauchen wir», war seine lakonische Begründung.[81] Doch auch von der Heydt fiel es schwer, das Geld aufzutreiben. Obwohl er als Bankier engste Beziehungen zur preußischen Finanzwelt hatte, war man dort nicht gerade davon begeistert, das militärische Vabanquespiel Bismarcks zu bezahlen. Viele Finanzleute standen zudem im Lager der liberalen Bourgeoisie, die, durch den Verfassungskonflikt noch zusätzlich gereizt, gegen die konservative und autoritäre Politik Bismarcks opponierte. Erschwerend kam noch hinzu, daß die gerade herrschende krisenhafte Wirtschaftslage natürlich alle Geldleute bewog, die Taschen zuzuknöpfen. Bismarck äußerte sich später über die Finanzsituation: «Die Möglichkeit, Preußische Kriegsanleihen durch inländische Mittel zu bestreiten, war früher, wie das Beispiel von 1866 gezeigt hat, kaum vorhanden, und die Berliner haute finance fühlte sich nicht stark genug an Kapital, um den Mut zu haben, das, was sie besaß, für das Schicksal des Staates aufs Spiel zu setzen.»[82]

Nun ging es aber weniger um das Schicksal des Staates, schon gar nicht um ein unprovoziertes Geschick, sondern um die Durchsetzung der preußischen Großmachtambitionen, um die Sicherung der Hohenzollernmonarchie und um Bismarcks eigene Position, die vor allem durch die ernsten innerpolitischen Schwierigkeiten bedroht war. So sehr, daß sein König fürchtete, den Ministerpräsidenten auf dem Schafott zu verlieren.

Obwohl Bismarck plötzlich gesamtnationale Töne anschlug und eine Reform der bestehenden Bundesverfassung forderte, verfing das bei breiten Volksschichten nicht. Es war auch vor allem ein taktischer Zug von Bismarck, der Österreich als Verteidiger der Bundesverfassung ins Unrecht setzen und die auf den deutschen Nationalstaat orientierte Bourgeoisie für Preußen gewinnen sollte. Friedrich Engels schrieb, das durchschauend, schon zwei Monate vor Ausbruch des Krieges an Karl Marx: «Der Krieg scheint mir hiernach sicher, und durch die neue österreichische Note, die an den Bund appelliert, sowie durch Monsier Bismarcks Antrag wegen eines deut-

Otto von Bismarck 1864

schen Parlaments – welch ein Rindvieh muß der Kerl sein zu glauben, das hülfe ihm auch nur ein Atom! – auch aus inneren deutschen Gründen unvermeidlich.»[83]

Die Kriegsgefahr aktivierte eine starke demokratische Bewegung, hauptsächlich getragen vom Kleinbürgertum und von der erstarkenden Arbeiterklasse, in einem Maße, wie es seit der Revolutionszeit 1848/49 nicht mehr geschehen war.[84] Der Demokrat Johann Jacoby verkündete damals die allseits populäre Losung: «Diesem Ministerium keinen Mann und keinen Groschen.»[85] Von der Heydt war daher im Auftrag Bismarcks bemüht, das Geld von anderer Seite, gewissermaßen hinter dem Rücken der Öffentlichkeit zu beschaffen. Trotz früherer Differenzen mit Bismarck wegen des Verfassungskonflikts stand er in der Kriegsfrage ganz auf dessen Seite. Ja, er drängte ihn, trotz der finanziellen Schwierigkeiten möglichst bald mit dem Krieg zu beginnen, weil er eine zunehmende Beeinflussung der Öffentlichkeit durch die Antikriegsagitation der demokratischen Bewegung fürchtete. Bismarck kam sogar in die komische Situation, von der Heydt zur Geduld zu ermahnen. «Erst solle es», bestimmte Bismarck, «eine Situation geben, bei der Österreich als Angreifer auftrete.»[86]

Der Finanzminister verstand und machte sich dennoch eiligst an seine Aufgabe. In der Staatskasse allerdings fand er lediglich ein millionenschweres Aktienpaket der Köln–Mindener–Eisenbahngesellschaft vor. Ein Jahr zuvor, am 18. Juli 1865, hatte die preußische Regierung auf ihr Recht, die Aktien der Bahn anzukaufen, gegenüber der Gesellschaft verzichtet. Als Entschädigungssumme waren 13 Millionen Taler vereinbart worden. Davon flossen bis zum Januar 1866 rund 5,7 Millionen Taler bar in die Staatskasse, die weiteren 7,3 Millionen wurden dagegen in Aktien der Köln–Mindener–Eisenbahn gezahlt. Dieses Aktienpaket galt es nun vor allem zu Geld zu machen. Von der Heydt stand dabei freilich vor den gleichen Schwierigkeiten, wie sie Strousberg hatte, wenn er ein großes Aktienpaket seiner Eisenbahnen verkaufen wollte. Doch der entscheidende Unterschied war, daß der Finanzminister zu den Bankiers die ungleich besseren Beziehungen hatte, und zwar nicht zu irgendwelchen, sondern zu den allerersten Größen: Adolph Hansemann und Gerson Bleichröder.

Adolph Hansemann hatte seine Bank, die Disconto-Gesellschaft, von Vater David Hansemann, dem früheren preußischen Ministerpräsidenten der Revolutionszeit, übernommen. Er steckte, ebenso wie Bleichröder, der Vermögensverwalter und Intimus Bismarcks, ohnehin tief im Eisenbahngeschäft, der damals zweifellos wichtigsten Investitionsanlage. Freunde von Strousberg waren sie – gerade wegen ihrer eigenen Eisenbahninteressen – beide nicht. Der Finanzminister bat Hansemann und Bleichröder unter Hinweis auf die staatspolitische Dringlichkeit, den Verkauf des großen Aktienpaketes in die Wege zu leiten. Diese bildeten ein Konsortium, das für den Ankauf in Frage kam. Das Aktienpaket der Köln–Mindener–Eisenbahn übertraf zu diesem Zeitpunkt seinen Nominalwert um siebzehn Prozent. Obwohl die Konsortiumsmitglieder wußten, daß bei dieser Angelegenheit auch ihr Patriotismus gefragt war, dachten sie lediglich ans Geschäft. Sie blieben mit ihrem Angebot konsequent bei nur fünf Prozent über dem Nominalwert, allein Hansemann und Bleichröder waren bereit, zehn Prozent zu geben.[87] Immerhin lag auch das noch weit unter dem tatsächlichen Börsenwert. Das erbitterte von der Heydt ebenso wie Wilhelm I. und Bismarck. Es wurde daher beschlossen, die Aktien der Seehandlung zu übergeben, die sie in einzelnen Raten verkaufte. Allein, die Einnahmen reichten für den vorgesehenen Zweck nicht aus, und so ließ Bismarck noch zusätzlich und illegal für hundertzehn Millionen Taler Darlehenskassenscheine drucken.[88]

Während Bismarck mit ganzer Kraft versuchte, den angestrebten Krieg zu finanzieren, und dabei auch vor kriminellen Aktivitäten nicht zurückschreckte, wuchs die Antikriegsbewegung landauf, landab. Aus allen Teilen Deutschlands trafen damals Friedenspetitionen in Berlin ein, die sich gegen den bevorstehenden, als Bruderkrieg empfundenen Konflikt aussprachen. Kleinbürgerliche und proletarische Kräfte waren zwar entschlossen, entschiedenen Widerstand gegen den Krieg zu leisten, zu übersehen war aber nicht, daß Bismarcks Vorgehen die liberale Bourgeoisie in ein heftiges Dilemma stürzte. Bismarcks demagogischer Vorschlag zur Einberufung eines gesamtdeutschen Parlaments auf der Grundlage des allgemeinen, gleichen und direkten Wahlrechtes hatte seine Wirkung auf die Liberalen nicht verfehlt, gehörte gerade das doch bisher zu ihren wichtigsten Programmpunkten. Der sich bei den Liberalen ausbreitende Opportunismus führte zur Spaltung und damit Schwächung der Antikriegsbewegung. Bismarck konnte daher seine kriegerischen Absichten

Adolph von Hansemann

Gerson von Bleichröder

weiter verfolgen. Unter einem nichtigen Vorwand ließ er im Juni 1866 preußische Truppen in das von Österreich verwaltete Holstein einmarschieren, nachdem er vorher bereits einen Bündnisvertrag mit Italien geschlossen hatte. Österreich erklärte daraufhin am 11. Juni 1866 Preußen den Krieg.

Für Strousberg war der Kriegsausbruch nicht unerwartet gekommen. Zum einen standen ihm die Informationen vieler einflußreicher Leute zur Verfügung, zum anderen wurde er, wahrscheinlich kurz nach der entscheidenden Kronratssitzung vom 28. Februar 1866, wo der Kriegsbeschluß fiel, zum Kriegsminister von Roon gebeten. Dieser sagte zu Strousberg etwas verschlüsselt, aber eindeutig genug: «Es könne möglich sein, daß unter Eventualitäten, die Gott verhüten wolle, die Linie von Cottbus bis Berlin dem Staate von Nutzen sein könnte.»[89] Roon fragte Strousberg, ob er die Bahn, die noch mitten im Bau steckte, für einen provisorischen Betrieb fertigstellen könnte. Strousberg bejahte das, wies aber darauf hin, daß dadurch erhebliche Mehrkosten entstünden. Auf seine Frage, ob der Staat das Geld dafür bereitstellen würde, mußte der Minister bekennen, daß ihm dazu die Mittel fehlten. Er appellierte daher an Strousbergs Patriotismus, zu tun, was er könne. Das sagte ihm Strousberg zwar zu, aber er hätte nicht Strousberg sein müssen, wenn er nicht doch noch versucht hätte, für sich etwas herauszuholen. Da die Aktienkurse, bedingt durch die Kriegsgerüchte, stark nachgaben und Strousberg ohnehin ständig an Bargeldmangel litt, bat er Roon, sich bei dem Finanzminister, es war nach Strousbergs Erinnerung noch Bodelschwingh, für eine günstige Beleihung seines bei der Seehandlung befindlichen Aktiendepots einzusetzen, was von Roon auch zusicherte.

Doch bei einem Gespräch mit dem Präsidenten der Seehandlung mußte Strousberg feststellen, daß daraus nichts wurde. Mit dem Hinweis auf die Verpflichtungen, die die Seehandlung gerade jetzt gegenüber dem Staat habe, eröffnete dieser ihm sogar, daß auch die Vorauszahlungen auf das bei der Seehandlung liegende Aktiendepot nicht mehr geleistet werden könnten. Vielmehr sollte Strousberg die erhaltenen Vorschüsse umgehend zurückzahlen, oder die Seehandlung sähe sich gezwungen, zu ihrer eigenen Absicherung Verkäufe aus Strousbergs Aktiendepot vorzunehmen. Da Strousberg die Vorschüsse nicht zurückzahlen konnte, verfuhr die Seehandlung auch danach. «Ich hatte inzwischen», bemerkte Strousberg zu dieser Situation, «um mein dem Kriegsminister gegebenes Versprechen zu erfüllen, den Bau forciert, mich in Zahlungsverpflichtungen eingelassen, die mich zwangen, die mir nun für meine Zertifikate (bestätigte Bauabrechnungen – M. O.) gegebenen Effekten ... auf den Markt zu werfen, und dabei mit noch schlechteren als den von der Seehandlung erzielten Kursen zufrieden zu sein.» «Mein Verlust», klagte Strousberg, «war ein ganz enormer und, ob dazu berechtigt oder nicht, hielt ich mich durch die Seehandlung geschädigt, weil ich die Handlungsweise als hart und nach meiner Auffassung im Widerspruch mit der mir zugesagten Beleihung fand.»[90]

Die flüssigen Mittel wurden Strousberg nun äußerst knapp und behinderten die Bauarbeiten, ausgenommen die Berlin–Görlitzer-Eisenbahn, die er schnell vorantrieb. Als der Krieg schließlich ausbrach, wurde die Arbeit auf vielen Strecken eingestellt, weil die Arbeitskräfte zum Militär eingezogen wurden. Die Eisenbahnstrecke von Berlin nach Cottbus aber war noch rechtzeitig, wie Strousberg es zugesagt hatte, fertiggestellt worden. Bedeutung für den Krieg erlangte sie jedoch nicht, was Strousberg sehr bekümmerte, da ihm dadurch die nicht unbeträchtlichen Einnahmen am Militärtransport, mit denen er gerechnet hatte, entgingen.

Eisenbahnkönig

Dieser Titel verknüpfte sich mit Strousbergs Namen vor allem in den folgenden drei Jahren. Die begonnenen Bahnen wurden fertiggestellt, darunter die Rechte Oderuferbahn und die Berlin–Görlitzer–Eisenbahn, was zweifellos seine Position festigte und das Vertrauen in seine Unternehmungen stärkte. Seine ständigen Zahlungsschwierigkeiten waren damit jedoch nicht behoben, seine Aktien ließen sich nach wie vor nur weit unter ihrem Nennwert verkaufen, zudem mußte er auch immer wieder Verluste hinnehmen. Bei der Berlin–Görlitzer–Eisenbahn soll Strousbergs Manko etwa zwei Millionen Taler betragen haben. Doch die neuen Projekte stopften immer wieder auftretende Löcher. Für die Märkisch–Posener–Eisenbahn wurde die Konzession am 25. März 1867 erteilt, die Halle–Sorau–Gubener–Eisenbahn erhielt ihre Konzession am 3. Februar 1868, und für die ungarische Nordost-Bahn, die auch Budapest berühren sollte, kam eine Vereinbarung im März 1868 zum Abschluß.

Der schnelle Sieg der Preußen über Österreich und die Errichtung der preußischen Vormachtstellung in Deutschland hatte politisch wie wirtschaftlich bedeutsame Folgen, die auch auf Strousbergs Unternehmertätigkeit nicht ohne Einfluß blieben. Es entstand der Norddeutsche Bund, der allgemein als die erste Etappe auf dem Wege zur Bildung des sogenannten kleindeutschen Nationalstaates unter Preußens Führung angesehen wurde. Die süddeutschen Staaten, formell noch selbständig, wurden durch einen neuen Zollvereinsvertrag eng an den Norddeutschen Bund gefesselt. Mit der Okkupierung von Hannover und Kurhessen, deren Herrscher auf der Seite Österreichs gestanden und deshalb ihren Thron verloren hatten, sowie durch die Annexion Schleswig-Holsteins und Lauenburgs vergrößerte sich das preußische Staatsgebiet erheblich. Bismarck, der Sieger des Krieges, war damit zur politisch maßgebendsten Persönlichkeit in Deutschland aufgestiegen, und auch die Gestaltung der neuen politischen Verfassung trug deutlich seine Handschrift. Das Überraschendste an der Verfassung des Norddeutschen Bundes stellte zweifellos das allgemeine, gleiche und geheime Wahlrecht dar. Bismarck hatte damit zwar vor dem Krieg Österreich düpiert, daß es ihm mit seinem Vorschlag aber wirklich Ernst war, hatte wohl kaum einer geglaubt. Allerdings ging es Bismarck so, daß er die Geister, die er rief, nicht mehr bannen konnte. In seinem eigenen Verfassungsentwurf berücksichtigte er auch nur einen Teil seines versprochenen Wahlrechtes, die geheime Abstimmung ersetzte er durch die öffentliche Stimmabgabe. Außerdem sollte der zu wählende Reichstag keine wesentlichen Entscheidungsbefugnisse erhalten, selbst das Recht der Haushaltsbewilligung und der Militärausgaben wurden, eingedenk seiner Erfahrungen mit dem preußischen Abgeordnetenhaus, stark beschnitten. Doch dem demokratischen Streben breiter Volksschichten, an dem auch die liberale Bourgeoisie noch ihren Anteil hatte, gelang es schließlich doch, die geheime Wahl durchzusetzen und dem Norddeutschen Reichstag größere Kompetenzen zu sichern. Durch die Rolle Preußens, des größten Staates in diesem Bund, mit seiner reaktionären Staatsgewalt, hatte das neue staatsrechtliche Gebilde aber auch viele halbautoritäre Züge angenommen. Allerdings waren für die weitere Entwicklung des Kapitalismus – und hier nicht zuletzt des Eisenbahnbaus – durch die wirtschaftliche Einigung Deutschlands im Zollverein nunmehr günstigere Bedingungen geschaffen worden.

Der erwartete wirtschaftliche Aufschwung stellte sich jedoch nicht sofort ein. Die Jahre 1866/1867 brachten sogar eine ausgesprochene Wirtschaftskrise, während der sich die Lage der Arbeiterklasse und des Kleinbürgertums erheblich verschlechterte. Außerordentlich viele selbständige Gewerbetreibende verloren ihre wirtschaftliche Existenz und wurden ins Proletariat hinabgestoßen. Die Bourgeoisie versuchte, die Krise durch eine Erweiterung ihrer Produktionsbasis und kostensparender Produktionsmethoden zu bewältigen. Strousberg ging dabei mit voran. Er schuf bereits im Zeitalter der freien Konkurrenz ein ungewöhnliches konzernartiges Gebilde, in dem er verschiedene Betriebe für die Produktion von Eisenbahnmaterial zusammenfaßte. So erwarb er 1867 das Stahlwerk Dortmunder Hütte Gustav Arndt & Co, die spätere Dortmunder Union, und die Egestorffsche Maschinenfabrik in Hannover, die später unter dem Namen «Hanomag» weltberühmt wurde. Mit der Dortmunder Union schuf Strousberg das erste gemischte Eisen- und Stahlwerk und führte bei ihr auch als erster das Bessemerverfahren in Deutschland ein.[91] In Dortmund ließ Strousberg große Mengen Bahnschienen für den eigenen Bedarf produzieren, in Hannover wurden Lokomotiven gebaut. Zu diesen Betrieben kamen noch ein Hochofenwerk in Ostfresen, die Neustädter Hütte bei Hannover, Kohlezechen wie «Glückauf» und «Curl» und einige Eisengruben im Siegerland, um nur das Wichtigste zu nennen. Durch den Erwerb dieser Unternehmungen versuchte Strousberg etwas unabhängiger von den Lieferanten zu werden, deren Monopolstellung er, beispielsweise beim Ankauf von Borsig-Lokomotiven, als Preis- und Zahlungsdiktate zu spüren bekam. Natürlich sollten «seine» Werke auch das Eisenbahnmaterial billiger als andere liefern und es ihm so ermöglichen, beim Bahnbau zusätzliche Gewinne zu machen.

Parallel zum Ausbau seiner wirtschaftlichen Stellung unternahm Strousberg den Versuch, politischen Einfluß zu gewinnen. Zu diesem Zweck gründete er 1866 in Berlin die Tageszeitung «Die Post», die in der Jägerstraße ihre Redaktionsräume hatte. «Die Post», die weitgehend konservative Politik vertrat, entwickelte sich zu einer recht angesehenen Zeitung, zumal sie ihre Grundtendenz in milderer Form als etwa die stockkonservative «Kreuzzeitung» verkündete. Natürlich nutzte Strousberg das neue Publikationsorgan auch zur Vertretung seiner wirtschaftlichen Interessen. Es erschienen diverse Anzeigen und redaktionelle Beiträge, die sich auf Strousbergs Unternehmungen bezogen.

Geworben wurde ebenfalls für die Benutzung der Berlin–Görlitzer–Eisenbahn. In knappen fünf Stunden, so versprach man, konnte man von Berlin aus Cottbus erreichen. Aber man empfahl auch den Besuch der an der Bahnstrecke gelegenen Orte: «Besonders dem Naturfreund wird ... Gelegenheit geboten», hieß es da, «alle die schönen Punkte unseres romantischen Spreewaldes, welche uns diese Eisenbahn erschließt, mit Muße zu genießen.»[92] Es werden dann

Güterzuglokomotive von 1861 der Braunschweigischen Staatseisenbahn, gebaut von Egestorff, Hannover

Personenzuglokomotive von 1862 der Altona–Kieler–Eisenbahn, gebaut von Egestorff, Hannover

Schnellzuglokomotive von 1863 der Altona–Kieler–Eisenbahn, gebaut von Egestorff, Hannover

Schnellzuglokomotive von 1863 der Älteren Mecklenburger Eisenbahn, gebaut von Egestorff, Hannover

Grünau, Königs Wusterhausen, Halbe, Lübben, Lübbenau, Vetschau und andere Ausflugsmöglichkeiten mit den entsprechenden gastronomischen «Etablissements» genannt. Man veröffentlichte in der «Post» außerdem geschickte Feuilletons, die die landschaftlichen Reize und die historische Bedeutung der Orte hervorhob, die die Berlin–Görlitzer–Eisenbahn berührte.

Insgesamt werden die freundlichen Artikel und großen Anzeigen für Strousbergs Unternehmungen ihre Wirkung kaum verfehlt haben, wie überhaupt die Beeinflussung der breiten Öffentlichkeit durch Wirtschaftsnachrichten dieser Art nicht zu unterschätzen war. «Die größte Börsenreklame», heißt es in einer fachkundigen Publikation, «macht laufend die Presse, die es seit der Entstehung der Börse für selbstverständlich hält, genauso wie über Politik, über Morde oder große Erbschaften regelmäßig über die Wertpapierkurse zu berichten. Allein schon die tägliche Veröffentlichung des Kurszettels ist eine gewaltige Gratisreklame für das Börsengeschäft.»[93]

Neben diesen ökonomischen Vorteilen einer eigenen Tageszeitung, die in ihrem eigentlichen Betrieb immer auf Zuschüsse angewiesen war, wurde auch Strousbergs politischer Stellenwert durch «Die Post» wesentlich gehoben. Und politischer Einfluß ließ sich relativ schnell in neue wirtschaftliche Erfolge ummünzen. Strousberg fühlte sich in Preußen vor allem dem konservativen Lager verbunden. Vielleicht überraschend bei seiner oft verkündeten Vorliebe für die englischen Verfassungszustände und ihre liberalen Grundlagen, erklärlich jedoch durch seine vielen geschäftlichen Verbindungen zu adligen Kreisen. Seinen Konservatismus begründete Strousberg aber auch mit einer «grundsätzlichen Einstellung», die allerdings von einer recht bescheidenen politischen Aussagekraft ist. «Ich bin aus praktischen Gründen in allen Sachen für die Entwicklung und Verbesserung, nirgends für die Umwälzung», äußerte er. «In meinen Verwaltungen war dieses stets das mich leitende Prinzip. Ich habe meine Güter verbessert, habe kleine Fabriken zu den großen und großartigsten gestaltet, aber immer auf dem gegebenen Boden; ich habe angereiht, vergrößert und verbessert, die vorgefundenen Verhältnisse aber stets in Rechnung genommen und benutzt. Aus den selben Gründen bin ich als Politiker konservativ.»[94]

Werbeanzeige für «Die Post»

Die Konservative Partei bot zu der Zeit, als Strousberg seine «Post» gründete und er es für wünschenswert hielt, auf der politischen Bühne zu erscheinen, kein einheitliches Bild. Die Konservativen, die bis 1866 Bismarcks Politik getragen hatten, gerieten über dessen, auf die deutsche Einigung ausgerichtete Strategie aneinander und spalteten sich im Juli 1866. Der kleinere Teil der konservativen Abgeordneten im preußischen Abgeordnetenhaus, der Bismarcks Politik befürwortete, gründete daraufhin die Freikonservative Partei unter Führung des Großgrundbesitzers und Industriellen Wilhelm von Kardorff. Strousberg besaß sowohl in der alten Konservativen Partei als auch in der neuen enge Freunde und Geschäftspartner. Er kam dadurch mit seinem beabsichtigten politischen Engagement in eine arge Zwickmühle. In der Freikonservativen Partei waren immerhin mit dem Herzog von Ujest, dem Fürsten von Pleß, dem Herzog von Ratibor und mehreren Vertretern der fürstlichen Familie Hohenlohe, die auffallend zahlreich in der neuen Partei vertreten war, einige Repräsentanten des Hochadels, mit denen Strousberg bei seinen Eisenbahnbauten zusammenarbeitete. Außerdem hatte Strousberg keine solchen politischen Bedenken gegen Bismarcks Kurs, wie sie in der Konservativen Partei vorherrschten, wo man argwöhnte, daß Preußen in einem größeren Reich aufgehen würde und traditionelle Privilegien beeinträchtigt werden könnten. Strousberg hat daher auch erst bei den Freikonservativen durch einen Mittelsmann anfragen lassen, ob er bei ihnen willkommen sei. Kardorffs Antwort lautete: «Sagen Sie Dr. Strousberg, er sei Rennstallbesitzer und werde als solcher wissen, daß man einen Zweijährigen nicht unter zu hohem Gewicht laufen lassen dürfe. Wir Freikonservativen sind eine junge Fraktion und können daher ein so schweres Gewicht wie ihn nicht tragen.»[95] Kardorff scheint ein sicheres Gespür dafür gehabt zu haben, daß Strousberg zu einer Belastung für seine Partei werden konnte. Dieser gab aber damit seine politischen Ambitionen nicht auf, denn bei den Alt-Konservativen konnte man sein Gewicht offenbar tragen. Anläßlich der Wahlen zum Norddeutschen Reichstag stellten sie ihn als Kandidaten für einen Abgeordnetensitz in dem ostpreußischen Wahlkreis Allenstein-Rössel auf, den er auch gegen von Hoverbeck von der Fortschrittspartei eroberte.

Am 23. März 1868 wurde im Weißen Saal des Berliner Schlosses der neugewählte Reichstag von Wilhelm I. eröffnet. Nach vorangegangenem Gottesdienst, getrennt nach evangelischer und katholischer Konfession, hörten sich die Abgeordneten stehend die Thronrede des Königs an. Die eigentliche Tagungsstätte des Reichstages war jedoch der Saal des preußischen Herrenhauses. Dort begann die Abgeordnetentätigkeit für Strousberg mit einem Schreckschuß. In einem Mandatsprüfungsbericht verkündete der Abgeordnete Aßmann in der Plenarsitzung des Reichstages am 30. März 1868, daß gegen die Wahl Strousbergs ein Protest eingegangen sei. Als Gründe dafür wurden Wahlbeeinflussung und Formwidrigkeiten angegeben. Die Wahlbeeinflussung, so hieß es, bestand in dem Versprechen Strousbergs, nach seiner erfolgten Wahl dem Wahlkreis als Dank eine Eisenbahn zu bauen. Bei den meisten Abgeordneten bewirkte diese Aussage nur Heiterkeit. Auch die Prüfungskommission hielt diese Wahlbeeinflussung für nicht schwerwiegend genug, um ihm das Mandat abzusprechen. Die Formfehler, hier handelte es sich um unvollständig ausgefüllte Wahlunterlagen, wurden dagegen als gravierender angesehen und führten zur Beanstandung der Wahl.[96] Nach einigen Wochen erfolgte dann die endgültige Entscheidung, daß die

Wahl gültig gewesen sei. Auch wenn man alle Stimmen abziehe, bei denen Unregelmäßigkeiten vorgekommen sind, erklärte man, bliebe für Strousberg dennoch eine Majorität übrig.[97]

Bei ähnlich gelagerten Fällen zeigte man sich ebenso großzügig. Der Abgeordnete Graf Helldorf aus dem 7. Merseburger Wahlbezirk wurde ebenfalls bestätigt, obwohl sich herausgestellt hatte, daß dort eine grobe Wahlbeeinflussung, ja Wahlnötigung, stattgefunden hatte. Vor der Wahl hatte der Landrat von Merseburg, Weidlich, dem Bürgermeister von Merseburg klargemacht, daß es dessen Pflicht sei, für «gute Wahlen» zu sorgen, und daß die Wahlvorsteher dafür etwas tun sollten. Einer der Wahlvorsteher, der Ortsrichter Bock, tat das denn auch so massiv, daß er diejenigen Wähler festzunehmen drohte, die einen unliebsamen Kandidaten gewählt hatten. Hinzu kam, daß er sich weigerte, deren Stimmzettel in die Wahlurne zu werfen.[98] So wurde das neue Wahlrecht gehandhabt, wenn es galt, Kandidaten aus dem feudal-bürgerlichen Lager bei der Wahl durchzubringen. Wilhelm Liebknecht, der im Norddeutschen Reichstag an der Seite von August Bebel kämpfte, bezeichnete denn auch mit Recht dieses Parlament als ein «Feigenblatt des Absolutismus».[99]

Die Mehrheit der Abgeordneten gehörten der Nationalliberalen und der Freikonservativen Partei an, die die Politik Bismarcks unterstützten. In Opposition zum Kanzler standen, wenn auch aus reaktionärsten Gründen, die Altkonservativen, bei denen Strousberg Platz genommen hatte. Dieser fühlte sich aber als Gegner der Regierung alles andere als wohl. Zuviel hing für seine Geschäfte schon allein vom Handelsminister ab, ganz abgesehen davon, daß er außerdem seine regierungsfreundlichen Geschäftspartner in anderen Parteien nicht verärgern wollte. So nahm er in den drei Jahren seiner Zugehörigkeit zum Norddeutschen Reichstag nie das Wort im Plenum, und das lag nicht nur an einem Sprachfehler, der ihn bei öffentlichen Reden etwas behinderte. «Ich konnte mich nie», begründete er sein Schweigen, «mit meiner Partei eins fühlen.»[100] Es war ja auch etwas zufällig, daß er ihr angehörte. Strousbergs Name wurde im Reichstag eigentlich nur bei der Anwesenheitskontrolle genannt, die ihn häufig als fehlend registrierte.[101] August Bebel erwähnt ihn in seiner Autobiographie als Abgeordneten und fand, daß er schon äußerlich einen höchst unsympathischen Eindruck machte.[102] Offiziell arbeitete Strousberg im Parlament mit an der Ausarbeitung der neuen Gewerbeordnung des Norddeutschen Bundes. Mitte 1868 wurde vom Reichstag die Aufhebung der mittelalterlichen Schuldhaft verfügt, die bis dahin einen Schuldner ins Gefängnis brachte. Man kann sicher sein, daß Strousberg mit Überzeugung dahinter stand, denn er fürchtete sich stets davor, am Ende nur Schulden zu haben.

Zum Abschluß der 1. Session des Reichstages wurden die Abgeordneten am 20. Juni 1868 dann wieder zum König befohlen. Das las sich in der «Spenerschen Zeitung» so: «In Gemäßheit der Allerhöchsten Botschaft vom 17. d. M. versammelten sich heute Nachmittag 3 Uhr zum feierlichen Schluß der gegenwärtigen Sitzungsperiode des Reichstages des Norddeutschen Bundes die Mitglieder desselben und diejenigen, welche zur Beiwohnung dieses Aktes Einladungen erhalten hatten ...»[103] Zu den Eingeladenen gehörten die preußischen Staatsminister, die Generalität, die Wirklichen Geheimen Räte, die Räte erster Klasse und die Vortragenden Räte der Ministerien, die gesondert von den Abgeordneten Aufstellung nahmen. Die ausländischen Vertreter am preußischen Hofe waren ebenfalls geladen und nahmen eine für sie reservierte Loge ein. Die Abgeordneten dagegen stellten sich im Halbkreis um den Thronsessel auf. Natürlich in gehörigem Abstand. Dann erschienen nach dem Protokoll der Bundeskanzler und die Vertreter der Bundesländer, die den Bundesrat bildeten. Als alles soweit geordnet war, begab sich der Stellvertreter des verhinderten Bundeskanzlers, der Staatsminister von Friesen, in die Rote Samtkammer des Schlosses, wo sich der König und sein Gefolge aufhielten, und meldete den Vollzug der protokollarischen Vorschriften.

Die Schilderung des weiteren Fortgangs der Zeremonie überlassen wir des eindrucksvollen Zeitkolorits wegen wieder der «Spenerschen Zeitung»: «Allerhöchst dieselben erschienen bald darauf in Begleitung Ihrer königlichen Hoheiten des Kronprinzen und der übrigen Prinzen des königlichen Hauses mit Allerhöchstem und Höchstem Gefolge im Weißen Saale und wurden bei Allerhöchst ihrem Eintritt mit einem freudigen, dreimaligen Hoch, welches der Präsident des Reichstages, der Königlich-preußische Appellationsgerichts-

Die Abgeordneten des Norddeutschen Reichstags hören stehend die Thronrede Wilhelms I. an

Vicepräsident Dr. Simson mit den Worten: ‹Se. Majestät der König von Preußen, der Schirmherr des Norddeutschen Bundes, er lebe hoch!› ausbrachte, von der Versammlung empfangen.»[104]

Der König nahm dann Platz auf dem Thronsessel, während sich die ihn begleitenden «königlichen Hoheiten nebst Allerhöchstem und Höchstem Gefolge» rechts davon aufstellten. Danach trat entsprechend dem Zeremoniell sich verneigend der Vorsitzende des Bundesrates vor und übergab dem König die ausgearbeitete Thronrede, die dieser daraufhin mit bedecktem Kopf verlas. Danach ging der König – begleitet von den Hochrufen der Zurückbleibenden – sofort wieder aus dem Saal. Der autoritäre Charakter des Norddeutschen Bundes offenbarte sich nicht zuletzt in diesem Zeremoniell. Die Bourgeoisie akzeptierte das aber nicht nur, sondern stand in ihrer überwiegenden Mehrheit auch hinter dem neuen Bundesstaat, der ihrem wirtschaftlichen Machtzuwachs keine Schranken anlegte und am Ende der sechziger Jahre schon vornehmlich ihren Interessen diente.[105]

Die Vertretung dieser Interessen im Norddeutschen Reichstag war nach Strousbergs Geschmack aber viel zu allgemein und – was die persönlichen Interessen betraf – viel zu verklemmt und verheuchelt. «Bei uns in den Kammern», schrieb er, «also im öffentlichen Leben, wetteifert man so zu erscheinen als stünde man allen eigenen Berufs-Interessen fern.»[106] Die Zwangslage, nie ganz deutlich werden zu können, was den eigenen Vorteil betraf, oder möglicherweise als übler Patron angesehen zu werden, trug sicherlich zu seiner sich bald abzeichnenden Unlust am parlamentarischen Leben mit bei. «Schöne Reden sind leicht», äußerte er sich wegwerfend, «allgemeine Prinzipien klingen einnehmend und man kann leicht, wenn man nur in die Ferne blickt und das Rechts und Links unbeachtet läßt, sich für Sachen interessieren, ganze Menschenklassen irre leiten . . ., aber wehe dem Lande, wo der Rhetoriker regiert, da kommt der gesunde Verstand und das umfassende Denken nicht zur Geltung.»[107]

Die Reden, die in dieser Art im Reichstag gehalten wurden, langweilten ihn, und er entzog sich ihnen nach Möglichkeit, zumal sich seine ursprünglichen Erwartungen, die er mit seiner Abgeordnetentätigkeit verbunden hatte, nicht erfüllten. Bald verschlangen Strousberg denn auch wieder seine zahlreichen Geschäfte, die zwar immer unübersichtlicher wurden, bei denen aber weniger geheuchelt, dafür mehr zur Sache gegangen wurde. Strousberg, der selbst auch gern die «höheren Interessen» anführte, wenn er die eigenen meinte, kannte die wirklich herrschenden Maximen des Geschäftslebens ziemlich genau – vor allem im Handeln der anderen. Die Maximen, die natürlich auch ihn leiteten, akzeptierte er und begründete sie mitunter lakonisch mit den bestehenden Verhältnissen. «Geldhandel», meinte er, «bedingt Härte und viele andere Eigenschaften, die nicht gerade zu den edelsten der Menschheit gezählt werden können. Es ist aber auch nicht zu verlangen, daß die Mehrheit der Menschen besser sein sollte wie ihre Zeit, wie dieses ihr Beruf bedingt, und wie es das von ihnen gehandhabte System mit sich bringt.»[108]

Ein Vertrag wird geschlossen

Behäbigkeit und Luxus

Der Bau der Berlin–Görlitzer–Eisenbahn trug dazu bei, das Gesicht Berlins zu verändern und seine Entwicklung zur industriellen Großstadt voranzutreiben. Entlang der Bahnstrecke entstanden die neuen Gemeinden Adlershof und Grünau; andere, bereits existierende Orte wie Johannisthal, Glienicke, Schmöckwitz, Eichwalde und Zeuthen erlebten einen bedeutenden Aufschwung. Der Vorortverkehr auf dieser Strecke erhöhte sich und erreichte noch im vorigen Jahrhundert eine Transportleistung von täglich rund 70 000 Personen.[1] Auch der Wochenendverkehr wuchs beträchtlich, da in der Nähe der Bahnlinie, besonders in Niederschöneweide und Oberspree, zahlreiche außerordentlich beliebte Ausflugslokale ihre Tore öffneten.[2] Die Vororte dehnten sich aus, man baute viele Siedlungshäuser, und auch die Industrie errichtete dort bedeutende Fabrikanlagen. Negativ verbunden mit diesem Bauboom war allerdings die wild wuchernde Bodenspekulation, die die Bodenpreise nach oben schnellen ließ.

Der Görlitzer Bahnhof, der Ausgangsbahnhof der Bahn, befand sich im Südosten der Stadt zwischen der Wiener und der Görlitzer Straße auf einem vormals noch unbebauten Gelände. Strousberg hatte für die Anlage des Bahnhofs diese 4,4 Hektar große Fläche gewählt, weil sie relativ billig zu haben war und er sich im Hinblick auf die weitere Bebauung in Bahnhofsnähe einen kräftigen Zusatzgewinn durch Bodenspekulation erhoffte. Als auf diesem Feld dann von 1866 bis 1868 der riesige Görlitzer Bahnhof mit seinen fast 12 000 Quadratmeter Grundfläche und seinem monumentalen Aussehen entstand, staunten die Berliner nicht schlecht. Den mächtigen Ziegelbau, den außer einigen Tonplattenbändern und Gesimsen aus Formstein keinerlei auffällige Verzierungen schmückten, ließ Strousberg von seinem Lieblingsarchitekten, August Orth, bauen. Bei der Strekkenführung durch Berlin wurden bedeutende technische Leistungen erreicht, so zum Beispiel die von Orth konstruierte Eisenbahnbrücke über den Landwehrkanal. Allerdings mußte der technische Fortschritt auf Grund des mangelnden Arbeitsschutzes beim Bahnbau und Bahnbetrieb mit vielen Opfern bezahlt werden. So meldete die «Spenersche Zeitung» für den 24. April 1868 gleich zwei Unfälle bei der «Berlin–Görlitzer». «Am 24. d. M.», hieß es da, «wurde auf dem Görlitzer Bahnhof ein Lampenputzer, als er während des Rangierens eines Zuges zwischen zwei Wagen durchkriechen wollte, von einem Rade erfaßt, zu Boden gerissen und dadurch, daß ihm der rechte Arm abgequetscht wurde, lebensgefährlich verletzt. An demselben Tage verunglückte eben dort der Arbeiter F. Demselben wurde beim Abladen eines etwa 10 Zentner schweren Sandsteinblockes die linke Hand zerquetscht.»[3] Oft wurden solche Nachrichten aber unterdrückt, wie man der «Vossischen Zeitung» vom 14. November 1868 entnehmen konnte, in der ein Leser anfragte, warum der bei der Entgleisung zweier Lokomotiven entstandene Schaden der Öffentlichkeit verschwiegen wurde.[4]

Wirtschaftlich reiften nicht alle Blütenträume der Aktionäre, zumindest nicht gleich. Ursprünglich als Verbindungslinie zwischen Berlin und Wien geplant, erwies sich bald, daß der Durchgangswagen über Görlitz-Seidenberg kaum genutzt wurde. Man mußte sich daher entschließen, diesen Verkehr wieder einzustellen.

In der ersten Zeit kam am Görlitzer Bahnhof vor allem Getreide aus den Gebieten entlang der Strecke, später auch aus Österreich an. Besonders die Großgrundbesitzer, die wegen ihrer Güter den Strekkenbau unterstützt hatten, sahen ihre Erwartungen für einen besseren Absatz ihres Getreides in Berlin nicht enttäuscht. Zunehmend an Bedeutung gewann die Bahn dann außerdem durch den Transport der böhmischen und Lausitzer Braunkohle nach Berlin. Positiven Einfluß hatte die Eisenbahn auf die Entwicklung der Städte Görlitz, Cottbus und Spremberg, in denen alte Industrien, wie das Textilgewerbe, zu neuer Blüte kamen, sich aber auch ganz neue Gewerbe entwickelten. Es erwies sich also mit der Zeit, daß die «Berlin–Görlit-

Vorortbahn Berlin–Grünau
der Berlin–Görlitzer–Eisenbahn 1877

Der Görlitzer Bahnhof in Berlin

zer» durchaus nicht eine Bahn nach «Nirgendwohin» war, wie böse Zungen es anfangs behaupteten.

Nach der Fertigstellung der Bahn war Strousberg eifrig und erfolgreich bemüht, mit Grundstücksspekulationen große Gewinne zu machen. Rund um den Görlitzer Bahnhof entstanden bald Arbeiterwohngebiete mit zahlreichen kleineren Gewerbebetrieben, so daß die Grundstückspreise rapide in die Höhe gingen.

Durch die rasch wachsende Bevölkerung Berlins – allein von 1867 bis 1871 stieg sie um rund 120 000 Menschen auf insgesamt 825 000 Einwohner – stieg die Nachfrage nach billigen Mietwohnungen ungeheuer. Viele Menschen zogen dabei von einem Provisorium in das andere. Der handgezogene Umzugskarren, beladen mit den Habseligkeiten der Familien, wurde zu einem das Straßenbild weitgehend bestimmenden Transportmittel. Das Ausmaß dieser «Völkerwanderung» wird eindrucksvoll durch die Tatsache belegt, daß in Berlin zu dieser Zeit jährlich zweiundvierzig Prozent der Wohnungen von ihren Mietern verlassen wurden, bei den ganz billigen Wohnungen sogar zu sechsundvierzig Prozent.[5] Am gesuchtesten waren die kleinsten und kümmerlichsten Wohnungen, darunter die für Berlin so typischen Kellerwohnungen. Nach der Volkszählung von 1861 wohnte in diesen Kellern ein Zehntel der Bevölkerung, rund 48 000 Personen. Zehn Jahre später hausten bereits 120 000 Menschen, fünfzehn Prozent der Berliner, in diesen «Wohnungen».[6] Aber auch in vielen anderen Wohnungen lebte es sich furchtbar. Abgesehen von den meist sehr schlechten sanitären Bedingungen, oft mit Gemeinschaftstoilette auf dem Hof und Wasserversorgung durch die Straßenpumpe, waren viele Menschen gezwungen, auf engstem Raum zusammenzuleben. Es kam nicht selten vor, daß sieben, acht und mehr Menschen in einem Zimmer wohnten.[7] Die sozialen Verhältnisse und der Gesundheitszustand der Bevölkerung waren daher mehr als besorgniserregend, zumal sich die Arbeitsstätten, in denen zwölf und mehr Stunden am Tage gearbeitet wurde, oft ebenfalls nur in grausigen Löchern befanden.

Es wurde zwar viel gebaut in jenen Jahren, aber selbst das hatte für nicht wenige Mieter verhängnisvolle Folgen. Spekulanten kauften die älteren, kleineren Häuser auf, von denen es in Berlin zu dieser Zeit

Heinrich Zille «Die Ratte»

noch eine Menge gab. Im Jahre 1869 besaßen noch 7,9 Prozent aller Häuser nur ein Stockwerk, 15,3 Prozent zwei und 25,4 Prozent drei Stockwerke, meist auch ohne «Hinterhäuser». Von kapitalistischer Profitsucht getrieben, setzten Spekulanten die bisherigen Bewohner einfach auf die Straße und bauten ihre Mietskasernen, in denen oft viele hundert Personen wohnten. Der «Kladderadatsch» schrieb zu den Berliner Wohnungsverhältnissen: «Mehrere Terrain-Consortien und Bodenausschlächter haben auf Antrag des Tierschutzvereins gegen Menschenquälerei beschlossen, die beraubten Opfer gleich zu töten und sie nicht erst durch jahrelange Wohnungsnot langsam zu Tode zu martern.»[9]

Das soziale Elend wurde von den Herrschenden meist gar nicht zur Kenntnis genommen, im Gegenteil, manchmal wurde selbst das wenige, was die arbeitenden Massen hatten, ihnen sogar noch mißgönnt. So äußerte sich der Herr von Manteuffel, vormals preußischer Ministerpräsident, im «Herrenhaus» am 6. Februar 1867 derartig: «Die Arbeiter befinden sich jetzt in einer Behäbigkeit, die ich ihnen von Herzen gönne, in einem Luxus, den ich ihnen nicht gönnen kann, weil er ihnen Schaden bringt.»[10] Der bürgerliche «Kladderadatsch», dem das doch zu starker «Tobak» schien, ließ mit einer erfundenen Leserzuschrift einen Arbeiter dem Herrn von Manteuffel antworten: «Gestatten Sie mich darauf zu erwidern, daß ich jeden Augenblick mit Sie zu tauschen bereit bin, daß ich Sie sowohl meine Behäbigkeit als sogar meinen Luxus von Herzen gönne. Euer

Exelenz achtungsvollster Pannicke, Vater von sechs Kindern, Arbeiter mit 3 Talern Wochenlohn, Mulackgasse 100, Hof, 5 Treppen im Namen von 30 000 Berlinern.»[11]

Am Ende der sechziger Jahre war Berlin eine Stadt krasser sozialer Gegensätze. Das Leben ohne jegliche soziale Absicherung, die Angst vor dem nächsten Tag führte nicht wenige der Armen in den Freitod oder zu anderen extremen Lösungen ihrer Probleme. Ein Zeitungsbericht vom 11. Januar 1868 schildert, wie eine alleinstehende junge Frau von Passanten dabei überrascht wurde, als sie ihr vor kurzem geborenes Kind von der Jannowitzbrücke aus in die Spree werfen wollte. «Sie hatte geglaubt», so schreibt die Zeitung, «dasselbe nicht ernähren zu können und fürchtete überdies, durch sein Dasein daran verhindert zu werden, für sich selbst den nötigen Unterhalt zu erwerben.»[12] Die miserablen sozialen Zustände und die Ausweglosigkeit schlugen sich auch in übermäßigem Alkoholkonsum nieder. An Schankstätten, in denen hauptsächlich oder ausschließlich Branntwein und Bier ausgeschenkt wurde, gab es im Jahre 1867 mehr als dreitausend in der Stadt. Es müssen viele Berliner gewesen sein, die ihr trostloses Leben vergessen wollten oder meinten, es dort genießen zu können.

Diesem Leben stand das Berlin der glänzenden Feste und des Luxus gegenüber. Nicht nur die Hofgesellschaft und der Adel zeichneten sich dabei aus. Es war in wachsendem Maße die Bourgeoisie, die gleichfalls mit ihren Millionen protzte. Wenn auch besonders auffallend, so war Strousberg durchaus nicht der einzige, der den neuen Reichtum öffentlich zur Schau stellte. Bereits 1861 hatte sich der Bankier Gerson Bleichröder ein sehr respektables Gebäude in der Behrenstraße gekauft, das er als Wohn- und Geschäftshaus nutzte. Doch nicht genug damit. Nur fünf Jahre später ließ er sich die glanzvolle «Villa Bleichröder» in Charlottenburg erbauen. Marie von Bunsen, Teilnehmerin vieler Festlichkeiten der damaligen «Berliner Gesellschaft», berichtete von einem der Empfänge Bleichröders und dem noch etwas fragwürdigen Ansehen des Bankiers: «Die gesellschaftliche Stellung Bleichröders war, wenn man will, vorzüglich, aber doch nicht erbaulich. Fast das gesamte aristokratisch-offizielle Berlin ging hin, entschuldigte sich aber nachher. Die ganze Festtafel

Bankhaus Bleichröder in Berlin, Behrenstraße 63

zeigte das Erlesenste vom Erlesenen, man aß von Silber, das Kostbarste wurde einem vorgesetzt.»[13] Danach gab es in der Regel ein kleines Konzert mit hervorragenden Künstlern, später wurde getanzt. Bei Bleichröders gab es eine Besonderheit, wie die Dame zu berichten weiß: «Ich kannte genügend viel Tänzer, die meisten Herren ließen sich – wie mein Tagebuch entrüstet erwähnt – aber nicht vorstellen, eine Unart, die sie sich in anderen Häusern nicht erlaubt hätten.»[14]

Es gibt auch eine Schilderung der Festlichkeiten im Hause Adolph Hansemanns. Nach der Baronin Spitzemberg, geborene Freiin von Varnbüler, traf sich hier «gute bürgerliche Gesellschaft», bei der man jedoch ebenfalls vornehmere Gäste sah, mit denen man aber keine besonderen Umstände machte. Ähnlich wie Bleichröder mußte sich jedoch auch Hansemann trotz allen Wohlstandes von der Baronin verächtlich nachsagen lassen, daß die bei ihm anwesende Herrenwelt äußerst unelegant und spießbürgerlich, die Frauen meist sehr häßlich und unschön gekleidet waren.[15]

Alle Empfänge und Feste wurden von interessierter Seite genau ein- und abgeschätzt, und wirklich dazu gehörte man nur, wenn man von Adel war und wenn der auch noch so frisch war. Überall auf den Festen und Bällen sah man viele Uniformen, denn der Offizier galt in Preußen alles. «Tänzer eines normalen, richtigen Balles war uns der Leutnant, und zwar der Gardeleutnant», erinnerte sich Marie von Bunsen, «sagte man von einer Familie: ‹Dort wimmelt es von Zweiten Gardedragonern›, war das sehr gut, hieß es ‹von Gardedukorps›, war das blendend.» Wo ihre Grenze war, erklärte das Fräulein von Bunsen gleichfalls deutlich: «Gardeingenieure und Gardepioniere gab es für uns nicht.»[16]

Die diversen Bälle waren zweifellos das schönste, aber nicht das einzige Vergnügen der Besitzenden. Die Damen trafen sich in den sogenannten Kränzchen, um über alles und jeden zu sprechen. Gern besucht wurden die Ausstellungen in der Musenhalle, der Akademie, bei Kroll und Mäder. Panoptiken, die Darbietung von Schaubildern und mechanische Bildvorführungen waren zu dieser Zeit ebenfalls gern genossene Belustigungen. Natürlich gehörten Theater und Oper genauso zum standesgemäßen Amüsement wie ein Spaziergang oder eine Kutschfahrt im Tiergarten. Ernsthafte Arbeit mußten die Damen der Gesellschaft ohnehin nicht leisten, dazu gab es schließlich die Dienstboten. Hans Ostwald bemerkte dazu in seiner Kultur- und Sittengeschichte Berlins, daß das Leben einer echten Dame ohne Dienstboten gar nicht denkbar gewesen sei. «Ja, viele und gute Dienstboten ermöglichten erst der Dame, ein Mensch zu sein», führte er aus, «dem Geselligkeit, Unterhaltung, Plauderei, Amusements, geistiges Getändel und vielleicht auch ein wenig Sport, Anregung und Förderung der kulturellen Güter Zweck und Ziel des Lebens sind.»[17]

In Liebesdingen gab man sich noch sehr romantisch, und körperliche Reize zu zeigen, war in höchstem Maße verpönt. Viele lange Röcke aus kostbarem Stoff übereinander getragen sollten zwar Reichtum zeigen, aber auf keinen Fall Beine sehen lassen. Doch allzuviel Vertrauen zu den jungen Damen bestand von seiten der Eltern wohl nicht. Ihre Beaufsichtigung durch Mütter, Gouvernanten und alle möglichen Anverwandten war schon sprichwörtlich. Gefährliche Kontakte zu unerwünschten Verehrern waren unbedingt zu unterbinden. Dennoch ließ sich das offensichtlich nicht immer erreichen, denn Zeitungsanzeigen, die «jungen Damen aus gutem Hause» längeren Landaufenthalt anboten und jegliche Diskretion garantierten, waren nicht selten. Und absolute Diskretion war auch bitter nötig, da durch das Bekanntwerden eines «Fehltritts» das gesellschaftliche Ansehen eines jungen Mädchens so beschädigt wurde, daß die Aussichten auf eine gute Heirat rapide sanken. Wenn es zudem noch an der nötigen Mitgift fehlte, war dieses Streben völlig aussichtslos, denn die Mitgift spielte die ausschlaggebende Rolle. Auch «tugendhafte», aber mit keiner Aussteuer versehene junge Damen blieben schon häufig genug «sitzen» und mußten ein wenig beneidenswertes Leben bei bessergestellten Verwandten verbringen. Dazu Marie von Bunsen über ihr eigenes Schicksal: «Meine Schwester und ich waren beliebt, hatten Herzenserlebnisse, Hofmacher und Anträge, trotzdem war es nicht zu einer Verlobung gekommen, und es frugen sich die Verwandten und Freunde: ‹Weshalb heiraten die Bunsenschen Mädchen nicht?›» Sie selbst stellt dazu resigniert fest, daß bei acht Geschwistern zuwenig für die einzelne Tochter als Mitgift in Frage kam und Ehen in ihren Kreisen nun mal auf «geeigneten Verhältnissen» und nicht auf «Liebe» beruhten.[18]

Auch die jungen Männer der besitzenden Klassen wurden durch ihre Erziehung darauf vorbereitet, daß ihre Ehe in erster Linie «geeignete Verhältnisse» schaffen müßte. Friedrich von Holstein, der später unter Wilhelm II. als «Graue Eminenz» des Auswärtigen Amtes bekannt wurde und der in jungen Jahren ein eifriger, wenn auch nicht erfolgreicher Börsenspekulant war, wurde von seinem Vater besorgt geraten, schon um des gesunden Aussehens willen auf seine Gesundheit zu achten, weil das eine reiche Heirat begünstige. Nach seiner Heirat sollte der damals noch als Attaché an der preußischen Botschaft in St. Petersburg tätige junge Holstein aus dem Staatsdienst ausscheiden, aufs Land ziehen, dort sein Haus machen und sich im Winter in der preußischen Abgeordnetenkammer betätigen.[19] Der ältere Holstein entsprach mit diesem Zukunftsentwurf für seinen

Sohn haargenau den typischen Vorstellungen eines standesgemäßen Lebens.

Es waren immer nur wenige, die sich über die herrschenden Konventionen hinwegsetzten. In der Regel bereiteten sich die jungen Adligen sehr sorgfältig auf ein solches Herrenleben vor. Sie prüften gewissenhaft das Für und Wider einer guten Heiratspartie und warben dann wohlanständig um die Braut, das heißt meistens vor allem um das Wohlwollen der Brauteltern, denn schließlich hatten sie die Tochter zu vergeben. Ihre amourösen Abenteuer suchten und fanden die jungen Männer aus «anständigem Haus» woanders. «Wer es sich leisten konnte», schrieb darüber der Sittenforscher Frischauer, «hielt sich eine Mätresse oder nahm Verbindung zur geheimen Prostitution auf, zu berufsmäßigen Kupplerinnen, die mit ‹geeigneter Ware› aufwarten konnten. Mit einer Straßendirne gesehen oder gar von Polizeistreifen überrascht zu werden, bedeutete für einen Gentleman den bürgerlichen Tod . . . In verschwiegenen Gassen, oft in Geschäftshäusern, deren Betreten unverdächtig war, unterhielten die Wohlhabenden Appartements, deren wichtigste, oft einzige Einrichtung das Bett war, in denen sie sich mit ihren Geliebten für die ihnen auferlegte Moral unmoralisch entschädigen konnten.»[20]

Hinter den offiziellen Moralnormen, auf die man sich mit viel Heuchelei berief, verbarg sich eine willkürliche Amoralität, die alle wirklichen sittlichen Werte zu zersetzen drohte. Unser «Held» Strousberg hatte zu dieser Tatsache eine beinahe philosophische, auf jeden Fall weitherzige Meinung: «Über das Wünschenswerte», meditierte er, «kann kein Zweifel sein, über das Statthafte herrscht unendliche Meinungsverschiedenheit.»[21]

Die Zentralmarkthalle

Die intensive Inanspruchnahme durch die zahlreichen Eisenbahnbauten, der Kauf von Fabriken und Bergwerken und der Erwerb von sehr erheblichem Landbesitz, all das reichte dem unermüdlichen Strousberg nicht, er war stets auf dem Sprung, in neuen Bereichen tätig zu werden. Dabei sei es dahingestellt, ob er als Anlaufpunkt vieler

Projektemacher sich für neue Unternehmungen gewinnen ließ oder ob er seinen Wirkungskreis vor allem auf Grund eigener Vorstellungen immer weiter ausdehnte.

Eines seiner aufsehenerregendsten Berliner Projekte war der Bau der ersten Berliner Zentralmarkthalle. Mit diesem Vorhaben wollte Strousberg die Versorgung der Berliner Bevölkerung mit Lebensmitteln verbessern. In den Jahren 1867/68 verkehrten in Berlin zwar schon Pferdestraßenbahnen, die Bewohner der Stadt versorgten sich aber immer noch auf den zahlreichen Wochenmärkten. Was hier gekauft wurde, stammte meistens aus der näheren Umgebung Berlins und erfüllte zwar Grundbedürfnisse, bot aber denen, die sich mehr leisten konnten, verhältnismäßig wenig. Kulinarische Spezialitäten aus der ganzen Welt heranzuholen, sah sich der Kleinhandel weitgehend außerstande, weil ihm einerseits Kapital und Verbindungen fehlten, andererseits ein zu großes Risiko bestand, da der Vertrieb über die Wochenmärkte und die Einzelgeschäfte äußerst schwierig zu organisieren war. Strousberg, den diese Situation schon wegen seiner vielen Feste verärgerte und der an die Delikatessen dachte, die beispielsweise die Markthallen von London und Paris zu bieten hatten, beschloß deshalb, für wirksame Abhilfe zu sorgen. Das Geschäft sollte sich zwar rentieren, mit Gewinnen will Strousberg jedoch von vornherein nicht gerechnet haben. Seinen Markthallenbetrieb wollte er als «Wohltätigkeit» verstanden wissen, was zweifellos nicht richtig war, aber seiner oft eingenommenen Wohltäterpose entsprach.[22] «Die Markthallen hatte ich übernommen in der Absicht», so Strousberg, «dieselben mit dem Viehmarkt zu verbinden und dem Berliner Publikum gutes Fleisch, frische See- und andere Fische und die Hauptnahrungsmittel zu den billigsten Preisen zu liefern.»[23]

Die Notwendigkeit einer zentralen Markthalle und eines zentralen Schlachthofes, den Strousberg übrigens auch zu bauen gedachte, war natürlich nicht zuerst von Strousberg erkannt worden. Der Bau solcher Einrichtungen wurde in Berlin schon seit den zwanziger Jahren des 19. Jahrhunderts diskutiert.[24] Im April 1848 wurde in der Berliner Stadtverordnetenversammlung erneut gefordert, daß der Magistrat Markthallen und Schlachthäuser errichtet.[25] Ein sehr energischer Verfechter dieser Forderung war Rudolf Virchow, der sich auch 1864 als

Berliner Stadtverordneter sehr nachdrücklich dafür einsetzte, um eine Verbesserung der unglaublich schlechten hygienischen Zustände zu erreichen.[26] «Welch klägliches Bild», schrieb ein Zeitgenosse über die Verhältnisse auf den Berliner Märkten, «bot aber auch die Hökerei eines Wochenmarktes in Berlin! Den Gendarmenmarkt habe ich jahrelang in seiner Glorie alle Mittwoch und Sonnabend zu sehen und zu riechen Gelegenheit gehabt. Da standen in langer Reihe in der Mohrenstraße die Fischbottiche, grün, schleimig und moosbewachsen, und darin, meist tot, mit den Bäuchen nach oben schwimmend, im Sommer in lauwarmem, altem, stinkendem Wasser, im Winter im Eis, die spärlichen Fische ... An der Markgrafenstraße hatten die Schlächter ihre Stände. Schmeißfliegen summten um die ekelhaften Tierkadaver, das Blut rieselte auf den Pflastersteinen, und verhungerte Hunde suchten einige Fleischabfälle zu erhaschen. Am schrecklichsten aber war der Gang über den Platz von der Jäger- zur Französischen Straße, wo die Käsehändler standen. Um eins wurden dann alle die Rumpelkästen von Buden abgebrochen, die Fischtonnen über das Pflaster ausgegossen ... und das Chaos von alten Kohlblättern, Käsepapier, Heringsschwänzen und Zwiebelschalen wurde stundenlang zusammengefegt. Nur der abscheuliche Gestank war nicht zu vertilgen.»[27]

Der Magistrat zeigte trotz dieser Zustände keine Eile. Mal stritt man sich um die Funktionen der Halle, mal wegen des Standortes und ein weiteres Mal um das Geld. Auch die Presse nahm daran lebhaften Anteil. So riet die «Vossische Zeitung» im August 1864, als Standort für die Zentralmarkthalle unbedingt die Umgebung der Königstraße zu wählen, wo die bedeutendsten Wochenmärkte stattfanden, und nicht die Friedrichstadt, die keine großen Märkte hatte.[28] Schließlich bildete sich 1865 die «Berliner Immobilien-Aktiengesellschaft», die die Halle auf kapitalistischer Grundlage bauen wollte. Sie wählte schließlich doch ein Grundstück in der Friedrichstadt aus, und zwar eines zwischen der Karlstraße und dem Schiffbauerdamm. Die Markthalle sollte nach dem Vorbild der Wiener Zentralmarkthalle gebaut werden, nachdem sich Beauftragte der Aktiengesellschaft in verschiedenen europäischen Metropolen umgesehen hatten. Die Oberbauleitung lag in den Händen des Geheimen Regierungsrates Hitzig, die spezielle Ausführung übertrug man dem Baumeister Lent. Schon bei den Ausschachtungsarbeiten stieß man auf erhebliche Schwierigkeiten, denn der Baugrund erwies sich als sehr morastig, da das Grundstück an einer Seite an die Panke grenzte und an der Schiffbauerdammseite die Spree verlief. Ein großer Teil der Baukosten von 311 000 Talern ging deshalb schon für die Fundamentierungsarbeiten drauf.[29]

Die Immobilien-Aktiengesellschaft kam dadurch bald in finanzielle Schwierigkeiten. Noch bevor die vierundachtzig Meter lange, vierundsechzig Meter breite Halle fertig war, stand man vor dem finanziellen Zusammenbruch. Jetzt griff Strousberg ein, indem er einen großen Teil der Aktien aufkaufte, um das Unternehmen zu sanieren. Der Bau konnte danach vollendet werden und die Einweihung der Halle am 29. September 1867 stattfinden. Die zahlreichen prominenten Ehrengäste, die eine von den Bankiers Hansemann, Bleichröder und Jaques als Aufsichtsratsmitglieder unterschriebene Einladung erhalten hatten, waren fasziniert von der in hellem Gaslicht erstrahlenden Halle. Sie bewunderten diese für Berlin neuartige Einrichtung und labten sich an den kostenlos dargebotenen Leckerbissen. «Das Fest», schrieb das «Berliner Tageblatt», «machte großen Eindruck in Berlin, alle Zeitungen, die überhaupt sämtlich dem Markthallenunternehmen sehr geneigt waren, verherrlichten es und brachten ausführliche Schilderungen darüber.»[30]

Nach der offiziellen Eröffnung war der Andrang der Schaulustigen noch eine Zeitlang recht groß, an Käufern mangelte es jedoch von Anfang an. Schon einige Wochen nach der Eröffnung wurde es sehr still in der Halle. Da es der Markthallenverwaltung wegen der hohen Gebühren nicht gelungen war, alle Verkaufsstände zu vermieten, gab es große Lücken in den Verkaufsreihen. Als sich dann auch noch das Geschäft nicht in dem gewünschten Maße entwickelte, kündigten immer mehr Händler ihre Mietverträge. Das Angebot in der Halle war daher bald sehr unvollkommen, was zusätzlich dazu beitrug, Käufer fernzuhalten. Mit der Eröffnung der Markthalle hatte Strousberg zwar vom Polizeipräsidium erreicht – eine Zeitung sprach verwundert von dem außerordentlichen Wohlwollen für Strousbergs Unternehmung –, daß die Wochenmärkte auf dem Karlsplatz und am Ora-

Strousbergs Markthalle, der spätere Friedrichstadtpalast

nienburger Tor geschlossen wurden, aber das erwies sich als nicht ausreichend, da die in der Nähe wohnenden Käufer, den langen Weg nicht scheuend, auf den Gendarmenmarkt und den Dönhoffplatz auswichen. Die Immobiliengesellschaft forderte deshalb schon am 27. November 1867 weiterreichende Zwangsmaßnahmen von staatlicher Seite. «Die Macht der Gewohnheit des Althergebrachten», legte sie in ihrem Schreiben dar, «wenn auch noch so veraltet und ungehörig für eine große Hauptstadt, ist der schlimmste Feind der Berliner Markthallen. Wir hoffen, daß dem der Zwang der Reformen entgegengesetzt wird und das königliche Polizei-Präsidium, getreu der über die Markthallen-Angelegenheit ausgesprochenen Ansicht, die Reform zur Geltung bringen wird.»[31]

Bei allem Wohlwollen konnte die Polizei der Forderung nach Schließung der Wochenmärkte auf dem Gendarmenmarkt und dem Dönhoffplatz denn doch nicht nachkommen. Die Anwohner klagten über die hohen Preise in der Halle und verlangten sogar die Wiedereröffnung der Märkte auf dem Karlsplatz und am Oranienburger Tor, obwohl Strousberg die Miete für die Verkaufsstände auf ein Drittel

In der Markthalle (von Christian W. Allers)

des ursprünglichen Preises reduziert hatte.[32] Strousberg blieb zwar bemüht, ein gutes Angebot in die Halle zu bringen, und hatte zur Fischversorgung sogar in Geestemünde bei Bremerhaven eine Fischereigesellschaft mit eigenen Fangbooten gegründet, aber der Betrieb in der Halle wollte nicht in Schwung kommen. Im April 1868 war die Halle bereits weitgehend verwaist: die Hälfte geschlossen, der andere Teil nur noch wenige Stunden am Tage geöffnet. Ein knappes Jahr nach der festlichen Eröffnung schloß die Markthalle endgültig ihre Pforten. Das Experiment einer Berliner Zentralmarkthalle war gescheitert. Der ungünstige Standort in der Friedrichstadt, die unzureichenden Verkehrsbedingungen, die auf weite Einkaufstouren in der Stadt verzichten ließen, und besonders die hohen Preise waren die Ursachen. Die Immobiliengesellschaft machte noch zwei Versuche, mit Markthallen ins Geschäft zu kommen, den letzten im Jahre 1873, scheiterte damit aber ebenfalls. Berlin mußte deshalb bis zum Jahre 1883 warten, in dem mit dem Bau der Zentralmarkthalle am Alexanderplatz begonnen wurde, die sich dann nach ihrer Fertigstellung als ständige Einrichtung behauptete. Die Strousbergsche Zentralmarkthalle aber erlebte eine wechselvolle Geschichte. Eine Zeitlang stand sie leer, wurde dann als Lager genutzt, so in den Jahren des Deutsch-Französischen Krieges von 1870/71 für Versorgungsgüter der preußischen Armee. 1874 baute man sie zu einem Zirkus um, später beherbergte das Haus ein großes Theater, in dem beispielsweise Max Reinhardt theatergeschichtlich denkwürdige Inszenierungen herausbrachte, und nach dem Zweiten Weltkrieg wurde sie bis zum notwendigen Abriß in den achtziger Jahren als «Friedrichstadtpalast» die langjährige Heimstätte des größten Varietéensembles unseres Landes.

Das Schlachthaus- und Viehmarktprojekt

Strousberg wollte nach eigener Aussage mit seiner Beteiligung an dem Berliner Schlachthaus- und Viehmarktprojekt einem Freund einen Gefallen tun. Namentlich erwähnt er diesen Freund zwar nicht, aber es ist wahrscheinlich, daß es jemand aus Strousbergs «Adels-Casino» war, wie der Publizist Rudolph Meyer in seiner 1877 erschienenen Schrift «Politische Gründer und die Corruption in Deutschland» die gesellschaftliche Gruppe um den Eisenbahnkönig bezeichnete. Durch den Ankauf zahlreicher Güter war Strousberg den ökonomischen Interessen der Junker immer näher gerückt und allein schon deshalb bemüht, sie zu fördern. Den Grundbesitz will er zwar als eine Passion verstanden haben – außerdem sollte er der Versorgung seiner sieben Kinder dienen –, nicht aber als gute Kapitalanlage. Und natürlich war er auch hier wieder «Wohltäter», selbst wenn er ruinierten Junkern ihre Güter abnahm. Strousberg bemerkte dazu, daß er sich nicht schon am Anfang seiner Karriere zu dem umfangreichen Grundbesitzerwerb entschlossen hätte, wenn ihn dazu nicht die Verhältnisse der Verkäufer veranlaßt hätten. «Es waren dies», erklärte er, «mit einer einzigen Ausnahme sämtlich Edelleute, die sich in derangierten Verhältnissen befanden, und bei Prüfung der Güter und Hypotheken ergab es sich, daß sie in Wucherer-Händen waren, und daß ihren Familien absoluter Ruin drohte, wenn man sie nicht davon befreite. Ich habe in Folge dessen die Regelung ihrer Verhältnisse übernommen, und da ich die Unglücklichen nicht drücken wollte, so habe ich auch in jedem Fall teuer gekauft und mehr bezahlt, als ich nötig gehabt hätte.»[33]

Seine «edlen Motive» erkannte man, wie er beklagte, nicht an, so daß ihm, wie er meinte, sein riesiger Grundbesitz in der öffentlichen Meinung sehr geschadet hat.[34] Nun, als reine Passion hatte Strousberg seine Güter nie betrachtet. Er war stets bemüht, durch verschiedene Maßnahmen, wie zum Beispiel umfangreiche Melioration, ihre Erträge zu erhöhen und den Absatz ihrer Produkte zu fördern. Der Bau des Vieh- und Schlachthofes in Berlin sollte natürlich auch ihm und seinen Freunden aus der Gutsbesitzerkaste zugute kommen. Die vorgesehene gewaltige Kapazität der Anlage versprach hohen Gewinn und darüber hinaus kontinuierlichen Absatz des eigenen Schlachtviehs.

Es mutet recht merkwürdig an, daß der Berliner Magistrat auf die Einrichtung eines städtischen Vieh- und Schlachthofes sofort verzichtete, als sich mehrere Privatpersonen um die Konzession dafür bemühten, obwohl es seit langem städtische Pläne hierfür gab. Nachdem Virchow 1864 die Forderung nach dem Bau von Schlachthäusern erhoben hatte, will nämlich der Magistrat nach eigener Aussage den Bau dieser Einrichtungen nicht mehr aus den Augen verloren haben. Tatsächlich schickte er 1865 den Stadtrat Risch und den Baumeister Hennicke zur Besichtigung von Schlachthöfen in verschiedene Großstädte, unter anderen nach Paris und London. Risch war dabei hundertachtundvierzig und Hennicke hundertachtunddreißig Tage unterwegs, wobei sie insgesamt die stolze Summe von 5800 Talern verbrauchten, was viele Stadtverordnete veranlaßte, zu vermuten, daß sie sich schöne Tage damit gemacht hatten. Die Stadtverordnetenversammlung beanstandete denn auch am 19. April 1866 die vorgelegte Abrechnung.[35]

Im Jahre 1868 verzichtete die Stadtverordnetenversammlung formell darauf, «auf Kosten der Stadt einen Viehmarkt und öffentliche Schlachthäuser zu erbauen».[36] Damit war der Weg endgültig frei für die Anlage einer solchen Einrichtung durch die Interessenten. Der Vorsitzende des Gründungskomitees der «Berliner Viehmarkt Kommandit-Gesellschaft auf Aktien», ein gewisser Plewe, ließ am 5. Februar 1868 in einer großen Anzeige in der «Spenerschen Zeitung» für die Aktienzeichnung werben. Er versprach einen jährlichen Gewinn von 138 000 Talern und eine Verzinsung von 12,5 Prozent auf das einzuzahlende Kapital von 1 100 000 Taler.[37] Die «Spenersche Zeitung» schrieb außerdem am selben Tag in einem – sicherlich abgesprochenen – redaktionellen Beitrag: «Da das ganze Unternehmen offenbar einem dringenden Bedürfnis entspricht, so wünschen wir demselben den besten Erfolg, und es darf wohl auch für das in demselben angelegte Kapital eine entsprechende Rente erwartet werden.»[38]

Schlachthäuser wurden in Berlin in der Tat außerordentlich dringend gebraucht. Zwar hatte die Stadt bereits im 16. Jahrhundert einen Schlachthof beim Heiligegeist-Hospital besessen, und die Schlächter durften damals nur dort ihr Vieh schlachten, doch war diese zentrale Einrichtung längst verfallen. Auch die im Rahmen des Zunftwesens entstandenen drei öffentlichen Schlachthäuser mußten wegen ihres schlechten Zustandes Anfang des 19. Jahrhunderts geschlossen werden, das letzte erst im Jahre 1836. Seitdem wurde von den Schlächtern in eigenen, meist sehr primitiven Anlagen oder sogar nur in normalen Höfen geschlachtet, was für die Anwohner unzumutbare Gefährdungen und Belästigungen mit sich brachte. Der Lärm des Schlachtviehs, die Verschmutzung und Verpestung der Straßen durch Kot und Abfälle – das Vieh wurde ja oft noch einfach durch die Straßen getrieben – wurde allgemein als beschämend für das Ansehen der Hauptstadt bezeichnet. Wenn man bedenkt, daß 1854 in Berlin rund 28 000 Rinder, 62 000 Schweine, 50 000 Kälber und 117 000 Schafe geschlachtet wurden, wird deutlich, welche Ausmaße das Problem hatte.[39]

Die Vieh- und Schlachthof-Gesellschaft kaufte für die Errichtung der Anlagen, die eine tägliche Unterstellkapazität für 2500 Stück Rindvieh, 1500 Kälber, 8000 Schweine und 4000 Schafe erreichen sollte, ein neun Hektar großes Gelände zwischen der Brunnen- und der Ackerstraße. Wie sich bald herausstellen sollte, waren die Erwartungen des Gründungskomitees und auch der «Spenerschen Zeitung» zu optimistisch, denn die potentiellen Geldanleger, sprich Aktienkäufer, waren offensichtlich recht skeptisch, was den zu erwartenden Gewinn betraf. So kam das neue Unternehmen schnell in Kapitalschwierigkeiten, und man beschloß, an Strousberg den Wunsch heranzutragen, das Unternehmen zu fördern. Strousberg nahm sich daraufhin dieses Projektes ebenfalls an, allerdings auf seine Art. Statt auf neun Hektar wurde nun auf einem Gelände von dreißig Hektar gebaut und, wie es in einer zeitgenössischen Darstellung hieß, «in einem weit großartigeren Maßstabe zur Ausführung gebracht, als anfangs von der Kommandit-Gesellschaft beabsichtigt war».[40] Strousberg ließ sich von der Gesellschaft, in der er ja jetzt der ausschlaggebende Mann war, als Generalauftragnehmer für die Ausführung der Anlagen berufen. In dieser Eigenschaft übertrug er die Entwurfsarbeiten und die Oberbauleitung wiederum dem Architekten August Orth. Es entstanden nun umfangreiche Verkaufshallen, Ställe, Schlachtanlagen, Waschgebäude, Desinfektionsanlagen, ein Kesselhaus mit einem Heißwasserreservoir, ein Maschinenhaus mit Wasserturm, ein Eishaus, Bürogebäude und Wohnhäuser für die Angestellten. Als geschäftliche Umschlagzentrale wurde ein Börsengebäude errichtet, in dem das Vieh versteigert werden sollte. Die neue Anlage verfügte zudem über einen Eisenbahnanschluß durch ein Verbindungsgleis zum Bahnhof Gesundbrunnen. Auf dem Gelände selbst wurde ein Umschlagbahnhof mit Zählboxen errichtet, der es erlaubte, ganze Zugladungen mit Vieh abzufertigen.

Nach zweijähriger Bauzeit wurde der Viehmarkt im September 1870 eröffnet, obwohl noch nicht alle Gebäude fertig waren.[41] Die Genehmigung zur «Errichtung von Schlachthäusern nebst Kaldaunenwäsche und Talgschmelze» erhielt Strousberg erst im Dezember 1870.[42] Die Öffnungszeiten des Vieh- und Schlachthofes wurden inklusive einiger Auflagen polizeilich festgelegt. Im «Berliner Intelli-

Strousbergs Schlachthof und Viehmarkt

genz-Blatt» vom 14. April 1871 las sich das so: «Auf Grund der §§ 5. und 6. des Gesetzes über die Polizei-Verwaltung vom 11. März 1850 verordnet das Polizei-Präsidium nach Beratung mit dem Gemeinde-Vorstand hinsichtlich der Benutzung der Schlachthaus-Anlagen auf dem Dr. Strousberg'schen Viehhofe, was folgt.
Öffnung Sommermonate 3 Uhr bis 23 Uhr
" Wintermonate 4 Uhr bis 22 Uhr
§ 2 Alles Lärmen, Zanken und Raufen innerhalb der Schlachthaus-Räume und Schlachthöfe sowie das Mitbringen von Hunden ist verboten.»[43]

Bereits am 21. Juni 1870 fand auf dem Gelände des Viehmarktes jedoch schon eine landwirtschaftliche Ausstellung und ein Markt mit Luxus- und Arbeitspferden statt, die sich «allerhöchster» Förderung rühmen durften. Zur Vorbereitung dieses Ereignisses hatte sich mit wohlwollender Billigung des Königs ein Komitee unter Vorsitz des Generals Grafen von der Goltz gebildet, in dem, wie es in einer Meldung der «Illustrierten Zeitung» hieß, «nicht nur Fachmänner im Sport und die Spitzen der landwirtschaftlichen Behörden, sondern auch hervorragende Männer aus dem Gebiete des Handels und der Industrie vertreten» waren.[44] Natürlich fehlte auch Strousberg darin nicht.

Nach Darstellung der «Illustrierten Zeitung» wollte der zentrale Pferdemarkt «die Züchter ermutigen, dem pferdebedürftigen Publikum Gelegenheit geben, in den Besitz guten Materials zu gelangen, und den Handel mit in- und ausländischen Pferden im allgemeinen anregen und beleben».[45] Die Ausstellung erfreute sich regen Zuspruchs, die gezeigten Pferde, Wagen, Geschirre und Reitutensilien sowie die Maschinen und Geräte beeindruckten die Berliner, die so etwas noch nicht gesehen hatten. Als besondere Attraktion hatten sich die Veranstalter eine Lotterie einfallen lassen, bei der man für einen Taler ein Los erwerben konnte. Zu gewinnen gab es zweiundachtzig Pferde und drei Equipagen sowie eine Menge Sättel und Geschirre. «Glanz» bekam die Ausstellung zusätzlich durch den Besuch des Kronprinzen Friedrich und einen Pferdeankauf der königlichen Gestütsverwaltung in Höhe von 8000 Talern. Die Berliner waren damals aber wohl eifrigere Besucher von Verkaufsausstellungen als Käufer. Der geschäftliche Erfolg entsprach mit zweihundert verkauften Pferden jedenfalls nicht den hochgesteckten Erwartungen der Veranstalter, die ihre Enttäuschung hinter der Formel versteckten, daß das Ergebnis «befriedigend» gewesen sei.[46]

Der Pferdemarkt fand unmittelbar nach den Rennen in Hoppegarten statt, wo seit 1868 eine Rennbahn existierte, für deren Zustandekommen sich Strousberg ebenfalls eingesetzt hatte. Strousberg, der sich nicht nur gerne sechsspännig kutschieren ließ, um aufzufallen, sondern außerdem ein großer Anhänger des Pferdesports war, hielt sich, wie schon erwähnt, selbst einen Rennstall. Die Eröffnung der Rennbahn in Hoppegarten gestaltete sich zu einem hervorragenden gesellschaftlichen Ereignis, bei dem auch Bismarck und die speziellen Geschäftspartner Strousbergs, die Herzöge von Ratibor und Ujest, zugegen waren. Alljährlich fanden hier nun Rennen statt, obwohl es damals nicht ganz leicht war, nach Hoppegarten zu gelangen. Die «Spenersche Zeitung» schrieb nach der Eröffnung der Rennbahn denn auch: «Die Fahrt vom Potsdamer Bahnhof wird durch mehrfachen Aufenthalt ungemein verzögert und die Passagiere haben vom

Haltepunkt der Eisenbahn das Vergnügen, bis zur Rennbahn zwanzig Minuten durch den tiefsten Sand zu waten ... Sich einer Equipage zu bedienen, soll nur dann ratlich sein, wenn man mit Vieren fährt, weil man sonst Gefahr läuft, im Sande stecken zu bleiben.»[47]

Trotz dieser Unbequemlichkeiten entwickelte sich die Rennbahn in Hoppegarten zu einem Mekka des Turfsports. Oft sogar als schönste Rennbahn Europas bezeichnet, erwarb sie sich einen guten Ruf, der sich bald über die Grenzen Deutschlands hinaus verbreitete. Der Strousbergsche Viehmarkt und seine Schlachtanlagen konnten sich dagegen auf Dauer nicht durchsetzen. Strousberg mußte die Anlagen schon 1872 wegen Geldmangels für 3,75 Millionen Taler an die neugebildete «Berliner Viehmarkt-Aktien-Gesellschaft» verkaufen. Doch auch danach ging es nicht bergauf. Das gewaltige Unternehmen wurde nie so zentral wie geplant, da niemand gezwungen war, dort schlachten zu lassen. Nach wie vor existierten in Berlin viele kleine Schlachtstätten: 1878 gab es zweihundertsechzehn konzessionierte und einundfünfzig geduldete, was sich natürlich auf die Wirtschaftlichkeit der zentralen Schlachtanlage sehr nachteilig auswirkte.[48]

Da bei diesen vielen Schlachtstätten die Fleischbeschau nur unregelmäßig stattfand und immer wieder Tierseuchen, wie Maul- und Klauenseuche oder Schweine- und Rinderpest, auftraten, entschloß sich der Magistrat von Berlin 1877 schließlich doch, einen städtischen Vieh- und Schlachthof auf der damals noch unbebauten Lichtenberger Feldmark zu errichten.[49] Damit war der von Strousberg errichtete Vieh- und Schlachthof ohne Perspektive und mußte seine Tätigkeit schließlich einstellen. Später erwarb die «Allgemeine Elektrizitäts-Gesellschaft» (AEG) das Gelände und baute hier ihren Stammbetrieb.

Eine große Sache

Zu Beginn des Jahres 1868 verdichteten und bestätigten sich schließlich in Berlin Gerüchte, daß Strousberg im Ausland – man sprach von Rumänien und Ungarn – riesige Eisenbahnbauten auszuführen gedenke. Strousbergs Ruhm erreichte damit neue Dimensionen. Die Öffentlichkeit zeigte sich stolz auf Strousberg, stolz auf Preußen; waren diese Vorhaben doch Beweis dafür, daß man auch in Wirtschaft und Technik längst erstrebte Geltung bekam. Noch nicht vergessen waren die Zeiten, es war ja noch gar nicht lange her, in denen man selbst auf ausländische Unterstützung angewiesen war und um Kapital und Technik bitten mußte. Nun sah man sich schon als erfolgreicher Konkurrent im internationalen Wettbewerb und als Sieger über traditionelle Industrieländer. Man schlug sich gegenseitig auf die Schultern und lobte die «preußischen Tugenden» wie Tüchtigkeit und Zuverlässigkeit, die das erreicht haben sollten.

Das Eisenbahnprojekt in Rumänien stand dabei besonders im Mittelpunkt des Interesses, denn seit 1866 war ein Hohenzollernprinz Fürst von Rumänien. Damit konnte dieses Land, das formell noch der türkischen Oberhoheit unterstand, automatisch großer Beachtung sicher sein. Dieser Prinz, ein Sohn des früheren preußischen Ministerpräsidenten Fürst Karl Anton von Hohenzollern-Sigmaringen, in dessen Interesse Strousberg vor allem die Märkisch–Posener–Eisenbahn erbaut hatte, erregte bereits dadurch großes Aufsehen, daß er im Mai 1866 unter falschem Namen und höchst geheim in sein Wahlfürstentum gelangte. Mit einem Schweizer Paß, der auf den Namen Karl Hettingen ausgestellt war, durchquerte er, immer befürchtend, festgenommen zu werden, österreichisches Gebiet. Österreich war – verstärkt noch durch die bevorstehende militärische Auseinandersetzung mit Preußen – entschieden dagegen, daß ein Hohenzollernprinz, gewissermaßen im Rücken der österreichischen Monarchie, den rumänischen Fürstenthron bestieg. Der siebenundzwanzigjährige Prinz, vorher Rittmeister im 2. Preußischen Gardedragoner-Regiment, gelangte aber unbehelligt nach Rumänien und wurde dort zum Fürsten Karl I. von Rumänien ausgerufen. Karl, der anfangs nur mit Zustimmung des Chefs des Hauses Hohenzollern, König Wilhelm, dem Ruf nach Rumänien folgen wollte, wurde von Bismarck, der damit Österreichs südosteuropäischen Einfluß einzuschränken trachtete, gedrängt, es nicht davon abhängig zu machen. «Die Genehmigung des Königs brauchen Sie in diesem Falle nicht», behauptete Bismarck ihm gegenüber, «verlangen Sie vom König Urlaub, Urlaub ins Ausland, – der König ist fein genug, ich kenne ihn ja genau, um dies zu verstehen und die Absicht zu durchschauen. Sie nehmen ihm dadurch außerdem die Entscheidung aus der Hand, was ihm sehr willkommen sein muß, da ihm politisch die Hände gebunden sind!»[50] Diesen Rat befolgend, entschloß sich der Prinz zu dem gewagten Unternehmen, und auch König Wilhelm war das – nach anfänglichem Zögern – so recht.

Rumänien gehörte zu dieser Zeit noch zu den am wenigsten entwickelten Ländern Europas. Lange unter türkischer Oberhoheit stehend – unterbrochen von einer jahrzehntelangen russischen Schutzherrschaft –, konnten sich die beiden Fürstentümer Moldau und Walachei erst 1859 durch die gemeinsame Wahl eines einheimischen Bojarenfürsten miteinander verbinden. Dieser erste Fürst Alexandru Ioan Cuza, wurde 1866 von einflußreichen konservativen Kräften gestürzt, da er für eine, wenn auch sehr begrenzte Landreform eingetreten war. Danach bemühte man sich von rumänischer Seite durch den Politiker Ioan Brătianu, einen auswärtigen Fürsten für Rumänien zu gewinnen. Dieser sollte zum einen über den Rivalitäten der mächtigen einheimischen Familien stehen und zum anderen durch seine Bindung an eine europäische Großmacht Rumäniens internationale Stellung stärken, insbesondere im Kampf um die volle Souveränität.

Karl fand bei seiner Ankunft in Rumänien ein Land vor, das unter außerordentlich großen Problemen litt: die Staatsverschuldung war groß, die Staatskasse leer, die Beamtenschaft seit mehreren Monaten ohne Gehälter, die Staatsautorität zerrüttet und das Land durch politische Konflikte zerstritten. Der Fürst, dem man allgemein keine besonderen geistigen Gaben nachsagte, hatte zwei Vorlieben, das Militär und die Eisenbahn. Beides war in der damaligen Situation für Rumänien außerordentlich wichtig, und beides versuchte er auch gleich zu Beginn seiner Regierungszeit nach seinen Vorstellungen zu entwickeln. Er verstärkte die Armee, kümmerte sich um die Verbesserung ihrer Ausrüstung, vor allem durch die Einführung des preußischen Zündnadelgewehrs, und versuchte überhaupt, was sicher nicht einfach war, sie nach preußischem Vorbild umzumodeln. Bei der Schaffung eines rumänischen Eisenbahnwesens stieß er auf noch größere Schwierigkeiten. Das Land verfügte auch nicht annähernd über das erforderliche Kapital zum Bau von Eisenbahnen und hatte sich

Fürst Karl von Rumänien

überdies wegen seiner Auslandsschulden verpflichten müssen, eine Zeitlang keine Anleihen aufzunehmen. Es sah also so aus, als ob der Fürst auf die Verwirklichung dieses Teils seiner Ambitionen und Rumänien auf einen Anschluß an das europäische Schienennetz noch lange warten mußte.

Eines Tages aber ließ der Vater des rumänischen Fürsten, Fürst Karl Anton, bei Strousberg anfragen, ob dieser nicht etwas für das Eisenbahnwesen in Rumänien tun könne. Und Strousberg zeigte sich, noch immer sich geschmeichelt fühlend, wenn ein Hocharistokrat rief, und natürlich noch immer hinter großen Gewinnen her, interessiert. «Ich empfand», so der Eisenbahnkönig, «wie jeder Preuße, eine gewisse Sympathie für einen unserem Königshause nahestehenden Prinzen und wollte gerne dazu beitragen, ein Werk zustande zu bringen, welches, wie mir gesagt wurde, seine Stellung im Lande wesentlich befestigen würde.»[51] Tatsächlich hatte der Bau der rumänischen Eisenbahnen einen bedeutenden Stellenwert im diplomatischen Kalkül Bismarcks, denn er sollte über die Stärkung der Position Karls hinaus entscheidend dazu beitragen, den politischen und wirtschaftlichen Einfluß Preußens in Rumänien zu erweitern.

Bereits 1863, also schon einige Jahre, bevor der preußische Prinz in Rumänien Fuß gefaßt hatte, interessierte man sich im Auswärtigen Amt in Berlin lebhaft für die damaligen rumänischen Eisenbahnpläne. So schrieb der preußische Generalkonsul in Bukarest zu dieser Zeit einen ausführlichen Bericht darüber nach Berlin. «Vom Standpunkt der preußischen und zollvereinsländischen Interessen», äußerte er, «dürfte den Eisenbahnprojekten der moldau-wallachischen Regierung, die darauf berechnet scheinen, wenigstens teilweise das Monopol der österreichischen Donaudampfschiffahrtsgesellschaft, welches die Warensendungen hierher erschwert, zu brechen ..., der beste Erfolg zu wünschen sein.»[52]

Der Generalkonsul bat Berlin um Order, welche Wünsche es dort bezüglich der rumänischen Eisenbahnverbindungen gebe, um es sich dann, wie er schreibt, «angelegen sein (zu) lassen, in diesem Sinne auf die fürstliche Regierung einzuwirken».[53] Bismarck forderte daraufhin von Handelsminister Itzenplitz eine Rückäußerung.[54] Itzenplitz bestätigte das Interesse: «Die von der Regierung der vereinigten Fürstentümer zur Ausführung bestimmten Eisenbahnlinien», schrieb er, «versprechen eine günstige Verbindung mit den Eisenbahnen unserer östlichen Provinzen und ihre baldige Ausführung liegt im Interesse unseres Handelsverkehrs.»[55] Besondere preußische Wünsche in der Frage der Streckenführung äußerte Itzenplitz aber nicht, so daß

Bismarck in diesem Sinne an den Generalkonsul nach Bukarest schrieb.[56]

Aus diesem Vorgang wird ersichtlich, daß das Interesse Preußens an den rumänischen Eisenbahnen schon einige Jahre alt und nicht an die Person des Fürsten Karl gebunden war. Es gab außerdem vorher bereits gewichtige Wirtschaftsbeziehungen zu Rumänien, die beispielsweise zur Gründung der Moldauischen Landesbank in Jassy geführt hatten, mit der unter anderem preußische Finanziers wie Gerson Bleichröder verbunden waren.[57]

Die Verhandlungen über die neueren rumänischen Eisenbahnpläne mit Strousberg führte der Geheimrat Ambronn, der maßgeblich die Geschäfte des Fürsten Karl Anton lenkte. Vor allem ging es dabei um die generelle Bereitschaft Strousbergs. «Die wichtigste Frage war», bemerkte Strousberg dazu, «wie das Kapital zu beschaffen sein würde.»[58] Und diese Frage hatte für ihn einen besonderen Reiz. «In der Tat», meinte er, «war es aber auch eine großartige Leistung, einem Vasallen-Staat, welcher bis dahin gar keinen Kredit gehabt, der nicht auf Pfand basiert gewesen wäre, ohne ein solches Pfand die Mittel zu verschaffen, ein großes Bahnsystem herzustellen.»[59]

Nun stellte es ja für Strousberg nichts Neues dar, ohne ausreichende Kapitalien zu bauen. Doch auf die bisherige Weise ließen sich die 70 Millionen Taler, auf diese Summe wurden die Kosten für den Bahnbau geschätzt, nicht aufbringen, das heißt die Aktien dafür nicht absetzen. Strousberg suchte deshalb nach einem Ausweg und glaubte ihn schließlich in Form einer Anleihe gefunden zu haben. Da Rumänien aber keine eigene Anleihe auflegen durfte, mußte eben ein anderes vertrauenerweckendes Gremium dafür gewonnen werden. Strousberg fand denn auch gegen entsprechende materielle Zuwendungen ein solches «ehrenwertes» Gremium. Es waren die uns bereits bekannten Herzöge von Ujest und Ratibor sowie der Graf Lehndorff-Steinort, der schon bei der Ostpreußischen Südbahn mitgewirkt hatte.[60] Diese adligen Herren erklärten sich bereit, als Konzessionäre der rumänischen Eisenbahn mitzufungieren, zumal sie neben ihren Gewinnen patriotischen Lorbeer erwarteten, weil ihnen auch von hoher Stelle gesagt worden war, daß es um eine große Sache ging. Strousberg versicherte ihnen außerdem, daß sie als Obligationsaussteller kein Risiko übernehmen würden, da der rumänische Staat für das Anlagekapital und die darauf zu zahlenden Zinsen garantieren werde.

Die Anleihe sollte im In- und Ausland aufgelegt und die eingehenden Gelder sicher angelegt werden. Aus diesem Kapital würde Strousberg dann die Pauschalsumme für jeden fertiggestellten Kilometer Bahnanlage bezahlt bekommen. Strousberg, der bei allen Regelungen des Vertrages der eigentliche Initiator war, kam mit seinen Mitkonzessionären auch überein, daß er allein über den geplanten Bahnbau einschließlich seiner Ausführung zu entscheiden hätte. Den Mitkonzessionären war ihr Profit in Form einer Gewinnbeteiligung an der Bahn zugesichert worden, die nach dem Vertragsentwurf siebzig Jahre im Besitz der Konzessionäre verblieb. Strousberg wollte also nicht nur, wie so oft, die Bahn mit fremdem Geld für andere bauen, sondern diesmal für sich und die anderen Konzessionäre auf lange Zeit einen Gewinn sichern. Über sein Arrangement mit seinen Mitkonzessionären schrieb Strousberg: «Ich wußte, daß ein solches Unternehmen nur durchgeführt werden konnte, wenn es einheitlich geleitet würde, und bat daher, mir die Ausführung allein zu überlassen, dafür verpflichtete ich mich, meine Mitkonzessionäre schadlos zu halten. Die Herren beanspruchten überhaupt nichts aus dem Bau, wollten sich dabei auch gar nicht beteiligen und gingen desto bereitwilliger auf meine Wünsche ein, weil sie nur auf die Vorteile Wert legten, die den Konzessionären beim Betrieb der Bahn nach der Konzession in Aussicht standen.»[61]

Die Errichtung des rumänischen Eisenbahnnetzes sollte, Politik hin, Patriotismus her, von seiten Strousbergs und seiner Mitkonzessionäre ein glasklares Millionengeschäft werden. Es sollte eine Meisterleistung sein, besonders was die Profite betraf, und Strousberg von vielen finanziellen Bedrängnissen befreien, die ihm einige andere Unternehmungen bereiteten.[62] Von reiner Gefälligkeit, aus der heraus er den Bahnbau unternommen haben wollte, konnte also keine Rede sein. Er bediente sich vielmehr aller Mittel, auch des politischen Druckes und der Bestechung, um den Auftrag zu bekommen. Als nämlich die Verhandlungen mit den rumänischen Behörden in das entscheidende Stadium traten, zeigte sich, daß Strousberg nicht der alleinige Bewerber war. Es lagen von der englischen Gruppe Waring und auch aus Österreich durch den Industriellen und Generaldirektor der Lemberg–Czernowitzer–Bahn, Ofenheim, Ritter von Ponteuxin, Angebote vor. Die Engländer schieden, bedingt durch ihre finanziellen Forderungen, zwar schnell wieder aus, aber der Österreicher bot seinen ganzen nicht unbeträchtlichen Einfluß in dem Balkanland auf, um den rumänischen Eisenbahnbau in die Hände zu bekommen.

Zur Durchsetzung seiner Pläne soll Ofenheim nach preußischen Informationen 200 000 Francs in Rumänien verteilt haben.[63] Er offerierte den Rumänen, ebenso wie Strousberg, den Bau eines landesweiten Eisenbahnsystems, wobei die Strecken natürlich so geführt werden sollten, daß auch seine eigenen Interessen nicht zu kurz kamen. Vor allem ging es ihm dabei um die Weiterführung seiner Lemberg–Czernowitzer–Eisenbahn über das rumänische Jassy bis nach dem russischen Odessa, um entscheidenden Einfluß auf den Levantehandel zu gewinnen.[64] Ofenheim, der mit dem Direktor der «Bank de Romanie» verwandt war, kannte eine Reihe einflußreicher rumänischer Politiker persönlich, unter anderen den zeitweiligen Finanzminister Mawrojeno. Dieser hoffte seine privaten finanziellen Schwierigkeiten dadurch zu überwinden, daß er sich zum Sprachrohr Ofenheims machte. Obwohl Fürst Karl und sein Ministerpräsident Brătianu eindeutig Strousberg favorisierten – Karl wegen der Erweiterung des preußischen Einflusses im Lande und Brătianu wegen der in Aussicht gestellten Sanierung seiner zerrütteten Vermögensverhältnisse[65] –, erwies sich die Opposition gegen Strousberg als eine schwer zu nehmende Hürde. Als Ofenheim dazu noch Strousbergs geforderten Preis von 270 000 Francs pro Kilometer um 20 000 Francs unterbot, mußte man sich kompromißbereit zeigen und beide Bewerber am Geschäft beteiligen.

Es wurden dem Parlament also zwei Konzessionsanträge unterbreitet, die sich, abgesehen vom Preis und der Streckenführung, nicht wesentlich voneinander unterschieden. Ofenheim sollte seine Strecke von Czernowitz vorerst bis Jassy verlängern können; Strousberg dagegen von Bukarest aus den Anschluß an diese Bahn bei Roman herstellen und außerdem eine Linie von Bukarest nach Turnu-Severin und weiter an die österreichisch-ungarische Grenze führen. Strousbergs Anteil betrug rund 900 Kilometer und stellte damit immer noch den größten Teil des geplanten Streckennetzes dar. Die politischen Schwierigkeiten bei der Durchsetzung seines Projektes, immerhin sollte es – bei Zugrundelegung des Ofenheimschen Kilometerpreises – 18 Millionen Francs teurer sein, nahm Strousberg mit ungetrübtem Selbstbewußtsein zur Kenntnis. «Ich konnte», äußerte er später, «wenn ich damals darauf bestanden hätte, auch die Jassy'er Strecke bekommen, ich war aber nicht mißgünstig, und so ging ich ohne weiteres auf den Wunsch der Regierung in dieser Beziehung ein.»[66]

Doch in beiden Kammern des rumänischen Parlamentes gab es heftigen Widerspruch gegen Strousbergs Projekt. Es wurde vom Verkauf des Landes an Strousberg gesprochen und der Staatsbankrott prophezeit. Brătianu war sich der Schwierigkeiten, die ihm diese Opposition bereitete, nur zu sehr bewußt. Um sie zu beschwichtigen, bat er den Generalkonsul Keyserling, bei Bismarck ein Gutachten über die preußischen Konzessionäre einzuholen. Keyserling telegraphierte am 13. März 1868 in diesem Sinne an Bismarck und fügte noch hinzu, daß Fürst Karl den Eisenbahnbau als Lebensfrage für das Land ansehe. Doch Bismarck zeigte sich, obwohl er mit großer Sicherheit hinter den preußischen Konzessionären stand, vorsichtig und übernahm keine Garantien. Am 15. März ließ er an Keyserling nach Bukarest kabeln: «Verhältnisse von Ratibor und Ujest Ihnen ebenso bekannt wie mir. Strousberg vielfach und mit Geschick bei Eisenbahnunternehmungen beteiligt, hat darin glänzende Geschäfte gemacht. Über die jetzige Lage seines Vermögens habe ich natürlich kein Urteil und kann überhaupt über die Leistungsfähigkeit von Privatleuten selbst diejenigen indirekten Garantien, welche in einem wesentlichen Urteile liegen würden, nicht für die K. Regierung übernehmen.»[67]

Sicherlich hätte Brătianu eine eindeutigere Erklärung vorgezogen, er mußte sich jedoch wohl oder übel damit begnügen. Zumindest war aber auch nichts Nachteiliges über die Konzessionäre herausgekommen, und man konnte daraus, wenn man wollte, sogar eine Befürwortung durch Bismarck herauslesen. Die diplomatischen Vertreter Preußens beobachteten aufmerksam alles, was mit dem Strousbergschen Eisenbahnprojekt in Verbindung stand, und informierten darüber ständig Berlin. In einem solchen Schreiben vom 22. März hieß es unter anderem: «Es könnte aber im Interesse des Landes selbst nur mit Freuden begrüßt werden, wenn der Preußische Einfluß hier festen Fuß faßte, abgesehen hiervon muß es, in dem jetzigen Stadium der Frage, wo die Regierung für das Preußische Unternehmen eingetreten ist, für die Sache im höchsten Grade nachteilig sein, wenn im Lande gegen dasselbe Widerstand erweckt wird.»[68] Das hieß nichts anderes, als daß hier die Gefahr gesehen wurde, daß der preußische Einfluß in Rumänien bei Ablehnung von Strousbergs Eisenbahnplänen geschmälert werden konnte.

Mit großer Spannung wurde daher im April 1868 von allen Seiten die Entscheidung der beiden Häuser des Parlaments erwartet. Bei der Behandlung der Ofenheimschen Konzession ging alles ziemlich glatt, und die Zustimmung erfolgte mit nur geringen Änderungen. Bei der Behandlung der Strousbergschen Konzession bedurfte es schon des ganzen Einsatzes von Fürst Karl, um den Abgeordneten des Parlaments die Zustimmung abzuringen. Die darauf erfolgten Bemühungen Karls im Senat scheiterten aber völlig. «Trotz seiner äußersten Anstrengungen und Mühen», schreibt vom Rhein, gelang es Karl nicht, «die Votierung der Konzession für den von ihm mit ganz besonderer Vorliebe patronisierten und protegierten Dr. Strousberg zu erlangen.»[69] Niemand glaubte, wie er weiter bemerkt, danach noch, daß Strousberg zu seiner Konzession kommen würde.[70] Karl reagierte nach Art eines absolutistischen Monarchen und löste den Senat, der erst fünf Monate vorher gewählt worden war, einfach auf.

In dieser Situation erschien Strousberg im Juni in Bukarest. Sein Auftreten glich dem eines «reisenden Fürsten», wie der «Berliner Börsen-Courier» schrieb, «mit sechzig Pferden, mit einem Dutzend Reisewagen und mit einem mächtigen Gefolge».[71] Das Aufsehen, das er dadurch machte, war gewaltig.

Wie es in den Aufzeichnungen einer am rumänischen Hofe lebenden Augenzeugin hieß, sei der erste Eindruck von Strousberg nicht ungünstig gewesen. «Er scheint energisch zu sein», notierte sie, «und entschlossen, den Bau sogleich zu beginnen.»[72] Genügend Munition schien Strousberg für seinen Kampf um die Konzession auch mitgebracht zu haben. Wenn sein fürstliches Gepränge schon großen Eindruck in Bukarest machte, mehr noch beeindruckte er aber durch das Geld, daß er in die verschiedensten Kanäle fließen ließ, um damit korrupte Politiker und Beamte zu bestechen. Generalkonsul Keyserling beschrieb bereits im März 1868 in einem Brief an Bismarck, wie Strousberg seine Probleme wahrscheinlich am erfolgreichsten lösen könnte: «So hängt wohl die Entscheidung davon ab, wer von den Konkurrenten am meisten bietet, jedenfalls dürfte nicht zu empfehlen sein, daß der preußische Taler dem österreichischen Gulden das Feld allein überläßt.»[73]

Strousbergs Anwesenheit in Bukarest blieb nicht ohne die gewünschte Wirkung. Nunmehr finanziell bestens ausgestattet, nutzte Brătianu seinen ganzen Einfluß und den ihm zur Verfügung stehenden Regierungsapparat, um einen neuen, willfährigen Senat wählen zu lassen, gewissermaßen einen Strousberg-Senat. Dessen erste Aufgabe war es denn auch, die Konzession für Strousberg zu bewilligen. Die Behandlung der Konzessionsfrage verlief im Senat wie geschmiert, und so war es ja auch. Die rumänische Öffentlichkeit reagierte mit leidenschaftlicher Entrüstung. «Die ganze Nation», schrieb vom Rhein, «beantwortete die Genehmigung mit einem einstimmigen Schrei des Wehs und der Empörung. Laut und ohne Scheu sagte man aller Orten, daß das Land durch diese Konzession an den Dr. Strousberg verkauft worden sei, daß es durch dieselbe germanisiert werden solle!»[74] Die Entscheidung war jedoch unwiderruflich gefallen. Das geflügelte Wort «Kam, sah und siegte» konnte für Strousbergs Auftreten durchaus gewählt werden. Bestärkt durch die scheinbar unwiderstehliche Wirkung seines Geldes, glaubte er, alle Hemmnisse überwunden und sein bisher größtes Geschäft erfolgreich unter Dach und Fach gebracht zu haben.

Strousberg hatte den fettesten Happen des rumänischen Eisenbahngeschäftes erwischt, sein phantasievoller Geist sah die Strecke bereits vor sich, glaubte die finanziellen und technischen Schwierigkeiten genau zu kennen, sie sogar zu beherrschen, und dennoch trat er einen unwägbaren Marsch in ein unbekanntes Land an. Die Energie, die er entwickelte, um so schnell wie möglich mit dem Bau beginnen zu können, war beeindruckend. Schon am 20. Juli 1868 schickte er mit dem Wiener Eilboot eine Gruppe von vierundzwanzig Fachleuten unter der Leitung des Baumeisters Gurski nach Galatz. Fürst Karl hatte bereits vorher den Präfekten von Galatz angewiesen, den Deutschen vollste Unterstützung zu geben.[75] Im September 1868 war Strousberg auch wieder selbst in Rumänien, wo er in Bukarest von Fürst Karl empfangen wurde. Er versprach ihm, die Strecke Roman–Galatz–Bukarest in zwei Jahren fertigzustellen und ihm als Krönung des Ganzen in Bukarest einen herrlichen Bahnhof zu errichten. Noch während Strousbergs Aufenthalt in Bukarest eröffnete Karl mit dem ersten Spatenstich die Bauarbeiten für den Bahnhof.[76]

Strousberg nahm anläßlich dieser Reise auch an der Grundsteinlegung für den Bahnhof von Galatz teil und hielt dort vor seiner bereits auf etwa fünfzig Mann angewachsenen Vorausabteilung eine bemerkenswerte Rede. Der preußische Vertreter in Galatz, Blücher, berichtete darüber an das Auswärtige Amt in Berlin: «Dr. Strousberg hat den versammelten Beamten in einer feurigen Ansprache ans Herz gelegt, nicht von ihrem preußischen Wesen abzulassen, nicht in den deutschen Dusel zu verfallen; sondern festzuhalten an der straffen, energischen, ratsamen und ausdauernden Preußischen Art.»[77] Blücher fügte auch gleich noch eine Charakteristik des Redners bei, die nach solchem Auftreten natürlich nur lobend sein konnte: «Dr. Strousberg selbst ist ein sehr begabter, energischer Mann und durch und durch Preußisch gesinnt. Er erblickt einzig und allein nur im Festhalten an der alten Preußischen Art und Weise eine sichere Bürgschaft für die Wohlfahrt des künftigen deutschen Reiches.»[78]

Aus der Berichterstattung Blüchers an das Auswärtige Amt erfahren wir außerdem noch, daß Strousberg den Bahnbau unter vier Subunternehmer aufgeteilt hatte, die für den Bahn- und Hochbau zuständig waren, während er sich die Lieferung der Schwellen und Schienen für alle Strecken vorbehielt. Strousberg nannte in Galatz einen noch früheren Termin für die Fertigstellung der Bahnlinie Bukarest–Galatz–Roman. Danach sollte sie bereits im darauffolgenden Jahr übergeben werden. Gewisse Probleme sah er – nach Blücher – bei den Arbeiten im Winter und bei der Beschaffung von Arbeitskräften. Blücher vermittelte aber ansonsten genau den Optimismus nach Berlin, den Strousberg verbreitete. «In dem Beamten-Personal des Dr. Strousberg», schrieb er, «befinden sich recht respektable Leute und recht tüchtige Kräfte – so daß man der Hoffnung sein kann, daß die Unternehmung unserem alten, guten Preußischen Namen auch im fernen Oriente Ehre machen werde.»[79] Zum obersten Bevollmächtigten in Rumänien mit Hauptquartier in Galatz hatte Strousberg inzwischen den früher im Polizeipräsidium tätigen Regierungsassessor Plewe ernannt, der Strousberg schon vielfach nützliche Dienste geleistet hatte, so, wie schon erwähnt, als Vorsitzender des Gründungskomitees der Viehmarkt-Gesellschaft.

In Deutschland wurden währenddessen mit großen Annoncen Arbeitskräfte für Rumänien geworben und selbstverständlich hoher Verdienst in Aussicht gestellt. Doch der Eisenbahnbau florierte zu dieser Zeit auch in Deutschland, und es war keineswegs einfach, gutes Fachpersonal nach Rumänien zu verpflichten. «Viele wollten nicht im Ausland bauen», äußerte sich dazu Strousberg, «und so war ich angewiesen mein Personal größtenteils aus mir fremden und unbekannten, und nicht immer den besten Elementen zusammenzusetzen.»[80] Friedrich vom Rhein kennzeichnet das angeworbene Personal noch deutlicher als «eine durch Zeitungs-Annoncen aus allen Ecken und Enden Deutschlands zusammengetrommelte, bunt durcheinander gewürfelte Gesellschaft alter verbummelter, versoffener und halb verkommener Bauführer, die von irgend einer Fortbildung, sowie von der Ablegung des Baumeister-Examens schon längst abstrahiert hatten, so wie junger Burschen, die direkt von den Schulbänken kamen, ohne noch irgend welches Examen gemacht zu haben». «Sie alle aber huldigten», führte er weiter aus, «ungeteilt dem einzigen und demselben Prinzip, welches sie wohl auch lediglich nach Rumänien getrieben haben mochte und welches lautete: Möglichst gutes, ungebundenes und bequemes Leben, möglichst schnell viel Geld machen, und dabei so wenig als nur möglich arbeiten.»[81]

Aus welchen Motiven auch immer, auf jeden Fall strömten viele Arbeitskräfte aus Deutschland zu den Strousbergschen Baustellen nach Rumänien. Genährt durch gezielte österreichische Desinformation, behaupteten einige rumänische Zeitungen, daß etwa 6000 Preußen, die in Wirklichkeit mit Zündnadelgewehren ausgerüstete Soldaten seien, unter dem Vorwand des Eisenbahnbaues nach Rumänien gekommen wären.[82] Diese Meldungen zeigen immerhin, daß plötzlich sehr viele Deutsche in Rumänien eintrafen und daß man dort durchaus nicht begeistert davon war.

So, wie dieser Zug nach dem Süden durch eine Strousbergsche Werbekampagne ausgelöst worden war, erreichte auch eine andere Werbekampagne von ihm ihre gewünschten Adressaten. Strousberg ließ in vielen Zeitungen für den Verkauf von Obligationen der rumänischen Eisenbahnen werben, teils durch Annoncen, teils durch bestellte redaktionelle Beiträge. Die angekündigte Zinsgarantie von jährlich 7,5 Prozent stand dabei im Mittelpunkt der verheißungsvollen Versprechungen. Auch die renommierte «Illustrierte Zeitung» ließ im Dezember 1868 einen für ihre Verhältnisse ungewöhnlich umfangreichen Artikel über die rumänische Eisenbahnanleihe erscheinen und verbreitete sich darin ziemlich schwärmerisch über die Zinsgarantie. «Die Konzessionsurkunde, welche die Zinsgarantie enthält», hieß es da, «ist durch ein von der Landesregierung votiertes und in allen vorgeschriebenen Formen publiziertes Gesetz legalisiert und dadurch eine vollwichtige konstitutionelle Garantie geboten. Die Finanzen Rumäniens werden in der Thronrede, mit welcher am 27. November die Kammern eröffnet wurden, als ‹blühend› geschildert. Die Person des Fürsten, welcher dem hohenzollerschen Hause angehört, bürgt für die Richtigkeit dieses Ausspruchs.»[83]

Wer sollte sich einer solchen Verlockung entziehen? Obwohl sich die Ausgabe der Obligationen verzögerte und sie erst im Januar 1869 herauskamen, setzte dennoch schon im Dezember ein lebhafter Handel damit ein. Die Eisenbahnanleihe wurde in Raten in Wien, Lon-

Rumänische Eisenbahn-Anleihe.

7½ pCt.

Jährliche Zinsen.

Sofortige absolute Zins-Garantie.

Unbedingte Steuerfreiheit.

EMISSION

von

Thalern 8,000,000 Preuß. Courant Obligationen.

Die unterzeichneten Konzessionäre der Rumänischen Eisenbahnen emittiren gegenwärtig **auf Grund der fürstlich Rumänischen, von den Kammern genehmigten Konzession de dato Bucharest den 22. September / 4. Oktober 1868,**

zum Zweck des Baues

der Eisenbahnen von Galatz über Tecucin nach Roman mit Zweigbahn von Tecucin nach Berlad und von Galatz nach Bucharest.

Thlr. 8.000.000 Pr. Cour.

7½ procentige Eisenbahn-Obligationen

deren Verzinsung vom 1. Januar 1869 ab beginnt

in Stücken von	100 Thlr.	375 Frs.	15 Pfund Sterling
„ „ „	400 „	1500 „	60 „ „
„ „ „	800 „	3000 „	120 „ „
„ „ „	2000 „	7500 „	300 „ „

mit Zinscoupons per 2. Januar und 1. Juli jeden Jahres.

Der Konzessions-Urkunde gemäss soll die **Amortisation** dieser Obligationen, für deren sofortige Verzinsung mit 7½ pCt. per anno die fürstlich Rumänische Regierung vom Tage der Ausgabe an garantirt, binnen 60 Jahren von der Eröffnung der gedachten Bahnen ab gerechnet, aus den Betriebs-Einnahmen mit ½ pCt. per anno, durch Verloosung zum Nominal-Werth erfolgen.

Die Obligationen werden **den Garantie-Stempel der fürstlich Rumänischen Regierung** und die **Unterschrift des Staats-Kommissars** tragen und in Bezug auf Zinsen und Amortisation **unbedingte Steuerfreiheit** geniessen.

Die Einlösung der Coupons und der verloosten Obligationen geschieht in **Berlin, London, Paris und Amsterdam** an den zu publizirenden Stellen in Thalern Pr. Cour., Franks und Pfund Sterling effektiv nach dem Verhältniss von 100 Thaler Preuss. = 375 Franks = 15 Pfund Sterling.

Diese Obligationen legen die unterzeichneten Konzessionäre

am 10. und 11. d. Mts.

zur Zeichnung auf

in **Berlin** bei der **Berliner Handels-Gesellschaft,**

bei den Herren **Anhalt & Wagener**

und bei dem Herrn **Jos. Jaques**

in Höhe von Fünf Millionen Thalern

zum Course von 71 pCt.

in **Amsterdam** bei den Herren **Wertheim & Gompertz**

in Höhe von Drei Millionen Thalern

zum Course von 71 pCt. à 175 Fl. Holl. für 100 Thlr. Pr. Court.

[illegible]

[illegible]

[illegible]

[illegible]

[illegible]

[illegible]

Die Konzessionäre der Rumänischen Eisenbahnen.

Herzog von Ujest. Herzog von Ratibor. Graf Lehndorff. Dr. Strousberg.

Obligationswerbung der Konzessionäre
für den Eisenbahnbau in Rumänien

don, Pest, Lemberg, Bukarest, Galatz, Jassy, Berlin, Breslau und Leipzig aufgelegt. In Berlin waren es besonders die Berliner Handelsgesellschaft und das Bankhaus Jaques, die sich dabei hervortaten. Am 11. März 1869 teilte Strousberg dem als rumänischer Staatskommissar eingesetzten Ambronn mit, daß er über die Berliner Handelsgesellschaft bereits für 16 Millionen Taler (60 Millionen Francs) Obligationen verkauft habe.[84]

Der größte Teil der Gesamtanleihe wurde in Preußen gezeichnet. «Im Vertrauen auf den ‹großen Mann› und verblendet von den 7 1/2 Prozent», bemerkte vom Rhein, «haben in Preußen und zwar nicht die Kapitalisten, sondern Tausende sogenannter kleiner Leute, welche ihre Sparpfennige am besten und gewinnbringendsten in den in allen Zeitungen so pomphaft angekündigten und anempfohlenen Rumänischen Eisenbahn-Obligationen anzulegen wähnten, die bedeutende Summe von ca. 60 Millionen Talern diesem Unternehmen anvertraut.»[85]

Die Obligationen beziehungsweise die bereits durch ihren Verkauf eingenommenen Summen wurden im Einvernehmen zwischen den Konzessionären und der rumänischen Regierung in einem Tresor bei dem «Vertrauensbankier» Jaques deponiert. Dieser Tresor war nur durch die gleichzeitige Verwendung von zwei Schlüsseln zu öffnen, von denen einer dem Staatskommissar Ambronn ausgehändigt wurde. Die Konzessionäre – es war natürlich nur Strousberg, der in Frage kam – sollten daraus entsprechend dem Stand der Arbeiten mit Geld oder Obligationen bezahlt werden. Voraussetzung für die Zahlungen waren die Zeugnisse des Oberingenieurs der Konzessionäre, die wiederum der Kontrolle von rumänischen Beauftragten unterzogen werden sollten. Das Finanzierungsproblem schien damit insgesamt – bedingt auch durch den guten Verkauf der Obligationen – gesichert zu sein. Es kam nun alles auf die Organisation und die technische Realisierung des Bahnbaus an. Und dabei war Eile geboten. Obwohl auf den ausgegebenen Obligationen stand, daß dafür eine sofortige und unbedingte Zinsgarantie des rumänischen Staates bestand, besagte die Konzessionsurkunde etwas anderes. Danach waren die Konzessionäre verpflichtet, die in halbjährlichen Raten anfallenden Zinsen so lange selbst zu zahlen, bis der jeweilige Bauabschnitt durch die rumänische Regierung abgenommen war. Erst danach sollte die rumänische Regierung für die Zinsen aufkommen.

Strousberg, der nach der Konzessionsurkunde verpflichtet war, innerhalb von drei Jahren das ihm übertragene Streckensystem zu errichten, mußte also sehr darauf bedacht sein, diese Zeit zu unterbieten und die Bahnanlagen früher zu übergeben, um die hohe Zinslast loszuwerden. Das ja wohl von englischen Kapitalisten geprägte «time is money» traf hier für den preußischen Kapitalisten Strousberg im direktesten Sinne des Wortes zu. Dessen voll bewußt, ging Strousberg den rumänischen Eisenbahnbau in hohem Tempo an. Was in erster Linie zählte, war Schnelligkeit, gesteigert bis zur Rücksichtslosigkeit. Den Fürsten und das gekaufte Ministerium auf seiner Seite, hielt sich der Eisenbahnkönig, wie F. vom Rhein bemerkt, «für den unumschränkten Herrn und Meister der Situation, der, Niemanden neben und über sich anerkennend, Niemanden Rechenschaft schuldig zu sein glaubend, gleich wie in einem eroberten Land nun nach Gutdünken zu schalten und zu walten anfing».[86] Strousbergs Trupps durchzogen das Land, vermaßen die Strecken, begannen mit Nivellierungsarbeiten, ohne auf Mensch und Natur Rücksicht zu nehmen oder sich mit der Kleinigkeit der Eigentumsverhältnisse abzugeben. «Die betreffenden Besitzer auch nur von ihrer Absicht zu informieren», schrieb vom Rhein, «hielten sie in ihrem wahnwitzigen Dünkel für durchaus überflüssig.» «Vollgepfropft von den abenteuerlichsten und lächerlichsten Vorurteilen», fährt dieser Augenzeuge fort, «hielt sich ein Jeder den ‹dummen› Walachen gegenüber für ein Wesen höherer Ordnung, berufen, dieselben mit den Wohltaten der europäischen Zivilisation vertraut zu machen.»[87]

Der anfänglich freundschaftliche und gastfreundliche Empfang der Deutschen durch die Rumänen verwandelte sich so schnell in Ablehnung und Feindseligkeit, und sehr bald hagelte es Beschwerden in Bukarest durch die erzürnten Landeigentümer. Aber nicht nur die Bürger des Landes, sondern auch die rumänische Regierung selbst hätte Beschwerden gegen Strousberg vorzubringen gehabt, weil dieser sie überging, wo nur sie zu bestätigen oder zu entscheiden hatte. Oft wurden schon dort Erdarbeiten durchgeführt, wo es noch keine bestätigten Planunterlagen für die Strecke oder die entsprechenden Bahnanlagen gab. Doch die Regierung übersah geflissentlich die Beschwerden ihrer Bürger und die Verletzung ihrer eigenen Autorität. Die Opposition und ihre Presse dagegen nahmen sich der Beschwerden an und verurteilten das Vorgehen Strousbergs und seiner Leute immer heftiger. Strousberg, der durch seinen Stab in Galatz über die bedrohliche Stimmung im Lande informiert wurde, sah sich deshalb veranlaßt, etwas Demonstratives zu unternehmen. So schickte er ein hochtrabendes Telegramm nach Galatz, das der rumänischen Öffentlichkeit bekanntgemacht wurde und in dem er versicherte, daß er «den Leuten in Rumänien zeigen werde, wie redlich und ehrlich er es mit ihrem Lande meine».[88] Doch er überschätzte die Wirkung seiner Worte. Die Wirkung auf die unzufriedenen Rumänen war gleich null, aber auch seine Leute änderten ihr Verhalten nicht. Der Konflikt hielt weiter an.

Der Moloch

Verloren für Preußen?

Der «Kladderadatsch» schrieb 1869: «Wie wir hören, ist Dr. Strousberg mit der türkischen Regierung wegen Ankauf des Berges Ararat in Armenien in Unterhandlung getreten. Der vielgenannte Finanzmann hat die Absicht, den besagten Berg, der von den Armeniern kaum benutzt wird, abbrechen und unter dem Namen ‹der Strousberg› oder ‹das Strousgebirge› in der Gegend von Deutsch-Krone wieder aufstellen zu lassen, lediglich um der dortigen, von der Natur stark vernachlässigten Gegend zu einem renommierten Aussichtspunkt zu verhelfen.»[1]

Abgesehen einmal von dieser bissigen Notiz, las und hörte man tatsächlich ständig von neuen Ankäufen oder Vorhaben Strousbergs, und man traute ihm bald alles zu, auch die exzentrischsten Sachen. Unter den Nachrichten über den Eisenbahnkönig häuften sich vor allem jene, die von Aktivitäten im Ausland berichteten. Da erfuhr man außer von den rumänischen Geschäften vom Abschluß eines Vertrages mit der ungarischen Regierung über den Bau einer sogenannten Nordostbahn von rund 500 Kilometer Länge, vom Bau einer Eisenbahnlinie in Rußland von Brest nach Grajewo, vom Ankauf der großen Herrschaft Zbirow in Böhmen, die eines Wallensteins würdig sei, ja sogar, daß Strousberg die Festungswerke von Antwerpen gekauft hatte, um hier eine bedeutende Erweiterung der Hafenanlage durchzuführen.

Die Zeitungen und Zeitschriften befaßten sich ausführlich mit allem, was Strousberg tat und dachte oder angeblich getan oder gedacht hatte, und schufen dabei den populären Mythos vom «Mann, der alles kann». «Sein Bild», schrieb Gottfried Reitböck im Jahrbuch deutscher Ingenieure, «hing in Schaufenstern neben dem Porträt des großen Bismarck und der kleinen Lucca, die, von der Wiener Hofoper kommend, damals als der Liebling aller Berliner galt.»[2] Strousbergs Betätigungsfeld begann tatsächlich europäische Dimensionen anzunehmen. Er wollte sich dabei, wie F. vom Rhein bemerkte, zu einem «noch nie dagewesenen, die Industrie und die Finanzen seines Vaterlandes, ja vielleicht ganz Europas beeinflussenden Nabob emporschwingen . . ., der nur einzig und allein diesen hochfliegenden Plänen nachhängend, so ganz und gar von dieser, seinem Ehrgeiz schmeichelnden und seiner Geldgier kitzelnden Idee eingenommen wurde».[3]

Die Entwicklung Strousbergs, vor allem sein Engagement im Ausland, verfolgte man in maßgebenden Kreisen Berlins mit einem lachenden und einem weinenden Auge. Die wachsende Geltung, die von Strousbergs Hauptbüro in Berlin ausging, die Entwicklung seiner erfolgreichen Unternehmungen erlebte man mit Genugtuung. Andererseits wuchs die Besorgnis, daß der viel Bewunderte für unternehmerische Aufgaben in Preußen verlorengehen und sich ausschließlich seinen auswärtigen Geschäften widmen könnte. Auf seine oft bekundete «preußische Treue» wollte man dabei nicht allein vertrauen, denn man hielt es für durchaus möglich, daß er unter für ihn günstigen Umständen wie ein Chamäleon die Farbe wechselte. Handelsminister Itzenplitz versuchte daher im März 1869, Strousbergs preußische Bindungen durch die Verleihung des Kronenordens III. Klasse zu festigen. So begründete Itzenplitz auch im wesentlichen seinen Antrag an den König. Ausgelöst wurde der Vorstoß von Itzenplitz angeblich durch eine Mitteilung des Berliner Polizeipräsidenten von Wurmb, der den Handelsminister am 13. März davon unterrichtet hatte, daß die «Kaiserlich-Österreichische Regierung und speziell der Reichs-Kanzler Graf Beust mit der Absicht um(geht), den Strousberg nach Österreich hinüberzuziehen, um seinen Unternehmungsgeist und seine finanzielle Kapazität im jenseitigen Interesse zu verwerten».[4] «Um ihn zu gewinnen», ließ Wurmb ferner wissen, «sind neben vorteilhaften Anerbietungen auch persönliche Gnadenbezeigungen in Aussicht gestellt worden.»[5] Wurmb, der auch herausbekommen hatte, daß Strousberg von österreichischer Seite

Wilhelm I.

das Palais Rohan in Wien als Wohnsitz angeboten worden war, befürchtete, daß der Wechsel des Wohnsitzes eine Verringerung des Interesses des Eisenbahnkönigs für preußische Unternehmen bedeuten könnte. Die Offerten aus Wien, zwei Jahre nach dem Krieg mit Österreich, mußten in Berlin wie eine gezielte Abwerbung wirken.

Gestützt auf Wurmbs Informationen, auf die er sich ausdrücklich berief, reichte Itzenplitz schon drei Tage später seinen Ordensvorschlag an den König ein. «Eine solche Entschließung (Wechsel Strousbergs nach Österreich – M. O.) dürfte jedoch», schrieb Itzenplitz dem König, «nicht im Interesse der diesseitigen Eisenbahn-Unternehmungen liegen, mindestens in den gegenwärtigen Zeitverhältnissen nicht, wo bei dem überall auftretenden Verlangen nach Eisenbahnverbindungen die Mittel zu den Bauten nur unter sehr erheblichen Schwierigkeiten und mit Hilfe einflußreicher Personen beschafft werden können.»[6] Der König reagierte bereits am 17. März und fragte bei Itzenplitz an, welche Sicherheit denn dafür vorhanden sei, daß die Auszeichnung Strousberg an Berlin fesseln werde.[7] Itzenplitz teilte darauf dem König mit, daß er die Absichten Strousbergs durch seinen Schwiegersohn Baron von Romberg habe sondieren lassen, und legte einen Brief Strousbergs an diesen bei. Offensichtlich wußte Strousberg, worum es ging, denn er ritt in diesem Schreiben ganz die patriotische Tour. «Im Ausland war ich einer der Wenigen», schreibt er da, «die in Zeiten, wo es in England Niemand gewagt hätte, als Schriftsteller für Preußen aufzutreten.»[8] Strousberg läßt in seinem Schreiben nicht unerwähnt, daß er viele Angebote aus dem Ausland erhalten habe, betont aber die Liebe seiner Familie zum Vaterland seit vier Generationen, obwohl er dort vielen Anfeindungen ausgesetzt sei. «Ich bin aber», versicherte er, «Gott sei Dank, aus diesem Kampf mit dem Entschluß hervorgegangen, zu dulden, was ich nicht verschuldet habe, das Gute mit dem Bösen zu ertragen, nach wie vor meinem Vaterlande ergeben zu bleiben und von der Zukunft Besseres zu hoffen.»[9] Gleichzeitig erklärte er bestimmt, es sei unwahr, daß er Preußen verlassen wolle.

Das Zusammenspiel Wurmb–Itzenplitz–Romberg–Strousberg deutet in vielem darauf hin, daß die Ordensverleihung an Strousberg eine abgekartete Sache war. Alles klappte genau: Erst wurde das Gespenst von Strousbergs Übersiedlung an die Wand gemalt, danach kam prompt die verlangte Garantie, daß er bliebe, worauf die Ordensverleihung durch den König schon am 25. März gefeiert werden konnte. Ging es aber wirklich nur um eine, für Strousbergs Verhältnisse inzwischen simple Ordensverleihung? Strousberg besaß schon eine ganze Reihe von deutschen und ausländischen Orden, darunter, wie wir wissen, den preußischen Kronenorden IV. Klasse. Es ging Strousberg in Wirklichkeit um viel mehr. Er war in Preußen tatsächlich wachsenden Anfeindungen insbesondere aus Bank- und anderen Wirtschaftskreisen ausgesetzt und erwähnte das ja auch in seinem Brief an Romberg. Itzenplitz berührte in seinem zweiten Schreiben an den König gleichfalls diese Anfeindungen, betonte dabei aber, daß sie nicht von der Regierung kamen, «sondern aus dem großen Publikum, meist wohl von Neidern gesehen, oder doch veranlaßt».[10] Itzenplitz erwähnte noch, daß auch im Abgeordnetenhaus «mehrfache und gewichtige Stimmen» gegen Maßnahmen Strousbergs laut geworden sind, sein Name aber nicht genannt worden ist.[11] Strousberg ging es bei der Ordensverleihung deshalb wohl in erster Linie darum, diese sich gegen ihn bildende Fronde durch eine sichtbare Ehrung seiner Person durch den König zurückzudrängen und seine Hausmacht in Preußen zu festigen. Dabei ist es nicht auszuschließen, sondern sogar wahrscheinlich, daß er sich mit dem Gedanken trug, Preußen zu verlassen, wenn er dort auf wachsende Schwierigkeiten stoßen sollte.

Interessant war die Haltung von Itzenplitz. Obwohl er maßgeblich für die Ordensverleihung eingetreten war, sicher aus denselben Gründen wie Strousberg, vermied er doch vorsichtig eine völlige Übereinstimmung mit ihm. Er wollte zwar nicht, daß die Gegner Strousbergs die Oberhand bekämen, schloß diese Möglichkeit aber keinesfalls aus. Außerdem sah er durchaus die Gefahr, daß Strousbergs waghalsige geschäftliche Spekulationen, falls sie scheiterten, einen riesigen Strudel erzeugen würden, der viele, auch ihn selbst, in den Abgrund ziehen konnte. Deshalb schrieb er recht zurückhaltend an den König, meinte, man könne sich kein rechtes Bild über Strousbergs Vermögensverhältnisse machen, aber viele hielten ihn für einen überaus reichen Mann und Millionär, andererseits bestehe die Meinung, seine übergroßen Spekulationen werden über kurz oder lang ein übles Ende nehmen. Itzenplitz bezeichnete sich selbst als keinen der zahlreichen Verehrer Strousbergs, rechnete sich aber auch nicht zu seinen Feinden. Er habe ihn, «soweit es die Umstände geboten», im Interesse des Staates und des allgemeinen Verkehrs verteidigt, «ohne seine außerordentlichen geschäftlichen Maßnahmen zu empfehlen». «Daß aber», führte der Handelsminister weiter aus, «der Umsicht, Energie und finanziellen Kapazität des Genannten der gestiftete Nutzen zu verdanken ist und daß ihm Manches gelingt, was andere vergeblich versuchen oder nicht in Angriff zu nehmen sich getrauen – und ihn beneiden – kann nicht in Abrede gestellt werden, ebensowenig, daß er auch seinen Vorteil nicht vergißt.»[12] Itzenplitz hoffte mit seiner Darlegung seine Einstellung zu Strousberg hinreichend geklärt zu haben: Er wollte ihn in Preußen halten, aber so viel Distanz deutlich machen, daß er bei einem eventuellen Untergang des Eisenbahnkönigs nicht hineingezogen werden würde. Itzenplitz war sicherlich mit sich zufrieden.

Tricks

Befürchtungen, daß Strousberg sich zuungunsten Preußens dem Ausland zuwenden könnte, waren vorerst hypothetischer Natur. In den Jahren 1868 bis 1870 gab es eine solche Fülle von Unternehmungen Strousbergs in Preußen, daß von einem Abbau seines Engagements keine Rede sein konnte. Beim Eisenbahnbau wurden von der Presse ständig neue Teilstrecken- und Gesamtstreckeneröffnungen gemeldet und gebührend gefeiert. So konnte die «Rechte Oderuferbahn» am 15. November 1868 eröffnet werden. Die Märkisch-Posener-Eisenbahn wurde innerhalb von drei Jahren erbaut und in ihrer gesamten Länge von 272 Kilometern am 26. Juni 1870 dem öffentlichen Verkehr übergeben. Am 3. Februar 1868 wurde die Konzession für die Eisenbahnlinie Halle–Sorau–Guben mit einer Länge von 270 Kilometern vergeben und noch in demselben Jahr, am 25. November, die Konzession für die Eisenbahn von Hannover nach Altenbeken mit einer Länge von 138 Kilometern erteilt. An all diesen Linien war Strousberg entscheidend beteiligt.[13]

Wenn man die weiteren Unternehmen Strousbergs in Betracht zieht, seine Bergbau-, Hütten- und Brückenbauunternehmen, seine Lokomotiv- und Waggonbaufabriken sowie den Bau der Markthalle und des Schlacht- und Viehhofes in Berlin, so deutet das alles keinesfalls auf eine wachsende Preußenmüdigkeit hin. Der größte Teil seiner Unternehmungen konzentrierte sich nach wie vor auf das preußische Staatsgebiet. Das traf auch für die Mehrzahl seiner inzwischen «gesammelten» Güter zu. Dieses «Steckenpferd» hatte ihm bereits einen Grundbesitz von etwa 300 000 Morgen gebracht, so daß man Strousberg – was allerdings übertrieben war – im Jahre 1871 schon als den größten Grundbesitzer in Deutschland bezeichnete.[14]

Strousbergs Interesse an ausländischen Aufträgen war vor allem darauf zurückzuführen, daß er für sein Imperium immer neue Geldquellen erschließen und seinen wachsenden Produktionskapazitäten mit insgesamt 100 000 Beschäftigten weitere Aufträge sichern mußte. Seine Lokomotivfabrik in Hannover hatte er bereits so erweitern lassen, daß sie täglich eine Lokomotive fertigstellte. Auch die von ihm erworbene Dortmunder Hütte ließ er in großem Stil ausbauen. Er modernisierte und vergrößerte die bestehenden Anlagen, ließ sechsunddreißig neue Puddelöfen errichten, rekonstruierte das Walzwerk für Eisenträger und Stabeisen, errichtete ein neues Brückenbauwerk und eine Radfabrik. Darüber hinaus plante er den Bau einer großartigen Hochofen- und Bessemeranlage im Rahmen der Dortmunder Hütte.[15] Die Versorgung dieser Hütte mit einer für die damaligen Verhältnisse unerhörten Menge von Erzen sollte vor allem durch ausländische Lieferungen gesichert werden. «Strousberg richtete dabei als erster den Blick auf den Bezug überseeischer, vor allem spanischer Erze, die in allerbester Güte zur Verfügung standen», schrieb Gottfried Reitböck im Jahre 1924. «Um die Bedeutung dieses Gedankens zu begreifen», meinte er, «muß man im Geiste einen Besuch der Häfen des rheinisch-westfälischen Industriegebietes vornehmen, die Ende der sechziger Jahre kein, jetzt aber jährlich Millionen Tonnen ausländischer Erze umschlagen, um in nächster Nähe verhüttet zu werden.»[16]

Bei der Verwirklichung einer ganzen Reihe von modernsten Produktionsverfahren in der Eisen- und Hüttentechnik kam Strousberg

Werkhalle einer Lokomotivfabrik

Personenzuglokomotive der Reichseisenbahnen in Elsaß-Lothringen, gebaut 1870 bei Egestorff, Hannover

seine Fähigkeit zugute, die Vorteile des Neuen schnell zu erkennen und dabei nicht ängstlich auf die hohen Finanzierungskosten achten zu müssen, die viele Unternehmer abhielt, sich in größerem Maße zu engagieren. Ihnen standen allerdings auch nicht die enormen Geldquellen zur Verfügung, wie Strousberg sie zumindest zeitweise hatte und von denen er glaubte, daß er sie immer wieder neu werde erschließen können. Diese Einstellung zum Geld, viele bezeichneten sie als leichtsinnig, auch, weil er für damalige Verhältnisse relativ günstige Bedingungen für seine Arbeiter schuf, ließ ihn durchaus unübliche Wege gehen. So ließ er beispielsweise in Hannover-Linden für die Arbeiter seiner Egestorffschen Lokomotivfabrik eine vorbildliche Wohnstadt errichten. Es gab da bereits einen Betriebskindergarten, außerdem sorgte er im Betrieb für ein Mittagessen. Friedrich Engels, der sich 1869 für einige Wochen in Deutschland aufhielt, berichtete in diesem Zusammenhang in einem Brief an Karl Marx recht positiv über Strousberg. «Er kauft jetzt alle möglichen industriellen Etablissements auf», schrieb Engels, «und reduziert überall sofort die Arbeitszeit auf 10 Stunden, ohne den Lohn herabzusetzen. Dabei hat er das klare Bewußtsein, daß er als ein ganz armer Schlukker endigen wird.»[17] Engels bezieht sich dabei auf einen Bericht seines Bruders, der mit Strousberg zusammengetroffen war und diesem «einzelne geniale Züge» bescheinigte.

Das Bewußtsein, daß alles, was er erreicht hatte, über Nacht zusammenbrechen könnte, «er als ein ganz armer Schlucker endigen wird», verließ Strousberg wohl nie. Es gab Gerüchte, daß er deshalb die erworbenen Rittergüter auf den Namen seiner Frau hatte eintragen lassen, um bei einem eventuellen Bankrott seiner Unternehmungen die Güter zu retten.[18]

Auch über Zahlungsschwierigkeiten Strousbergs wollten die Gerüchte nie verstummen. Die «Illustrierte Zeitung» schrieb im Oktober 1869 von «gewiegten Leuten», die verbreiteten, «daß nur sehr schwer, selbst auf Wechsel Geld von Strousberg zu bekommen sei; und daß, wenn der Mann als Millionär gelte, er der Millionen mehr auf dem Papiere als Tausende in der Kasse habe».[19] Am 6. November äußerte sich auch Bleichröder in einem Schreiben an Bismarck skeptisch über Strousbergs Zukunft. «Der Mann ist sehr gescheut», schrieb er, «aber die Art und Weise Geschäfte zu entarniren, um alte Löcher zu stopfen, ist gefährlich, und im Momente einer Hemmung kann sein ganzes Gebäude zusammenstürzen und unter den Trümmern Millionen leichtgläubiger Aktionäre begraben!»[20] Allerdings gab es für die Löcher immer wieder neue Füllungen. Allein für die sich in dieser Zeit im Bau befindlichen deutschen Bahnlinien Strousbergs war ein Baukapital von 37,5 Millionen Taler vereinbart worden. Davon für die Märkisch–Posener–Eisenbahn 14,5 Millionen, für die Linien Halle–Sorau–Guben 13,5 Millionen und Hannover–Altenbeken 9,5 Millionen Taler.

Bei der Märkisch–Posener–Eisenbahn wurde die Finanzierung nach dem Tilsit–Insterburger Modell durchgeführt, das heißt, zwei Drittel der Aktien standen als Bausumme zur Verfügung und ein Drittel für den Landerwerb. Dabei war man von vornherein davon ausgegangen, daß die Bodeneigentümer für ihr Land nur Aktien erhalten sollten. Als Initiatoren dieser Linie hatten sich vor allem Fürst Karl Anton von Hohenzollern-Sigmaringen und sein Vermögensverwalter Ambronn hervorgetan. Aber auch hier stellten Finanzschwierigkeiten die ganze Sache in Frage. Seine Gewinnung für das Projekt schilderte Strousberg so: «Nach vielen sehr langen Bemühungen stellten sich alle Versuche als fruchtlos heraus, und, wie mir Geheimrat Ambronn selbst später gestand, fühlte er sich höchst ungern gezwungen, meine Tätigkeit in Anspruch zu nehmen. Er hatte gehört, ich sei sehr eigenmächtig und schwer im Umgang, und was sonst noch für andere schöne Eigenschaften mir der böse Leumund zugeschrieben. Genug, er entschloß sich schwer, zu mir zu schicken. Nach kurzen Unterhaltungen übernahm ich den Bau und die Kapitalbeschaffung, meine englischen Freunde bildeten das Finanzkomitee, und der Regierungsassessor Sippmann, der wie ich glaube, damals im Handelsministerium arbeitete, wurde ihnen als ihr Bevollmächtigter vorgeschlagen und von ihnen dazu ernannt.»[21]

Wir finden daher im Verwaltungsrat auch wieder Mangles, Chapman, Townsend und Johnston, die schon bei der Ostpreußischen Südbahn dabei waren. Zum Verwaltungsrat gehörten unter anderen auch Ambronn und Fürst Karl Anton, der zum Ehrenpräsidenten bestimmt wurde. Strousberg fühlte sich bei dieser Bahn im wesentlichen nur als Bauunternehmer, löste seine Aufgaben in dieser Funktion insgesamt wohl recht gut, sieht man einmal davon ab, daß Beanstandungen der Bauausführung die Eröffnung der Bahn verzögerten. Auch die vorgesehene Bausumme reichte durch angeblich eingetretene Mehrkosten, unter anderem beim Bau des Bahnhofs von Frankfurt/Oder, nicht aus, entscheidend war aber wohl, daß die Aktien nur zu sehr niedrigen Kursen abgesetzt werden konnten. Insgesamt waren jedoch alle Beteiligten miteinander zufrieden, und der fürstliche Protegé und wichtigste Nutznießer der Bahn verlieh Strousberg als Anerkennung seinen Hausorden zweiter Klasse.

Auch bei der Eisenbahnlinie Halle–Sorau–Guben war Strousberg nach seiner eigenen Darstellung wieder einmal Retter in der Not. Vorher hatte er sich wegen dieser Bahn zum ersten und einzigen Male direkt um eine Konzession beworben, und sie wurde ihm, wie er mit Entrüstung feststellte, dann auch verweigert. Statt dessen bekam eine Gruppe unter dem Vorsitz des Herzogs von Ujest diese Konzession zugesprochen. Neben anderen deutschen Vertretern wie Graf Eberhard von Stolberg-Wernigerode, seines Zeichens Kanzler des Johanniterordens, Fürst Wilhelm zu Putbus und dem Berliner Bankier Hermann Henckel saßen im Verwaltungsrat noch sieben belgische Herren, darunter sogar ein Staatsminister und einige Herren «von Adel». Die Belgier waren wohl nur dabei, um als Aushängeschild und für eine Scheinzeichnung der Aktien zu Verfügung zu stehen. Denn als das Handelsministerium von ihnen die Hinterlegung einer Kaution in Höhe von 400 000 Talern verlangte, weigerten sie sich standhaft zu zahlen. Eher waren sie bereit, ihre Konzession aufzugeben.

Strousberg will sich – nachdem sein Konzessionsantrag abgelehnt worden war – um die ganze Angelegenheit nicht mehr gekümmert haben. Erst als ihn ein dringendes Telegramm in Ungarn erreichte, wo er sich wegen der ungarischen Nordostbahn aufhielt, habe er sich, wie er behauptete, wieder mit der Sache befaßt. Das Telegramm forderte ihn auf, sofort zurückzukommen, um wegen der Übernahme des Baus der Bahn Halle–Sorau–Guben zu verhandeln. Strousberg setzte sich auch umgehend in den Zug – meist reiste er in eigenen komfortablen Salonwagen – und kam in Berlin einen Tag vor Ablauf eines Ultimatums des Handelsministeriums an, in dem verlangt wurde, daß die Konzessionäre entweder die Kaution bezahlten oder die Konzession zurückgaben. Gewissermaßen in letzter Stunde war Strousberg als Retter auf dem Plan erschienen. Er erklärte sich nun nicht nur zur Übernahme der Bauausführung bereit, sondern hinterlegte selbst die gewünschte Kaution. Die Belgier hatten damit offensichtlich ihre Aufgabe erfüllt und wurden von Strousberg mit einer Entschädigung für ihre Mühen von einigen hunderttausend Talern entlassen. Strousberg, nun ganz Chef des Unternehmens, übernahm selbst die Aktienzeichnung und überhaupt die gesamte Kapitalbeschaffung für die geplante Eisenbahnlinie.

Hier verwundert nicht nur das Tempo, mit dem das alles innerhalb von vierundzwanzig Stunden geregelt wurde, sondern mehr noch die Reaktion Strousbergs, war er doch vorher «tief gekränkt» über die Ablehnung seines Konzessionsantrages und stand er doch außerdem in dem Ruf, alles andere als leicht zugänglich zu sein. Um so erstaunlicher, daß er auf das Telegramm sofort reagierte und prompt nach Berlin eilte. Es deutet eigentlich alles darauf hin, daß die ganze Sache ein mehr oder weniger geschicktes Täuschungsmanöver war, das Handelsminister Itzenplitz vor den zunehmenden Vorwürfen schützen sollte, Strousberg zu sehr zu bevorzugen. Zu den Ungereimtheiten dieser Angelegenheit gehört auch, daß Strousbergs enger Geschäftspartner, der Herzog von Ujest, mit dem er zu jener Zeit noch durch andere Unternehmungen verbunden war, plötzlich an der Spitze einer ernsthaft konkurrierenden Interessengruppe gestanden haben sollte. Viel wahrscheinlicher ist vielmehr, daß Ujest für Strousberg an die Spitze einer Gruppe von Konzessionsbewerbern trat, um für eine bessere Optik im Sinne von Itzenplitz zu sorgen.

Itzenplitz hatte auch gewünscht, daß der Bahnbau nicht in General-Entreprise, das heißt durch einen Generalauftragnehmer, der für seine Leistungen eine pauschale Bausumme erhielt, ausgeführt werden sollte. Immer mehr Stimmen, unter ihnen einflußreiche, waren laut geworden, die sich gegen dieses System wandten. Hauptvorwürfe waren dabei Bereicherung des Generalauftragnehmers sowie billige und schlechte Bauausführung. Dieser Kritik wollte Itzenplitz mit seiner Forderung den Wind aus den Segeln nehmen. Strousberg stellte sich darauf ein und wußte auch diesmal Rat: Statt der Pauschalvergütung schlug er eine Abrechnung nach Einzelleistungen vor. Profit, das wußte Strousberg, ließ sich damit gleichfalls machen. Welche Bedeutung der Verzicht auf die General-Entreprise für die Öffentlichkeit hatte, wird durch eine Werbeanzeige in der «Spenerschen Zeitung» vom 16. Juni 1868 deutlich, in der diese Veränderung ausdrücklich positiv hervorgehoben wird. Es hieß da: «Zum Schlusse sei noch erwähnt, daß dieser Schienenweg keinem Bauunternehmer in General-Entreprise übergeben worden ist, und daß daher alle, die Solidität der Ausführung nicht beeinträchtigende Ersparnisse der Gesellschaftskasse unverkürzt erhalten bleiben.»[22]

An die Spitze des Verwaltungsrates der Bahn war inzwischen, und die erwähnte Werbeanzeige verkündete dies auch unübersehbar, Fürst Karl Anton von Hohenzollern-Sigmaringen und als sein Stellvertreter dessen Vertrauter Ambronn getreten. Der Aktienmarkt reagierte auf diese und ähnliche Verlautbarungen außerordentlich positiv und honorierte sie mit ungewöhnlich hohen Kursen. Die gute Annahme der Aktien, mehr noch die guten Aussichten der Bahn, veranlaßten Strousberg, entgegen seinen sonstigen Gepflogenheiten, den größten Teil der für seine Bauleistungen erhaltenen Aktien nicht zu Geld zu machen. Da er durch den Verkauf der rumänischen Eisenbahn-Obligationen über viel flüssige Mittel verfügte, die aber bekanntlich hoch verzinst werden mußten, nahm er die Mittel für den Bahnbau aus dem rumänischen Fonds und hinterlegte dafür Aktien der Bahn Halle–Sorau–Guben, die jedoch weiterhin sein Eigentum blieben. Dadurch wurden die Rumänien-Gelder zinsgünstig angelegt, und gleichzeitig gewann Strousberg einen wachsenden Anteil am Gesellschaftskapital der Bahn. Seine Stellung zu der Bahn Halle–Sorau–Guben veränderte sich dadurch derart, daß er schließlich seinen noch nicht völlig erfüllten Baukontrakt an einen anderen Unternehmer verkaufte und selbst in den Aufsichtsrat der Bahn eintrat. Strousbergs Interesse an der Rentabilität und Zukunft dieser Linie wurde dadurch natürlich viel intensiver und veranlaßte ihn, sich für seine Gesellschaft noch erfolgreich um einen Erweiterungsbau von Eilenburg nach Leipzig zu bemühen.

Ähnlich wie bei der Bahn Halle–Sorau–Guben fand bei der ge-

Rudolf von Bennigsen

planten Eisenbahn von Hannover nach Altenbeken der Einstieg Strousbergs gewissermaßen durch die Hintertür statt. Die Konzession wurde am 25. November an Rudolf von Bennigsen, einen Führer der Nationalliberalen Partei und späteren Präsidenten des Preußischen Abgeordnetenhauses, vergeben. Im Verwaltungsrat der Gesellschaft saßen neben Bennigsen unter anderen der Graf von Münster und der Bankier Jaques. Strousberg tauchte anfangs weder im Verwaltungsrat noch als Bauunternehmer auf. Diese Konzession war wieder mit der ausdrücklichen Maßgabe vergeben worden, daß die Bahn nicht in General-Entreprise gebaut werden durfte. Der Bauvertrag wurde deshalb so abgefaßt, daß die Abrechnung der Kosten nach Einheitssätzen pro Kilometer erfolgen sollte. Die Ausführung des Baus übernahm der damals in Hannover ansässige Bankier Cohen, der auch auf eigenes Risiko die Veräußerung der für den Baufonds bestimmten Aktien übernahm. Cohens Aufgabe war somit nur eine geringfügig modifizierte Variante der Funktion des Generalauftragnehmers. Aber Cohen hatte gar nicht die Möglichkeiten, den Bau auszuführen, und beabsichtigte das auch keineswegs, denn er war, wie er später zugab, nur ein Strohmann Strousbergs.[23]

Strousberg war natürlich in Wirklichkeit wieder von Anfang an dabei. Er hatte sich bereits bei der Gründung der Gesellschaft mit zwei Millionen Talern an der Aktienzeichnung beteiligt und trug außerdem die Kaution in Höhe von einer Viertelmillion. Nachdem die Konzession erst einmal erteilt worden war, bemühten sich weder Bennigsen noch Cohen mehr darum, zu verschleiern, daß Strousberg mit der Absicht hinter ihnen stand, die Bauausführung für die Strecke Hannover–Altenbeken selbst in die Hand zu nehmen. Cohen übertrug nun seinen Bauvertrag – in dem ohnehin der Passus enthalten war, daß der Bankier ihn an einen Dritten überschreiben konnte – an Strousberg, und dieser begann daraufhin mit der Bauausführung.

Von dem Gesamtkapital für Hannover–Altenbeken wurden für Abfindungen an die Gründer der Gesellschaft – auch an Cohen für die Abgabe des Bauvertrages – dreihunderttausend Taler abgezweigt. Bennigsen bestritt später, solches Gründergeld erhalten zu haben. Als zuständiger Landesdirektor für die Staatsaufsicht über diese Eisenbahnlinie wäre das sehr peinlich gewesen. Bennigsen konnte sich jedoch von diesem Verdacht nie befreien, und der später offiziell befragte Cohen verweigerte dazu bezeichnenderweise die Aussage.[24]

«Wo Strousberg eingetreten», schrieb dazu der zeitgenössische Kenner der Gründerpraktiken Niendorf, «ist immer Gründerlohn und Mithelferlohn gezahlt worden.»[25] Als Beispiele für seine Behauptung nannte Niendorf die früheren Bahnbauten des Eisenbahnkönigs. Selbst wenn Bennigsen keinen Pfennig aus der nachweislich abgezweigten Summe des Baufonds bekommen haben sollte, ist er auf jeden Fall einer der Hauptgewinner dieses Bahnbaus gewesen. Die Strecke wurde nämlich so gelegt, daß sein Rittergut Bennigsen Anschluß an die Bahnlinie bekam, obwohl dies einen eine Million Taler teuren Umweg bedeutete.[26]

Die Gewährung der Konzession an einen für das Eisenbahnwesen zuständigen Staatsbeamten zeigt, wie weit die Verquickung der Beamten mit dem privaten Eisenbahngeschäft bereits gediehen war. In den folgenden Jahren sollten noch ähnliche Beispiele Schlagzeilen machen. «Tatsache ist», schrieb damals Franz Perrot, ein für die erzkonservative «Kreuzzeitung» arbeitender ehemaliger Beamter der Rheinischen Eisenbahn, «daß aus dem preußischen Handelsministerium seit einigen Jahren fast alle tüchtigeren Räte von Aktiengesellschaften angeworben wurden.»[27] Besonders viele dieser Beamten fand man in den Eisenbahngesellschaften wieder, bei denen Strousberg mitwirkte, meist in den Verwaltungsräten oder als Direktoren, und dies, obwohl Strousberg von ihren Fähigkeiten keine sonderlich hohe

Meinung hatte. Kein Geschäftsverständnis, engherzig und kleinlich waren seine bevorzugtesten Bezeichnungen für sie.[28] Ihre Verwendung war aber wohl der Preis dafür, daß sie ihm in vielerlei Hinsicht behilflich waren, insbesondere bei der Abnahme seiner Bahnen Großzügigkeit zeigten.

«Immer zahlreicher stieß man auf Menschen», schrieb die «Illustrierte Zeitung» 1869, «welche sich als Angestellte bei den verschiedensten Abteilungen des Strousberg'schen Geschäfts bezeichneten, und die oftmals gesicherte Karrieren im Staatsdienst aufgegeben hatten, um mit hohen Gehältern sich dem Dienst des neuen Krösus zu widmen.»[29] Als Gründe für diesen häufigen Wechsel von Beamten des Staates und der Stadt Berlin nannte der «Kladderadatsch», daß sie als Direktoren und Gründer von Gesellschaften «ein bei weitem besseres Einkommen haben, als in staatlichen und städtischen Ämtern». «Auf diese Weise», bemerkte das Blatt sarkastisch, «werden wir in zehn Jahren vielleicht zum Oberbürgermeister von Berlin – den ältesten Nachtwächter erhalten.»[30]

Spiel mit falschen Karten

Gerade im Eisenbahnwesen waren viele lukrative Ämter zu vergeben. Das Eisenbahnnetz wuchs von Jahr zu Jahr – von 1860 bis zum Jahre 1878, als die Verstaatlichung der Eisenbahnen akut wurde, stiegen trotz aller zeitweiligen Wirtschaftskrisen die Investitionen in diesem Bereich kontinuierlich an. Allein für die preußischen Eisenbahnen waren bis zum Jahre 1869 insgesamt 759 Millionen Taler, davon für Strousbergs Bahnen rund 200 Millionen, angelegt worden.[31] Sie erbrachten bereits eine jährliche Betriebseinnahme von etwa 100 Millionen Talern.[32] Im Jahre 1869 zogen in Preußen immerhin schon zweieinhalbtausend Lokomotiven rund sechzigtausend Güter- und siebentausend Personenwagen über die verschiedensten Strecken. Befördert wurden im Laufe dieses Jahres bereits 50 Millionen Menschen und 45 Millionen Tonnen Güter. Das Wachstum im Eisenbahngeschäft schien dennoch dem Bedarf nicht folgen zu können und deshalb für lange Zeit unaufhaltsam zu steigen.

Für die Börse war daher der Handel mit Wertpapieren der Eisenbahnen und allem, was mit ihrer Herstellung zu tun hatte, der bevorzugte Gegenstand des Interesses. Selbst der König und Bismarck erwarben auf private Rechnung Eisenbahnaktien. Das Auf und Ab der Börsenkurse, die Gründung immer neuer Gesellschaften und die mögliche Wertsteigerung ihrer Aktien beschäftigten nicht nur die Bourgeoisie und den spekulierenden Adel, sondern auch viele mittlere und kleine Gewerbetreibende, Großbauern, Angehörige der Intelligenz und Beamte. Sie bildeten das eigentliche Börsenpublikum, auf das die Banken und Gründer hofften. Auf diesen doch sehr großen Personenkreis konzentrierten sich in erster Linie ihre raffinierten Offerten, für ihn gab es die anpreisenden Prospekte, die vertraulich und persönlich wirkenden Briefsendungen und die «sachkundigen» Auskünfte der Banken und Börsenmakler. Die Zeitungen unterstützten und förderten diese Anschläge auf Verstand und Gemüt der auf leichte Gewinne Hoffenden. Für manche war es nur spannendes Wagnis, für die meisten jedoch blutiger Ernst, der die Substanz ihrer materiellen Existenz berührte. Oft ist das Börsengeschehen mit einem schicksalhaften Spiel verglichen worden, das, rätselvoll und launenhaft, Glück und Unglück bringt. Aber das war es nur für das leichtgläubige und hoffnungsvolle Massenpublikum. Die Gründer der Aktiengesellschaften und die Banken wußten besser, was dahintersteckte. Für Mystik war da kein Platz.

Das traf natürlich auch auf die Strousbergschen Eisenbahngesellschaften in vollem Umfang zu. Ihre Gründer wußten genau, daß Kurssteigerungen und Zinsgewinne auf Grund der Ertragslage der Bahnen keine guten Aussichten hatten. Dennoch priesen sie die Aktien an, denn ihr Vertrieb war für die Gesellschaften eine Existenzfrage. «Das Spiel in Eisenbahnaktien ist nicht nur ein Hazardspiel», schrieb Perrot, «sondern es ist auch meist ein Spiel mit falschen Karten. – Die einen kennen die Karten und spielen meist nur so, daß sie gewinnen (namentlich diejenigen, welche die Kurse selbst machen), die anderen kennen die Karten nicht und verlieren fast regelmäßig.»[33]

Der Verlockung, leicht und rasch Gewinn zu machen, die von den günstigen Einführungskursen der Aktien und deren – oft nur zeit-

Berliner Börse

weiliger und manipulierter – schneller Anhebung ausging, konnten sich viele nicht entziehen. Die große Masse der kleinen und mittleren Geldanleger war es denn auch, die, ob mit eigenem Gewinn oder Verlust, erst die Finanzierung der großen industriellen Unternehmungen des 19. Jahrhunderts ermöglichte. In ganz besonderem Maße standen die Unternehmungen Strousbergs im Mittelpunkt der Börsenspekulation. Börsenkenner wie Lewinsohn und Pick bezeichnen Strousberg als den «Leitstern der Börse» seiner Zeit, «dessen kühne Gründungen die Spekulation jahrelang in Atem hielten».[34]

Strousberg selbst gehörte übrigens nicht zu jenen, die sich, barhäuptig oder mit Hut, in dem 1863 eröffneten neuen Berliner Börsengebäude in der Burgstraße drängten (alle, die etwas auf sich hielten, nahmen den Hut nicht ab). «Ich habe ... nie an der Börse spekuliert und nichts gekauft, um es zu verkaufen, nichts unternommen, weil es momentan Verdienst versprach», erklärte Strousberg, um sich gegen den Ruf eines Börsenmonsters zu wehren.[35] Wenn das stimmen sollte, sagt das jedoch noch nichts gegen seine Rolle als Gegenstand der allgemeinen Spekulation. Die bestreitet auch Strousberg nicht.

Für ihn war es schon sehr wichtig, was während der Berliner Börsenstunden von 12 bis 14 Uhr oder an anderen Börsen passierte. Wenn vielleicht auch weniger mit fremden Aktien, so spekulierte er doch mit seinen eigenen um so intensiver, verfolgte angespannt ihr Auf und Ab und versuchte entweder selbst oder mit Hilfe beauftragter Bankiers, ihren Kurs durch dosierten Verkauf zu beeinflussen.

Obwohl der Eisenbahnkönig auf die Banken nicht verzichten konnte – allein schon wegen der Einführung seiner Aktien an der Börse –, war sein Verhältnis zu den wichtigsten von ihnen immer gespannt. Er beschränkte deshalb seinen geschäftlichen Umgang notgedrungen auf einzelne Bankiers, unter anderen Jaques und Henckel, die an seinen Unternehmungen unmittelbar verdienen wollten und weniger die allgemeinen Folgen seiner Kapitalschöpfungen im Auge hatten. «Das Berliner Bankwesen», bemerkte Strousberg, «verabscheute ich aus Grund meiner Seele vom ersten Augenblick an, wo ich es näher kennenlernte; mein ganzes Trachten war dahin gerichtet, durch mein Handeln den Bankier, wie er hier zulande grassiert, für den großen Industriellen und für das Publikum unnötig zu machen.»[36] Strousberg bezeichnete die Banken sogar als «nichts anderes als Triebfedern zur Spekulation und Mittel zum Wucher und legalisierten Betrug».[37]

Diese bemerkenswerten Äußerungen sind sicher nicht als Ausdruck moralischer Empfindsamkeit Strousbergs zu werten, sondern ausschließlich als Reaktion auf die heftigen Auseinandersetzungen und Kämpfe, die er mit führenden Banken auszutragen hatte. Strousberg erwähnt auch ihre Mißgunst und ihren Neid, die sich in Anfeindungen und Verfolgung seiner Person niedergeschlagen hätten.[38] Tatsächlich rächten sich wichtige Banken, besonders die Berliner, von Anfang an für seine «freie» Kapitalschöpfung und den Versuch, sie überflüssig zu machen, dadurch, daß sie alles taten, um ihn mit dem Ruf der Kreditunwürdigkeit zu umgeben. Viele von ihnen praktizierten das selbst exemplarisch durch Verweigerung von Krediten, oder sie ließen sich nur unter für Strousberg oft demütigenden Bedingungen, insbesondere außerordentlich hoher Pfandhinterlegungen, bewegen, ihm Geld zur Verfügung zu stellen.

Daraus resultierte ein weiterer Vorwurf Strousbergs an die Banken, nämlich ihre mangelnde Risikobereitschaft beim Einsatz eigenen Kapitals. Doch warum sollten die Banken ein besonderes Risiko eingehen, wenn sie ohnehin, wie Strousberg selbst nachweist, ausreichende Gewinne machten? «Zu beweisen würde es mir nicht schwer fallen», äußerte er, «daß die Stellung und niedrige Anbetung des Goldenen Kalbes unserer Zeit die großen Bankhäuser und Bankinstitute in die Lage versetzen, ohne Gesetzesüberschreitungen und Gefahr Verhältnisse auszubeuten, welche weniger hoch situierte Personen nur unter Anwendung von Mitteln nachahmen können, die als betrügerisch bezeichnet werden würden.»[39]

Im Prinzip hatte Strousberg zweifellos recht. Die mangelnde Einsatzfreude beziehungsweise die daraus resultierende fehlende Risikobereitschaft der Banken bestätigte auch der Bankexperte Otto Lindenberg. «Wenn es den Banken», schrieb er, «überhaupt als Verdienst angerechnet werden dürfte, die Entwicklung der Industrie und des Verkehrswesens in Deutschland durch selbständige Beteiligung gefördert zu haben, so würde all der Glanz ihres Ruhmes wie der Mond gegen die Sonne verblassen, gegenüber der Wirksamkeit jenes einen Mannes.»[40] Und damit meinte er Strousberg.

Die Schwierigkeiten, die Strousberg mit den Banken hatte, waren eine nicht zu unterschätzende Gefährdung seiner wirtschaftlichen Macht. Bleichröder deutete es, wie wir gesehen haben, bereits gegenüber Bismarck an: Bei einer zeitweiligen Hemmung in der Zahlungsfähigkeit drohte alles zusammenzubrechen. Mit einer wirksamen Unterstützung durch die Banken, etwa mit einem größeren Überbrükkungskredit, konnte Strousberg ernstlich nicht rechnen. Die Bankiers, die den Aufstieg Strousbergs mit scheelen Blicken verfolgten, hatten ihr letztes Wort noch nicht gesprochen. Genügend Fallstricke waren gelegt, und es fragte sich nur, ob das Opfer sich nun wirklich darin verfing. Vorläufig mußten sie jedoch zähneknirschend zur Kenntnis nehmen, daß Strousberg immer unabhängiger wurde und sein «System» ungebrochen funktionierte. Durch die Ausweitung seiner Tätigkeit auf das Ausland war er zudem auch für ausländische Banken interessant geworden, auf die er sich gegebenenfalls stützen konnte.

Wie gespannt die Lage auf dem preußischen Kapitalmarkt insgesamt war, zeigte sich deutlich bei den Bestrebungen von Finanzminister von der Heydt und seinem Kollegen Itzenplitz, eine Prämienanleihe zugunsten vier bedeutender Privatbahnen auflegen zu lassen. Die Anleihe sollte in Höhe von 100 Millionen Talern aufgelegt und zu vier Prozent verzinst werden. Dazu sollte ein weiteres halbes Prozent zusätzlich ausgelost werden. Der Garantiefonds für die Anleihe bestand aus Aktien der vier Bahnen, der Köln–Mindener–, der Bergisch–Märkischen–, der Oberschlesischen- und der Magdeburg–Halberstädter–Eisenbahn. Die Disconto-Gesellschaft Hansemanns wollte die Emission – sie wurde dabei von Bleichröder unterstützt – herausbringen, und man kalkulierte bereits hierbei mit einem Gewinn von zehn Millionen Talern, da man mit einer gewissen Spielleidenschaft vieler Menschen rechnete, die die zusätzliche Auslosung der Zinsen als Lotterie ansahen.[41]

Bismarck, der an drei dieser Bahnen selbst Beteiligungen besaß, unterstützte nachdrücklich die Bemühungen zur Schaffung dieser Anleihe. «Es war die Zeit», schrieb der Biograph von der Heydts, Bergengrün, «in der die spekulativen Unternehmungen des Dr. Strousberg die Aufmerksamkeit der ganzen Welt auf sich lenkten. Die Strousbergschen Eisenbahnunternehmungen übten aber durch die massenhafte Ausgabe von Eisenbahnpapieren auf den Geldmarkt einen ungünstigen Einfluß aus, so daß es den alten soliden Eisenbahngesellschaften überaus schwer fiel, das für ihre Zwecke erforderliche Kapital aufzubringen.»[42] Obwohl von der Heydt und von Itzenplitz diese Anleihe zum Teil im Ausland placieren wollten, löste allein die Absicht schon die heftigsten Reaktionen in den Preußischen Kammern aus, wo die Masse der Abgeordneten befürchtete, daß die vorgesehene Anleihe den Kapitalmarkt noch mehr belasten, die Zinsen hochtreiben und damit ihre eigenen Wirtschaftsinteressen nachteilig berühren würden. Man sprach empört von einseitiger Begünstigung der vier Eisenbahngesellschaften, von Entfesselung der Spielwut und hielt überhaupt das Ganze für höchst gefährlich und schädlich. Dabei wurde unter dem Druck der allgemeinen Kapitalnot alles übertrieben und hochgeputscht. Im Abgeordnetenhaus wurde am 26. Oktober und im Herrenhaus am 15. November 1869 eine Resolution eingebracht und angenommen, die es mit der Wohlfahrt des Landes für unvereinbar erklärte, daß die Anleihe aufgelegt wurde.

Die preußische Regierung, die die Vorlage für die Bewilligung der Anleihe im Parlament noch gar nicht eingebracht hatte, war äußerst konsterniert über dieses Vorgehen. Die an sich schon hitzige Debatte wurde geradezu hektisch, als bekannt wurde, daß von der Heydt und von Itzenplitz der Disconto-Gesellschaft bereits feste Zusagen für die Ausgabe der Anleihe gemacht hatten.

Bismarck, der die Desavouierung Hansemanns und Bleichröders, seit 1866 seine «patriotischen Geldmächte», übel aufnahm, machte von der Heydt, mit dessen Finanzpolitik er wegen der ständig leeren Staatskassen schon seit längerem nicht einverstanden war, zum Hauptschuldigen.[43] Nicht, daß er hinter dem Projekt gestanden hatte, sondern, daß er es in den Kammern nicht unterstützt hatte, wurde ihm vorgeworfen. Bleichröder schürte den Zorn Bismarcks, indem er unter anderem an ihn schrieb: «Die Motoren, welche das Projekt fallen ließen, heißen Neid, Theorie und vor allem Schwäche der Fachminister.»[44] Hansemann gab seinem Zorn noch nachhaltigeren Ausdruck. Er führte mit seiner Disconto-Gesellschaft einen Kurssturz in preußischen Staatspapieren herbei, der die Regierung unter Druck setzen und seine Macht fühlbar zeigen sollte. Darüber hinaus wurden von ihm «Enthüllungen» über von der Heydt angedroht.[45] So ins Feuer geraten, blieb dem Finanzminister nichts anderes übrig, als seinen Hut zu nehmen, diesmal zu einem Abschied ohne Wiederkehr.

Itzenplitz, der zumindest genauso unglücklich agiert hatte, blieb ein solcher Schritt erspart. Bismarck kam es, wie sich zeigte, nicht unbedingt auf die Bestrafung der vermeintlich Schuldigen an, sondern er sah in der ganzen Sache anscheinend eine günstige Gelegenheit, sich von dem Finanzminister zu trennen. Obwohl Bismarck später Itzenplitz als «eine weiche Natur, ohne die zur Leitung eines großen Ressorts nötige Energie» bezeichnete, behielt er ihn.[46] Gerade wohl deshalb, weil der ihm keine sonderlichen Schwierigkeiten machte. «Itzenplitz rettete sich durch Gefügigkeit», stellte Meyer fest, «machte in Folge alles, was die Disconto-Gesellschaft und ihre Genossen verlangten.»[47] Mit von der Heydt war das anders. Er mußte gehen, damit Bismarck die weitgehenden wirtschaftspolitischen Veränderungen herbeiführen konnte, zu denen ihn seine Bankiers drängten. In schnöder Form ließ er den langjährigen Minister fallen, getreu seinem Grundsatz handelnd, daß es um Politik und nicht um Gemütlichkeit ging.

Die Macht der Börse

Nachfolger von der Heydts wurde Otto Camphausen, der Präsident der «Seehandlung», auch nicht unbedingt ein Freund Strousbergs, wie die Auseinandersetzungen von 1866 zeigten. Camphausen sollte Ordnung in den preußischen Staatshaushalt bringen, der seit Jahren aus den roten Zahlen nicht herauskam, und den Bankiers noch größere Profitfreiheit verschaffen, worunter auch verstanden wurde, die Auflage der Eisenbahnprämienanleihe weiter zu verfolgen. Doch am letzteren scheiterte selbst Camphausen.

Wie Bleichröder feststellte, war die Reaktion auf die Ernennung Camphausens «eine sehr, sehr günstige». Dabei war es vor allem die Börse, die das so aufnahm. Den Sturz von der Heydts, er war bei einflußreichen Finanzleuten wegen der Vorlage einer Börsensteuer bereits vorher in Ungnade gefallen, feierte die Börse als einen Triumph. So wurde davon gesprochen, daß von der Heydt der erste Minister in Preußen war, den offenkundig die Börse gestürzt hatte.[48]

Camphausen, ein enger Freund Hansemanns, wirkte nun vor allem als Willensvollstrecker der «patriotischen Geldmächte» Hansemann–Bleichröder. «Jetzt war die Regierung», bemerkte Rudolph Meyer, «der Börse unbedingt ergeben.»[49] Bleichröders enge Beziehungen zu Bismarck waren ohnehin kein Geheimnis. Bismarck nannte ihn vertraulich seinen «Klatschgevatter». Der Bankier, der das Vermögen der Bismarcks mit Erfolg verwaltete, hatte jederzeit Zutritt zu dem Gewaltigen und beriet ihn nicht nur in wirtschaftlichen Fragen, sondern ebenso in außenpolitischen Angelegenheiten. Deshalb betrachteten selbst die ausländischen Diplomaten Bleichröder zu Recht als Mann von weitreichendem Einfluß. «Das diplomatische Corps in Berlin», schreibt Fritz Stern in seinem Buch «Gold und Eisen», «sah in Bleichröder eine hochbedeutende und dank seines Zutritts zu Bismarck verläßliche Quelle.»[50]

Bleichröder, dem man eine gehörige Portion Eitelkeit nachsagte, genoß es besonders, als Vertrauter Bismarcks aufzutreten, und erlaubte sich, auch in Unterhaltungen von diesem mit «Er» oder «der Bismarck» zu sprechen.[51] Ihm gelang es 1868 sogar, Bismarck zum Erscheinen zu einem großartig arrangierten Essen in seinem Haus zu bewegen, das seiner gesellschaftlichen Stellung sichtbaren Ausdruck verleihen sollte. Bismarcks Besuch in einem Privathaus war für die damalige Zeit eine ganz außergewöhnliche Auszeichnung, deren Wert durch die Einladung wichtiger ausländischer Missionschefs noch gesteigert wurde. So etwas verfehlte natürlich nicht die erwünschte Wirkung, wenn man sich auch hinterrücks über den mit einem langen Backenbart ausgestatteten und durch einen Zwicker blinzelnden Bankier lustig machte, weil er sich in den übertriebenen Bemühungen um sein Renommee manchen gesellschaftlichen Schnitzer leistete. Dafür gab es bei ihm aber das Beste vom Besten. Die Baronin Spitzemberg beschrieb eines der opulenten Feste Bleichröders, das Anfang 1870 stattfand, in ihrem Tagebuch folgendermaßen: «Sie (Bleichröder und seine Frau – M. O.) gaben einen großen, äußerst brillanten Ball in ihrem neu und prachtvoll eingerichteten Hause in der Behrenstraße, zu dem sie fast ausschließlich nur Leute der ersten Gesellschaft gebeten hatten, mit Ausschluß ihrer Verwandten sogar, was eigentlich schrecklich jämmerlich ist. Schöner Raum zum Tanzen in dem oblongen gelb und weißen Tanzsaal, von dem verschiedene Türen in die Salons und einen als Wintergarten hergerichteten Gang führten, eine Unmasse reizender, großer Sträuße und anderer netter Überraschungen im Cotillon, sowie ein lukullisches Souper vereinigten sich, um das Fest zu einem wirklich genußreichen zu machen, so daß mit großem Animo bis 3 Uhr getanzt wurde.»[52]

Neben dem Vergnügen und der Demonstration seiner gesellschaftlichen Position hatten diese Feste noch einen außerordentlich wichtigen Vorteil für den Hausherrn – er sammelte dabei Informationen. Sein Wert für Bismarck lag nicht zuletzt darin, daß er, was das Ausland betraf, der wohl bestunterrichtete Mann Berlins war, gleichermaßen hervorragend allerdings auch über aktuelle preußische Ereignisse Bescheid wußte. Eine seiner ergiebigsten Quellen war das Wolffsche Telegraphenbüro, eine damals bedeutende Nachrichtenagentur, die sowohl politische als auch wirtschaftliche Informationen aus aller Welt vertrieb. Bleichröder, bei Wolff beteiligt, wirkte wesentlich daran mit, daß die Agentur ein fast regierungsamtliches Nachrichtenmonopol erhielt. Bismarcks Bankier bekam dadurch alle Nachrichten exquisit frei Haus geliefert, wobei besonders die für ihn interessant waren, die nicht veröffentlicht wurden.[53]

Eine weitere Möglichkeit, Nachrichten zu erhalten oder auch zu lancieren, bestand für Bleichröder in seiner Funktion als Finanzverwalter des Welfenfonds. Dieser vom Parlament nicht kontrollierte Fonds wurde von Bismarck vor allem zur Beeinflussung der Presse genutzt. Man nannte ihn auch «Reptilienfonds», abgeleitet von einer Beschimpfung preußenfeindlicher hannoverscher Journalisten, die Bismarck als Reptilien bezeichnet hatte. Das Geld dieses Fonds stammte übrigens ebenfalls aus Hannover – von dem 1866 eingezogenen Vermögen des entthronten Königs Georg V. von Hannover. Mit diesem Geld wurden außer Nachrichten – man kann dabei durchaus handfeste Spionagearbeit einschließen – auch zahlreiche Journalisten gekauft, um regierungs- und bleichröderfreundliche Artikel zu verfassen. «Jede ungünstige Erwähnung seines Namens in irgendeiner Zeitung», schreibt Stern über Bleichröder, «löste fast immer umgehende Nachfrage oder Zurechtweisung aus. War die Kränkung oder Beleidigung schwerwiegend, wurde die Zeitung durch Entzug aller Bleichröderschen Annoncen bestraft.»[54] Unter anderen erging es so der «Vossischen Zeitung».[55]

Den Wert von Nachrichten hatte Bleichröder schon erkannt, als er noch der Agent der Rothschilds in Berlin war. Die Rothschilds, damals das international bekannteste Bankhaus mit festen Plätzen in Frankfurt (Main), Wien, Paris und London, verdankten ihren Aufstieg nicht zuletzt einem gut funktionierenden Informationsdienst mit Agenten und Korrespondenten in aller Welt. Er soll so gut funktioniert haben, daß die Rothschilds als erste in Paris die Nachricht von der Niederlage Napoleons I. bei Waterloo erhielten, die ihnen die Möglichkeit bot, sie für ihre geschäftlichen Dispositionen zu nut-

Johannes Miquel

zen. Bleichröder nutzte seine Informationen natürlich ebenfalls nicht vordringlich, um Bismarck gefällig zu sein, sondern vor allem für seine vielfältigen Geschäfte. Aus diesem Grund nahm er auch gerne Informationen aus Bismarcks Umgebung entgegen und zahlte dafür mit recht ansehnlichen Summen. Von Robert von Keudell, einem engen Mitarbeiter Bismarcks, sagte man, daß er zu den regelmäßigen Empfängern von Geldanweisungen aus dem Hause Bleichröder gehört habe.[56]

Die einflußreiche Position, die Bleichröder und Hansemann erreicht hatten, setzten sie über ihre Privatgeschäfte hinaus ein, um allgemeine wirtschaftspolitische Entscheidungen des Staates zu beeinflussen. So standen sie im Jahre 1870 hinter der Verabschiedung eines neuen Aktiengesetzes, das von Johannes Miquel, einem der Führer der Nationalliberalen Partei und späteren preußischen Finanzminister, vor allem aber auch Mitinhaber der Disconto-Gesellschaft, maßgebend ausgearbeitet worden war. Durch das neue Aktiengesetz wurde die Gründung von Aktiengesellschaften, insbesondere durch den weitgehenden Fortfall des staatlichen Konzessionswesens, derart erleichtert, daß es wesentlich zu der Ausdehnung des Gründungsschwindels nach 1871 beitrug. So eine Zusammenarbeit wie die zwischen Hansemann und Miquel, das heißt zwischen Bankier und Politiker, war nun keineswegs mehr eine Einzelerscheinung, sondern es wurde geradezu «Mode», daß sich einflußreiche Bankiers und andere Geldmagnaten ihre parlamentarischen Politiker hielten.

Manche dieser Geldfürsten, so auch Hansemann und Bleichröder, mochten sich nicht selbst ins parlamentarische Leben stürzen, wohl weil sie erkannt hatten, daß sie von den Direktionssesseln ihrer Banken aus bedeutend mehr erreichen konnten. Hinzu kam, daß sowohl Hansemann als auch Bleichröder für ein exponiertes Auftreten im Parlament einige persönliche Voraussetzungen fehlten. «Hansemann», schrieb Rudolph Meyer, «entbehrt jeden Rednertalents und er hat unliebenswerte Gewohnheiten, ermangelt aller abgeschliffenen Formen und durchaus jenes konzilianten Wesens, welches für den Parteiführer unerläßlich ist, wenn es nicht durch eminente Gaben anderer Art ersetzt wird. An der Börse hieß er noch vor zehn Jahren nur der ‹gebildete Hausknecht›, wobei der Ton nicht auf das Adjektivum gelegt wurde.»[57]

Hansemann pflegte dafür, wie wir bereits gesehen haben, umfangreiche Beziehungen zu Parlamentariern auf der Basis von Geben und Nehmen. Außer Miquel, den er zum Mitinhaber seiner Bank machte, gewann er noch eine Anzahl weiterer politischer Gehilfen wie den Abgeordneten von Rönne, den Geheimen Oberfinanzrat Scheller, den Geheimen Rat Wehrmann und den früheren Staatsminister von Bernuth.[58] Auch Bleichröder ließ zeitweilig oder ständig Politiker für sich wirken. So benutzte er unter anderem die Dienste von Eduard Lasker, wie Miquel ein Führer der Nationalliberalen, und unterhielt besonders enge Beziehungen zu dem nationalliberalen Abgeordneten Weber, Bürgermeister von Gera.[59] In den Parlamenten gab es noch eine große Anzahl weiterer «Volksvertreter», die mit Banken und anderen bedeutenden Unternehmungen liiert waren und vor allem dort saßen, um ihre geschäftlichen Interessen zu vertreten. Im Jahre 1876 wurde in einer Zeitung eine Liste mit hundert Namen von Abgeordneten veröffentlicht, für die das zutraf.[60] Lasker selbst bezeichnete diese Volksvertreter als parlamentarische Hydra. Auch ihr wuchsen, wenn wirklich mal ein Kopf fiel, immer wieder neue. Die Hydra des bürgerlichen Parlaments war nicht ausrottbar.

Für den Eisenbahnkönig hatten sich mit dem Sturz von der Heydts die Beziehungen zu den wirtschaftlichen Ressorts der preußischen Regierung verschlechtert. Handelsminister von Itzenplitz konnte sich zwar noch auf seinem Posten halten, doch war seine Stellung so angeschlagen, daß er sich noch mehr von Strousberg zu lösen begann. Zweifellos trug dazu der starke Einfluß von Hansemann und Bleichröder auf die Wirtschaftspolitik der Regierung bei. Vorerst blieben diese Veränderungen für Strousberg aber noch ohne größere Auswirkungen. Die von ihm in Deutschland fortgesetzten Eisenbahnbauten, verhältnismäßig termingetreu vorangetrieben, brachten keine größeren Probleme als üblich, und die wachsenden Schwierigkeiten mit dem rumänischen Eisenbahnbau berührten nicht unmittelbar die Zuständigkeit des Finanz- oder Handelsministers. Strousbergs finanzielle Situation schien weiterhin stabil zu sein, und dies ermöglichte es ihm sogar, in dem besonders strengen Winter 1869/70 als großzügiger Wohltäter aufzutreten. In der Markthalle am Schiffbauerdamm und in den ehemaligen Artilleriewerkstätten in der Dorotheenstraße ließ er an hungernde und frierende Arbeiterfamilien kostenlos Essen ausgeben und für wenig Geld Brennholz verkaufen. Es sollen insgesamt 220 000 Essenportionen gewesen sein.[61] Diese Aktion trug wesentlich dazu bei, ihm Popularität bei den Bedürftigen und Wohlwollen an «Allerhöchster Stelle» zu verschaffen. Letzteres zeigte sich, als Wilhelm I. sich Strousberg in Bad Ems, wo der König oft weilte, vorstellen ließ.

Es wäre jedoch nicht richtig, anzunehmen, daß Strousberg mit seiner Hilfsaktion allein auf das königliche Wohlwollen zielte. Die wachsende Revolutionierung der Arbeiterklasse, die im August 1869 auch ihren Ausdruck in der Gründung der Sozialdemokratischen Partei in Eisenach fand, erfüllte ihn mit Besorgnis. Wenn Strousberg auch alles andere als ein Freund sozialistischer Ideen und revolutionärer Veränderungen war, so stand er doch nicht, wie viele seiner Klasse, dieser Entwicklung mit blindem Haß gegenüber. Er sah in ihr nicht in erster Linie ein Ergebnis der Hetze einzelner oder eine Aufwiegelung der Arbeitenden durch arbeitsscheue Elemente, wie das

Anerkennung für Strousbergs Armenspeisung
im «Kladderadatsch» 1870

von den Besitzenden meistens in böser Stimmungsmache geäußert wurde, sondern die Folge krasser Not und sozialer Mißstände. «Man beschwert sich über die Arbeiterverhältnisse», schrieb Strousberg, «über Streiks und verdammt die verschiedenen Bewegungen, die den Arbeiter von Genossenschaften bis zum Sozialismus aufmuntern, aber man fragt sich nicht, woher dies alles entsteht. Es ist wahr, daß dasjenige, was erstrebt wird, nicht erreicht werden kann, daß vieles daran zu tadeln, alles schädlich, und am schädlichsten für die arbeitenden Klassen selbst ist. Aber Erscheinungen, wie diejenigen, die sich in allen Ländern unter der arbeitenden Bevölkerung jetzt zeigen, entstehen nicht ohne Ursache, sie wurzeln in wahren Übelständen, und diese müssen ergründet und ihnen muß abgeholfen werden.»[62]

Wie gesagt, Strousberg war kein Freund des Sozialismus, aber daß er für die Entstehung und Entwicklung der Arbeiterbewegung reale Ursachen erkannte, unterschied ihn im Grad der Erkenntnis doch er-

Arbeiter eines Hüttenwerkes um 1865

heblich von der Mehrzahl seiner bourgeoisen Zeitgenossen in Preußen. «Diejenigen, die nur die Fehler der arbeitenden Klassen sehen», bemerkte er, «vergessen deren Bildungsgrad, dessen Versuchungen und Entbehrungen und wieviel der große Fabrikant an ihnen gesündigt hat. Der Arbeiter wird rücksichtslos entlassen, wenn man ihn nicht mehr braucht, sein Lohn wird soweit tunlich reduziert, und bis vor kurzem hat man sich nie darum gekümmert, wie er wohnt und was aus ihm wird, und dann wundert man sich, daß er der Demagogie anheimfällt, daß er durch Streiks die Gelegenheit wahrnimmt. Man verlangt von den Arbeitern unter solchen Verhältnissen Objektivität des Urteils und Entsagungsfähigkeit, die seine Brotherren nicht bewiesen haben.»[63]

Strousberg schlußfolgerte aus seiner Erkenntnis, daß die Lebenslage der Arbeiterklasse verbessert werden mußte, dazu sollten Schulen, Vergnügungslokale, Konsumvereine, Kranken-, Spar- und andere Unterstützungskassen gegründet, der Arbeitstag ohne Lohnkürzung beschränkt werden. Es sollten aber keine Almosen sein, sondern alles sollte sich rentieren, sei es durch Verzinsung oder Er-

Gedenkblatt zur Silberhochzeit des Ehepaares Strousberg 1870
(Aquarellierte Zeichnung von Theodor Hosemann)

höhung der Leistungen. Wenn Strousberg auch für eine Verbesserung der sozialen Lage der Arbeiterklasse eintrat, zu sagen hatten die Arbeiter auch bei ihm nichts. Seinen Klassenstandpunkt machte er unverblümt klar: «Man werde sich aber irren», erklärte er, «wenn man glaubt, daß ich meinen Arbeitern etwas geschenkt oder mir etwas Ungebührendes gefallen gelassen hätte. In meinen Fabriken war ich Herr, und nach mir und meinem Direktor mußte sich alles richten; der Arbeiter hatte für seinen Lohn sein Tagewerk zu leisten, und was ich für ihn schaffte, mußte er bezahlen oder entsprechend verzinsen.»[64] Hier zeigten sich die Grenzen seines «Verständnisses» für die Arbeiterklasse, auf Kosten seiner Selbstherrlichkeit gab es für ihn keine Zugeständnisse.

Zu einer wahren Orgie der Selbstherrlichkeit nutzte Strousberg auch seine Silberhochzeit im März 1870. Durch seine Volksküchen mit dem frischen Glanz eines allgemeinen Wohltäters versehen, dazu umgeben von Erfolgsmeldungen über seine Eisenbahnunternehmungen, waren die Glückwünsche für den auffallendsten Krösus Deutschlands überwältigend. Körbeweise wurden die Glückwunsch- und Huldigungsschreiben in das Palais in der Wilhelmstraße gebracht. Aber auch viele Geschenke, darunter Gemälde und wertvolle kunsthandwerkliche Arbeiten, nahm man hier entgegen. Die Berliner Presse ließ es sich nicht nehmen, enthusiastisch und ausführlich über das Ereignis zu berichten. Unter der persönlichen Regie des Eisenbahnkönigs lief ein regelrechtes Festprogramm mit Empfängen, Ball und Theateraufführung ab. Die erlauchtesten Namen Preußens, darunter die Spitzen der beiden konservativen Parteien, gaben ihm die Ehre. Der Maler Theodor Hosemann zeichnete Strousberg anläßlich seiner Silberhochzeit zusammen mit seiner Frau und umgeben von allegorischen Darstellungen der Künste und der Gewerbe. Man sieht ihn darauf die Hand von Frau Mary Ann haltend, stolz und besitzergreifend. Zweifellos genoß er seine Stellung, die Aufmerksamkeit und die Huldigungen, die so vor ihm noch keinem bürgerlichen Aufsteiger in Preußen dargebracht worden waren. Eine glückliche Zeit für Strousberg? Auf jeden Fall eine glänzende.

Riss im System

«Mit Moral
baut man keine Eisenbahnen»

Dieser Ausspruch stammt nicht von Strousberg, sondern von seinem Rivalen Ofenheim, könnte aber von ihm sein. Er zeigt jedoch auch, von welchem Kaliber der Österreicher war, dessen Eisenbahnbauten in Rumänien besser vorankamen als Strousbergs. Ob er den obenzitierten Wahlspruch noch konsequenter anwandte als dieser, sei allerdings dahingestellt. Jedenfalls gewann er im internen Wettkampf mit Strousberg um die Fertigstellung der rumänischen Bahnen bald einen erheblichen Vorsprung. Ofenheims Ausgangslage war insgesamt, obwohl er das schwierigere Terrain zu bewältigen hatte, besser, denn er verfügte über die Czernowitzer Eisenbahn, mit der er das notwendige Material heranbringen konnte. Strousberg mußte dagegen den weiten Schiffahrtsweg über das Schwarze Meer und die Donau nehmen und dann das Material über schlechte Landwege mit Tausenden von Ochsenkarren an die verschiedenen Baustellen schaffen lassen. Trotz dieser erheblichen Transportschwierigkeiten kam es häufig vor, daß die Ausrüstungsgüter früher eintrafen, als sie für den nur stockend vorankommenden Bau gebraucht wurden.

«Im Mai und Juni des Jahres 1869», berichtete Bratisch, durch eigene Mitwirkung am Bahnbau ein wichtiger Schilderer der Vorgänge, «begannen auch schon die großen Sendungen über See in Galatz einzutreffen. Es kamen Schienen, Schwellen, Brückenteile, Lokomotiven, Wagen usw. Jetzt zeigte sich der Mangel an einer ruhigen, das Nötigste vorhersehenden und besorgenden Oberleitung. Am Ufer des Depotplatzes lagen die großen Dampfer mit den Lokomotiven; dieselben konnten aber nicht gelöscht werden, weil noch kein

Ausladekran aufgestellt worden war, obschon ein solcher schon seit vielen Wochen angelangt war. Es wurde nun Tag für Tag an der Fundamentierung des Kranes gearbeitet, der Kran montiert und aufgestellt, und nun erst konnte mit dem Ausladen der Lokomotiven und Wagen begonnen werden. Die Schiffe aber hatten wochenlang untätig still liegen müssen und liquidierten sehr bedeutende Liegegelder.»[1] Hinzu kam das tückische Hochwasser, das die Bahnstrecken und den Bahnhof von Galatz überflutete und dabei Gleisanlagen unterspülte und Brücken zum Einsturz brachte. Das fieberhafte Bemühen, schnell voranzukommen, hatte vielfach dazu geführt, das scheinbar günstigste Gelände für den Schienenstrang zu wählen, obwohl man vor dem oft auftretenden Hochwasser gewarnt worden war.

Insgesamt wurden aus diesen und anderen Gründen Strousbergs optimistische Voraussagen für die Eröffnung der Strecken nicht bestätigt. Er hatte zwar – vor allem, um die fälligen Zinsen nicht mehr zahlen zu müssen – strikte Anweisung gegeben, die Linie Bukarest–Galatz–Roman spätestens am 1. Januar 1870 zu übergeben, doch die Bauarbeiten kamen, trotz einfachster, nicht selten schlampigster Ausführung, nicht in dem erwünschten Umfang voran. Mit dem Fürsten Karl war es wegen der miesen Bauqualität beinahe zum Zerwürfnis gekommen. Nach einer Besichtigung des neuen Bukarester Bahnhofs hatte dieser fast einen Schock bekommen. Den Anlaß beschrieb F. vom Rhein: «Mehrere Gebäude waren schon bis zum Dachstuhl fertig, vergeblich aber suchte der Fürst das Empfangsgebäude. Wie groß war aber die bittere Enttäuschung, der Unmut, ja die Empörung des Fürsten und seiner Begleitung, als der bauleitende Ingenieur das eine der im Mauerwerk bereits fertigen und von Karl I. für ein Magazin gehaltenen Gebäude als das Empfangsgebäude bezeichnete.»[2]

Karl fühlte sich über die allgemeine Enttäuschung hinaus von Strousberg noch besonders deshalb beleidigt, weil dieser ihm einen «der Stadt zur Zierde gereichenden» Bahnhof versprochen hatte. Der preußische Generalkonsul Graf Keyserling konnte gerade noch verhindern, daß Karl in seiner ersten Wut den Bahnhof polizeilich besetzen und die Arbeiten abbrechen ließ. Der Fürst schickte dann den Baron von Falkenhayn, der bei ihm als Berater Dienst tat, nach Berlin, um Strousberg an sein Versprechen zu erinnern und ihn nachdrücklich zu ersuchen, dieses umgehend einzuhalten. Strousberg, der mit solchem Aufbegehren nicht gerechnet hatte, zeigte sich zwar verärgert, sah aber keine andere Möglichkeit, als dieser Forderung zu entsprechen. Als «Schuldiger» wurde der Baumeister Busse nach Berlin zurückgerufen, danach ließ Strousberg das beanstandete Empfangsgebäude abreißen und Pläne für ein neues, repräsentativeres entwerfen.

Oberster Vertreter Strousbergs in Rumänien wurde nun Theodor Rauschning, ein ehemaliger Maurerpolier, der an früheren Bauunternehmen Strousbergs mitgewirkt hatte und dabei reich geworden war. Er sollte eine sehr eigentümliche Rolle als Strousbergs Repräsentant in Bukarest spielen. Sich gewissermaßen als Vizekönig Strousbergs fühlend, wollte er, was Lebensstil und äußere Prachtentfaltung betraf, nicht weit hinter seinem Gebieter zurückstehen. In der Strada Uterna wurde ihm eine große Wohnung prunkvoll eingerichtet, die er eifrig für feuchtfröhliche Feste nutzte. Ansonsten zog er mit Equipagen durchs Land und ließ sich gebührend bewundern. Das Geld für seine aufwendigen Eskapaden konnte Rauschning ungestört dem Baufonds der Bahn entnehmen. Obwohl auch er in Strousbergs Auftrag fleißig mit Schmiergeldern arbeitete, brachte er durch sein anmaßendes Auftreten besonders die rumänischen Ministerialbeamten gegen sich auf. Seine Eitelkeit wurde von Beobachtern als grenzenlos geschildert. Seine stutzerhafte Kleidung unterstrich das ebenso wie die öffentliche Demonstration seiner Körperkräfte: «Wir haben den Herrn Generalbevollmächtigten und Repräsentanten des Dr. Strousberg», schilderte dies Bratisch, «selbst in einem öffentlichen Garten zu sehen Gelegenheit gehabt, in welchem er zum Ergötzen der Anwesenden in Hemdärmeln Kraftstückchen produzierte, Tische und Bänke mit den Zähnen umhertrug, Stühle durch die Laternen warf und dergleichen mehr. Ein Benehmen, das sich für jemand, der persönlich mit den Ministern, ja dem Fürsten des Landes selbst Angelegenheiten von großer Wichtigkeit zu verhandeln hatte, und sozusagen das ganze Unternehmen repräsentieren sollte, doch gewiß nicht paßte.»[3]

Viel Geld gab Rauschning beispielsweise aus, um durch Bestechung an hohe Orden heranzukommen. Besonders angetan hatte es ihm ein Orden, den der türkische Sultan, der rumänische Oberherr also, verlieh. Nachdem er von diesem tatsächlich den gewünschten Orden erhalten hatte, freute er sich wie ein Kind. Bis November 1869 stützte Rauschning sich bei der Durchsetzung der Interessen Strousbergs besonders auf Ministerpräsident Brătianu, der dann aber dem Fürsten Ghica als Premier weichen mußte. In dem neuen Kabinett gewann Rauschning durch intensive Bestechung Innenminister Cogalniceanu als – wenn auch nicht gleichwertigen – Ersatz. Gegenüber den Rumänen herrisch auftretend, erlaubte Rauschning seinen deutschen Subunternehmern, Technikern und Bauführern viele Freiheiten. Auch sie fielen meist durch recht anmaßendes Benehmen und üppige Ausgaben auf. Mit dem Geld, das ihnen Strousberg großzügig zahlte oder das sie sich oft genug durch betrügerische Machenschaften auf Kosten des Baufonds beschafften, warfen sie nur so um sich. Anfangs noch bescheiden lebend, entsprechend ihren gewohnten Verhältnissen zu Hause, sah man sie sich bald in eleganter Garderobe, behangen mit goldenen Ketten und Uhren, bei dem deutschen Restaurantleiter Strobel gütlich tun an den besten Gerichten und den feinsten Spirituosen. «Sie wurden», schrieb vom Rhein, «von einem wahrhaft kalifornischen Goldfieber so unwiderstehlich gepackt, daß ihnen ihre wirklich hohen Gehälter nicht mehr genügten und daß ihnen alle Mittel und Wege gut genug erschienen, um diesen unlöschbaren Golddurst zu stillen.»[4] Als Beispiel dafür erwähnte er die Praxis des Bauholzerwerbs. So hätte nach seiner Meinung das durch Strousbergs Baumeister angeblich erworbene und über den Baufonds abgerechnete Bauholz ausgereicht, eine den ganzen Erdball umspannende Eisenbahn zu bauen.[5] F. vom Rhein schätzte, daß bei etwa zweihundert selbständig rechnungslegenden Ingenieuren und Angestellten jeder ungefähr fünfzig Dukaten monatlich extra verdiente, was insgesamt den Baufonds um etwa 4,3 Millionen Francs zusätzlich belastete.[6]

Trotz billigster Bauausführung und großzügigster Kostenplanung rissen nicht vorhergesehene Arbeiten große Löcher in die Baukasse. Außerdem ließ die verlängerte Bauzeit durch vermehrte Lohnzahlungen und Zinsen den Baufonds erheblich schrumpfen. Die Finanzverwaltung Strousbergs in Rumänien erwies sich darüber hinaus zu einem Teil als unfähig, zum anderen Teil als bestechlich. «Da haben wir», schrieb vom Rhein, «bankerotte Kaufleute, Bediente, Jäger, abgewirtschaftete Guts-, selbst Rittergutsbesitzer, wegen Schulden oder sonstiger dummer Streiche entlassene Offiziere, – kurz, alle Stände, nur nicht den der Eisenbahnbeamten. Ja, sogar ein Graf, freilich nur ein polnischer, aber dafür ein wirklich echter Graf, war eine Zeitlang Mitglied dieser bunt zusammengewürfelten und zu allem, nur nicht zum Arbeiten tauglichen Gesellschaft.»[7]

Seit Februar 1870 verschlechterte sich die bis dahin für Strousberg recht günstige politische Situation in Rumänien. Der korrupte Innenminister Cogalniceanu mußte zurücktreten, und die der Strousbergschen Eisenbahnkonzession ablehnend gegenüberstehenden Politiker bekamen in der Regierung Oberwasser. Die oppositionelle Presse, die ohnehin schon seit langem die Verhältnisse beim Eisenbahnbau angeprangert hatte, forcierte nun ihre Bemühungen. Die Stimmung in der Kammer war inzwischen so ungünstig geworden, daß die Regierung es von vornherein für zwecklos hielt, dort eine Vorlage über eine Ergänzung der Konzession Strousbergs mit einer Erweiterung der ursprünglichen Streckenplanung einzubringen. Vorbei war nun die Zeit, in der man Strousberg seitens der rumänischen Regierung gestattete, ohne große Umstände den Boden für seine Bahnen zu requirieren, oder ihm versprach, Richter abzusetzen, die gegen seine Interessen Recht sprachen. Sein Statthalter Rauschning versuchte zwar auf die robuste Tour das Ruder herumzureißen, indem er vom Fürsten ungeniert verlangte, Cogalniceanu wieder in die Regierung zurückzuholen und die widerspenstige Kammer aufzulösen, aber es war vergeblich. Diese Versuche führten nur zur Verstimmung des Fürsten.

Über die damaligen Vorgänge geben uns die ausführlichen Schreiben des Generalkonsuls von Radowitz an Bismarck Kenntnis. Der Generalkonsul, seit Mitte Februar im Amt, berichtete über die veränderte Lage und bemängelte, daß Rauschning sich zu ausschließlich auf Cogalniceanu gestützt habe und nun seine Hauptstütze verloren hätte. Er kritisierte außerdem das massive Auftreten Rauschnings, das – bei aller Sympathie für Strousbergs rumänische Unternehmung – eine Zumutung für den Fürsten sei. Radowitz klagte darüber, daß die Eisenbahnkonzession seine ganze Aufmerksamkeit erfordere, da

Joseph Maria von Radowitz,
Preußischer Generalkonsul
in Rumänien

sie in letzter Zeit politisch stark angegriffen werde. Die Stimmung artikuliere sich dabei in solchen Auffassungen, daß man für gutes Geld schlechte Arbeit erhalte und daß der Vater des Fürsten Rumänien nur als eine zu melkende Kuh betrachte. Radowitz beanstandete ferner, daß Fürst Karl das Strousberg-Projekt bisher persönlich zu exponiert unterstützt habe. Rauschning erkläre aber auch ständig – was er, Radowitz, ihm jetzt untersagt habe – die Interessen Strousbergs und des Fürsten für solidarisch. Die Ablehnung der fremden Preußen und Strousbergs beziehe nun auch schon die Person des Fürsten mit ein.

Die Briefe von Radowitz, in denen es nur so von Ausfällen gegenüber Rumänien wimmelte und in denen er Käuflichkeit und Unzuverlässigkeit geradezu zu nationalen rumänischen Charaktereigenschaften erhob, wirkten übrigens angesichts des Verhaltens von Strousbergs Mannschaft im Lande direkt paradox in ihrer Ignoranz und Blasiertheit. Anfang April bezeichnete Radowitz die Verhältnisse in Rumänien als sehr unklar. «Es wird», schrieb er, «im Interesse der daran beteiligten preußischen Kapitalisten notwendig sein, die weitere Entwicklung der Strousbergschen Unternehmung nicht weniger scharf und sorgsam im Auge zu behalten.»[8]

Die Streitigkeiten in Rumänien erreichten natürlich auch Strousberg in Berlin. Er mußte einsehen, daß mit Befehlsdepeschen allein nichts mehr zu regeln war. So ließ er wissen, daß er bald selbst nach

Bukarest kommen werde, bis dahin sollten alle Auseinandersetzungen ruhen. Nach der Silberhochzeit eilte Strousberg noch im April 1870 nach Rumänien, um Ordnung in seine dortigen Verhältnisse zu bringen und die nervös gewordenen Rumänen zu beruhigen. Wenige Tage vor seiner Ankunft machte er seinem Ärger aber Luft und wies Rauschning an, «daß er sich sofort aus Bukarest zu entfernen habe, weil er (Strousberg – M. O.) ihn nicht mehr sehen möge».[9]

Rauschning packte daraufhin sofort seine Sachen und verschwand aus der Stadt. Er begann mit seiner Frau eine ausgedehnte Reise, die ihn in die Türkei und verschiedene Mittelmeerländer führte. Schließlich nach Berlin zurückgekehrt, bezog er in der Nähe des Potsdamer Tores eine komfortable Wohnung und führte bei jeder passenden und unpassenden Gelegenheit seine Orden spazieren. Er erzählte dann allen, «die ihn nur anhören wollten, ... von seinen in dem ‹märchenhaften› Oriente gehabten Erlebnissen und errungenen Verdiensten», wußte vom Rhein zu berichten.[10] Nach einiger Zeit soll sich im übrigen Strousberg mit Rauschning wieder versöhnt haben.

Strousberg, der mit großen Erwartungen in Bukarest empfangen wurde, nahm sogleich Beratungen mit der rumänischen Regierung auf. Radowitz hatte vorher gebeten, man möge Strousberg in Berlin veranlassen, seine Gespräche in Bukarest besonnen zu führen. Ob man dort in diesem Sinne auf ihn eingewirkt hat, läßt sich nicht nachweisen, Strousberg war bei seinen rumänischen Gesprächspartnern jedenfalls merklich um Verständigung bemüht. Ministerpräsident Ghica beklagte sich nach diesen Gesprächen allerdings trotzdem beim Fürsten Karl, daß Strousberg alle Fragen und Einwände zu leicht genommen habe.[11] Fürst Karl, der sich gerne als Begründer der rumänischen Eisenbahnen feiern ließ, bangte zwar um diese Rolle, setzte aber nach wie vor auf Strousberg und schenkte deshalb Ghicas Einwänden keine allzu große Beachtung.

Der Fürst besichtigte zusammen mit Strousberg verschiedene Eisenbahnanlagen und verbrachte mit ihm einen Abend bis Mitternacht, um sich von Strousbergs Überzeugungskraft erneut begeistern und mit Zuversicht erfüllen zu lassen. Offenbar mit Erfolg, und das, obwohl die Besichtigung eigentlich keinen Anlaß zu großer Befriedigung gegeben hatte. Die Erdarbeiten auf den Strecken waren zwar beendet, aber am Oberbau fehlte noch vieles. Schienen lagen nur auf einzelnen Abschnitten, von einer Beschotterung der Gleisanlagen war kaum etwas zu sehen, und auch die Bahnhofsgebäude befanden sich meist noch im Bau. Sie hatten außerdem einen etwas kärglichen Eindruck hinterlassen, besonders, wenn man sie mit den Ofenheimschen Bahnhofsanlagen verglich. Doch Fürst Karl, der sich der Faszination Strousbergs nicht entziehen konnte, schenkte diesem erneut sein volles Vertrauen, so daß man freundlich voneinander schied.

Generalkonsul von Radowitz traf sich mehrmals mit Strousberg. In seinen Memoiren schreibt er darüber: «Bei der Rückkehr aus Galatz traf ich in Giurgewo mit Dr. Strousberg zusammen, der zur Inspektion seiner Eisenbahnbauten kam. Ich sah ihn in der Folgezeit öfters und konnte nun den merkwürdigen Mann besser beurteilen wie bei der ersten Begegnung in Berlin. Noch stand er damals als eine dem Publikum imponierende Größe da, als Vertreter von Gold und Gewinn, von dem jeder Nutzen ziehen wollte. In den rumänischen Regierungskreisen, soweit sie nicht direkt von ihm interessiert worden waren, machte sich aber schon eine feindliche Stimmung geltend, hauptsächlich infolge des oft taktlosen und anmaßenden Auftretens seiner vielen Beamten und Agenten, unter denen zahlreiche Deutsche.»[12]

Radowitz hatte zu dieser Zeit noch keineswegs den Eindruck, daß Strousberg schon an einen bevorstehenden Glückswechsel dachte. Der Eisenbahnkönig sah sich selbst noch nicht auf der Höhe seiner Leistungen und seines Vermögens. In den Gesprächen mit Radowitz entwickelte er weitreichende ökonomische und politische Ideen und Pläne. Strousberg äußerte gegenüber Radowitz, daß Deutschland durch das Überwiegen der Bürokratie und des Militarismus unendlich zurückgeblieben sei, und empfahl, nicht mehr allein im politischen und militärischen Bereich, sondern im Aufschwung des Handels, des Verkehrs und der Industrie das Heil zu suchen. Sonst, so prophezeite er, werde man im Weltkonkurrenzkampf unterliegen. Die beiden unterhielten sich auch über einen möglichen Krieg zwischen Deutschland und Frankreich, der Strousbergs Pläne eventuell ungünstig beeinflussen könnte. Im Gegensatz zu Radowitz schloß Strousberg den Krieg jedoch völlig aus. «Ich höre es noch», schrieb dazu der Generalkonsul, «mit welcher Geringschätzung er erwiderte: da spräche aus mir der Diplomat, der glaube, daß er die Weltverhältnisse lediglich nach den politischen Stimmungen und kleinen internationalen Reibungen heutgentags noch beurteilen könne. Er habe von überall her seine eigene, auf den Umsatz der lebendigen Verkehrskräfte in Europa gerichtete Berichterstattung, und die mache ihn so sicher, daß es keinen Krieg geben werde trotz aller diplomatischer Besorgnisse. Das französische Volk wolle in Ruhe seinen Wohlstand entwickeln, und der Kaiser Napoleon dächte nicht daran, sich den Chancen eines überflüssigen Feldzuges auszusetzen. Ebensowenig könne es Preußen und Deutschland einfallen, die Franzosen anzugreifen.»[13]

Strousberg, der die sich in Europa kräftig entwickelnden Verkehrs- und Handelsbeziehungen in ihrer Rolle für die Verhinderung von Kriegen überschätzte, mußte nicht nur bald einsehen, daß seine Ansichten falsch waren, sondern er mußte im wahrsten Sinne des Wortes dafür bezahlen. Die Gespräche zwischen Strousberg und Radowitz ließen auch geschäftliche Dinge nicht aus. Strousberg konnte es sich dabei natürlich nicht versagen, zu versuchen, den Generalkonsul durch verlockende finanzielle Angebote auf seine Seite zu ziehen. «Er zeigte mir aber noch ein persönliches wohlwollendes Interesse», bemerkte dazu Radowitz, «indem er mir auseinandersetzte, wie töricht es meinerseits sei, nicht vor allem auch auf Erwerb eines die Unabhängigkeit garantierenden Vermögens auszugehen, wozu für einen Beamten durchaus zulässige Gelegenheiten genug vorhanden seien. Wenn ich ihm Vertrauen schenken wollte, würde er mir gern und leicht dazu die Wege weisen.»[14] Selbstverständlich unterstreicht Radowitz in seinen Memoiren, ein solches Angebot zurückgewiesen zu haben.

Der Aufenthalt Strousbergs in Rumänien schien, was die Konsolidierung seines Eisenbahnunternehmens betraf, die erwünschten Ergebnisse gebracht zu haben. Radowitz berichtete in diesem Sinne auch an das Auswärtige Amt nach Berlin. Er teilte weiterhin mit, daß er aus Deutschland viele Anfragen zum Stand der Arbeiten bekäme. Das war nicht verwunderlich, denn Strousbergs Schwierigkeiten waren auch in Deutschland längst bekannt und hatten zu einem Rückgang des Börsenkurses für die rumänische Eisenbahnanleihe geführt. In seinen Antwortschreiben gab sich der Generalkonsul jedoch optimistisch und trug so mit dazu bei, Strousbergs Stellung zu stützen.

Der Eisenbahnkönig hinterließ nach seiner Abreise einen jungen Mann namens Wächter, Schwager seines früheren Baumeisters Busse, als seinen neuen Repräsentanten in Bukarest. Dieser Wächter hatte erst kurz vor seinem Rumänien-Einsatz die Baumeisterprüfung abgelegt, aber schnell die Anerkennung Strousbergs erworben, als er bei Verhandlungen mit den rumänischen Behörden Geschick bewies. Seine ihm nachgesagte geschmeidige Art sollte vor allem bewirken, daß er die Rumänen weniger aufbrachte als der grobe Rauschning.

Doch Wächter war nicht der Mann, den Bahnbau entscheidend voranzubringen. Der kleine, jungenhaft wirkende Mann trat, was die Lebensführung anbelangte, bald in die Fußstapfen Rauschnings. Er richtete sich ebenfalls sehr komfortabel ein und widmete sich vor allem einer hübschen Soubrette vom Deutschen Theater in Bukarest, später einer anderen Schönheit, die auch als Hausdame bei seinen Geselligkeiten fungierte. Die anstehende Arbeit überließ er weitgehend anderen, er begnügte sich mit der Repräsentanz und der Pflege gesellschaftlicher Kontakte. Damit verbunden betrieb auch er, ganz wie sein Vorgänger, systematisch die Dekorierung seiner Person mit Orden. Friedrich vom Rhein beschrieb Wächter so: «Gewandt und geschmeidig wie ein Ohrwürmchen, gegen höher Stehende servil bis zur Speichelleckerei, gegen Untergebene launenhaft, willkürlich, ja despotisch, in der Wahl seiner Mittel durchaus nicht scrupulös, und je nach Bedürfnis die Wahrheit, die Heuchelei; ja sogar die frechsten Lügen mit einer wunderbaren Keckheit debitierend und zu seinen Gunsten ausbeutend, geduldig, und mit sicherem Blick den richtigen Moment für seine Pläne abwartend ... und mit einer ganz erstaunlichen Dosis Frechheit und Selbstbewußtsein ausgestattet.»[15] Eine höchst bemerkenswerte Schilderung des obersten Vertreters Strousbergs in Bukarest! Und bezeichnend dafür, was für Menschen Strousbergs Vertrauen besaßen.

Entgegen den Erwartungen zogen die Kurse für rumänische Eisenbahnobligationen auch nach Strousbergs Besuch in Rumänien nicht an. Selbst dessen Versuche, den Kurs durch Ankauf von Obligationen wieder hochzubringen, änderten daran nichts. Andererseits entnahm er aber in Übereinstimmung mit dem rumänischen Regierungskommissar Ambronn dem Tresor des Baufonds noch weitere Obligationen sowie Bargelder, die nach dem Stand der Bauarbeiten noch nicht hätten angegriffen werden dürfen, um seinen finanziellen Verpflichtungen nachkommen zu können. Strousberg hinterlegte dafür Aktien seiner deutschen Bahnen als Pfand. Man traf dazu die Abmachung, daß er und sein Bankier Jaques für eventuelle Kursdifferenzen aufzukommen hätten.

Die miese finanzielle Situation hinderte Strousberg jedoch nicht daran, nach der prächtigen Silberhochzeit bereits wieder ein spektakuläres Ereignis vorzubereiten, das erneut seine gesellschaftliche Stellung aufwerten sollte: Im Sommer 1870 wollte er glanzvollen Einzug in sein schönstes Schloß halten. Er besaß zu dieser Zeit zwar schon eine ganze Reihe von Schlössern und Herrenhäusern, doch das sehr repräsentative und herrlich über der westböhmischen Stadt Zbirow gelegene Schloß liebte er besonders und hatte es deshalb als Wohnsitz ausgewählt. Noch mußte er dort ohne den begehrten Adelstitel einziehen, doch die Inbesitznahme des Schlosses sollte ihn auf diesem Weg voranbringen. Wenn schon nicht vom König von Preußen, so würde er vielleicht vom Kaiser aus Wien geadelt, mochte er dabei gedacht haben. Zbirow lag schließlich im habsburgischen Machtbereich.

Am Tage des Einzuges erstrahlte das alte Schloß in neuem Glanz, die Restaurierung und ein Umbau nach Strousbergs Wünschen waren rechtzeitig abgeschlossen worden. Ein neuer Marstall für hundert Pferde und eine Neugestaltung der Gartenanlagen zeigten ebenfalls die hohen Ansprüche des neuen Besitzers. Auf dem Weg vom mehrere Kilometer entfernten Bahnhof bis zum Schloß hatte man Triumphbögen, verziert mit Symbolen der verschiedenen Tätigkeiten und Interessen Strousbergs, errichtet. Die Straßen durch die Stadt zum Schloß hinauf waren festlich geschmückt, gesäumt von vielen Menschen, die den berühmten Mann sehen wollten, der verkündet hatte, Arbeit und Wohlstand nach Zbirow zu bringen. Das Empfangskomitee wartete derweilen am Bahnhof und blickte nervös, aber erwartungsvoll der Ankunft des Zuges entgegen. Nachdem dieser dann

Schloß Zbirow

eingetroffen war, bekamen die Honoratioren lange Gesichter, denn nicht der ersehnte Krösus, sondern nur dessen Frau und Kinder waren ihm entstiegen. Nach der ersten Überraschung und Enttäuschung sagte man der deutsch mit englischem Akzent antwortenden Dame natürlich viele Artigkeiten und ließ den Empfang ablaufen wie geplant. Auffallend war, wie wenig Freude Mary Ann zeigte und daß sie das Ganze ohne rechte Anteilnahme über sich ergehen ließ. Ihre Gedanken schienen zu weit weg zu sein. Als Grund für die Abwesenheit ihres Mannes hatte sie etwas von diplomatischen Verwicklungen gemurmelt, die Strousberg in Berlin festhielten. Es waren tatsächlich schwere «Verwicklungen», die den Eisenbahnkönig um das Vergnügen des von ihm bestellten fürstlichen Empfanges brachten. Bald kannte sie jedermann: Es waren die dramatischen Vorgänge vor dem Ausbruch des Deutsch-Französischen Krieges.

Die Fronten

Der politische Himmel schien im Juni des Jahres 1870 noch ganz heiter und keine Trübung in Sicht zu sein. Die wichtigsten Staatsmänner Preußens ergingen sich, wie es aussah, in unbeschwerten Urlaubsfreuden: der König in Bad Ems, Bismarck auf seinem Gut Varzin. Auch die französische Politik gab sich friedlich. Am 30. Juni beantragte Ministerpräsident Ollivier vor der Abgeordnetenkammer sogar die Reduzierung der französischen Armee um 10 000 Mann. «Wohin wir unsere Augen wenden», so begründete er seinen Antrag, «wir entdecken keine beunruhigenden Streitfragen, und niemals zu irgendeiner Zeit war die Aufrechterhaltung des Friedens in Europa mehr gesichert als gegenwärtig.»[16] Die Börsen in Europa teilten diese Ansicht und setzten große Mengen an Wertpapieren zu hohen Kursen um. Noch am 4. Juli soll die Berliner Börse «in vortrefflicher Stimmung» gewesen sein und eine besonders große Nachfrage nach Eisenbahnaktien geherrscht haben, die zu erheblichen Kurssteigerungen führte.[17]

Doch die Ruhe war die Ruhe vor dem Sturm. Es braute sich ein Unwetter von wahrhaft schrecklichen Dimensionen zusammen. Und dies nicht erst seit dem 3. Juli, an dem die Meldung verbreitet wurde, daß das spanische Parlament, die Cortes, beabsichtige, den Erbprinzen Leopold von Hohenzollern-Sigmaringen zum König von Spanien zu wählen. Prinz Leopold war der älteste Sohn unseres Eisenbahngründerfürsten Karl Anton, durch seine Verwandtschaft mit dem preußischen Königshaus mußte die Kandidatur für politische Turbulenz sorgen. Seit 1868, als eine bürgerlich-revolutionäre Bewegung unter dem General Prim Königin Isabella II. gestürzt hatte, war der spanische Thron verwaist. Obwohl er auf Grund gespannter innenpolitischer Verhältnisse als nicht sehr sicher galt, genoß Spaniens Thron wegen seiner großen Vergangenheit doch noch immer hohes Ansehen unter den europäischen Königshäusern.

Erbprinz Leopold zeigte dennoch keine Lust, sich auf den gefährdeten Thron zu setzen. Ein Angebot dazu hatte er bereits 1869 abgelehnt. Aber die Spanier gaben nicht auf. Im Februar 1870 schickte Ministerpräsident Prim seinen Bevollmächtigten Salazar mit dem Ersuchen zu König Wilhelm und Bismarck, den Erbprinzen zu bewegen, die Krone doch noch anzunehmen. Bei Bismarck fand Salazar besonders offene Ohren, und der norddeutsche Kanzler drängte denn auch Leopold dazu. Dieser aber blieb bei seiner Ablehnung, und der von Karl Anton ins Gespräch gebrachte jüngste Sohn, Friedrich, winkte ebenfalls ab. Bismarck ließ jedoch, wie in den Aufzeichnungen über das Leben Karls von Rumänien nachzulesen ist, nicht mehr locker. Unter der Datierung 22. März/3. April steht die eindeutige

Eintragung: «Aus Berlin erfährt der Fürst, daß Graf Bismarck die Annahme der spanischen Krone durch einen Prinzen von Hohenzollern wiederholt und mit größter Entschiedenheit für eine politische Notwendigkeit erklärt hat.»[18]

Bismarck selbst spielte später sein Engagement für diese hohenzollersche Thronbesteigung in seinen «Gedanken und Erinnerungen» erheblich herunter. Eine antifranzösische Konstellation will er in der deutsch-spanischen Verbindung gar nicht gesehen haben, ja sogar geglaubt haben, daß der deutsche Prinz wegen seiner bonapartistischen Verwandtschaft dem Kaiser Napoleon III. genehm gewesen sei. In Wirklichkeit sah natürlich auch Napoleon III. in der Wahl des Hohenzollernprinzen zum König von Spanien Konfliktstoff, konnte doch Frankreich nicht gleichgültig darauf reagieren, wenn ein Hohenzoller auch an seiner Südgrenze regierte. Bismarck war längst überzeugt, daß der Krieg mit Frankreich eines Tages kommen werde, und erstrebte ihn sogar, um mit ihm die Reichseinigung unter preußischer Führung zu vollenden. Wichtig war ihm dabei nur, daß mit Rücksicht auf die internationalen Auswirkungen und um die süddeutschen Staaten hinter sich zu bringen, Frankreich den Anlaß für den Krieg gab. Mit der spanischen Thronfrage konnte man den Franzosen den «Schwarzen Peter» ausgezeichnet zuspielen. Die Thronfolge ließ sich als Familienangelegenheit der Hohenzollern oder besser noch als spanische Selbstbestimmung deklarieren, die Frankreich nichts anging. Wenn die Franzosen mehr daraus machen wollten, war das, nach Bismarck, ihre Sache.

Voraussetzung für das Gelingen dieses Spiels war freilich, daß Karl Anton einen seiner Söhne zur Annahme des Thrones bewegen konnte. Leopold aber wollte das nur dann tun, wenn er dazu einen Auftrag des Königs bekam. Bei aller Ehre, das Risiko war ihm sonst zu groß. Der König jedoch, der der Kandidatur prinzipiell zustimmte, konnte sich zu diesem Schritt nicht entschließen. Nach seiner Auffassung sollte Leopold die Krone auf eigenen Wunsch annehmen und ihn, Wilhelm, von jeder Verantwortung frei halten. Die Bemühungen Bismarcks drohten daher in einer Sackgasse zu enden. Er bearbeitete Karl Anton, mehr Mut zu zeigen, denn dieser war, wie er wußte, trotz aller Bedenken begierig darauf, den Thron für einen seiner Söhne zu erlangen. So ließ sich der Fürst schließlich auch nicht ungern überzeugen. Er erklärte sich bereit, auf Leopold einzuwirken, die Krone anzunehmen, wenn er die Zusage Bismarcks erhielt, daß die Annahme dem preußischen Staatsinteresse entspräche. Bismarcks Zusage kam sofort, ohne überhaupt den König gefragt zu haben. Unter der Eintragung vom 23. Mai/4. Juni der Aufzeichnung aus dem Leben Karls von Rumänien stand dann klipp und klar: «Der Erbprinz von Hohenzollern hat sich bereit erklärt, die spanische Krone anzunehmen, da ihm von der berufensten Seite vorgestellt worden ist, daß das Staatsinteresse dies erheische! – Er hat sich entschlossen, alle persönlichen Bedenken fallen zu lassen und sich der höheren Notwendigkeit zu fügen; in diesem Sinne hat er dem König von Preußen geschrieben: er nehme die ihm angetragene Krone an, da er hoffen dürfe, seinem Vaterland hierdurch einen großen Dienst zu erweisen. – König Wilhelm hat ihm sogleich geantwortet, daß er mit seinem Vorhaben einverstanden sei.»[19]

Nach Bismarcks Vorstellungen nicht programmgemäß gab das spanische Parlament dann schon am 3. Juni bekannt, daß es Leopold zum König wählen wollte. Nicht programmgemäß, weil die Öffentlichkeit erst kurz vorher informiert werden sollte, um jede Möglichkeit auszuschließen, den Plan noch zu ändern. Das Vorhaben mußte aber frühzeitig angekündigt werden, weil sich die Abgeordneten bereits in den Sommerferien befanden und erst wieder nach Madrid zurückgerufen werden mußten. Die so entstandene Frist nutzte Frankreich denn auch, um gegen die beabsichtigte Wahl des Erbprinzen vorzugehen. Gleichzeitig führte das bonapartistische Regime eine heftige chauvinistische Kampagne gegen Preußen. Napoleon III. kam die ganze Sache insofern gelegen, als er hoffte, sein von einer heftigen inneren Krise erschüttertes Regime dadurch festigen zu können.

Der französische Außenminister Herzog von Gramont, ohnehin ein antipreußischer Scharfmacher, erklärte am 6. Juli in der französischen Kammer: «Wir glauben nicht, daß die Achtung vor den Rechten eines Nachbarvolkes uns verpflichtet zu dulden, daß eine fremde Macht einen ihrer Prinzen auf den Thron Karls V. setze ... Dieser Fall wird nicht eintreten, dessen sind wir gewiß ... Sollte es anders

Graf Moltke

Albrecht von Roon

kommen, so würden wir ... unsere Pflicht ohne Zaudern und ohne Schwäche zu erfüllen wissen.»[20] Das war deutlich. Bismarck nannte diese Äußerung denn auch eine amtliche Bedrohung mit der Hand am Degengriff.[21] Aber sicherlich war er mit der Rolle, die das bonapartistische Kaiserreich bereitwillig übernahm, zufrieden, denn genau diese hatte er ihm zugedacht.

Am 12. Juli fuhr Bismarck von Varzin nach Berlin und traf noch an demselben Tag bei einem Essen mit den Generälen Moltke und Roon zusammen. Während man die Situation besprach, ja, man kann wohl sagen, genoß, traf ein Telegramm mit der Meldung ein, daß der Erbprinz Leopold auf die spanische Thronkandidatur verzichtet habe, um einen drohenden Krieg abzuwenden. Bismarcks gute Stimmung war dahin, er geriet sogar zunehmend außer sich vor Zorn. «Mein erster Gedanke», schrieb er später, «war aus dem Dienste zu scheiden.»[22] Den Drohungen Frankreichs nachgeben zu müssen, kränkte nicht nur sein nationales Ehrgefühl, sondern er befürchtete auch, daß damit seine Politik einer Reichseinigung unter Preußens Führung für lange Zeit keine Aussicht mehr auf Erfolg hatte. «Ich war sehr niedergeschlagen», äußerte er, «denn ich sah kein Mittel, den fressenden Schaden, den ich von einer schüchternen

Der französische Gesandte Benedetti übergibt Wilhelm I. in Bad Ems die Forderungen Napoleons III.

Politik für unsere nationale Stellung befürchtete, wieder gutzumachen, ohne Händel ungeschickt vom Zaune zu brechen und künstlich zu suchen. Den Krieg sah ich schon damals als eine Notwendigkeit an, der wir mit Ehren nicht mehr ausweichen konnten.»[23] Während Bismarck durch die erhaltene Nachricht tief deprimiert war, reagierte Strousberg darauf mit Begeisterung. Er fand sich, als der Verzicht des Erbprinzen Leopold bekanntgegeben wurde, gerade an der Berliner Börse. Der Friede schien ihm mit dieser Nachricht gesichert und die ihn bedrohenden geschäftlichen Komplikationen durch den Sturz der Aktienkurse abgewendet zu sein. Strousberg fühlte sich in seiner Annahme bestätigt, daß es nie zu diesem Krieg kommen werde. Um diesen erfreulichen Tag mit einem schönen Geschäft zu krönen, erwarb er an der Börse spontan zwei große Wertpapierpakete französischer und lombardischer Anleihen, die durch die Kriegsgefahr erheblich gefallen waren. Jetzt mußten sie nach seiner Meinung wieder steigen.

Bismarck hatte sich unterdessen fest zum Rücktritt entschlossen. Er lud Moltke und Roon für den nächsten Tag wieder zum Essen, um ihnen seine Entscheidung mitzuteilen. Bei dieser Begegnung, mitten in der Unterhaltung, wurde Bismarck mitgeteilt, daß vom König aus Bad Ems eine Depesche gekommen sei. Kurze Zeit später, nach ihrer Dechiffrierung, lag sie ihm vor. Die Depesche enthielt die Forderungen, die der französische Botschafter Benedetti dem preußischen König gestellt hatte, und beschrieb dessen Reaktion. Benedetti hatte dem König im Auftrag Napoleons III., der den Verzicht des Erbprinzen Leopold zu eigenem Prestigegewinn nutzen wollte, recht demütigende Versprechen abverlangt. Der französische Botschafter wollte Wilhelm die Erklärung abnötigen, daß er niemals wieder seine Einwilligung für die Thronkandidatur eines Hohenzollern in Spanien geben werde. Nach dem schon das preußische Ansehen herabsetzenden Verzicht auf die spanische Thronkandidatur ging das dem König denn doch zu weit, und er lehnte das Ansinnen Benedettis ab.

Die erhaltene Depesche ließ das Herz Bismarcks augenblicklich wieder höher schlagen und seine Rücktrittsabsichten sofort vergessen. Gleich in Gegenwart der beiden Militärs redigierte er die Depesche durch einige Streichungen und stilistische Veränderungen. Hatte die ursprüngliche Fassung dieses Vorgangs wie ein Zwischenspiel der Verhandlungen geklungen, so erweckte sie nunmehr durch Bismarcks Korrekturen den Eindruck, daß die ganze Angelegenheit abgeschlossen sei. «So hat das einen anderen Klang», sagte dazu Moltke, als ihm Bismarck die redigierte Fassung zum Lesen reichte. «Vorher klang es wie Schamade (Signal zum Rückzug – M. O.), jetzt wie eine Fanfare in Antwort auf eine Herausforderung.»[24]

Bismarck ließ daraufhin die Depesche sofort veröffentlichen, und die Welt erfuhr den Inhalt der «Emser Depesche» in diesem Wortlaut: «Nachdem die Nachrichten von der Entsagung des Erbprinzen von Hohenzollern der kaiserlich französischen Regierung von der königlich spanischen amtlich mitgeteilt worden sind, hat der französische Botschafter in Ems an Se. Majestät den König noch die Forderung gestellt, ihn zu autorisieren, daß er nach Paris telegraphiere, daß Se. Majestät der König sich für alle Zukunft verpflichte, niemals wieder seine Zustimmung zu geben, wenn die Hohenzollern auf ihre

Kandidatur zurückkommen sollten. Se. Majestät der König hat es darauf abgelehnt, den französischen Botschafter nochmals zu empfangen, und demselben durch den Adjutanten vom Dienst sagen lassen, daß Se. Majestät dem Botschafter nichts weiter mitzuteilen habe.»[25]

Napoleon III. hatte nun zu entscheiden, ob er wirklich Krieg wollte oder sich mit dem Erreichten zufriedengab. Der zögernde Monarch entschied sich schließlich, gedrängt von der Kriegspartei in seiner Umgebung, zum Krieg. Ob die Korrektur der «Emser Depesche» letztlich wirklich entscheidend für den Kriegsausbruch war, sei dahingestellt. Bismarck jedenfalls hatte alles getan, um den gewünschten Krieg zu bekommen. Am 19. Juli 1870 lag ihm die offizielle Kriegserklärung Frankreichs auf dem Tisch.

Kriegszeit

Es gab nun viel chauvinistischen Rummel in beiden Hauptstädten. Dem Hoch an hurrapatriotischen Gefühlen stand jedoch ein Tief an den Börsen gegenüber. In wenigen Tagen stürzten die Wertpapierkurse um mehrere Milliarden Taler, darunter natürlich auch die von Strousberg noch einen Tag vorher erworbenen Anleihen. Seine Eisenbahnaktien fielen ebenfalls enorm. Strousberg gehörte deshalb auch nicht zu jenen, die sich von der Kriegsbegeisterung anstecken ließen. Für ihn war der Krieg eine Katastrophe. «Mir war meine Lage vollständig klar», schrieb er später, «die Folgen, wenn ich mich zu halten suchte, wenn auch nicht in den Details doch im großen Ganzen waren mir gegenwärtig, ich wußte, daß ich zu Spottpreisen realisieren mußte, daß Millionen dabei verloren gehen und daß mein Kredit und meine Beziehungen zu den verschiedenen Gesellschaften dauernd darunter leiden würden.»[26]

Am heftigsten traf Strousberg der Sturz der Aktienwerte, der diese Wertpapiere zeitweilig gar nicht mehr absetzbar machte. Da er im Verhältnis zu seinen vielen unvollendeten Unternehmungen – allein beim Eisenbahnbau wurde noch an über 2000 Kilometer Strecke gearbeitet – über geringe Bestände an Bargeld verfügte, geriet er in er-

Gefecht bei Mars-la-Tour in Frankreich, 16. August 1870

hebliche finanzielle Schwierigkeiten. Durch den Krieg, insbesondere durch den Abzug von Arbeitskräften, verzögerte sich die Fertigstellung, manche Vorhaben mußten sogar völlig eingestellt werden. Kosten fielen jedoch weiter an. Strousberg bezifferte den Umfang seiner Unternehmungen mit den sich daraus ergebenden finanziellen Verpflichtungen auf 140 Millionen Taler – eine damals fast unvorstellbare Summe. Während er in der Vorkriegszeit monatlich allein mit seinen Bahnbauten nicht selten einen Überschuß von einer Million Taler erwirtschaftete, war diese Quelle nun fast völlig versiegt.

«Forderungen aller Art traten an mich heran, auf die ich sonst nicht zu rechnen brauchte», schilderte Strousberg seine damalige Situation. «Meine Effekten wurden entwertet, meine Einnahmen versiegten plötzlich, die Unternehmer wurden entweder unfähig oder unwillig in gewohnter Weise zu arbeiten, bei den in Betrieb befindlichen Fabriken hatte ich Schwierigkeiten Rohmaterialien zu beschaffen und Arbeitslöhne zu zahlen. Dieses verteuerte die Produktion und demoralisierte die Verhältnisse; auf meinen Gütern mußte ich, um Löhne und Betriebsgelder zu beschaffen, dem Wucherer in die

Hände fallen; die Ernte auf dem Halm, den Spiritus, ehe er gebraut war, unter den dafür üblichen, verzehrenden Bedingungen verkaufen, und so geriet alles ins Stocken.»[27]

Trotz dieser katastrophalen Umstände konnte sich Strousberg aber nicht entschließen, eine zeitweilige Zahlungseinstellung zu beantragen, da er damit seinem Nimbus und besonders seiner Kreditfähigkeit großen Schaden zugefügt hätte. Er versuchte statt dessen, seiner Zahlungsverpflichtungen durch Beschwichtigung seiner Gläubiger, Aufnahme hochverzinster Kredite und die Verschleuderung von Aktienpaketen Herr zu werden. Durch freiwillige Einstellung vieler Arbeiten reduzierte er zudem seine Ausgaben. Dennoch mußte Strousberg in wenigen Wochen fürchterliche finanzielle Verluste hinnehmen. Mit der Kapitulation der in der Festung Sedan eingeschlossenen französischen Truppen und der gleichzeitigen Gefangennahme Napoleons III. durch die Preußen am 2. September 1870 – allgemein wurde das schon als das Ende des Krieges angesehen – schien sich die Situation für Strousberg aber schlagartig zu bessern. Die Aussichten auf besser florierende Geschäfte führten zur Belebung der Börse, und einen Tag nach der Kapitulation von Sedan befanden sich die Aktienkurse beinahe schon wieder auf der Höhe der ersten Julitage.

Ernsthafte Finanzierungsprobleme zeigten sich bei Strousberg allerdings auch schon vor dem Kriegsausbruch, als nämlich im Juli die halbjährliche Zinszahlung für die ausgegebenen rumänischen Eisenbahnobligationen fällig war. Nur mit großen Mühen war es Strousberg gelungen, diese Summen in Millionenhöhe aufzubringen. Die Rumänen, denen die Schwierigkeiten Strousbergs nicht verborgen blieben, vermuteten, daß ihr Regierungskommissar Ambronn zu sehr ins Fahrwasser des Eisenbahnkönigs geraten war, sich mit ihm auf fragwürdige Finanzierungen eingelassen hatte und das rumänische Staatsinteresse hintanstellte. Tatsächlich hatte Ambronn an Strousberg über fünf Millionen Francs ausgezahlt, die er wegen schlechter Bauqualität nicht auszahlen sollte, und weitere vierzig Millionen an Obligationen, entgegen der Weisung der rumänischen Regierung, verkaufen lassen. Die Verärgerung auf seiten der Rumänen war groß, aber Ambronn rechtfertigte sich damit, daß er die Anweisungen zu spät erhalten habe. Generalkonsul Radowitz schrieb am 26. Mai 1870 nach Berlin, daß die Mehrheit der rumänischen Regierung Ambronn loswerden wolle, weil er kein Rumäne sei und man im übrigen der Meinung sei, daß Staatsämter nicht durch Fremde verwaltet werden sollten. Ambronn besaß zu dieser Zeit zweifellos noch das freundschaftliche Vertrauen des Fürsten Karl, aber auch der hielt es für besser, wenn ein Mann, der das Vertrauen der politischen Parteien in Rumänien hatte, das Amt des Staatskommissars übernehmen würde.[28]

Mit dem Ausbruch des Deutsch-Französischen Krieges verstärkte sich ganz allgemein das Mißtrauen gegen das deutsche Eisenbahnkonsortium, zumal die Rumänen aus ihrer politischen Sympathie für Frankreich kein Hehl machten. Radowitz schrieb am 1. August nach Berlin, daß bei der hereingebrochenen Geld- und Finanzkrise sich zunächst alle Augen auf die Eisenbahnen Strousbergs gerichtet hätten und daß die Gegner und Neider der Konzession Gerüchte vom wahrscheinlichen Fall des großen Geldmannes verbreiteten. Als Symptom für den bevorstehenden Sturz sehe man den Rückgang des Obligationskurses von zirka neunundsechzig bis siebzig Prozent auf vierzig bis sechsundvierzig Prozent an.[29]

Wie Radowitz weiter berichtete, habe Strousberg bei den rumänischen Bahnbauten strengste Sparsamkeit angeordnet und die Beschränkung der Arbeiten auf das Notwendigste angewiesen. Alle Kräfte sollten auf die Strecke Bukarest–Plojesti konzentriert werden, um sie in wenigen Wochen dem Verkehr übergeben zu können. Radowitz befürchtete jedoch, daß Strousberg mit seinen Einschränkungen zu weit gehen und die Stockung der Arbeiten erneut Strousbergs Stellung in Rumänien erschüttern könnte. Der Mangel an Geld, den auch Strousbergs Bevollmächtigte zu spüren bekamen – beispielsweise bei der Zahlung von Schmiergeldern –, mußte zudem für weitere Schwierigkeiten sorgen. «Die Dispositionen, welche Dr. Strousberg ganz neuerdings für die Erfüllung seiner hier eingegangenen Verpflichtungen hat, machen es seinen hiesigen Vertretern in der Tat äußerst schwer, die Situation zu halten», sorgte sich Radowitz und fuhr fort: «Es wäre namentlich wünschenswert gewesen, daß er denselben, wenn auch nur in geringen Quantitäten, *besseres* Geld geschickt hätte statt Obligationen, die kaum unterzubringen sind.»[30]

Radowitz unterrichtete Berlin ferner von einem günstigen Bericht über die Verwaltung des Eisenbahnfonds, den der rumänische Minister Demeter Sturdza nach einem Besuch in Berlin abgegeben hatte. Außerdem hätte dieser die Zusicherung mitgebracht, daß Ambronn bereit sei, nach Eröffnung der ersten Eisenbahnstrecke zurückzutreten und seine Funktion in die Hände eines «wirklichen» Rumänen zu legen.[31] Einen plötzlichen Rücktritt hatte Ambronn mit dem Hinweis auf die möglichen Folgen für den Kursstand der Eisenbahnobligationen und auch anderer rumänischer Papiere abgelehnt.

Im August 1870 schickte die rumänische Regierung, die wegen der Finanzierung der Eisenbahnen nach wie vor stark beunruhigt war, den Abgeordneten T. Vacaresco als außerordentlichen Kommissar nach Berlin. Er sollte dort einen gründlichen Kassensturz machen, Zahlungen und Leistungen vergleichen, die Einhaltung der Konzessionsbedingungen beim Verkauf der Obligationen kontrollieren, die strittigen fünf Millionen sperren und vor allem dafür sorgen, daß der Erlös der zuletzt verkauften Obligationen in Höhe von 35 Millionen Francs nur entsprechend den vorgelegten Leistungsabrechnungen angegriffen werde. Außerdem sollte er versuchen, die Gesamtsumme vom Bankhaus Jaques auf die königlich-preußische Staatsbank, sprich Seehandlung, transferieren zu lassen.

Die Mission Vacarescos begann mit einer fatalen Überraschung. Von den 35 Millionen Francs, die im Berliner Tresor liegen sollten, fand sich keine Spur. Man zeigte ihm statt dessen das Protokoll einer Abmachung zwischen Strousberg und Ambronn vom 19. April 1870, nach der die Erlöse der Obligationen in zinstragende Aktien oder andere Wertpapiere angelegt werden konnten. Danach, so erklärte man Vacaresco, sei auch verfahren worden. Aber selbst die erworbenen Wertpapiere, es sollten Aktien von Strousbergs Eisenbahnunternehmen sein, lagen nicht mehr im Tresor. Strousberg begründete das damit, daß infolge des Krieges die Aktien so gesunken seien, daß entsprechend der vertraglichen Vereinbarung ein Wertausgleich hätte durchgeführt werden müssen. Deshalb habe er die Aktien wieder umgetauscht in wertbeständige Hypotheken, die dem Wert der ausgegebenen Obligationen entsprächen.

Die rumänische Regierung reagierte auf den Bericht Vacarescos zu

Recht empört und verlangte von Ambronn ultimativ, daß er sofort als rumänischer Regierungskommissar zurücktrete, da er die Regierung über seine Abmachungen mit Strousberg und Jaques nicht unterrichtet habe. Ambronn protestierte dagegen und unterschrieb auch danach noch Geldanweisungen auf den Baufonds. Als ihm dann aber am 24. September mitgeteilt wurde, daß der rumänische Diplomat Ludwig Steege als neuer Staatskommissar berufen sei und die Weisung habe, «im Notfall den wohlwollenden Beistand der Regierung Sr. Majestät des Königs von Preußen anzurufen», gab Ambronn sich geschlagen.

Mit der Einsetzung Steeges als Staatskommissar trat in den strittigen Finanzfragen eine gewisse Beruhigung ein. Radowitz machte seine Regierung aber noch am 19. September darauf aufmerksam, daß der rumänische Staat bei einer Zahlungsunfähigkeit Strousbergs nicht in der Lage sein werde, die Zinsen für die ausgegebenen Obligationen zu tragen. Er bemerkte jedoch, daß die Rumänen im Augenblick auch nicht unmittelbar an diese Gefahr dächten.[32] Auseinandersetzungen gab es jedoch weiterhin. Sie konzentrierten sich jetzt auf die Entschädigung der Landbesitzer, denn die mit den von Strousberg angebotenen Entschädigungssummen nicht einverstandenen Grundeigentümer hatten sich vielfach an ihre zuständigen Distriktgerichte gewandt und höhere Summen eingeklagt. Die von Strousberg, gemäß Konzession, anzurufende Jury schloß sich dem im wesentlichen an und bestätigte die höheren Entschädigungssummen. Strousberg weigerte sich dennoch, die Urteile anzuerkennen.

Radowitz ergriff hier bedingungslos für Strousberg Partei. Am 17. Oktober 1870 telegraphierte er nach Berlin: «Energische Pression auf Regierung notwendig.»[33] Gemeint war natürlich Pression auf die rumänische Regierung. Er begründete sein starkes Engagement für Strousberg mit der Sorge um einen großen Teil des preußischen und deutschen Nationalvermögens, der in Rumänien angelegt worden war. Radowitz bat Berlin um die Erteilung von Vollmachten und Instruktionen für sein Vorgehen in Bukarest. In einem Schreiben vom 2. November an den im preußischen Hauptquartier in Versailles sich aufhaltenden Bismarck teilte Staatssekretär von Thiele mit, daß Radowitz gefordert habe, die Folgen der Entscheidung der Jury von den

Konzessionären abzuwenden. Außerdem habe er empfohlen, Garantien zu schaffen, daß sich künftig solche Fälle nicht wiederholten.

Thiele schrieb jedoch an Bismarck, daß er sich von solch einer Demarche keinen Erfolg verspreche und er Radowitz angewiesen habe, sich jeder Einmischung zu enthalten.[34] In Versailles billigte man zwar ganz allgemein Thieles Instruktionen, gab sich damit aber nicht zufrieden. Mit Unterstützung Rußlands, Österreichs und der Türkei sollte der Versuch unternommen werden, die rumänische Regierung zum Einschreiten gegen die vermeintliche juristische Willkür zu bewegen. Die diplomatischen Vertretungen des Norddeutschen Bundes bekamen den Auftrag, bei den entsprechenden Regierungen vorstellig zu werden und auf die möglichen Folgen eines Zusammenbruchs von Strousbergs Eisenbahnen für die Lage in Rumänien und für ihre eigenen Unternehmungen in diesem Land hinzuweisen.[35]

Die erste Antwort kam aus St. Petersburg. Der Bericht der deutschen Diplomaten vom 28. November stellte erst einmal fest, daß der langjährige Lenker der russischen Außenpolitik Fürst Gortschakow auf Strousberg schlecht zu sprechen war. «Man schreibt hier», hieß es in diesem Bericht zu Strousberg, «seiner Handlungsweise und den zur Betreibung seiner Interessen dort in Bewegung gesetzten Machinationen hauptsächlich die jetzige Unpopularität des Fürsten von Rumänien zu.»[36] Rußland, so wurde betont, sei von Anfang an gegen das rumänische Eisenbahnunternehmen Strousbergs gewesen, da es nicht den russischen Interessen entspräche. Gortschakow habe außerdem gemeint, daß bei der bestehenden Russenfeindlichkeit der jetzt in Rumänien maßgebenden Politiker von einer russischen Fürsprache zugunsten des Dr. Strousberg ein vorteilhafter Einfluß nicht zu erwarten sei. Mit einem Wort, Rußland würde nichts zur Unterstützung Strousbergs unternehmen.

Die Österreicher zeigten da schon mehr Interesse, aber natürlich nicht wegen Strousberg, sondern wegen Ofenheim, der ebenfalls befürchtete, sein Eisenbahngelände in Rumänien zu teuer bezahlen zu müssen. Radowitz unterrichtete am 15. Dezember das Auswärtige Amt, daß sein österreichischer Kollege in Bukarest «scharfe Instruktionen» aus Wien erhalten habe, um möglichst zusammen mit dem Preußen bei der rumänischen Regierung zu intervenieren.

Fürst A. M. Gortschakow,
russischer Außenminister

Mitten in die Vorbereitungen für das gemeinsame Vorgehen platzte wie eine Bombe ein Brief Strousbergs an Bismarck, der diese Absicht völlig in den Hintergrund drängte. Der Eisenbahnkönig erklärte in seinem Brief vom 19. Dezember, daß er die 2,5 Millionen Taler für die im Januar fälligen Zinsen der rumänischen Eisenbahnobligationen nicht aufbringen könne und Bismarcks Hilfe benötige. «Euer Hochwohlgeboren haben sich zu verschiedenen Zeiten stets so wohlwollend gegen mich bewiesen», leitete Strousberg seine Bitte ein, «daß ich keinen Anstand nehme, mich in diesem Augenblick, wo ich ihrer Hilfe bedarf, vertrauensvoll an Sie zu wenden.»[37]

Strousbergs Ersuchen ging dahin, für 5 Millionen Aktien seiner im November gegründeten Allgemeinen Eisenbahn-Bau-Gesellschaft, in die er die meisten seiner Unternehmungen eingebracht hatte, von der staatlichen Darlehenskasse einen Kredit in Höhe von 2,5 Millionen Taler zu erhalten. Strousberg erwähnte, daß er bereits vergeblich bei der Darlehenskasse angefragt habe. «Es handelt sich also darum», schrieb er wörtlich, «daß dieselbe auf höhere Ordre angewiesen wird, das zu tun.»[38] Verantwortlich für seine prekäre Situation war nach Strousberg der Krieg, der es ihm nur unter Verlust von 4 Millionen Talern möglich gemacht habe, seine Unternehmungen weiter arbeiten zu lassen. Er erwähnte aber auch, daß er sich immer noch im Besitz von Aktien im Werte von 20 Millionen Talern befände, die sich aber kurzfristig nicht absetzen ließen. «Trotz der während des Krieges gehabten Verluste», erklärte Strousberg, «glaube ich mich als einer der reichsten Männer des Landes bezeichnen zu können.»[39] Seine Kreditschwierigkeiten führte er mit darauf zurück, daß ihm Finanzminister Camphausen feindlich gesinnt sei. Das träfe ebenso auf die Berliner Bankiers zu, die ihm aus Neid, Eifersucht und Dummheit übel wollten. Sie hätten auch zu verhindern versucht, daß die Aktien seiner neuen Gesellschaft auf den Markt gelangten.

Strousberg glaubte, in seinem Schreiben an Bismarck noch davon ausgehen zu können, daß, wenn nicht er die Zinsen zahlte, die Rumänen, die ja die Zinsen garantiert hatten, sie mit einer Verspätung von fünf bis sechs Wochen auszahlen würden. Das müßte aber, wie Strousberg meinte, dem Publikum die Obligationen verleiden, was wiederum eine Verstimmung der Börse befürchten ließe, «die sämtlichen Geschäften des Landes gefährlich werden könnte».

Bismarck war alarmiert. Obwohl er in der unmittelbaren Vorbereitung der deutschen Reichsgründung stand und der noch immer anhaltende militärische Widerstand der Franzosen ihm große Sorgen bereitete, widmete er sich doch sofort den Angelegenheiten Strousbergs. Dafür sorgten wohl auch die hohen adligen Herrschaften, die geschäftlich mit dem Eisenbahnkönig verbunden waren und sich in Bismarcks Umgebung aufhielten. Bismarck kannte sehr genau die Verbindungen der Aristokraten zu Strousberg. Erst am 8. Dezember hatte er bei einem Tischgespräch bemerkt: «Es wäre nichts dagegen einzuwenden, wenn man sich mit Strousberg assoziierte, aber dann sollten die Herren doch lieber gleich Bankiers werden.»[40] Auch der König war darüber informiert. Kein Wunder. Sein engster Mitarbeiter, Graf Lehndorff, war der Bruder des Strousberg-Kompagnons Graf Lehndorff-Steinort. Auf die Beziehungen des Herzogs von Ujest, der auch zu denen gehörte, die Strousberg mobilisiert hatte, anspielend, begrüßte Wilhelm diesen einmal mit den Worten: «Guten Tag, Doktor Ujest, wie geht es dem Herzog von Strousberg?»[41]

Der Kanzler des Norddeutschen Bundes reagierte sehr schnell auf Strousbergs Hilferuf. Bereits am 23. Dezember schrieb er an Finanzminister Camphausen einen befürwortenden Brief. «Meines Wissens», begründete er seine positive Haltung, «hängt mit den verschiedenen Strousbergschen Unternehmungen die Beschäftigung und die

Vermögenslage zahlreicher Familien zusammen.»[42] Er teilte mit, daß auch der König es gerne sehen würde, wenn dem Darlehenswunsch von Strousberg stattgegeben werden könnte.[43]

Mit einer solchen Protektion, sollte man meinen, mußte Strousberg zu seinem Darlehen kommen. Aber die Berliner Bankiers, besonders die Disconto-Gesellschaft und das Bankhaus Bleichröder, sowie der mit ihnen liierte Camphausen wollten Strousberg nicht mehr aus der Schlinge lassen. Zu lange schon hatten sie auf diesen Moment warten müssen. Camphausen empfing Strousberg zwar, um mit ihm über das Darlehen zu sprechen, aber er legte ihm dar, daß er die neue Strousberg-Gesellschaft gar nicht als Aktiengesellschaft betrachten könne, da sich alle Aktien in einer Hand befänden. Überdies hätten sie, die Aktien, sich als nicht verkäuflich erwiesen und ließen sich daher auch nicht beleihen.[44]

Handelsminister Itzenplitz äußerte sich in einem Schreiben an Bismarck gleichfalls zu Strousbergs Kreditwunsch. Camphausen hatte ihm den Brief des Kanzlers gezeigt und ihn offensichtlich gebeten, seine Meinung kundzutun. Im Unterschied zu Camphausen sah Itzenplitz in dem Status der Aktiengesellschaft keine rechtlichen Probleme. Er unterrichtete Bismarck, daß die Aktien dieser Gesellschaft am 27. November an der Börse eingeführt worden waren und achtundneunzig Prozent ihres Nennwertes gebracht hätten; der Umsatz sei aber nicht erheblich gewesen. Der Börsenbericht hätte das Aktienangebot als das Bemühen Strousbergs gewertet, die Zinsen für die rumänischen Eisenbahnobligationen aufzubringen.

Itzenplitz bezweifelte in seinem Schreiben, daß die Aktien einen wirklichen Kurs oder marktgängigen Preis hatten. Der Minister vermutete sogar, die Geschäfte an der Börse seien nur fiktiv gewesen und der Kurs habe lediglich eine nominale Bedeutung gehabt. Er hielt auch das Aktienkapital der Eisenbahn-Bau-Gesellschaft für viel zu hoch gegenüber dem Wert der in sie eingebrachten Unternehmen. Itzenplitz behauptete, daß die Diskrepanz zwischen dem Aktienkapital und dem wirklichen Wert die Vorstandsmitglieder der Darlehenskasse zur Ablehnung des Kredites gezwungen habe. Im übrigen, so stellte er fest, könne die Verwaltung der Darlehenskasse selbständig über die Kreditvergabe entscheiden. Dadurch fühlte sich auch Itzenplitz davon entbunden, des Königs und Bismarcks Wunsch bei der Darlehenskasse durchzusetzen.

Der Handelsminister ging in seinem Schreiben außerdem auf die möglichen Auswirkungen einer Zahlungs- und Geschäftseinstellung Strousbergs ein, nach denen Bismarck Camphausen gefragt hatte. Er sah als aktuellen Grund für Strousbergs Verlegenheit die Verpflichtung zur Zahlung der fälligen Zinsen an. Bei Nichterfüllung der Zinsverpflichtung würden die rumänischen Obligationen wertlos werden oder doch erhebliche Einbußen erleiden. Itzenplitz räumte ein, das Fallen der Papiere würde manche Leute hart treffen, da Millionen dieser Obligationen im Lande abgenommen worden waren und vielfach im «Besitz kleiner Leute» seien. Möglicherweise gäbe es auch Auswirkungen auf die Arbeiter und Angestellten der Strousbergschen Unternehmungen. Doch für sehr wahrscheinlich hielt Itzenplitz dies nicht. Die Dortmunder Hütte, die Neustädter Hütte und die Egestorffsche Fabrik könnten auch ohne Strousberg arbeiten. Seine deutschen Eisenbahnen würden sich voraussichtlich, bis auf einige vorübergehende Geldverlegenheiten, ebenfalls gut halten. «Ich glaube deshalb nicht», schrieb der Minister, «daß es eine Aufgabe der Staatsregierung sei, die wankenden Unternehmungen des Dr. Strousberg zu stützen.»[45]

Itzenplitz, der sich längst fest im Sog der führenden Berliner Bankhäuser und Camphausens befand und seine jahrelange Förderung Strousbergs vergessen machen wollte, wies darauf hin, daß er bereits früher gewarnt habe. «Die Möglichkeit einer solchen unglücklichen Wendung», schrieb er an Bismarck, «habe ich schon in einem Bericht angedeutet, welchen ich im März 1869 an des Königs Majestät aus Anlaß eines Antrages auf Verleihung eines Ordens für Dr. Strousberg erstattet habe.»[46] Geschickt war das sicher nicht von Itzenplitz, an seine damaligen Bedenken gerade in Zusammenhang mit seinem Ordensvorschlag zu erinnern. Es entsprach aber seinem Bedürfnis, seine Stellung gegenüber Strousberg zum gegenwärtigen Zeitpunkt hervorzukehren.

Wie sich später herausstellte, war, entgegen von Itzenplitz' Äußerung, das Kapital der neuen Aktiengesellschaft Strousbergs nicht zu hoch angesetzt. Die Begründung der Ablehnung des Kredits durch die Darlehenskasse bildete auch nur einen Vorwand. Angesichts der noch vorhandenen Vermögenswerte Strousbergs wäre eine Kreditvergabe in Höhe von 2,5 Millionen Talern natürlich jederzeit zu vertreten gewesen. Hätte man nur gegen die Aktien von Strousbergs Neugründung Bedenken gehabt, so bot sich noch immer die Beleihung der einzelnen Unternehmen an. Strousberg mußte seine Dachgesellschaft, da ihr die Anerkennung versagt blieb, ohnehin bald wieder auflösen. Camphausen, Itzenplitz und die Darlehenskasse hatten aber von vornherein nicht die Absicht, Strousberg zu stützen, sondern im Gegenteil, sie waren auf das Ziel eingeschworen, dessen Zusammenbruch zu bewirken, den besonders Hansemann und Bleichröder anstrebten. Versprach doch die Auflösung von Strousbergs Reich den beiden Bankiers gute Beute aus der Konkursmasse und Entgelt für manche Schäden, die sie Strousberg zuschrieben.

Im übrigen zweifelte Itzenplitz und sicherlich mit ihm auch Camphausen und die Berliner Bankiers noch daran, daß Strousbergs Schwierigkeiten unüberwindbar waren. Hatte es dieser Fuchs doch bisher immer wieder verstanden, bei mißlichen Finanzlagen eine für ihn günstige Lösung zu finden. Itzenplitz hielt es sogar für möglich, daß Strousberg um das Staatsdarlehen nur gebeten hatte, weil er die hohen Zinsen auf dem freien Kapitalmarkt sparen wollte. Die Berliner Bankiers, das wußte Itzenplitz, hielten die Taschen zwar zu, aber möglicherweise gelang es Strousberg, trotz des Krieges, das Geld aufzubringen. In Frage kam dabei eigentlich nur noch der internationale Kapitalmarkt, denn auch Strousberg günstig gesonnene Geldgeber in Deutschland waren abgesprungen, weil ihnen die führenden Banken mit einer Kreditsperre gedroht hatten.[47]

Strousberg kannte seine Situation. Offensichtlich hatte er von Anfang an kein allzu großes Zutrauen zur preußischen Staatshilfe, denn gleichzeitig mit seinem Brief an Bismarck begann er, die Rumänen unter Druck zu setzen. Er ließ die Regierung wissen, daß er nicht gedenke, die Januarzinsen zu bezahlen. Damit löste er in Bukarest einen Schock aus. «Wie ein Donnerschlag trifft den Fürsten», heißt es in der Biographie des Fürsten Karl, «daß Strousberg den am 1. Januar fälligen Kupon der Eisenbahnobligationen weder bezahlen wolle noch könne.»[48] Karl war außer sich und dachte an Rücktritt, weil er sich für die rumänischen Eisenbahnangelegenheiten persönlich verantwortlich fühlte. Seinem Vater schrieb er in diesem Sinne und bat ihn, ihm für die Zeit nach seinem Rücktritt ein stilles, abgelegenes Plätzchen, möglichst in der Schweiz, zu besorgen, «wo man sich für einige Zeit ganz vergessen machen kann».[49] Auch die rumänische Regierung reagierte empört auf Strousbergs Verweigerung der Zinszahlung und lehnte jede eigene Verpflichtung ab.

Strousbergs Plan ging dahin, die Rumänen zu bewegen, wenigstens einen Teil der Zinsverpflichtung zu übernehmen. Um das mit einem gewissen Rechtsanspruch tun zu können, ließ er plötzlich im Dezember 1870 auf den Eisenbahnlinien Bukarest–Braila und Galatz–Roman den Verkehr aufnehmen. Er holte dazu weder eine Genehmigung von der Regierung ein, noch ließ er die Strecken von ihren Bevollmächtigten abnehmen.

Da die rumänische Regierung laut Vertrag verpflichtet war, für die betriebsfähigen Strecken die fälligen Zinsen zu zahlen, schien Strousbergs Forderung für viele Außenstehende nicht unbegründet zu sein. Die noch nicht erfolgte Abnahme der Linien konnte man als Bagatelle abtun und darüber hinaus den anscheinend immer unzufriedenen Rumänen anlasten.

Nach der prinzipiellen Weigerung von Bukarest, für die Zinsen aufzukommen, gleich, in welcher Höhe, alarmierte Strousberg die deutsche Öffentlichkeit mit einem in der Presse veröffentlichten Brief. Er verwies darin auf die Garantie der Zinsen durch die rumänische Regierung, die ja sogar auf den Obligationen von jedem Kleinbesitzer nachzulesen war. Dieser demagogische Trick Strousbergs erfüllte weitgehend seinen Zweck, die vielen tausend Obligationsbesitzer zu täuschen. Entscheidend begünstigt wurde die Wirkung des offenen Briefes dadurch, daß kaum jemand den Text der Konzessionsurkunde kannte. So war man in Deutschland allgemein geneigt, die Schuld den Rumänen zuzuschreiben. Noch in seinem Brief an Bismarck aber hatte Strousberg seine Verpflichtung zur Zahlung der Zinsen grundsätzlich anerkannt und lediglich eine Mitbeteiligung der Rumänen für erforderlich gehalten. In seiner Selbstdarstellung gab Strousberg später zu, daß die eröffneten Strecken zu diesem Zeitpunkt noch unvollkommen waren und ihre endgültige Fertigstellung noch mindestens ein Jahr gedauert hätte. Er bezog sich aber in diesem Fall zur Untermauerung seiner Auffassung von der rumänischen Zinsverpflichtung auf die Konzessionsurkunde, in der es hieß, daß diese Verpflichtung nach der «Betriebs-Eröffnung» einsetzen sollte. Niemals habe er geglaubt, so Strousberg, «daß nur eine in jeder Beziehung durchaus vollendete Bahn der Zinsübernahme des Staates vorausgehen sollte».[50] Die Rumänen sahen das verständlicherweise ganz anders und wollten nur für eine wirklich fertige Bahn aufkommen.

Trotz scheinbar unüberbrückbarer Fronten in der Öffentlichkeit wurde aber weiter miteinander verhandelt. Regierungskommissar Steege deutete bei Strousberg an, daß die Haltung der rumänischen Regierung nicht so hart bleiben werde, wenn er sich zur Zahlung der Januarzinsen bereit erklären würde. Im Prinzip war Strousberg ja auch willig, aber das nutzte nicht viel, da er das Geld eben nicht besaß. Er unterbreitete Steege deshalb den Vorschlag, die rumänische Regierung sollte ihm die Mittel zur Zinszahlung in Form von weiteren Obligationen geben und er wolle ihr, die ständig an Geldmangel litt, dafür eine Anleihe in Höhe von 60 Millionen Francs auf dem Kreditmarkt besorgen. Doch die rumänische Regierung ließ sich auf diesen Handel nicht ein. Als Steege, den sich Strousberg irgendwie geneigt zu machen verstand, am 31. Dezember mit diesem eine gemeinsame öffentliche Erklärung unterschrieb, daß die Zinsen am 31. März 1871 ausgezahlt würden, und der Regierungskommissar für die rumänische Regierung versicherte, daß sie «allen ihren Verpflichtungen gewissenhaft nachkommen wird und – von der Verzögerung abgerechnet – den Inhabern der Obligationen in keinem Fall irgend ein Schaden erwachsen soll», wurde er aus Bukarest prompt korrigiert.[51]

Finanzminister Sturdza blieb dabei, rumänische Zinszahlungen würde es nur für fertige Bahnen geben. Sturdza ging auch noch einmal auf den Umtausch der Aktien des Baufonds in Hypotheken ein und erklärte das als Vertrauensbruch durch den Generalauftragnehmer und den Bankier Jaques. Der rumänische Finanzminister machte deutlich, daß man sich in Bukarest nicht nur wegen der Zinszahlungen sorgte, sondern auch um das Kapital für die Vollendung des Bahnbaus. «Womit sollen heute die Zahlungen bewerkstelligt werden, wenn nach demselben Protokoll die Hypotheken nur den Wert der deponiert gewesenen Gelder und folglich nicht diese Gelder selbst repräsentieren können?» fragte Sturdza.[52] Aber darauf konnte vorerst keiner eine Antwort geben.

Im Neuen Reich

Nichts als Schuldscheine

Die Beunruhigung um Strousberg und seine rumänischen Eisenbahnen wurde nun erst einmal durch die Gründung des neuen deutschen Kaiserreiches und die Proklamation Wilhelms I. zum Kaiser völlig in den Hintergrund gedrängt. Noch war der Krieg mit Frankreich, der nach der Schlacht von Sedan zu einem Eroberungskrieg geworden war, im Gange, und das belagerte Paris hatte sich noch nicht ergeben, da ließ Bismarck schon das neue Reich auf französischem Boden begründen. Durch den erfolgreichen Verlauf des Krieges hatte Preußen nicht nur gegenüber Frankreich, sondern auch gegenüber den süddeutschen Dynastien, die bisher einer Reichseinigung unter preußischer Hegemonie widerstrebt hatten, seine Ziele durchsetzen können. Als Ergebnis des Krieges geboren, gestaltete sich auch die Proklamation Wilhelms I. zum Deutschen Kaiser am 18. Januar 1871 im Spiegelsaal des Schlosses von Versailles zu einer militärischen Machtdemonstration. Im Halbkreis um den preußischen König sah man fast ausschließlich Uniformen, getragen von deutschen Fürsten und Prinzen, Generälen und Ministern. Vertreter des Volkes blieben ausgeschlossen.

Das militärische Gepränge sollte nicht nur Frankreich einschüchtern und demütigen, sondern auch die Macht des neuen Reiches gegen jedermann nach innen und außen demonstrieren. Nicht ohne Wirkung. Schon bei seiner Gründung verfolgten die meisten Länder Europas mit Besorgnis, was sich hier entwickelte, und diese Besorgnis sollte sich in den kommenden Jahren noch verstärken. Wilhelm Liebknecht, der zusammen mit August Bebel im Norddeutschen Reichstag die neue Reichsverfassung ablehnte, machte sich keine

Die Proklamation des Deutschen Kaiserreiches
im Spiegelsaal von Versailles (Gemälde von Anton von Werner)

Illusionen über den Gewaltgebrauch des neuen Staates auch gegen das eigene Volk. Auf die Begeisterung der bürgerlichen Abgeordneten sehr sarkastisch reagierend, rief er ihnen zu: «Die Krönung des neuen Kaisers, ihr eine würdige symbolische Bedeutung zu geben, wäre vorzunehmen da draußen auf dem Gendarmenmarkt, denn dieses Kaisertum kann in der Tat nur durch den Gendarmen aufrechterhalten werden.»[1]

Der Norddeutsche Reichstag stimmte in seiner Mehrheit der Reichsverfassung zu und schickte eine Deputation nach Versailles, um König Wilhelm zu bitten, «durch Annahme der deutschen Kaiserkrone das Einigungswerk zu weihen».

Die beiden Historiker Gustav Seeber und Heinz Wolter schreiben in ihrem Buch mit dem programmatischen Titel «Mit Eisen und Blut» über die Bedeutung der Reichseinigung: «Die Gründung des Deutschen Reiches als ein Ergebnis der bürgerlichen Umwälzung war ein wichtiger Einschnitt in der Geschichte des deutschen Volkes. Die Entstehung des bürgerlichen Nationalstaates beendete die jahr-

Das neue
deutsche Reichswappen

hundertelange territoriale Zersplitterung, die den gesamtgesellschaftlichen Fortschritt außerordentlich behindert und es zudem ermöglicht hatte, daß deutsche Staaten und Territorien sehr oft zum Spielball der politischen Interessen ausländischer Mächte geworden waren. Die Entstehung des Nationalstaates ermöglichte die volle Entfaltung des Kapitalismus, eine relativ rasche Entwicklung der Produktion, der Wissenschaft und Technik. Damit verbunden war die endgültige Formierung und schnelle Entwicklung der Arbeiterklasse, deren politischer Reifeprozeß und Kampf dem gesellschaftlichen Leben immer stärker den Stempel aufdrückte.

Das 1871 entstandene Deutsche Reich war jedoch aus der ‹Revolution von oben› hervorgegangen und wurde durch ein antidemokratisches System, das auf einem Kompromiß zwischen Bourgeois und Junkertum beruhte, durch seine innen- und außenpolitischen Grundlagen außerordentlich belastet. Der von den herrschenden Klassen betriebene Antidemokratismus und die Vorherrschaft des Militarismus brachten große Belastungen für das Volk.»[2]

Durch die für den ökonomischen Fortschritt und den weiteren Aufstieg des Kapitalismus günstigeren Bedingungen war für die Zeit nach der Beendigung des Krieges ein erheblicher wirtschaftlicher Aufschwung absehbar. «Ich sah die Zukunft klar vor mir», äußerte

Strousberg, der wie alle konservativen und liberalen Abgeordneten für die Reichseinigung gestimmt hatte, «wie alles bei uns aufblühen würde und wie, wenn ich nur die eine Schwierigkeit überwinden könnte, alles wieder gut würde, ich alles nach meinem Wunsche würde gestalten können.»[3]

Doch Strousbergs persönliche Aussichten wurden nicht besser. Es gelang ihm nicht, «die eine Schwierigkeit», nämlich die praktisch über ihn verhängte Kreditsperre, zu durchbrechen. Auch mit der rumänischen Regierung gab es keine Verständigung. Im Gegenteil. Bukarest berief Steege im Januar 1871 wegen seines Zusammenspiels mit Strousberg als Regierungskommissar ab und bestellte Th. Rosetti zu seinem Nachfolger. Von einer Zahlung der Zinsen zum 1. März war nun auch keine Rede mehr.

Da die rumänische Regierung sich nicht bereit gezeigt hatte, auf seine Vorschläge einzugehen, versteifte sich Strousberg wieder auf seinen früheren Standpunkt, daß die von ihm angegebenen Strecken betriebsfähig seien und damit Bukarest für die Zinsen aufzukommen habe. Fürst Karl schrieb im Januar an Bismarck: «Die Strousbergsche Angelegenheit bereitet mir peinlichste Verlegenheit.»[4] Aber im Februar hoffte er noch, daß Strousberg die Januarzinsen zahlen werde, sobald der Frieden seinen Kredit wiederherstellte.[5] Dabei ging er in all seinen Sorgen noch davon aus, daß der Baufonds der Eisenbahnen immerhin, wenn auch vorläufig in Hypotheken angelegt, noch neun Millionen Taler betrug. Als jedoch Steeges Nachfolger Rosetti – bezeichnenderweise erst nach massiven Drohungen mit gerichtlichen Schritten – im März eine Revision des Baudepots durchführen konnte, erlebten die Rumänen eine weitere schlimme Überraschung. Rosetti mußte feststellen, daß sich in dem Depot überhaupt keine eingetragenen Hypotheken, sondern nichts als Schuldscheine befanden, die Strousberg auf einige seiner Besitzungen ausgestellt hatte. So unter anderem dreieinhalb Millionen Taler auf seine Herrschaft Zbirow, eineinhalb Millionen auf den Berliner Viehhof und eine Million auf die Zitadelle von Antwerpen – unabhängig davon, daß diese Besitzungen oft schon mit hohen Hypothekenschulden belastet waren. Ansonsten war das Depot leer. Wenn überhaupt, konnte die Zinssumme und das Geld für die Vollendung des Bahnbaus erst mit dem Verkauf der verpfändeten Objekte beschafft werden. Diese Bestandsaufnahme versetzte die düpierten Rumänen natürlich in blanke Wut, die sich hauptsächlich gegen Strousberg und Ambronn richtete, aber auch gegen den Fürsten und das Haus Hohenzollern, in dessen Diensten Ambronn noch immer stand.

Die beharrlich wiederholten Behauptungen Strousbergs, daß die von ihm eröffneten Strecken betriebsfähig seien, hatte die Rumänen inzwischen veranlaßt, mit deren Prüfung zu beginnen. Der Minister für öffentliche Bauten, Bercudei, lud Strousbergs Repräsentanten Wächter ein, mit ihm gemeinsam die Anlagen zu besichtigen. Wächter lehnte jedoch unter fadenscheinigen Gründen ab. Das Ergebnis der Untersuchung wurde in einem auch von Strousbergs Oberingenieuren Forst und Market unterschriebenen Protokoll festgehalten. Darin hieß es unter anderem: «Am 28. Februar alten Stils 1871 (12. März unseres Kalenders – M. O.) haben wir uns mit einem Eisenbahnzug von Bukarest nach Braila begeben. Als wir von da aus unsere Reise bis Barbosi fortzusetzen versuchten, haben wir die Unmöglichkeit festgestellt, dies zu tun, aus dem Grunde, weil die Erdaufschüttungen in dem Tale des Serethflusses sowie die große Brücke über den gesamten Fluß noch nicht vollendet sind und nach Aussage der Herren Ingenieure der Kompagnie auch nicht vor Ablauf von 3 Monaten vollendet sein können.»[6]

Auch die weitere Besichtigung ergab kein positiveres Bild, wie dem Protokoll zu entnehmen ist: «Am 1. März a. St. 1871 versuchten wir, uns mit einem Eisenbahnzug auf der Bahn von Galatz nach Roman zu begeben. Dies konnten wir aber nur von Wächterhäuschen Nr. 129, 50 Kilometer von Galatz, an tun, weil zwischen Galatz und dem besagten Kilometer liegende Bahn mehrere Unterbrechungen darbot, und weil der Bahnhof in Galatz unter Wasser lag.»[7]

Es war, gelinde gesagt, eine Frechheit Strousbergs, von der rumänischen Regierung zu verlangen, diese Bahnen als betriebsfähig anzuerkennen. Bukarest forderte nun, die bei solchen Streitfällen vorgesehene Schiedskommission einzuberufen, um sie über die Abnahmefähigkeit der Bahnlinien entscheiden zu lassen. Gewiß darüber, was diese Schiedskommission feststellen würde, versuchte Strousberg ihren Zusammentritt zu verhindern. Er gab am 8. März an Wächter telegraphisch neue Vorschläge für weitere Verhandlungen mit der rumänischen Regierung durch. Jetzt erklärte er sich bereit, die Januarzinsen zu bezahlen, wenn man ihm dafür weitere Obligationen zu einem nominellen Wert von vier Millionen Talern zur Verfügung stellte. Gleichzeitig sollten von rumänischer Seite die Linien Roman–Galatz, Galatz–Bukarest und Tekatsch–Berlad als übernommen betrachtet werden. «Selbstverständlich», erklärte Strousberg, «werde ich die noch kleinen elenden Arbeiten vollenden.»[8] Dieses Herangehen an die noch in größerem Umfang zu leistenden Arbeiten zeigte ziemlich klar, was die rumänische Regierung von Strousberg nach der Abnahme der Bahnen erwarten konnte.

Strousberg verlangte außerdem, daß die rumänische Regierung sich verpflichtete, den noch nicht genehmigten Strecken schnellstens ihre Zustimmung zu geben und den Boden dafür zur Verfügung zu stellen. «Diese meine gerechten Forderungen», hieß es abschließend in Strousbergs Telegramm an Wächter, «wollen Sie dem Ministerium sofort vorlegen und eine kategorische Antwort verlangen, Ja oder Nein. Im Affirmationsfall bin ich eventuell bereit, sofort hinunter zu kommen, die Sachen in diesem Sinne zu ordnen und auch den Bau mit erneuter Kraft zu beginnen. Die Regierung kann sich hiervon überzeugen, daß die im rumänischen Tresor befindlichen Werte die volle Garantie für die Ausführung der restlichen Strecken bieten, nur machen die Nachwehen des Krieges sofortige Realisierung derselben momentan schwierig, ja fast unmöglich, ich aber werde mir im Fall des Wiederbeginnens des Baus den Wert dafür zu beschaffen wissen. Im verneinenden Fall aber soll sich die Regierung selbst die Folge zuschreiben, ich stelle mich auf den Boden meines Rechtes, lehne demgemäß jede Couponzahlung ab und werde meine Ansprüche auf große Entschädigungen durch meine Regierung geltend zu machen wissen. Da die Zeit drängt, so erwarte ich ihre sofortige Antwort, eventuell welche Punkte die Regierung annimmt. Ich ermächtige Sie, diese Depesche der Regierung, eventuell der Kammer vorzulegen.»[9]

Die rumänische Regierung blieb jedoch bei ihrer Position und bestand auf der Einsetzung einer Schiedskommission. Wohl oder übel mußte Strousberg nun auch einen Vertreter benennen. Er meldete den englischen Oberingenieur Th. Harrower von der Eisenbahn Rustschuk–Varna. Zusammen mit dem Schiedsrichter der rumänischen Seite, D. J. Manovici, Ingenieur der Bukarest–Giurgewo–Eisenbahn, begann Harrower dann mit der Untersuchung. Diese brachte ein eindeutiges Ergebnis. «Beide brauchten keinen Obmann, der sich für die Meinung des einen oder anderen zu entscheiden gehabt hätte», schrieb Hoppe, «denn ihre Meinungen über die Unfertigkeit und Mangelhaftigkeit des Eisenbahnbaues gingen gar nicht auseinander.»[10]

Das lange Protokoll enthielt eine endlose Aufzählung der schwerwiegendsten Mängel und widerlegte eindrucksvoll, daß es sich bei deren Behebung um «kleine elende Arbeiten» handeln würde, die die Rumänen nur vorbrächten, um sich um die Zahlung der Zinsen zu drücken, wie das, die Worte Strousbergs aufgreifend, in Deutschland öffentlich geäußert wurde. Hier seien nur zwei Feststellungen aus dem Protokoll zitiert. Die Zustandsschilderung der Linie von Roman nach Galatz beginnt darin folgendermaßen: «In Roman gibt es weder Stationsgebäude noch Magazine, die den Strousbergschen Konzessionären gehören. Wir haben dort nichts bemerkt als einen unfertigen Lokomotivschuppen und einige wenige fortgeschrittene Nebenbauten.»[11] Für die Strecke von Galatz nach Bukarest wird einleitend lapidar und für Strousberg deprimierend festgestellt, «daß zwischen Galatz und Braila eigentlich keine Eisenbahn besteht».[12]

Sowohl die Untersuchung als auch seine für die rumänische Regierung bestimmte sehr schroff gehaltene Depesche vom 8. März schwächten die Position Strousbergs erheblich. Am 10. März telegraphierte Generalkonsul von Radowitz an das Auswärtige Amt über die Wirkung der Strousberg-Depesche: «Dieses Auftreten schneidet jedes Arrangement ab und erbittert hier unbeschreiblich. Wenn es dabei verbleibt, steht Aufhebung der Konzession in sicherer Aussicht. Im dringenden Interesse des schwer bedrohten Kapitals bitte ich um Autorisation zur ausdrücklichen Erklärung, daß die königliche Regierung die persönlichen Ansprüche des Dr. Strousberg keineswegs vertritt, wohl aber bestimmt erwarte, der Rumänische Staat werde in jedem Falle die Zinsen-Garantie gegen die Inhaber der Obligationen erfüllen.»[13]

Bismarck telegraphierte am nächsten Tag zurück: «Sie sind

Die Sage vom Untergang des Laokoon und seiner beiden Söhne als drohendes Schicksal für Strousberg, Ujest und Ratibor

ermächtigt und beauftragt, sich im Sinne des Schlußantrages Ihres Telegramms vom 10. auszusprechen.»[14] Der Kanzler wollte damit erst einmal die Person Strousbergs aus der Diskussion herausnehmen, aber auf alle Fälle eine Zinsgarantie der rumänischen Regierung erzwingen. Trotz dieser scheinbaren Schonung Strousbergs hatte sich bereits ein Wandel in der Einstellung Bismarcks zu Strousberg vollzogen. War er im Dezember noch geneigt gewesen, Strousberg unter die Arme zu greifen, so hatte er inzwischen unter dem Einfluß der «patriotischen Geldmächte» Hansemann und Bleichröder und der Versicherung, daß sich auch ohne Strousberg alles ohne schwerwiegende Auswirkungen regeln lassen werde, von einer Unterstützung seinerseits abgesehen. Offensichtlich hielt er ihn bereits für einen toten Mann. Das wurde schon in einem Tischgespräch am 26. Januar in Versailles deutlich, als einer seiner Gäste äußerte, daß Strousberg wohl «pleite gehen» werde. Bismarcks Erwiderung hatte hier schon etwas von einem Nachruf, als er meinte, daß der Niedergang wohl nicht so schnell gekommen wäre, vielleicht überhaupt nicht, ohne den Krieg. Er wies aber auch darauf hin, daß man ihm das Spiel zu verderben gesucht hätte. «Nun aber kam der Krieg», sagte Bismarck, «und da gingen seine Rumänier herunter, immer weiter, so daß man fragen konnte, was der Zentner koste.»[15] Ganz ohne Sympathie sah Bismarck den einst so glänzenden Aufsteiger jedoch auch jetzt noch nicht. «Na», schloß er das Gespräch, «aber ein gescheiter Mann und rastlos tätiger bleibt er doch.»[16]

Aber wohl nicht wegen dieser Sympathie wollte er Strousberg noch im März aus der Debatte mit den Rumänen heraushalten, sondern wahrscheinlich, weil er sich sagte, daß die Zinsgarantie der rumänischen Regierung eher schwerer zu erhalten wäre, wenn man sich von Strousberg distanzierte und dessen Schuld anerkannte. Auch die Gegner Strousbergs waren natürlich daran interessiert, daß das in Rumänien investierte deutsche Kapital und die darauf zugesagten hohen Zinsen nicht verlorengingen. Hatten sie doch eine befriedigende Regelung, an der viele hochgestellte Kreise finanziell interessiert waren, in Aussicht gestellt. Darüber hinaus aber wollten sie Strousberg beerben, und dafür konnte die Konkursmasse nicht groß genug sein.

Unruhen

Bereits im Februar 1871 begannen sich überall Interessengemeinschaften geschädigter Besitzer von rumänischen Eisenbahnobligationen zu bilden, die verlangten, daß entweder Strousbergs Konsortium oder die rumänische Regierung für die Zahlung der Zinsen aufkommen sollten. In Berlin war es besonders der Herausgeber des «Berliner Börsen-Couriers», George Davidsohn, der seine einflußreiche Zeitung zum Sprachrohr der Obligationsbesitzer machte. Er forderte die Regierung im Februar nachdrücklich auf, bei der rumänischen Regierung zu intervenieren, um sie zur Zinszahlung zu zwingen.[17]

Bei Bismarck häuften sich in dieser Zeit die Beschwerdebriefe der Strousberg-Geschädigten, die nach der Hilfe des Staates riefen. In den Zeitungen wurden auch immer öfter anklagend die Namen Ujest, Ratibor und Lehndorff-Steinort genannt. Der Skandal drohte also dem preußischen Hof nahestehende Kreise mit einzubeziehen und deren geschäftliche Machenschaften der Öffentlichkeit preiszugeben.

Die geschädigten Obligationsbesitzer begnügten sich aber nicht nur mit papierenen Protesten, sondern veranstalteten vor dem Palais des Eisenbahnkönigs in der Wilhelmstraße regelrechte Protestdemonstrationen, um ihren Forderungen größeren Nachdruck zu verleihen. Sie schickten auch ihre Vertreter in das Palais, die Strousberg jedoch nicht empfing, sondern durch seine Diener stets schnell und grob auf die Straße setzen ließ.[18]

Viele der Obligationsbesitzer gingen mit ihren Beschwerden vor Gericht. Beim Berliner Stadtgericht wurden, wie Strousberg selbst bemerkte, «mehr als ein Zimmer für diese Klagen eingerichtet».[19] Strousberg war bemüht, gegenüber allen Klägern, und das waren nicht nur Obligationsbesitzer, sondern auch Lieferanten und Inhaber von Wechseln, durch formaljuristische Tricks Zeit zu gewinnen. Kam es doch zur Verurteilung und Zwangsvollstreckung, so zahlte er, aber eben nur dann. Auf diese Weise wollte er erreichen, daß die Zahlungen sich zeitlich nicht allzusehr häuften und er inzwischen immer wieder Geld auftreiben konnte. Anfang März 1871 löste Strousberg seine Allgemeine Eisenbahn-Bau-Gesellschaft auf und begann mit dem Verkauf der in sie eingebrachten Unternehmungen. Der erste Betrieb, den er unter Wert abstoßen mußte, war die Egestorffsche Lokomotivfabrik, sein einstiger Stolz, die ihn von den großen Lokomotivherstellern unabhängig machen sollte.

Die Situation spitzte sich trotz der Verkäufe immer mehr zu. «Alles, was ich befürchtete», bemerkte Strousberg dazu, «traf ein und, wie zu erwarten war, blieben Kränkungen aller Art nicht aus. Falsche Freunde, triumphierende Feinde, verzagte Geschäftsverbündete, Belagerung durch arme Obligationsbesitzer, unaufhörliche Beleidigungen der Presse, die ... Kombinationen gegen mich bei der Görlitzer Bahn seitens der Disconto-Gesellschaft, das Versiegen meines Kredites, die Befriedigung der sich täglich mehrenden Geldbedürfnisse neben verminderten Einnahmen, Einsturz des Gebäudes an allen Enden, Baueinstellung bei den Bahnen und Fabriken, kurz, was nur Namen hatte und stören, schaden, kränken und zum Ruin führen konnte, trat ein.»[20]

Strousberg dürfte aber nicht Strousberg gewesen sein, wenn er sich in diesen Konflikten nicht als Held mit «eiserner Natur und Nerven von Stahl» gesehen hätte, der aus Pflichtgefühl und mit «reinem Bewußtsein» ausharrte und auf seinem Posten blieb. «Ich darf es kühn aussprechen», so Strousberg über sich selbst, «daß das, was ich damals geleistet, gelitten und ertragen habe, fast übermenschlich war, und doch habe ich nicht für eine Sekunde meine Ruhe, meine Geistesgegenwart oder den Mut verloren.»[21]

Den Mut aber verloren die vielen Obligationsbesitzer, die häufig ihre Sparpfennige für ihn hergegeben hatten. Zu einer Zeit, in der es noch keine geregelte Altersversorgung gab, war es für viele von ihnen schon eine tragische Situation, das Geld, das sie oft für ihren Lebensabend zurückgelegt hatten, verlorengehen zu sehen. Strousberg zeigte für die Geschädigten sogar verbal Verständnis. «Ich beklage mich auch nicht», äußerte er, «über diejenigen, die etwas zu fordern hatten. Viele konnten den Verlust nicht ertragen. Alle waren berechtigt, ihre Ansprüche geltend zu machen, und man kann keine Mäßigung von dem verlangen, der sich geschädigt glaubt.»[22] Strousbergs Groll richtete sich vor allem gegen die professionellen Interessenvertreter, wie Juristen und Journalisten, die ihn ohne eigene Schädigung «aus Jagdpassion, aus Ehrgeiz, häufig aus Habsucht, aus Lust am Skandal, Schadenfreude und anderen unlauteren Motiven», wie er meinte, «zu Tode zu hetzen trachteten».[23]

Während sich Strousberg damit beschäftigte, gerichtlich bestätigte Gläubigeransprüche zu befriedigen, und vor allem versuchte, Zeit zu gewinnen, war eine Gesamtlösung in der rumänischen Eisenbahnfrage immer noch nicht in Sicht, obwohl Bismarck die rumänische Regierung unter erheblichen Druck setzte. Nachdem er durch Radowitz die Erwartung hatte aussprechen lassen, daß der rumänische Staat für die Zinszahlungen aufkommen werde, wies er außerdem seine Botschafter in Rußland, England und Österreich an, die Regierungen dieser Länder für ein gemeinsames Vorgehen zu gewinnen. Initiiert wurde das von Radowitz, der am 13. März an das Auswärtige

Amt in Berlin telegraphiert hatte: «Da in Rumänischer Eisenbahn andere fremde, namentlich englische und österreichische Kapitale engagiert sind, wäre es wünschenswert, daß meine Kollegen ebenfalls *schleunigst* Instruktionen erhalten, energisch auf Anerkennung der vollen Zinsgarantie durch Rumänischen Staat zu dringen.»[24] Doch außer Österreich zeigte keine der angesprochenen Regierungen Interesse, sich da hineinzudrängen. Der österreichische Generalkonsul Baron von Pottenberg wurde aus Wien angewiesen, gemeinsam mit Radowitz in der Zinsangelegenheit in Bukarest vorzugehen.[25]

Mitten in diese diplomatische Aktion platzte jedoch ein Ereignis, das die Beziehungen zwischen Berlin und Bukarest noch stärker belasten sollte. Am 22. März hatte Radowitz zu einer Geburtstagsfeier für Wilhelm I. in den Slatineanusaal im Zentrum von Bukarest eingeladen. Als der Toast auf den Deutschen Kaiser ausgebracht worden war und die Gäste gerade mit dem Essen begonnen hatten, drang plötzlich Lärm wie von einer großen Menschenmenge in den Saal, wenig später splitterten die Scheiben, und Steine flogen in die festliche Runde. Es gab Verletzte und demzufolge große Aufregung, die sich noch steigerte, als sich Demonstranten anschickten, den Saal zu stürmen. Die Gäste, überwiegend Deutsche, wurden dann aus ihrer ungemütlichen Lage durch das Militär befreit, das gleichzeitig begann, alle Straßen, die zum fürstlichen Palais führten, zu besetzen. Die Rufe «Es lebe die Republik!» und «Zum Palais!», die aus der Menge kamen, hatten signalisiert, daß sich die Demonstration ebenfalls gegen das monarchistische Regime des Fürsten Karl richtete und daß nicht auszuschließen war, daß sein Palais gestürmt werden würde.[26]

Nach zweieinhalb Stunden gelang es dem Militär jedoch, die Demonstration aufzulösen, an der auch Abgeordnete des Parlaments teilgenommen hatten. Der bestürzte Fürst Karl forderte Ministerpräsident Ioan Ghica, der sich lange nicht finden ließ, umgehend zum Rücktritt auf, da er, wie Karl behauptete, mit den Demonstranten sympathisierte. Beweis dafür sei, daß die Polizei sich passiv verhielte und Ghica sich gegen den Einsatz des Militärs ausgesprochen habe. Der Fürst wollte umgehend ein anderes Mitglied der einflußreichen Ghica-Familie, Demeter Ghica, zum Ministerpräsidenten machen,

Detail der Fassade des Palastes Ghica Tei in Bukarest

doch dieser lehnte mit dem Hinweis auf seine Belastung in der Strousberg-Angelegenheit – er hatte den Konzessionsvertrag mit ausgehandelt – ab.

Kurz nach seiner «Befreiung» erschien dann auch Radowitz beim Fürsten und teilte ihm wütend mit, «daß er die Polizei und das Ministerium für Mitschuldige halte und als Genugtuung für diese unerhörten Vorgänge die Entlassung Ioan Ghicas erwarte».[27] Fürst Karl wies diese grobe Einmischung in die inneren Angelegenheiten Rumäniens nicht zurück, im Gegenteil, er bedauerte den Vorfall und versicherte Radowitz, daß er die gleichen Schlüsse gezogen habe und außerdem selbst zurücktreten wolle.

Wenn die spektakuläre Demonstration vor dem Slatineanusaal auch für viel Aufregung sorgte und sogar zu einer Regierungskrise führte, so ganz unerwartet war sie nicht gekommen. Es herrschte bereits vorher große Empörung wegen des starken deutschen Einflusses im Lande, insbesondere angeheizt durch die ultimativen und anmaßenden Forderungen Bismarcks und Strousbergs, aber auch durch die Haltung des Fürsten, der sich davon öffentlich nicht distanziert hatte. In der Kammer gab es in den Tagen zuvor schon heftige Debatten über Strousberg, und es wurde gefordert, alle Minister, die mit Strousberg verhandelt hatten, gerichtlich zu belangen. Radowitz hatte deshalb vor der von ihm arrangierten Geburtstagsfeier für den Kaiser anfragen lassen, ob es angesichts dieser Stimmung opportun sei, diese Veranstaltung an dem vorgesehenen Orte durchzuführen. Der Ministerpräsident und der Polizeipräfekt hatten jedoch die beruhigende Versicherung abgegeben, daß sie für den ungestörten Verlauf garantierten. Gegen die beiden richtete sich deshalb die besondere Empörung des Generalkonsuls. Am nächsten Tag setzten sich die Unruhen in Bukarest noch fort, und die Truppen blieben um das fürstliche Palais zusammengezogen. Der Fürst führte währenddessen Verhandlungen mit rumänischen Politikern, von denen er sich wegen der unabsehbaren Folgen bewegen ließ, auf seinen Rücktritt vorerst zu verzichten. Fürst Karl machte jedoch zur Bedingung, daß ein neues Kabinett mit Persönlichkeiten seines Vertrauens, unabhängig von den Parteien und der Kammer, gebildet werde. Dem wurde entsprochen, so daß es zu einer neuen Regierung unter Lascar

Catargiu kam, der bereits früher einmal Ministerpräsident gewesen war.

Bismarck, der in diesen Tagen vom Kaiser in den Fürstenstand erhoben worden war, reagierte außerordentlich wütend auf die Vorgänge in Bukarest und wies Radowitz an, «von der rumänischen Regierung eine eklatante Genugtuung zu verlangen». Andernfalls drohte er damit, daß man sich an den türkischen Sultan als Oberherrn wenden werde.[28] Die neue rumänische Regierung sprach zwar ihr offizielles Bedauern über den Zwischenfall aus und garantierte die Sicherheit der Deutschen im Lande, doch Bismarcks Politik gegenüber Rumänien wurde von nun an noch schärfer. Er begann Rumänien in beleidigender Weise fühlen zu lassen, daß er es für nichts anderes als einen türkischen Vasallen mit beschränkter Souveränität hielt. Demonstrativ wurden rumänische Angelegenheiten jetzt mit Konstantinopel besprochen, um die Rumänen, die ihre völlige Unabhängigkeit von der Türkei anstrebten, zu demütigen und sie in der Strousbergschen Angelegenheit gefügig zu machen.

So ließ Bismarck auch die Akkreditierung von Radowitz als Generalkonsul des Deutschen Reiches über Konstantinopel laufen. Seit dem Regierungsantritt des Fürsten Karl hatten die auswärtigen Vertreter ihre Beglaubigungsschreiben immer nur in Bukarest im Rahmen einer Audienz übergeben. Das Vorgehen Bismarcks war daher ein grober Affront gegenüber Rumänien. «Unser jetziges Vorgehen», schrieb dazu Radowitz, «war eine scharfe Lektion und sollte den Rumänen noch mehr zeigen, daß wir bei längerer Verschleppung der Eisenbahnsache entschlossen waren, die letzten Konsequenzen aus der staatsrechtlichen Unterordnung des Landes unter die Herrschaft der Türkei zu ziehen. Man begriff das auch in Bukarest, aber mit Zähneknirschen.»[29]

An Fürst Karl selbst hatte es nicht gelegen, daß es wegen der Zinsen zu keinem Kompromiß gekommen war. Ihm wäre es schon recht gewesen, wenn der rumänische Staat die Januarzinsen als Mitgarant der Zinsen übernommen und er diese Zahlung danach bei Strousberg wieder eingeklagt hätte.[30] Doch genauso wie Strousberg hatte auch die rumänische Seite kein Geld. So hatte der neue Finanzminister, Mavrogheni, als erste Amtshandlung mitteilen müssen, daß kein

Heller in der Staatskasse sei. Radowitz übermittelte Bismarck deshalb am 23. März die beschwörende Bitte Karls, die Konzessionäre zur Zinszahlung zu bewegen, weil nur dadurch die Situation zu retten sei.[31] Bismarck telegraphierte zwar am nächsten Tag zurück, daß er es versuchen werde, doch eine Reaktion der Konzessionäre darauf gab es nicht. Im Gegenteil, kurz danach war eine deutliche Verhärtung von Bismarcks Standpunkt, daß die Rumänen zu zahlen hätten, erkennbar.

Für Ende März 1871 findet sich in den Aufzeichnungen aus dem Leben Karls die Eintragung: «Die Lage ist trotz der Energie des Ministeriums sehr ernst, denn die Geldnot und die Strousbergfrage drücken auf alles. Der Coupon ist immer noch nicht bezahlt worden, und vergebens zerbrechen die neuen Minister sich den Kopf, wie die Eisenbahnangelegenheiten im Interesse des Landes geregelt werden.»[32] Es zeigte sich kein Ausweg, denn auch das Angebot des Strousberg-Rivalen Ofenheim, die Konzession und die Fertigstellung der Bahnen zu übernehmen, konnte nicht angenommen werden. Ohne eine grundsätzliche Einigung mit Strousberg war, selbst wenn man von rumänischer Seite gewollt hätte, an einen Weiterbau der Bahnen durch Ofenheim nicht zu denken.

In dieser Situation spielte man in Berlin sogar mit dem Gedanken, Fürst Karl aus Rumänien zurückzuholen, und sicherlich hätte es dazu nur eines Winkes Wilhelms I. bedurft, um das zu erreichen. Der deutsche Botschafter in Wien, von Schweinitz, äußerte sich bereits Ende Februar, also schon vor den Unruhen, in einem Brief an Radowitz zu diesem Gedanken. «Ich trage kein Bedenken ihnen auszusprechen», schrieb Schweinitz, «daß in unserem politischen und dynastischen Interesse der Rücktritt des Fürsten wünschenswert ist; derselbe kann jetzt, wo wir soviel Ruhm und Macht ernten, vollzogen werden, ohne dem Namen Hohenzollern zu schaden . . . Nun kommt aber eine andere Erwägung hinzu, und zwar eine sehr ernste: der Wohlstand von Tausenden von Familien, namentlich in meinem Vaterland Schlesien, ist bedroht, wenn die Eisenbahnen nicht zahlen können. Über diesen Punkt bin ich im unklaren; ist es möglich die Gläubiger zu schützen oder sind sie unrettbar bestohlen, wenn der Fürst geht?»[33]

Erwägungen in dieser Richtung stellte man auch in Berlin an. Zudem kam hinzu, daß man in einigen Hauptstädten über den republikanischen Charakter der Volksbewegung vom 22. März in Bukarest sehr bestürzt war. «Es ist klar», schrieb Schweinitz an Radowitz, «daß die Drohung des Fürsten Karl, er wolle resignieren, in Wien und Pest Befürchtungen vor roter Herrschaft und damit verbundener nationaler Propaganda erweckt hat, der Wunsch, der Fürst möge bleiben, ist also natürlich und aufrichtig.»[34] Man sah nun den Hohenzollern, wie Schweinitz berichtete, in Wien auch nicht mehr als einen «Torpedo» gegen Österreich-Ungarn an.

In Berlin entschied man: Karl sollte bleiben. Er war für die deutschen Interessen in Bukarest wichtiger – und das sowohl für die Regelung der Eisenbahnangelegenheiten als auch zur Verhinderung einer möglichen Volksherrschaft in Rumänien. Beeinflußt dürften diese Entscheidung außerdem die Ereignisse in Paris haben, wo im März mit der Pariser Kommune die erste proletarische Revolution begonnen hatte, die alle reaktionären Regimes mit Beunruhigung erfüllte. Fürst-Vater Karl Anton schrieb denn auch an seinen Sohn nach Bukarest: «Du mußt aushalten bis an die Grenze der Möglichkeit.»[35]

Gründungsfieber

Nach Abschluß des Frankfurter Friedens zwischen Frankreich und dem Deutschen Kaiserreich am 10. Mai 1871 und der bald darauf mit deutscher Unterstützung erfolgten Niederwerfung der Pariser Kommune durch die Versailler Regierung unter Thiers ging man in Berlin an die längst fällige Siegesfeier, an der auch das «Volk» mitwirken sollte. Am 16. Juni zogen die zurückgekehrten Truppen, an deren Spitze der Kaiser, Bismarck und die Feldmarschälle Roon und Moltke ritten, mit festlichem Gepränge durch das Brandenburger Tor. Üppiger Fahnenschmuck in preußischem Schwarz-Weiß und den neuen Reichsfarben Schwarz-Weiß-Rot empfing sie Unter den Linden. Man ließ die Kirchenglocken läuten und die Kanonen ein kriegerisches Salut dröhnen. Die unübersehbare Menschenmenge am Straßenrand und die Honoratioren auf den begehrten Tribünenplät-

Einzug der siegreichen Truppen durch das Brandenburger Tor 1871

zen genossen dieses Schauspiel. Die Öffentlichkeit bedurfte offensichtlich erst dieses Schauspiels, um die bis dahin ausgebliebene Begeisterung auszulösen. Allzu lange hatte wohl der Friedensschluß auf sich warten lassen, und selbst die Reichsgründung im fernen Frankreich, hervorgegangen aus einem Kuhhandel der deutschen Fürsten, hatte bis zu diesem Junitag keinerlei Hochstimmung beim Volke hervorgerufen.

Auch die Börse schien sich ihrer Sache erst nach dieser Siegesfeier richtig sicher zu sein, denn nun erst begann der Börsenbetrieb hektische Formen anzunehmen. Die Börse agierte geradezu überschäumend und leitete so die Jahre ein, die durch die Flut von Neugründungen kapitalistischer Unternehmen, insbesondere von Aktiengesellschaften, als Gründerjahre in die Geschichte eingingen. Der zyklische Wirtschaftsaufschwung, der international schon 1869 begonnen hatte, setzte sich jetzt in Zusammenhang mit dem durch den Krieg hervorgerufenen Nachholebedarf und den mit der Reichsgründung gehegten spekulativen Erwartungen voll durch. Es kam noch hinzu, daß die Frankreich abgepreßte Kriegsentschädigung von fünf Milliarden Francs große Hoffnungen in Deutschland weckte. Dieser Milliardensegen beschäftigte ganz außerordentlich die breite Öffentlichkeit. Die Verteilung dieser Riesensumme und der zu erwartende allgemeine Wohlstand, den man als sicher voraussetzte, bewegte dabei die Gemüter besonders. «Ein solches Glück», schrieb der Zeitgenosse Adolf Berliner darüber, «war noch keinem Lande widerfahren; das war eine Summe, welche Deutschland mit einem Schlage zu einem der reichsten Länder machen und den Wohlstand jedes einzelnen Bürgers heben mußte. Die Milliarden waren es, um die sich auf einmal alles drehte und welche die Phantasie des Publikums unaufhörlich beschäftigte. Kein Wunder, daß hierdurch die ohnedies schon bestandene Spekulationslust auch künstlich angefacht wurde und daß ein allgemeines Börsenspiel, wie es sich bald in großem Umfang entwickelte, ein in günstiger Weise vorbereitetes Feld vorfand . . .»[36]

Doch nicht die Spekulationswut breiter Volksschichten war, wie oft behauptet wurde, der Ausgangspunkt des in der zweiten Jahreshälfte einsetzenden Gründungsfiebers, sondern das große Kapital.[37] Zuerst belebten sich schwerindustrielle Aktien, wesentlich hervorgerufen durch die erheblichen staatlichen Rüstungsaufträge und die Aufträge zur weiteren Ausrüstung der staatlichen Eisenbahnen. Von diesen Bestellungen profitierte besonders die Eisen- und Stahlindustrie, aber auch der Kohlebergbau, die Maschinenindustrie und die Waggonbaufirmen. Die bedeutendsten Banken, darunter die Disconto-Gesellschaft und die Bleichröder-Bank, gehörten zu denen, die als erste die vorhandenen Kapazitäten ausweiteten beziehungsweise neue Unternehmen in diesen Produktionsbereichen gründeten.

Insgesamt führten die Gründerjahre zu einem recht erheblichen Produktionsanstieg. Die Jahre 1870 bis 1872 brachten ein Wachstum von rund einem Drittel der Produktion mit sich, bei manchen Industriezweigen, so bei der Roheisenproduktion mit einundsechzig Prozent, war es zum Teil sogar erheblich mehr.[38] Von diesem Aufschwung wurden in einer Art Kettenreaktion die anderen Wirtschaftszweige ebenfalls erfaßt, wenn auch die Konsumgüterindustrie diesen Höhenflug nicht erreichte. Das besondere Phänomen dieser

Zeit aber stellten die zahlreichen Neugründungen von Aktiengesellschaften dar, unter denen viele reine Spekulations- und Schwindelunternehmen waren. Allein in den beiden Jahren 1871 und 1872 wurden in Preußen 728 Aktiengesellschaften gegründet. Das war um so bemerkenswerter, als bis zum Beginn des Deutsch-Französischen Krieges überhaupt nur 279 Aktiengesellschaften in Preußen entstanden waren.[39]

Das rapide Steigen der Aktienkurse ermunterte natürlich ganz außerordentlich dazu, immer neue Gesellschaften zu gründen, deren Gründer von vornherein nur auf den Absatz ihrer Aktien spekulierten und den Betrug dabei mit einschlossen. So gründete ein Freiherr von Werthern – der Adel tat sich, auch bei fragwürdigen Gründungen, nicht wenig hervor – die «Vereinigten Oderwerke», die entsprechend ihrem anspruchsvollen Namen eine Dividende von neunzehn Prozent auf das Aktienkapital versprachen. Der Haken daran war nur, daß das stolze Unternehmen lediglich aus einer Lehmgrube und einer Ziegelei bestand. Die «Märkische Torfgräberei» war von gleicher Güte. Ihr gehörte nur eine Torfwiese und dazu nicht einmal eine gute. Der Gründer der Gesellschaft, ein gewisser Fränkel, verkaufte sie seiner von ihm gegründeten Gesellschaft für 210 000 Taler, die daraufhin mit einem entsprechend hohen Aktienkapital startete. Abnehmer dafür waren Unwissende und Leichtgläubige. «Märkische Todtengräberei» nannte man die feine Gesellschaft an der Börse, als der Schwindel herauskam.

Auf Sand hatten auch die Aktionäre der Niederschönhausener Baugesellschaft gebaut, denn das ganze Unternehmen bestand allein aus einem Sandplatz, den die Gründer schamloserweise mit 230 000 Talern bewertet hatten. Da dieses «Unternehmen» keine müde Mark abwarf, verloren die Aktionäre ihr gesamtes Kapital. Mit der Aufzählung der damals gegründeten Schwindelunternehmen, die von gleicher oder ähnlicher beeindruckender Qualität waren, ließen sich viele Seiten füllen. So sehr weit hergeholt ist daher die im «Kladderadatsch» erschienene Glosse nicht, in der ein «Gründer» seinen Frisör, seinen Milchmann und seine Wäscherin bezahlen wollte, indem er sie an einer Aktiengesellschaft für die Verwertung abgebrannter Streichhölzer beteiligte. In diesem Sinne sprach der «Gründer»:

«‹Kinder! Ich habe ein Geschäft vor, das etwas abwerfen wird. Weil ihr mich bisher treu und gewissenhaft rasiert, bemilcht und gewaschen habt, so will ich euch daran teilnehmen lassen. Es handelt sich um die Verwertung gebrauchter Streichhölzer. Von den benutzten Streichhölzern bleibt, wie ihr wissen werdet, gewöhnlich $^1/_2$ bis $^3/_4$ unverbrannt übrig. Nicht selten bleibt auch der ganze Holzteil unversehrt, weil die Köpfchen entweder nicht angehen oder falsch explodieren und dann verlöschen. Auf solche Weise werden an Streichhölzchen-Holz jährlich auf der ganzen Erde 27 000 Klafter auf die Straße oder in den Müll geworfen. Wer also dieses weggeworfene Holz sammelt und als Brennholz en gros wieder verkauft, der macht natürlich ein enormes Geschäft. Dieses Geschäft werde ich machen. Ich gründe also – denn der große Augenblick ist gekommen – hiermit eine Aktiengesellschaft zur Verwertung gebrauchter Streichhölzchen. Das Gründungskapital beträgt 300 000 Taler und ist eingeteilt in 3000 Aktien à 100 Taler. Kinder! Warum soll ich die Aktien an die Börse bringen, damit die Jobber dabei noch etwas verdienen? Lieber will ich euch, weil ihr treu und redlich seid, den ganzen Verdienst zuwenden. Ihr habt ausgebreitete Bekanntschaften und könnt ja nach dem, was ich euch gesagt habe, das Unternehmen mit gutem Gewissen empfehlen. Errichtet bei euch Zeichenstellen. Jedem von euch übergebe ich hiermit 1000 Interimsscheine; sucht sie an den Mann zu bringen. Sobald ihr alle Aktien untergebracht habt, zahle ich jedem von euch tausend Taler bar aus. Wollt ihr auf diesen Vorschlag eingehen, so antwortet mit einem deutlich vernehmlichen: Ja.› Barbier, Milchmann, Wäscherin: ‹Ja.›

Der Gründer: ‹Nun geht und macht eure Sache gut. Ihr könnt ja nichts dabei verlieren.› Die Beglückten entfernen sich, und der Gründer ist voraussichtlich um 297 000 Taler reicher.»[40]

Voraussetzung für die Gründungen war im allgemeinen das Vorhandensein eines Gründungsobjektes, und wenn es, wie wir sahen, nur aus einer Torfwiese oder einer Sandgrube bestand. Man machte daher regelrecht Jagd auf Fabriken, Geschäfte und andere Unternehmungen, die noch nicht in Aktiengesellschaften umgewandelt worden waren. Ihre Besitzer bekamen während des Gründungsfiebers Angebote, von denen sie früher nicht einmal geträumt hätten. Kein

Wunder, daß viele von ihnen verkauften, um dann nicht selten mit den erhaltenen Summen selbst zu spekulieren. Beispielsweise ließ der Apotheker Ernst Schering, der eine chemische Fabrik in der Berliner Müllerstraße betrieb, diese von Heinrich Quistorp, einem berüchtigten Gründer, zu einer Aktiengesellschaft umwandeln und stieg selbst in das Gründergeschäft ein. Im Gegensatz zu so vielen anderen Unternehmen konnte sich aber die neue Aktiengesellschaft auf Dauer behaupten und wurde zu einem führenden Großunternehmen der chemischen Industrie.

Die Palette der von den Gründern ausgesuchten Unternehmen reichte dabei von Großunternehmen – Borsig bot man für den Verkauf seiner Lokomotivfabrik in Berlin vergeblich 12 Millionen Taler – bis zu Kleinstbetrieben. Die «Neue Börsenzeitung», die in jener Zeit entstand und versuchte, die Interessen des breiteren Börsenvolkes zu vertreten, schilderte ironisch die Suche nach Gründerobjekten: «In einem einsamen Tal entdeckt der ‹Erfinder› einen verlassenen Schornstein und aus dieser Ruine macht er flugs eine – Maschinenfabrik. Auf dem Berge sieht er eine Windmühle, ein altersschwaches Gehäuse mit lahmen Flügeln – und sofort ist ein Mühlen-Etablissement auf Aktien fertig. Am Ufer eines Baches stolpert er über einen umgestülpten Kahn – und ein ‹Lloyd›, ein binnenländischer ‹Lloyd› läßt seine Dampfer hin- und herfliegen ... Des Erfinders Phantasie macht aus einem Zimmermann, der Balken ausschält, ein Lieferungsgeschäft für Baumaterial; aus einem verwegenen Knaben, der eine Rakete steigen läßt, eine chemische Fabrik.» Die «Neue Börsenzeitung» warnte deshalb: «Nehmt eure Wäscherinnen in acht! Laßt sie nicht allein über die Straße gehen, sonst macht sie der Erfinder zu einer Aktien-Wäscherei.»[41] Tatsächlich war kein Gewerbebetrieb davor sicher, in eine Aktiengesellschaft verwandelt zu werden. Einen starken Hang zur Umwandlung in Aktiengesellschaften hatten auch die Brauereien, egal ob große oder kleine. In Berlin gab es 1873 schon vierzehn Brauereien, die als Aktiengesellschaften arbeiteten und ein Kapital von rund elf Millionen Talern verkörperten. Der Qualität des Bieres bekam das allerdings alles andere als gut. Es wurde schlampig produziert, enthielt häufig gesundheitsschädliche Beimischungen und wurde, um mehr zu verdienen, viel zu kurz gelagert. Die Berliner fanden für das «Jesöff» schnell den passenden Namen «Dividendenjauche».[42] In einem zeitgenössischen Spottvers wurde es so beschrieben:

Nicht gemaischt, dafür gemauscht,
Tüchtig Wasser zugeplauscht.
Aus der Spree, wo unterbäumig
Sie schön dick ist, grün und schleimig.
Etwas Seife beigemischt,
Daß es kräftig schäumt und zischt.
Dies verwünschte Höllensauer
Nennt man Bier! Trink es der Brauer!
Unterm Schädel macht es dumm,
Und den Magen kehrt es um,
Und gar bald führts zum Verenden.
Hol der Fuchs – die Dividenden![43]

Gründungen waren übrigens nie Gründungen im Alleingang. Wer gründen wollte, mußte sich nach dem Gesetz immer mit anderen zusammentun. Oft waren es daher dieselben Cliquen und Personen, die die verschiedenen Rollen in den Gründerschauspielen übernahmen. Otto Glagau schilderte in seinen Aufsätzen über den Börsen- und Gründerschwindel in Berlin das Grundmuster eines solchen Zusammenwirkens: «Fabrikbesitzer Flau und Gründer Hecht sind durch einen Aufspürer oder Agenten einander zugeführt worden. Flau will seine Fabrik verkaufen, die einen reellen Wert von 250 000 Talern haben mag. In Anbetracht der Zeitverhältnisse und der eigentümlichen Umstände fordert und erhält er aber dafür 400 000 Taler. Den Schlußschein in der Tasche verständigt sich Hecht mit seinen Kameraden und Geschäftsfreunden; die Rollen des Gründungskomitees, der ersten Zeichner, des Aufsichtsrates und Vorstandes werden verteilt, und es beginnt jetzt, um dem Gesetz in der Form zu genügen, eine Reihe von Komödien. Sie schließen eine offene Handelsgesellschaft, die sie etwa ‹Cyklop› nennen, und verlautbaren vor einem Notar das Statut oder den Gesellschaftsvertrag . . . Noch an demselben Tag kaufen sodann Hirsch und Wolf die Maschinenfabrik von vormals Flau; sie erwerben sie von Hecht für den soliden Preis von einer Million Taler, nachdem sie vorher im Statut das Aktienkapital auf 1,2 Millionen festgesetzt haben. Der Überschuß von 200 000 Talern soll als ‹Betriebskapital› dienen, um der Fabrik noch einen höheren Aufschwung zu geben.

Noch an demselben Tag findet, wieder unter Zuziehung eines Notars, die erste sogenannte ‹konstituierende Generalversammlung› des ‹Cyklop› statt. Es sind anwesend: Hecht, Hirsch und Wolf, dazu noch Fröhlich und Selig, und Grün und Gelb; zusammen also sieben Personen. Diese Sieben sind die ‹ersten Aktionäre› des ‹Cyklop›, die ‹ersten Zeichner›, welche das Aktienkapital von 1,2 Millionen Taler aufbringen, das heißt, wie man sehen wird, bloß auf dem Papier. Hecht zeichnet 300 000 Taler, Hirsch und Wolf je 200 000 Taler, Fröhlich und Selig je 150 000 Taler und Grün und Gelb je 100 000 Taler! Macht zusammen wie oben. Die sieben Aktionäre und ersten Zeichner genehmigen einstimmig das von ihnen vorgelegte Geschäftsstatut und ebenso einstimmig genehmigen sie den Erwerb der Fabrik von vormals Flau für 1 Million Taler sowie die Zahlung dieser Summe an Hecht. Darauf wählen die sieben den Aufsichtsrat der Gesellschaft, der nach dem Gesetz mindestens aus drei Personen bestehen muß. Es werden mit großer Majorität Fröhlich und Selig zu Mitgliedern und Wolf zum Präsidenten des Aufsichtsrates gewählt. Mit derselben überwältigenden Majorität wird Hecht zum ersten Direktor des ‹Cyklop› und Hirsch zu seinem Stellvertreter ernannt. Die fünf Würdenträger nehmen an dem langen Tisch des Vorstandes Platz, und auf den Bänken der Aktionäre sitzen nur noch – Grün und Gelb.»[44]

In üblicher Fortsetzung mußte nun ein Bankhaus die Aktien herausbringen und strich bei erfolgreichem Absatz zum Kurse von 100 eine Provision in Höhe von 200 000 Talern ein. Hecht bekam daraufhin eine Million Taler für die Fabrik ausgezahlt, die er nun mit seinen Kumpanen, unter Abzug der 400 000 Taler, die Flau zustanden, zu teilen hatte. Als «Nebenverdienste» erhielten die Gründer noch die Gehälter, die sie sich für die verschiedensten Posten beim ‹Cyklop› großzügig bewilligt hatten. Das alles galt als legal und brauchte die notarielle Aufsicht nicht zu fürchten. Dennoch war es Betrug. Eine Fabrik, die nicht mehr als zweihundertfünfzigtausend Taler wert war, brachte selbst bei günstiger Ertragslage im allgemeinen keine ausreichende Rendite für ein Kapital von 1,2 Millionen Talern. Kein Wunder, daß bei solchen Aktiengesellschaften der Ausgabekurs später auf einen Bruchteil absank und die Zinsen meist ganz ausblieben. Aber solchen Gründern wie Hecht und Kompagnons konnte das ebenso gleichgültig sein wie der emittierenden Bank, vorausgesetzt, die Aktien waren abgesetzt worden.

Überhaupt die Banken! Einundvierzig neue Banken wurden im Jahre 1871 an der Berliner Börse eingeführt. Insgesamt entstanden in Deutschland und Österreich in diesem Jahr einundsiebzig Banken. Allein für Preußen kamen in den beiden Jahren 1872 und 1873 nochmals zweiundsiebzig Banken hinzu.[45] Die Banken wurden, wie konnte es anders sein, vor allem wegen der sehr verlockenden Profitaussichten gegründet. Wir haben bei dem fiktiven Beispiel der Maschinenfabrik Flau schon gesehen, was sich ohne Risiko mit der Emission von Aktien verdienen ließ. Zum anderen war man beim «Gründen» auf die Mitwirkung von Banken angewiesen, da nur sie die Ausgabe neuer Aktien vornehmen durften. Was lag also näher, als daß sich «Gründergemeinschaften» für ihre Zwecke eigene Banken schufen. Mit einer Bank konnte man außerdem, im Zusammenspiel mit anderen Banken, den Kurs der ausgegebenen Aktien durch künstliche Nachfrage eine Zeitlang hochtreiben.

Das Zauberwort für die Gründer auf dem Wege zum großen Geld hieß: Agio. Agio, das heißt, einen Mehrpreis über den Nennwert der Aktien hinaus bei einer Gründung zu erzielen, das war das heiße Ziel der meisten Gründer. Allerdings ließ sich auch bei einer Aktienausgabe zum Nennwert noch ein schöner Gewinn einstreichen, und die Praxis zeigte darüber hinaus, beispielsweise bei Strousbergs Methoden, daß sich die Gründer selbst bei einem weit darunter liegenden Kurs noch gesundstoßen konnten. So, wenn man einen fast nutzlosen Sandplatz mit einem Aktienkapital von mehreren hunderttausend Talern bewertete oder wie beim Eisenbahnbau für einige Millionen Taler mehr Aktien ausgab, als die Baukosten wirklich betrugen. Aber das gehörte schon zum Tatbestand des Betrugs. Feiner war auf alle Fälle der Weg zum Gewinn über das Agio. Um das zu erreichen, mußte allerdings aufwendige «Seelenmassage» des breiten Börsenpublikums getrieben werden. Dabei kam es darauf an, Aufmerksamkeit und Erwartungen der potentiellen Aktienkäufer zu wecken, beispielsweise durch lobende Zeitungsartikel und Annoncenwerbung. «In den Jahren 1871 und 1872», bemerkte Glagau, «sah man die Berliner und auch die größeren Provinzialzeitungen unförmlich anschwellen, nicht den politischen Teil oder das Feuilleton – die vielmehr merklich zusammenschrumpften, wohl aber die Börsenabteilung und die Annoncen. Blätter wie die Vossische und die Nationalzeitung glichen in jeder Nummer einem dicken Aktenstücke, brachten täglich fünf bis zehn Bogen Beilagen, die von oben bis unten nur mit Inseraten bedeckt waren, und zwar in der Hauptsache mit solchen, die Gründungen und Emissionen verkündigten. Jede Nummer brachte ein paar ‹Prospekte›, und jeder ‹Prospekt› nahm eine oder ein paar Folioseiten ein, indem er in Druckerschwärze und weißen Zwischenräumen wahrhaft schwelgte, in der denkbar fettesten Schrift und in riesigen zollhohen Buchstaben sich präsentierte.»[46]

Natürlich war es besonders wirkungsvoll, wenn unter so einer Werbeanzeige berühmte Namen oder solche, die besonderes Vertrauen genossen, standen. Einem angesehenen Berliner Bankier bot man allein dafür, daß er es gestattete, seinen Namen auf einen Gründerprospekt zu setzen, 10 000 Taler an. Der Masse der kleinen Börsianer wurde mit diesen Papieren regelrecht der Mund wäßrig gemacht, indem man die Perspektive der neuen Unternehmungen stets als nichts weniger als glänzend beschrieb und hohe Kursgewinne und Zinsen in Aussicht stellte. «Die ‹Prospekte!›», so Glagau dazu, «können nicht besser verglichen werden als mit den Guckkastenbildern, wie man sie auf Kirmessen und Jahrmärkten zeigt. Man guckt in den Kasten und glaubt ein herrliches Schloß zu sehen, oder ein Bergwerk in vollem Betriebe oder eine paradiesische Landschaft, aber in Wahrheit ist es nur eine grobe dicke Farbkleckserei.»[47]

Die starke Werbung verfehlte, begünstigt durch die ständig steigenden Aktienkurse, nicht ihre Wirkung. Weit über die Finanzkreise hinaus, die bisher am Aktienmarkt beteiligt waren, fragten sich nun auch andere Leute, die mehr oder weniger Geld besaßen, ob sie es nicht wagen sollten, auf scheinbar problemlose Weise ihr Geld zu vermehren. «Ein Verdienst», schrieb Adolf Berliner, «reizte zu neuen

Im großen Saal der Börse

Geschäften, ein Glücklicher regte den anderen an, und so war bald die Börse kaum noch imstande, die aus allen Schichten der Bevölkerung sich zusammensetzenden Besucher zu fassen, während die Bankiers und Banken nur mit Mühe die von allen Seiten herankommenden Aufträge ausführen konnten.»[48] Der Sturm auf die Aktien löste wiederum die Gründung immer neuer Aktiengesellschaften mit übertrieben spekulativem beziehungsweise eindeutig betrügerischem Charakter aus. Strousberg berichtete als Beispiel, wie viele Menschen in den Börsenstrudel hineingezogen wurden, von seinem Hausmeister, der den täglichen Kurszettel besser kannte als er. Dieser Mann kaufte und verkaufte ständig Aktien, sein Kapital vergrößerte sich mehr und mehr – bis er alles verlor. Sein Bankier hatte ihn überredet, auf Kredit mehr Aktien zu kaufen, als er bezahlen konnte. Durch den Zusammenbruch der Kurse besaß er zuletzt nur noch Schulden.

Der Erwerb von Aktien auf Wechselbasis oder gegen Hinterlegung bereits erworbener Aktien war überhaupt verbreitete Praxis und sollte noch viele ins Elend stürzen. Die Banken erhöhten durch diese spekulative Kreditschöpfung die Finanzierungsmöglichkeiten für die neuen Unternehmen, die andernfalls durch die Begrenzung des wirklich vorhandenen Kapitals relativ beschränkt gewesen wäre. Manche Banken hatten sich auch ganz auf das Wechselgeschäft konzentriert und fuhren dabei nicht schlecht. Sie zahlten den Wechselausstellern nur einen Teil der vereinbarten Summe aus und steckten die oft ansehnliche Differenz als Profit ein. Die führenden Banken holten sich durch Hinterlegung dieser Wechsel dann zu einem viel niedrigeren Diskontsatz bei der Staatsbank neues Geld zurück. So schickte die Disconto-Gesellschaft zu diesem Zweck waschkörbeweise Wechsel an die Staatsbank. Die Weitergabe von Wechseln, im Fachjargon Wechselreiterei genannt, nahm bald riesenhafte Dimensionen an und machte vor Ländergrenzen nicht halt. «Die Wiener Gründer», bemerkte dazu Rudolph Meyer, «welche mit den Berlinern zusammen ‹arbeiteten›, setzten bis für 50 Millionen Taler solche Wechsel nach Berlin ab.»[49]

Der preußische Staat unterstützte den Gründerrausch noch zusätzlich, indem er zahlreiche Staatsanleihen kündigte und damit Geld auf den Kapitalmarkt warf. Seine gebesserte finanzielle Situation – bedingt durch die französischen Milliarden – machte es ihm außerdem möglich, den großen Banken zu einem für damalige Zeiten lächerlichen Zinssatz von 2,5 Prozent Kredite zu geben. Die «patriotischen Geldmächte» Hansemann und Bleichröder nahmen auch das jeweils in Millionenhöhe in Anspruch. Sie verdienten überdies bevorzugt daran, daß von der neuen Reichsregierung die Schaffung von Fonds beschlossen wurde, unter anderen der Invalidenfonds mit 561 Millionen Mark und der Festungsbaufonds mit 159 Millionen Mark, denn dieses Geld sollte in Aktienwerten angelegt werden.[50]

Hansemann und Bleichröder und einige andere Bankiers halfen bei der Anlage dieses Geldes gern, das brachte das Aktiengeschäft so richtig in Schwung. Während der Jahre 1871 und 1872 konnte beispielsweise die Disconto-Gesellschaft Dividenden von vierundzwanzig beziehungsweise siebenundzwanzig Prozent verteilen und ihren Geschäftsumsatz sage und schreibe verdreifachen.[51] Die Macht der Banken, die in Berlin ihren Hauptplatz hatten, erhöhte sich in diesen

Jahren außerordentlich. Strousberg, der bekanntlich kein Freund dieser Geldinstitute war, nannte sie alle Gründerbanken, die ihre Macht schamlos ausnutzten. «Der Heiligenschein», äußerte er, «der das Wort Bankier umgibt, ist das goldene Kalb, vor dem in unserer Zeit sich alles beugt. Der Staatsmann ist angewiesen, sich das Vertrauen des Kapitals zu erhalten, denn so lange der Bankier der Trichter ist, durch den die Gelder des Publikums fließen, so lange das Publikum nur den Impulsen der Bankwelt folgt, so lange wird diesem Gewerbe eine ungebührende Macht, ein falscher Glanz gegeben, und so lange wird der Bank-Gründer die Masse ausbeuten.»[52]

Natürlich wurden in dieser kapitalistischen Aufschwungsphase nicht nur Schwindelunternehmen gegründet. Viele auch für die spätere Zeit maßgebliche Unternehmen, wie die Dresdner Bank, die Deutsche Bank, die Aktien-Gesellschaft für Anilinfabrikation (Agfa), die Schering-AG und verschiedene Gründungen der rheinisch-westfälischen Schwerindustrie behaupteten sich über das Ende des Gründungsfiebers hinaus. Was nicht heißt, daß sie ihre Entstehung nicht auch spekulativen Motiven verdankten. Begleitet war der Gründerrausch von einer erheblichen Preissteigerung. Die Industrierohstoffpreise erhöhten sich von 1869 bis 1873 um vierzig Prozent, die Baustoffpreise sogar um mehr als fünfzig Prozent, Roheisen gar um neunzig Prozent und die Kohlenpreise um das Doppelte.[53]

Ähnlich hektische Aktivitäten wie auf dem Banksektor entwickelten sich im Baugewerbe. Es entstanden so viele neue Baugesellschaften, daß es schon Schwierigkeiten gab, für sie noch einen Namen zu finden. Selbst Experten konnten sie kaum noch auseinanderhalten. Viele dieser Baugesellschaften wurden gleich in Form von Baubanken gegründet, was ihnen den Einstieg in die Boden- und Häuserspekulation erleichterte. Grundstücke wechselten jetzt oft in kürzester Zeit mehrfach ihre Besitzer, und jeder verdiente daran. Strousberg, der, während viele dazukauften, verkaufen mußte, berichtete von der Veräußerung seines Bürohauses ähnliches. Anfangs verlangte er dafür 5000 Taler, da der Bewerber aber annahm, daß Strousberg unbedingt Geld brauchte, schien ihm der Preis zu hoch. Er kam daher am nächsten Tag wieder, in der Hoffnung, daß er billiger abschließen könne. Strousberg verlangte aber nun 10 000 Taler und dann jeden

Tempo der Gründerjahre (Gemälde von Friedrich Kaiser)

Tag 5000 Taler mehr. Schließlich griff der Interessent doch zu und bekam das Haus für 20 000 Taler. «Dieser Herr», schrieb Strousberg dazu, «war ein anständiger, ehrenhafter und reicher Mann, der sich sein Vermögen redlich in seinem Geschäft verdient hat . . . Wenn aber solcher in solcher Zeit so von der Häuserwut hingerissen wurde, daß er förmlich mit sich spielen ließ, wie kann man sich dann über den Fortgang der Krankheit wundern; alles war eben wahnsinnig und die Schwindler glaubten zuletzt selbst an die Gesundheit ihrer Sache.»[54]

Es war oft wie in einem Tollhaus. Auch wer seinen Besitz für viel mehr verkaufte, als er sich je erhofft hatte, war nicht immer glücklich. So wird von einem Hausbesitzer berichtet, der, von Spekulanten bedrängt, von Tag zu Tag mehr verlangte, nacheinander 120 000 Taler, 150 000 Taler und 200 000 Taler forderte und schließlich für 250 000 Taler verkaufte. Dieser Mann erhängte sich verzweifelt, nachdem er erfahren mußte, daß eine Bank «sein» Haus für 400 000 Taler gekauft hatte.[55]

Durch die Bodenspekulation verwandelten sich um Berlin herum Wiesen, Kartoffel-, Gemüse- und Getreideäcker in Bauland, allerdings oft nur auf dem Papier. Wirkliches Bauen weit vor den Toren Berlins bedeutete noch ein erhebliches Risiko. So kaufte ein gewisser Carstenn in Lichterfelde bei Berlin ein großes Gelände auf, meist nur märkische Sandwüste, um ein neues Wohnviertel zu errichten. Es stellte sich dann jedoch bald heraus, daß damals nur wenige Berliner Lust spürten, in das abgelegene und umständlich zu erreichende Lichterfelde zu ziehen. Carstenn drohte daher das Schicksal, auf seinen Grundstücken sitzenzubleiben. Da kam ihm die glänzende Idee, einen Teil seines Landbesitzes dem Staat zur Errichtung einer Kadettenanstalt zu schenken. Ob er allein darauf verfiel oder einer der adligen Herren, mit denen er Geschäfte machte, sei dahingestellt. Der Staat nahm jedenfalls dankend an, der Kaiser lobte öffentlich den Plan, und man erfuhr, daß der General à la suite des Kaisers, Freiherr von Steinecker, als Vorsitzender des Verwaltungsrates der Baugesellschaft Lichterfelde zur Verfügung stand.

Die selbstlose Tat des Herrn Carstenn trug denn auch bald, wie erwartet, goldene Früchte. Nachdem die Kasernen erst einmal standen, erwarben Offiziere hier Land, und bald kamen weitere Interessenten hinzu. Der Bann war gebrochen, das Geschäft florierte großartig, und der großzügige Spender Carstenn bekam obendrein vom Kaiser noch den Adelstitel verliehen. Der schützte ihn dann allerdings später auch nicht vor dem Bankrott, weil er das Spekulieren nicht lassen konnte.

Ebenfalls in großer Manier betrieb Heinrich Quistorp, einer der berüchtigsten Gründer, in der kleinen Ackerbürgerstadt Charlottenburg die Bauspekulation. Die kaiserliche Familie, die ein Schloß und Bodenbesitz in Charlottenburg, das damals noch nicht zu Berlin gehörte, besaß, unterstützte Quistorp nachdrücklich bei seinen Unternehmungen. Aber auch hier lief das Geschäft nicht so, wie es Quistorp gewünscht hatte, denn die Bodenpreise zogen nicht wie erhofft an. Doch der Spekulant blieb hartnäckig und bei seinen hohen Forderungen. Als der Gründerkrach kam, wurde ihm das zum Verhängnis. Die vielen Grundstücke, die er zu diesem Zeitpunkt noch besaß, wollte nun erst recht keiner haben.

Berliner Barackenvorstadt

Selbst die sich in der Stadt explosionsartig ausbreitende Bauwut konnte die schon vor dem Kriege existierende große Wohnungsnot – bedingt durch die erheblichen Zuwanderungen – noch nicht einmal mindern geschweige denn beseitigen. Die Zuwanderung allein, von 1871 bis 1875 stieg die Einwohnerzahl Berlins um rund 150 000 Personen, war etwa doppelt so hoch wie die Schaffung neuer Wohnungen. Dazu kam, daß die Spekulanten bevorzugt repräsentative Wohngebäude bauen ließen, die ihnen höhere und sicherere Mieten versprachen als die Häuser für die ärmeren Schichten. Die Neureichen, die alles bezahlen konnten, kamen zuerst dran. «Dem plötzlichen Steigen der damaligen Vermögensverhältnisse der Geschäftstreibenden entsprechend», bemerkte Strousberg, «gründeten viele einen Hausstand weit über dem Niveau, welches sonst in Berlin üblich war, große Wohnungen, wie sie sonst nur wenig gebraucht worden, wurden nun massenhaft gesucht und teuer bezahlt, und infolge dessen sind viele der neuen Häuser in einem Maßstab angelegt, der alles bisher Dagewesene übertrifft, und so sind denn jetzt, wo sich die Verhältnisse verändert (haben), ganze Straßen unbewohnt.»[56]

Wer aus der Arbeiterklasse trotz der verheerenden Wohnungsnot

Exmittierung
einer Proletarierfamilie

in den neuerbauten engen Mietskasernen eine Wohnung erhielt und die ständig steigende Miete bezahlen konnte, durfte sich beinahe glücklich schätzen. In den Vorstädten war das Leben oft noch schwerer zu ertragen. Trotz polizeilichen Verbots wuchsen hier wilde Barackensiedlungen in elendstem Zustand. Aber selbst das war noch nicht das Schlimmste, denn es lebten auch Menschen in Erdhöhlen und unter Brücken oder kampierten auf freiem Feld. Die katastrophale Wohnungssituation führte zu zahlreichen Auseinandersetzungen mit der Polizei. Am bekanntesten wurde der sogenannte Blumenstraßenkrawall, der am 25. Juli 1872 ausbrach, als ein Handwerker mit Polizeigewalt aus seiner Wohnung exmittiert werden sollte. Eine etwa fünftausendköpfige Menge, die das verhindern wollte, empfing die anrückende Polizei mit Steinwürfen. Noch tagelang war das ganze Stadtviertel in Aufruhr, und es kam zu weiteren Kämpfen mit der Polizei. Dieser Aufruhr in der Blumenstraße war nur ein besonders spektakulärer Beweis dafür, daß die Gründerjahre mit ihrer Zurschaustellung protzigen Reichtums die bestehende Massenarmut und das soziale Elend nicht beseitigen, ja noch nicht einmal verdecken konnten.

Das Eldorado der Gründer, das auch neue Glücksritter des Kapitals auf der Bildfläche erscheinen ließ, die die Gesellschaft hofierte und bewunderte, wurde für Strousberg zu keinem Paradies, gab ihm nicht, wie erhofft, die Möglichkeit, den angekratzten Glanz seines Namens wieder aufzupolieren. Obwohl es scheinbar nirgends an Kapital fehlte, blieb seine Finanzsituation äußerst angespannt und erlaubte ihm keine aufsehenerregende Expansion. Zwar kam auch ihm die allgemeine Steigerung der Aktienkurse, insbesondere der Eisenbahnaktien, zugute, aber seine Lage blieb durch die vielen Schulden und Verpflichtungen prekär. Außerdem konnte sich Strousberg zu einer, die günstigen Zeitumstände nutzenden radikalen Sanierung seiner Finanzen nicht entschließen. Statt durch eine Reduzierung seiner zahlreichen Unternehmen eine finanzielle Gesundung anzustreben, versuchte er, sein Imperium durch eine extreme Beleihung aller seiner Besitzungen zusammenzuhalten. Der Verkauf von Besitz blieb für ihn immer nur der letzte Weg. Dabei nahm er es sogar in Kauf, daß von ihm ausgestellte Wechsel platzten, was nicht gerade dazu beitrug, die Bewertung von Strousberg-Wechseln zu erhöhen und seinen Kredit zu stärken.

Am schwersten behinderte Strousberg bei seinen Geschäften die ungeklärte Frage der rumänischen Eisenbahnen. Neben seinen Zahlungsschwierigkeiten, die es aber bei ihm in irgendeiner Form immer gegeben hatte, wirkte sich der eingetretene Vertrauensschwund bei allen seinen Unternehmungen hinderlich aus. Er war, wie er zur Kenntnis nehmen mußte, nicht mehr der Wundermann, der alles fertigbrachte, sondern für viele schon ein verkrachter Unternehmer, der ums Überleben kämpfte und von dem man sich lieber fernhielt. Strousberg gelang es einfach nicht, die Rumänien-Kalamität von seinen übrigen Geschäften abzutrennen. Die öffentliche Aufregung um die Sicherheit der ausgegebenen rumänischen Eisenbahnobligationen erwies sich als zu groß und brachte Strousberg deshalb nicht mehr aus den Schlagzeilen der Presse. Die geschädigten Besitzer der Obligationen machten dazu eine Menge Lärm, darunter «höchste Kreise». Selbst Bleichröder bekam den Unwillen eines Fürsten Reuß zu spüren, weil er seinen Kunden nicht vor den Obligationen gewarnt und ihm geraten habe zu verkaufen, als sie im Kurs noch günstig standen.[57]

Unter dem Schatten der rumänischen Eisenbahnfrage krankten insbesondere die anderen Bahnbauten des «Eisenbahnkönigs». Zu dieser Zeit hatte er noch einen Baukontrakt mit der Hannover–Altenbekener–Eisenbahn zu erfüllen, und auch die Eisenbahn Halle–Sorau–Guben, bei der Strousberg stark engagiert war, befand sich noch im Bau. Bei beiden Bahnen war die Fertigstellung bereits erheblich verzögert worden, was Strousberg vor allem mit dem Krieg begründete. Der hatte zwar zu dem Rückstand beigetragen, hauptsächlich aber waren es doch die drückenden finanziellen Probleme gewesen, die den zügigen Weiterbau behinderten. Bei Hannover–Altenbeken waren inzwischen die Aktien ausgegangen, mit denen Strousberg als Bauunternehmer bezahlt worden war. Nachdem die Arbeiten einige Zeit unterbrochen waren, gelang es der Gesellschaft, die Genehmigung zur Ausgabe von weiteren Aktien in Höhe von dreieinhalb Millionen Talern zu erlangen. Diesen Erfolg hatte sie vor allem dem politischen Einfluß ihres Mitbegründers, von Bennigsen, zu verdanken, der es außerdem fertigbrachte, seiner Gesellschaft noch eine Konzession für die Anschlußbahn Löhne–Vienenburg zu beschaffen. Den Generalauftrag dafür erhielt wieder Strousberg, und zwar am 17. Oktober 1871.

Auch bei der Linie Halle–Sorau–Guben, die bereits bis zum 31. Dezember 1870 fertiggestellt sein sollte, fehlte das Geld, und man hoffte hier ebenfalls, zusätzliche Obligationen ausgeben zu dürfen. Strousberg allerdings will sich als Bauunternehmer der Gesellschaft um die Geldbeschaffung nicht gekümmert haben. «Ich blieb», beschrieb Strousberg die Situation, «den Verhandlungen mit der Regierung fern, hatte auch als Unternehmer kein Interesse an den Ergebnissen, denn ich sollte nach Erschöpfung des Aktienkapitals in Geld oder Obligationen bezahlt werden ...»[58] Strousberg gab als Begründung dafür, daß das angesetzte Aktienkapital auch hier nicht ausgereicht hatte, zusätzliche Auflagen durch staatliche Behörden an. «Ich erinnere mich», äußerte er, «daß die Brückenbauten und die Arbeiten in den Flußniederungen sehr viel größer wurden, als man erwartet hatte, daß die Festungsbehörde in Torgau große Forderungen stellte, die Bahnanschlüsse schwierig waren und die projektierten Bahnhöfe in Halle und Sorau (und ich glaube auch in Guben)... sehr ausgedehnte Anlagen bedingten. Außerdem ist der Grunderwerb sehr teuer geworden, und es wurden Ansprüche gemacht, die gar nicht zu erwarten waren. So wurde z.B. für diese Bahn vom Ministerium die strikte Forderung gestellt, sie derart anzulegen, daß sie überall über- oder unterführte, also nirgends an Niveau kreuzte.»[59]

Zu dieser Zeit war Strousberg außerdem noch an der russischen Eisenbahnlinie Brest–Grajewo und an der Ungarischen Nordost-Bahn als Generalauftragnehmer tätig und dabei in mancherlei Schwierigkeiten verwickelt. Um den Bahnbau von Brest nach Grajewo hatte sich Strousberg schon seit langem bemüht, weil er für die Ostpreußische Südbahn durch den Anschluß an das russische Eisenbahnnetz erheblichen Profit bringen mußte. Obwohl die Konzession für diese Strecke offiziell zwei Mitglieder des Verwaltungsrates erhalten hatten und Strousberg nur als Generalauftragnehmer fungierte, war er in Wirklichkeit der entscheidende Mann, sowohl was den Bau als auch was die Finanzierung betraf. Strousberg selbst sprach davon, daß es ihm gelungen war, sich der Gunst des russischen Generals und Politikers Graf Berg zu versichern, der ihm deshalb seine Unterstützung bei der Beschaffung der Konzession zusagte.

Aber auch bei dieser Linie kam es bald – es war die Zeit, in der die rumänischen Schwierigkeiten Strousbergs begannen – zu großen Finanzierungsproblemen, weil die Aktien nach ihrer Emission stark fielen und sie niemand recht haben wollte. Dem Eisenbahnkönig drohte also erneut eine Katastrophe. Um die allerwichtigsten Aufgaben für den Weiterbau der Eisenbahnlinie finanzieren zu können, mußte Strousberg seine für die Bauausführung erhaltenen Aktien zu außerordentlich ungünstigen Bedingungen verpfänden lassen. So gab ihm die Berliner Handelsgesellschaft für die Beleihung eines Aktienpaketes von 2,7 Millionen Rubel der Bahn Brest–Grajewo darauf lediglich einen Kredit von 540 000 Rubel. Die Zinsen von zwölf Prozent wurden aber von der Bank für die 2,7 Millionen Rubel des Aktienpaketes berechnet, das heißt, Strousberg mußte jährlich

324 000 Rubel Zinsen auf den Kredit zahlen.[60] Sechzig Prozent Zinsen auf die tatsächlich erhaltene Summe zahlen zu müssen, war natürlich schon ein haarsträubender Wucher dieser «ehrenwerten» Berliner Bank, aber so hart waren Bankgeschäfte auch damals schon.

Der niedrige Kurs der Aktien für die Brest–Grajewoer–Eisenbahn war aber nicht nur Strousberg, sondern ebenso dem russischen Finanzminister Reutern ein großes Ärgernis. Er sah darin eine Schädigung des russischen Ansehens mit möglichen Auswirkungen auf kapitalkräftige ausländische Kreise, die er für verstärkte Investitionen in Rußland gewinnen wollte. Reutern machte Strousberg in erster Linie dafür verantwortlich, daß die Aktien so schlecht standen. Schuldlos war Strousberg daran wirklich nicht. Er hatte eine Vereinbarung mit einer Gruppe Petersburger Geschäftsleute getroffen, die die Hälfte des Kapitals zu zweiundachtzig Prozent des Nominalwertes übernehmen wollten. Strousberg aber, immer gewohnt, seine Aktien weit unter dem Nominalwert zu verkaufen, hatte außerdem noch mit dem Direktor der Internationalen Bank in Petersburg verhandelt, der Aktien von Brest–Grajewo im Nominalwert von zwei Millionen Rubel für siebzig Prozent zu übernehmen beabsichtigte. Strousberg konnte offensichtlich nicht widerstehen und schloß auch mit ihm ab. In der Darstellung Strousbergs war dieses Abkommen reines Mitleid mit dem befreundeten Direktor. «Als mein Freund bei einem Besuch, den er mir abends machte», so Strousberg, «über seine Lage zu Tränen gerührt schien, ließ ich mich von meiner Gutmütigkeit hinreißen ... mit der ausdrücklichen Bedingung, daß diese (Aktien – M. O.) nicht separat auf den Markt gebracht werden dürfen, damit dem Konsortium, welches mir 82 zahlte, dadurch kein Schaden entstehen möge.»[61]

Nun aber passierte folgendes: Das Konsortium brachte die Aktienzeichnung zu neunzig Prozent heraus und versprach sich davon reichen Zuspruch und ansprechenden Gewinn. Strousberg kassierte von ihnen daraufhin eine Anzahlung. Da wurden aber plötzlich Aktien der Brest–Grajewoer–Eisenbahn öffentlich angeboten, die weit unter dem Preis lagen, den Strousberg mit dem Konsortium vereinbart hatte. Ein Makler des Konsortiums hielt das für einen Trick und glaubte, daß nur ein kleiner Posten dieser Aktien dem Anbieter zur

Verfügung stand. Er kaufte daher auf, was er bekommen konnte – und ruinierte sich. Das Angebot war viel zu groß, und die Kurse fielen weiter. Das Petersburger Konsortium reagierte auf das Billigangebot verständlicherweise empört und beschuldigte Strousberg, von dem man wußte, daß er allein über die Aktien verfügte, unlauterer Geschäfte. Man beschloß, es bei der einmaligen Anzahlung für die Aktien zu belassen und keine weiteren mehr abzunehmen. Über das Erscheinen der Aktien, die den Kurssturz bewirkt hatten, gab Strousberg eine wenig einleuchtende Erklärung ab: Angeblich hatten Mitarbeiter der Internationalen Bank in Petersburg diesen Coup ohne Wissen des Direktors durchgeführt – eine Panne gewissermaßen. Viel wahrscheinlicher ist jedoch, daß die Bank ihre eigenen Gewinnchancen sichern wollte und deshalb den Zeitpunkt der Aktienabgabe nicht hinausschob. Bei den Mitgliedern des getäuschten Konsortiums handelte es sich meist um die Direktoren der ersten Firmen Petersburgs, deren Verärgerung Strousberg nicht nur bei der Abwicklung seines Eisenbahnprojektes, sondern auch bei weiteren Geschäften in Rußland Schwierigkeiten machen sollte.

Beim Bau der Nordost-Bahn in Ungarn häuften sich für Strousberg die Probleme ebenfalls. Die Ursachen sah er in den «ungerechtfertigten Forderungen» der Regierung und Verwaltung. Allerdings machte sich hier wirklich deutlich bemerkbar, daß mit dem schwindenden Nimbus als Eisenbahnkönig die Ungarn mit Strousberg weniger großzügig als bisher umgingen. Als dessen Zahlungsschwierigkeiten bekannt wurden und die Diskussion um die Mängel seiner Bauten in Rumänien begannen, forderten die Ungarn natürlich sicherere finanzielle Garantien und achteten auch stärker auf die Qualität der Arbeiten. Da Strousberg die finanziellen Garantien nicht geben konnte, ja nicht einmal die Mittel besaß, den Bau fortzusetzen, versuchte er, sich, wie er es nannte, in Ehren zurückzuziehen. Die wirklichen Gründe für seinen Rückzug nannte er aber wie üblich nicht, sondern er erwähnte nur die auszustehenden Querelen und seine mangelnde Zuversicht, in Deutschland Unterstützung und in Ungarn Recht zu bekommen. Seinen Auftrag trat er für eine Million Gulden an die Wiener Union-Bank ab, die ihm auch noch zwei weitere ungarische Konzessionen, die er bereits erhalten hatte, abnahm. Offensichtlich sah Strousberg, gewarnt durch die rumänischen Schwierigkeiten, diesmal rechtzeitig die heraufkommenden Gefahren. Zu seinem Glück! Die Wiener Bank machte später mit der Nordost-Bahn ein millionenfaches Minusgeschäft.

Währenddessen hielten die Auseinandersetzungen in Rumänien Strousberg weiter in Atem. Trotz der gegenseitigen überaus scharfen öffentlichen Polemik waren die Beziehungen zwischen der rumänischen Regierung und Strousberg allerdings nie ganz abgebrochen, stets gab es in dieser oder jener Form Kontakte zur Überwindung der finanziellen Schwierigkeiten und Überlegungen, wie die Bahnen fertiggestellt werden könnten. Als Ergebnis dieser Verbindungen brachte die rumänische Regierung schließlich im Juni 1871 in der Kammer einen Entwurf für ein Abkommen mit Strousberg ein. Er sah vor, daß Strousberg die Linie Roman–Galatz–Bukarest–Pitesti und die Zweigbahn Tekatsch–Berlad zu vollenden und der rumänischen Regierung zu übergeben habe. Der Überschuß aus den Einnahmen sollte an die Regierung gehen. Die projektierte Bahn von Pitesti nach Verciorava dagegen entzog man Strousbergs Konsortium, das für den Weiterbau vier Millionen Taler aus dem Verkauf der Obligationen an den rumänischen Staat zahlen sollte. Außerdem sah der Entwurf vor, die bisherigen Obligationen mit siebeneinhalb Prozent Verzinsung in fünfprozentige Obligationen umzutauschen. Die im Januar fällig gewesene Zinszahlung sollte in der alten Höhe und die Julizinsen in der neuen Höhe von der rumänischen Regierung übernommen werden.[62]

Jepureanu, Referent für Eisenbahnfragen, begründete den Entwurf für die rumänische Regierung vor der Kammer. Der Referent hielt die vorgeschlagene Lösung unter den gegebenen Umständen für die günstigste, weil man selbst bei einem gewonnenen Prozeß gegen Strousbergs Konsortium nur den Inhalt des Depots aus dem Verkauf der Obligationen bekäme, der aber zur Zinszahlung und zum Weiterbau der Eisenbahn nicht ausreiche. Für die aufgelaufenen Zinsen gestand Jepureanu der rumänischen Seite nach dem Ausfall Strousbergs eine gewisse Verantwortung zu, da die Konzessionäre sich bei der Obligationsausgabe auf eine Zinsgarantie des rumänischen Staates gestützt hätten.[63]

Entgegen den Empfehlungen der Regierung war die rumänische Kammer jedoch nicht bereit, dem Arrangement mit Strousberg zuzustimmen. Die Empörung über dessen Mißwirtschaft und fehlendes Zutrauen, daß er die Bahnlinien wirklich in der erforderlichen Qualität fertigstellen werde, veranlaßte zweiundsechzig Abgeordnete, der Kammer eine andere Lösung vorzuschlagen. Sie lehnten jede Vereinbarung mit Strousberg ab und verlangten die Annullierung seiner Konzession durch ein Schiedsgericht. Die bisherigen Arbeiten sollten abgeschätzt und die Obligationsbesitzer in Höhe dieser Leistung entschädigt werden.

Angesichts dieser Stimmung in der Kammer mußte die Regierung ihren eigenen Entwurf fallenlassen. Der Antrag der zweiundsechzig Abgeordneten wurde in den nächsten Tagen mit einigen abschwächenden Veränderungen in Gesetzesform gebracht und dann am 17. Juli in der Kammer angenommen. Das Gesetz schloß Strousberg nunmehr von der Verwaltung der rumänischen Bahnen aus; die Obligationsbesitzer wurden jedoch gehalten, sich nach der Annullierung der bisherigen Konzession zu einer Aktiengesellschaft zusammenzuschließen, die alle Rechte und Pflichten der bisherigen Konzessionäre übernehmen sollte. Dafür war eine Frist von dreißig Tagen nach Erlöschen der alten Konzession vorgesehen. Sollte die Aktiengesellschaft bis dahin nicht gegründet worden sein, wollte der rumänische Staat den Umtausch der Obligationen in Staatspapiere mit vierprozentiger Verzinsung vornehmen. Strousbergs rumänische Bahnen wären dann Eigentum des Staates geworden.

In Deutschland wurde bereits vor der Annahme des Gesetzes Stimmung dagegen gemacht. Man sprach von Enteignung und beschuldigte Rumänien, nur eine günstige Situation gesucht zu haben, um Strousbergs Eisenbahnen auf billige Weise in Staatsbesitz überführen zu können. Die Flut der Veröffentlichungen stieg von Tag zu Tag – meist natürlich gegen Rumänien gerichtet. Auch der «Kladderadatsch» beteiligte sich an dieser Kampagne. Unter der Überschrift «Rumänischer Volkshymnus» fand man folgende Verse:

Ja, in unsre Wälder
Locken wir die Gelder,

Bau'n uns Eisenbahnen dann zumal,
Freu'n uns des Gewinns,
Zahlen keinen Zins
Und verjuxen flott das Kapital.[64]

Von den wirklichen Zusammenhängen vermittelten die meisten Veröffentlichungen nichts, aber dafür machten sie recht einseitig Front gegen Rumänien.

Auch die deutsche Regierung reagierte scharf. Schon einen Tag nach der Annahme des Gesetzes in der Kammer sprach Generalkonsul von Radowitz beim Fürsten Karl vor und erklärte, daß das Gesetz geeignet sei, in Deutschland eine «grenzenlose Entrüstung» hervorzurufen. Er kündigte auch an, daß sich das Deutsche Reich mit der Bitte um Unterstützung offiziell an andere Mächte wenden werde. Fürst Karl war davon offensichtlich so beeindruckt, daß er zunächst zögerte, dem Gesetz zuzustimmen. Gegenüber der rumänischen Regierung und der Kammer erbat er sich deshalb Bedenkzeit aus. Als er jedoch erfuhr, daß Bismarck sich sofort nach dem Kammerentscheid um Unterstützung an die Türkei gewandt hatte, reagierte er spontan und sanktionierte das Gesetz. Gegenüber seinem Ministerpräsidenten begründete er sein Zögern mit seinen Befürchtungen um den rumänischen Kredit im Ausland und das internationale Ansehen des Landes. Jetzt sei er aber überzeugt, so teilte er ihm mit, daß das Gesetz die Basis für eine gerechte und würdige Lösung in der Eisenbahnfrage sein werde. Doch die Verabschiedung des Gesetzes schuf sowohl für Rumänien als auch für Karl persönlich eine nicht ungefährliche Situation. Ein Verlust der deutschen Unterstützung mußte die Gewinnung der vollen Souveränität des Balkanstaates erschweren und Karl von seinen preußischen Gönnern isolieren.

Wie der damalige österreichische Kanzler, Graf Beust, in seinen Erinnerungen berichtet, war Bismarck sehr aufgebracht über Rumänien und trug sich sogar mit dem Gedanken, eine türkische Intervention zu verlangen.[65] Die Türkei zeigte von sich aus kein Interesse, in Rumänien zugunsten deutschen Kapitals etwas zu unternehmen. Sie wies darauf hin, daß Rumänien für seine inneren Angelegenheiten selbst verantwortlich sei. Bismarck nahm das aber so nicht hin und schrieb dem geschäftsführenden deutschen Vertreter in Konstantinopel, Graf von Limburg-Stirum, daß er diese türkische Auffassung, geäußert durch den Großwesir Ali Pascha, nicht als endgültig betrachte. Zur weiteren Belehrung des Großwesirs teilte er Limburg-Stirum seinen Standpunkt zur staatsrechtlichen Stellung Rumäniens mit. «Dem Ausland gegenüber ist niemals von einer Autonomie ... die Rede gewesen.» Nach seiner Auffassung sei Rumänien «vollständig als Vasallenstaat der Türkei» zu betrachten und habe «weder das Recht eigener diplomatischer Vertretung, noch das der Kriegführung».[66]

Weiterhin betonte Bismarck nachdrücklich seinen Standpunkt, daß die Türkei die Verantwortung für das trage, was mit dem deutschen Kapital in Rumänien geschehe. Auf die vorangegangene Bitte des Großwesirs, auch das Deutsche Reich möge dazu beitragen, die Sache ohne viel Aufhebens zu regeln, reagierte Bismarck in der Form zwar verbindlich, in der Sache aber unnachgiebig. «Wenn er selbst den dringenden Wunsch hegt», schrieb Bismarck an Limburg-Stirum, «die Frage im gütlichen Wege zu regeln, so haben wir, soweit die Interessen der Beteiligten dabei gewahrt bleiben, unsererseits keine Einwendungen dagegen zu machen. Daß dies möglich werde, wird aber hauptsächlich von der Stellung abhängen, welche die Pfordte zu der rumänischen Regierung einnimmt, und dem Einfluß, welchen sie auf dieselbe ausübt.»[67]

Die Ansicht Ali Paschas, eine zu scharfe Attacke gegen Rumänien würde die Stellung Fürst Karls erschüttern, wischte Bismarck scheinbar unbekümmert vom Tisch. «Das Interesse, welches seine verwandtschaftlichen Beziehungen zu dem Königlichen Hause uns einflößen», ließ er wissen, «hatte uns schon längst nur dazu bewegen können, auf ihn dahin einzuwirken, daß er seine Stellung aufgäbe.»[68]

Daß dies nicht passiert sei, sondern man noch einen Versuch mit dem als konservativ eingeschätzten neuen Kabinett «zur Herbeiführung besserer Zustände mache», geschehe nur mit Rücksicht auf die Nachbarstaaten Rumäniens, die über die Folgen eines Rücktritts Karls Komplikationen und Rückwirkungen für sich befürchteten, erklärte Bismarck darüber hinaus.[69]

Bismarck versuchte London ebenfalls für die deutschen Interessen in Rumänien einzuspannen, doch vorerst ohne sichtbaren Erfolg. Lord Granville, der britische Außenminister, erklärte unverblümt, daß Privatleute, die sich wegen der erhöhten Gewinnchancen auf derartige Transaktionen mit ausländischen Regierungen eingelassen hätten, diese auch auf eigenes Risiko tragen müßten. Sie könnten nicht erwarten, daß ihre Regierung für sie in gleicher Weise wie im Inland eintreten werde.[70] Bismarck setzte dem deutschen Geschäftsträger in London, von Krause, in einem Schreiben seinen bekannten Standpunkt auseinander und übersandte ihm zur Frage der rumänischen Eisenbahnen außerdem eine offizielle Stellungnahme der Reichsregierung, die der englischen Regierung bekanntgegeben werden sollte.

Der Reichskanzler gab in seinen Erklärungen zu, die Auffassung Lord Granvilles sei im Prinzip zwar richtig, für die rumänische Angelegenheit aber nicht zutreffend. «Wir können in der Beachtung dieses Grundsatzes», erklärte er, «nicht so weit gehen, daß wir das Interesse unserer Untertanen vernachlässigen und uns derselben auch da nicht annehmen, wo ihnen das Vermögen, was sie im guten Glauben in die Rechtlichkeit einer Regierung an deren Spitze ein Fürst aus deutschem Hause steht, in einem von der Regierung garantiertem Unternehmen angelegt haben, durch einen willkürlichen und eigenmächtigen Akt dieser Regierung geraubt wird, der ebensowenig vom moralischen wie vom juristischen Standpunkt gerechtfertigt erscheint.»[71]

Aber auch nach Bismarcks Stellungnahme zeigten die Engländer vorerst kein stärkeres Interesse. Der türkische Großwesir hingegen ließ sich wenigstens von Rumänien über den Stand der strittigen Eisenbahn-Angelegenheit informieren und bekam die Versicherung, daß Bukarest alles tun werde, um die Inhaber der Obligationen möglichst schadlos zu halten. Die rumänische Regierung vertrat dabei jedoch eindeutig den Standpunkt, daß der Bau von Eisenbahnen lediglich eine privatrechtliche, aber keineswegs, wie Bismarck es sah, eine staatsrechtliche Frage sei. Sie falle deshalb auch nicht in die Kompetenz der Türkei.[72]

Bei Österreich stieß Bismarck von Anfang an auf größere Reso-

Das Auswärtige Amt in der Wilhelmstraße

nanz. Aus Interesse an guten Beziehungen zum starken Mann des Deutschen Kaiserreiches erklärte es die Beschlüsse der rumänischen Kammer ebenfalls für unannehmbar, bot sich aber zur Aushandlung eines Kompromisses an. Um dafür auf rumänischer Seite die Bereitschaft zu wecken, machte es die Regierung darauf aufmerksam, daß Bismarck einen diplomatischen Feldzug gegen Rumänien begonnen habe und sich der Kanzler auch mit der Türkei anlegen werde, wenn diese weiterhin laviere.

Das massive Vorgehen Bismarcks gegen Rumänien und im weiteren auch gegen die Türkei betraf aber nicht nur diese beiden Länder, sondern berührte einen neuralgischen Punkt im internationalen Kräfteverhältnis der europäischen Großmächte. Über Rumänien wachte nicht nur die Türkei als offizielle Oberherrschaft, sondern seit dem Pariser Frieden von 1856, der den Krimkrieg zwischen Rußland und den siegreichen Hauptgegnern England, Frankreich und der Türkei beendete, auch die westeuropäischen Großmächte. Der Status von Rumänien war ausdrücklicher Bestandteil des Pariser Friedensvertrages und von den Vertragspartnern garantiert worden. Die Drohgebärden Bismarcks, dem man durchaus zutraute, daß er gegebenenfalls mit dem zaristischen Rußland Front gegen die Türkei und Rumänien machte, blieben denn auch bei den westeuropäischen Großmächten mit der Zeit nicht ohne Wirkung. Das gerade von Deutschland besiegte Frankreich, aber ebenso England fürchteten zu diesem Zeitpunkt eine internationale Krise. Sie hielten es daher doch für besser, Rumänien zum Einlenken zu bewegen, und empfahlen ihm, sich mit Deutschland zu einigen.[73]

Österreichs vermittelnde Haltung, der ebenfalls die eigenen Interessen an der Aufrechterhaltung des Status quo auf dem Balkan zugrunde lagen, hatte dadurch internationale Unterstützung, so daß auch Bismarck und Rumänien dessen Ausgleichsbemühungen akzeptierten. Einen Vergleich strebte ebenfalls die Berliner Handelsgesellschaft an, die mit an der Herausgabe der rumänischen Eisenbahnobligationen beteiligt gewesen war und von daher eine gewisse Verpflichtung fühlte. Ihr Vorschlag für einen Vergleich entsprach im wesentlichen den österreichischen Vorstellungen. Zwei leitende Mitarbeiter der Berliner Handelsgesellschaft kamen im August nach Bukarest und unterbreiteten dort den Plan, die Zinsen für die Obligationen auf fünf Prozent zu senken und diese Obligationen in rumänische Staatspapiere unter Verpfändung der Staatsdomänen umzuwandeln. Die rumänische Regierung zeigte sich zwar daran interessiert, wollte aber vor einer Festlegung der Zinsen erst die Eisenbahnen abschätzen lassen.[74]

Bei aller Empörung in Deutschland über das neue rumänische Eisenbahngesetz hatte es doch wesentlich dazu beigetragen, die Bemühungen um die Lösung der Strousbergschen Eisenbahnfrage voranzubringen.

Auf der Grundlage dieses Gesetzes begannen sich in vielen deutschen Städten, aber auch in Wien und London Komitees als Vorstufe zur Bildung einer Aktiengesellschaft zu konstituieren. Allerdings gab es dabei außerordentliche Schwierigkeiten, da sich die Komitees weder über ein gemeinsames Vorgehen noch über ihre Ansprüche untereinander einigen konnten. Die Komitees, in denen so mancher nur sein eigenes Süppchen kochen wollte, begannen oft auf eigene

Faust mit Bukarest zu verhandeln, was natürlich einer allgemeinen Regelung nicht gerade förderlich war.

Auch in Berlin hatte sich unter der Leitung von George Davidsohn ein Verein der rumänischen Obligationsbesitzer gebildet. In Davidsohns «Berliner Börsen-Courier» wurde darüber am 19. September 1871 ausführlich berichtet. «Die zum Montagabend», hieß es da, «in den großen Saal des englischen Hauses einberufene Versammlung war außerordentlich zahlreich besucht, stärker denn je eine Berliner Versammlung gewesen, die ähnliche Zwecke verfolgt. Es war nicht nur der große Saal dicht gefüllt, sondern auch dessen Galerien wurden besetzt; die Zahl der anwesenden Personen mag 800 Personen betragen haben.»[75]

Der Druck auf Rumänien verstärkte sich allmählich auch aus Konstantinopel. Die Hohe Pforte begann nach dem Tode Ali Paschas ihre Position zu überprüfen. Der rumänische Vertreter berichtete von dort, daß die türkische Regierung nach dem Ableben des Großwesirs nicht mehr glaube, ihre zurückhaltende Position in der Eisenbahnfrage beibehalten zu können. Um so bemerkenswerter, daß die rumänische Regierung unter diesen ungünstigen Umständen Standvermögen bewies und am 17. Oktober, gemäß dem von der Kammer verabschiedeten Gesetz und dem Schiedsspruch einer eingesetzten Kommission, die Konzession mit Strousberg und seinen Kompagnons aufhob. Ein erneuter Schrei der Entrüstung ging daraufhin durch die deutschen Lande. Außerdem ließ nun der größte Teil der europäischen Presse an den Rumänen kein gutes Haar mehr. Abgesehen davon, daß es auch in anderen europäischen Ländern, insbesondere in Österreich und England, zahlreiche Besitzer von rumänischen Eisenbahnobligationen gab, sah man ganz allgemein in dem rumänischen Vorgehen ein gefährliches Beispiel für die Behandlung ausländischer Kapitalinteressen. Bei allen Gegensätzen empörte das die kapitalexportierenden Länder einhellig.

Unbeirrt davon erschienen schon am frühen Morgen nach der Aufhebung der Konzession der Minister für öffentliche Arbeiten, der Generalprokurator und der Polizeipräfekt auf dem von Strousberg erbauten Bukarester Bahnhof und verkündeten den herbeigerufenen Eisenbahndirektoren den Spruch des Schiedsgerichtes. Vor den Büros der Eisenbahnverwaltung zogen Militärposten auf, und rumänische Beamte versiegelten die vorhandenen Kassen. Dieser drastische Vorgang hatte jedoch, wie sich bald herausstellte, nur symbolische Bedeutung, sollte augenfällig die Unterstellung der Strousbergschen Eisenbahnen unter die rumänische Staatsverwaltung demonstrieren. Schon kurze Zeit später zogen sowohl die hohen Staatsdiener als auch das Militär wieder ab, und die Staatssiegel konnten von den Kassen entfernt werden. Die bisherige Eisenbahnverwaltung durfte den Betrieb weiterführen, mußte sich allerdings eine rumänische Staatsaufsicht gefallen lassen.

Sanierer am Werk

Die Besetzung des Bukarester Bahnhofs gab der Entrüstung in Deutschland zusätzlichen Auftrieb. Neben allem Geschimpfe über Einzelheiten, bei dem die Fakten oft völlig außer acht gelassen wurden – es war natürlich bequemer, andere für die verfehlte Spekulation verantwortlich zu machen –, bestritt man den Rumänen grundsätzlich das Recht zu einem solchen Vorgehen. Da die Rumänen bisher nicht bereit gewesen waren, für die Verluste der Obligationsbesitzer aufzukommen, und auch verhältnismäßig wenig Kapital für die Bahnen aufgebracht hatten, gestand man dem Land keine Verfügungsgewalt über sie zu. Auch Strousberg hieb mit in diese Kerbe, obwohl er genau wußte, wie verfahren die ganze Affäre vor allem durch seine Schuld geworden war und daß nur Rumänien die Initiative zur Rettung der ganzen Unternehmung ergreifen konnte. Darüber hinaus besaß Rumänien nicht nur das Recht, sondern auch die Pflicht, sich um solche Angelegenheiten zu kümmern, die auf seinem Territorium passierten; die Konzession sah das auch ausdrücklich vor, einschließlich des Rechtes, die Konzession aufzuheben.

Daß es notwendig war, die Obligationsbesitzer zu entschädigen, hatte Rumänien übrigens nie bestritten. Das sollte allerdings erst nach einer Abschätzung der vorhandenen Anlagen und des rollenden Materials geschehen, da Rumänien nicht für die Verluste aufzukommen gedachte, die durch Strousbergs Mißwirtschaft entstanden waren.

Am 30. Oktober meldete der zuständige Minister Cretzulescu dem Fürsten Karl, daß die eingesetzte Abschätzungskommission den Gesamtwert der Strousbergschen Bahnen auf siebzig Millionen Francs taxiert hätte. Gegenüber den bisher ausgegebenen Obligationen von 245 Millionen Francs war das außerordentlich wenig, und diese 70 Millionen boten natürlich keine Grundlage für eine auch nur einigermaßen befriedigende Abfindung der Obligationsinhaber. Bei dieser Summe hatten die Rumänen jedoch eingedenk der noch auszuführenden Arbeiten und der möglichen Zahlung einer Entschädigung, bewußt tief gegriffen, denn eine frühere rumänische Schätzung war noch zu einem Wert von 130 Millionen Francs gekommen. Aber auch das war gegenüber dem verausgabten Gesamtkapital für die Obligationsbesitzer immer noch äußerst kümmerlich. Die rumänische Regierung kam daher selbst zu der Auffassung, daß diese Abschätzung keine Grundlage für eine Einigung mit den Obligationsbesitzern bot.

Strousberg sah in den Abschätzungen ohnehin nur einen Teil des gegen ihn gerichteten Komplotts. Nach seiner Meinung sollten die bisher vorliegenden Ergebnisse des Bahnbaus möglichst niedrig und der noch zu erbringende Aufwand für die Fertigstellung so hoch wie möglich taxiert werden. Als Motiv dafür bot er gleich zwei Varianten an: Die Rumänen wollten die Bahnen entweder selbst billig in die eigenen Hände bekommen oder sie zu einem günstigen Preis seinem Konkurrenten Ofenheim zuschanzen.[76] Die erste Vermutung schied allein schon deshalb aus, weil der rumänische Staat wegen seiner leeren Kassen gar nicht in der Lage war, eine nennenswerte Entschädigung zu zahlen und den Weiterbau in eigener Regie zu finanzieren. Daß Ofenheim ziemlich weitgehende Unterstützung bei maßgebenden Kreisen in Bukarest, besonders bei der Bank de Romanie, genoß, die nach dem Sturz Strousbergs noch stärker geworden war, kann allerdings nicht bestritten werden. Sicherlich versuchten Ofenheims rumänische Helfer auch, ihn statt Strousberg in den Sattel zu heben. Doch letztlich vergeblich.

Was den Vorwurf der manipulierten Taxierung betrifft, so war Rumänien allerdings daran interessiert, die eventuelle Entschädigungssumme möglichst niedrig zu halten, um neue Interessenten für den

Weiterbau der Bahn zu gewinnen und sie nicht von vornherein durch den hohen finanziellen Aufwand abzuschrecken. Dominierend blieben in der rumänischen Regierung aber immer – schon aus den erwähnten politischen Gründen – die Anstrengungen um eine befriedigende Regelung mit den bisherigen, überwiegend deutschen Kapitalgebern.

Das Bemühen um eine möglichst baldige Einigung wurde von der rumänischen Seite auch durch sehr praktische Gesichtspunkte bestimmt: Die Bahnen sollten schnell weitergebaut und Schaden an den fertigen Anlagen vermieden werden. Die vorgenommene Unterstellung der Strousbergschen Eisenbahnen unter Staatsaufsicht hatte das nicht bewirken können. Im Gegenteil, sie hatte sogar eine Menge an Irritationen bewirkt. L. Bratisch beschrieb sie aus unmittelbarem Erleben: «Seit nun aber die Rumänische Regierung den Betrieb der Strousbergschen Eisenbahnen in die Hand genommen hat, herrscht auf diesen Bahnen bereits eine recht hübsche Verwirrung. Niemand weiß, wer Koch und wer Kellner ist. Die Beamten wissen nicht, ob sie Strousbergsche oder Regierungsbeamte sind, und ob sie die Stellung, welche sie heute inne haben, nicht morgen schon verlieren werden. Selbst die Regierung weiß nicht, ob sie die Bahnen für eigene Rechnung oder für Rechnung der Obligationäre oder für eine neu zu bildende Gesellschaft verwaltet. Dazu kommt noch, daß der Gang der Geschäfte notwendigerweise ein sehr schleppender werden mußte.» Bratisch schlußfolgerte deshalb: «Lange kann sich ein solches Provisorium nicht halten.»[77]

Strousberg hatte die Hoffnung, daß er im Rennen blieb, noch nicht aufgegeben, doch wurde das immer unwahrscheinlicher. Mißmutig verfolgte er die vielfältigen Bemühungen um ein Abkommen, das ihn um seine vermeintlichen Rechte bringen konnte. Ein gewisser Hertel, ein Deutsch-Rumäne, der unter anderem als Feldmesser am Strousbergschen Bahnbau teilgenommen hatte, fühlte sich vielleicht dank seiner Herkunft dazu berufen, als Vermittler zwischen den deutschen und rumänischen Interessen aufzutreten. Bei Strousberg stieß er auf völlige Ablehnung. «Herr Hertel», so Strousberg, «war seiner Stellung nach ebenso berechtigt zu dem von ihm geplanten Unternehmen, wie dazu, den chinesischen Thron zu verlangen.»[78] Hertel schlug vor, daß die Obligationsbesitzer sich zu einer Aktiengesellschaft zusammenschlossen, die dann den Weiterbau übernehmen sollte. Das nötige Kapital sollte durch die Auflage neuer Aktien besorgt werden. Die alten Obligationen wollte Hertel ebenfalls in Aktien umwandeln, so daß die bisherigen Zinsgarantien wegfielen. Nur die bislang noch nicht gezahlten Zinsen sollten von Rumänien übernommen werden.

Was im übrigen die weiteren Forderungen der Obligationsbesitzer betraf, so wurden sie gehalten, diese an Strousberg direkt zu richten. Entsprechend dem Beschluß der Kammer und dem rumänischen Interesse an einer schnellen Regelung enthielt der Plan, was die baldige Gründung der Aktiengesellschaft betraf, eine Frist. Das war durchaus vernünftig. Von Strousberg wurde aber auch dieser Plan nur als ein weiteres Täuschungsmanöver deklariert und zur Diskreditierung der rumänischen Seite benutzt. «Hätte die Regierung eine Ahnung gehabt», bemerkte er dazu, «daß Hertels Plan gelingen könnte, so würde sie ihn kurz abgewiesen haben . . . Die Ausführung mußte beinahe als eine Unmöglichkeit betrachtet werden. Wie hätte man die zahllosen kleinen Obligationsbesitzer erreichen und unter Opfern ihrerseits unter einen Hut bringen und eine Gesellschaft konstituieren sollen, die außerdem die erforderlichen Geldmittel beschaffen könnte.»[79] Aber Hertel setzte sich mit den verschiedenen Vereinen der Obligationsbesitzer in Verbindung und überzeugte sie von seinem Vorschlag. Der in Breslau ansässige Bankier Jacob Landau, den man um Unterstützung gebeten hatte, wandte sich wiederum an Hansemann und Bleichröder mit der Bitte, die Führung bei der Regelung der rumänischen Eisenbahnangelegenheiten zu übernehmen. Bismarck wirkte ebenfalls in diesem Sinne auf die «patriotischen Geldmächte» ein, zumal ihn der Kaiser dringend gebeten hatte, alles zur Rettung der beteiligten Adelsfamilien zu unternehmen. Der Kanzler, der letztlich nicht wirklich ernsthaft an einer internationalen Krise interessiert war und auch nicht recht weiter wußte, erhoffte viel von dem Einfluß und dem Geschick der beiden Bankiers. «Wenn er (Bleichröder – M. O.) mit seinem Arrangement reussiere, so verdiene er sich Gottes Lohn und erweise seinem Land und der Reichsregierung einen nicht hoch genug zu schätzenden Dienst», ließ er

Die große Halle in der Bleichröder-Bank

Bleichröder wissen.[80] Hansemann und Bleichröder sagten denn auch zu, sich der rumänischen Angelegenheit, die inzwischen zu einer «nationalen» Sache geworden war, anzunehmen. Graf Heinrich von Lehndorf, dem Generaladjutanten des Kaisers und Bruder von Strousbergs Mitkonzessionär, fiel offenbar ein Stein vom Herzen. Er dankte Bleichröder lebhaft für sein Interesse und bestellte vom Kaiser: «Allerhöchstderselbe dankt Ihnen.»[81]

Den beiden Finanzgewaltigen dürfte es nicht allzu schwer gefallen sein, ihre Unterstützung zuzusagen, denn ein Erfolg mußte das Prestige der Hansemann und Bleichröder weiter erhöhen. Selbst wenn die rumänischen Eisenbahnen in der verfahrenen Situation auf den ersten Blick keinen großen finanziellen Profit versprachen, so brachte ihnen ihr Engagement doch neue Möglichkeiten auf Zugewinn aus Strousbergs Imperium und außerdem langfristigen Einfluß auf Rumänien. Noch Ende des Jahres 1871 gründeten sie mit den Obligationsbesitzern die Rumänische Eisenbahn-Aktiengesellschaft und tauschten bis zum Jahresende bereits neunzig Prozent der Obligationen in Aktien um. Die neue Aktiengesellschaft erklärte sich bereit, die Konzession, die Strousberg und Kompagnons besessen hatten, zu

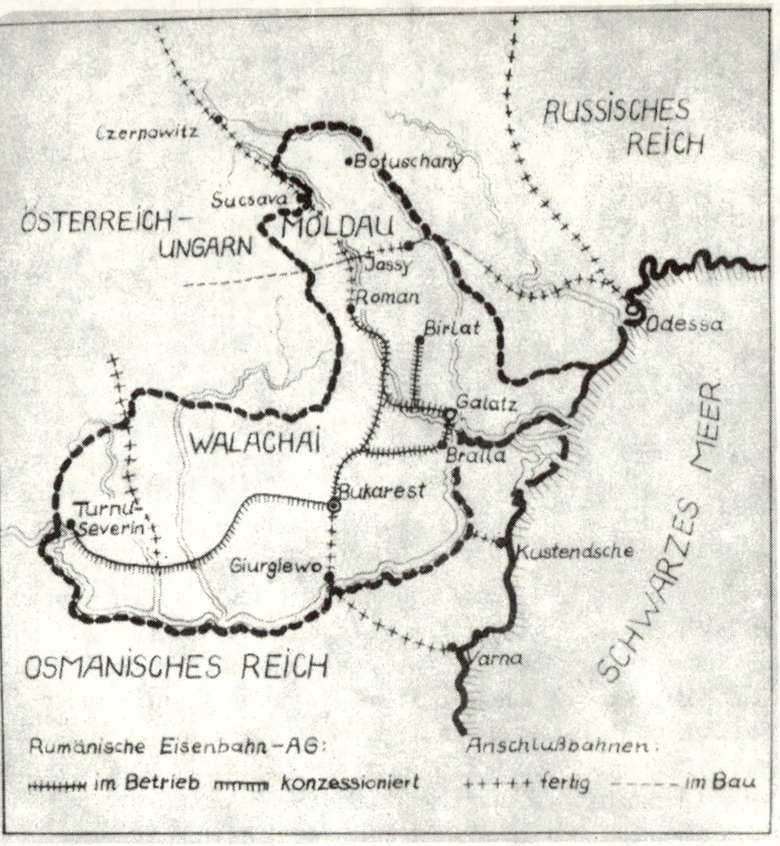

Skizze des rumänischen Eisenbahnnetzes im Jahre 1871

übernehmen und den Bahnbau zu vollenden. Über die weiteren Modalitäten gab es allerdings auf deutscher und rumänischer Seite unterschiedliche Auffassungen, die den Abschluß eines Abkommens noch eine Zeitlang fraglich machten.

Zwischenzeitlich hatte sich auch Fürst Karl Anton nochmals in die Verhandlungen eingeschaltet und seinen Sohn in Bukarest beschworen, alles zu tun, um eine befriedigende Regelung zu erzielen. «Mit Spannung», schrieb er ihm im November 1871, «verfolgen wir jetzt die Kammerverhandlungen ... Wenn man Strousberg und Konsorten auch gründlich fallen lassen will, so existieren andererseits heilige Verpflichtungen gegen alle jene, die im Vertrauen auf die Solidität des rumänischen Staates ihre Ersparnisse in Bahnobligationen angelegt haben. Von der endgültigen Entscheidung über diese Frage wird es abhängen, ob Rumänien als den anderen Staaten ebenbürtig gelten wird oder nicht. Aller Augen sind dahin gerichtet.»[82]

Zu gleicher Zeit setzte Bismarck seine Bemühungen fort, die Türkei – wo sich, wie berichtet, nach dem Tode Ali Paschas eine Wandlung vollzogen hatte – zu bewegen, sich für die deutschen Interessen stärker einzusetzen. Es begann daraufhin ein heftiger Depeschenwechsel zwischen Konstantinopel und Bukarest, wobei die Türkei, dem deutschen Druck nunmehr nachgebend, von Rumänien ziemlich massiv die Regelung der Eisenbahnfrage im Sinne der deutschen Vorschläge verlangte.[83] Der rumänische Vertreter in Konstantinopel, Strat, zeigte sich denn auch sehr beunruhigt von der neuen Haltung der Türkei und wies auf den Ernst der Situation hin. So empfahl er seiner Regierung dringend die Einigung mit der deutschen Seite. In der Lebensbeschreibung des Fürsten Karl heißt es dazu unter dem 23. Dezember 1871: «Strat telegraphiert von neuem, daß man nach der offiziellen Erklärung, die Herr v. Radowitz bei der Hohen Pfordte abgegeben, in Berlin kein anderer Ausgleich, als der von Bleichröder vorgeschlagene, angenommen werden würde: sollte Rumänien auf einem anderen Arrangement bestehen wollen, dann würde Preußen eine Konferenz berufen.»[84]

In Rumänien sah man deutlich, daß dies den Verlust der Autonomierechte bedeuten konnte, die man sich bis jetzt erkämpft hatte. Hinzu kam, daß es bis jetzt keinerlei diplomatische Unterstützung durch andere Mächte gegeben hatte. Am 29. Dezember drängte dann auch der englische Generalkonsul nachdrücklich darauf, die deutschen Vorschläge anzunehmen. In Anbetracht dieser Situation stimmte dann nach einigen Veränderungen und nach Befürwortung durch die Regierung schließlich auch die rumänische Kammer dem im wesentlichen durch Bleichröder ausgehandelten Abkommen, das außerdem Vorschläge Hertels berücksichtigte, zu. Die neugegründete Aktiengesellschaft bekam danach für die Fertigstellung der Bahnen eine Frist von drei Jahren und das Recht, für die weitere Finanzierung zusätzliche Aktien auflegen zu lassen. Rumänien erklärte sich bereit, für die noch zu errichtenden Bahnlinien gleichfalls eine Zinsgarantie zu übernehmen und einen Teil der Strecken – sicherlich schweren Herzens – als betriebsfähig zu erklären, mußte man dann doch ab 1. Januar 1872 auch dafür die Zinsen übernehmen. Wegen der früheren Zinsraten wurden die Obligationsbesitzer an Strousberg verwiesen. Die Zustimmung der rumänischen Kammer zu diesem Abkommen erfolgte gegen eine sehr starke Opposition. Jene Abgeordneten sahen die rumänischen Belange – sicher nicht zu Unrecht – nur unzureichend berücksichtigt. Doch immerhin konnte man mit dieser Entscheidung, die wesentlich von politischen Gesichtspunkten bestimmt wurde, leben und eine internationale Krise von dem Land abwenden.

Strousbergs Verdächtigungen, daß Rumänien die Bahnen nur billig für sich erwerben oder seinem Rivalen Ofenheim zuschanzen wollte, hatten sich somit als gegenstandslos erwiesen. Aber Strousberg besaß auch dafür eine Erklärung. «Diese Wendung der Hertelschen Bestrebungen», erklärte er, «kam wie ein Schlag aus heiterem Himmel; die Patrioten in der rumänischen Kammer hatten sich schon die Hände gerieben über die laut Tax-Preis bevorstehende billige Acquisition der Bahnen, als plötzlich eine Finanzgruppe erschien, mit der an sich nicht zu spaßen war und die Einfluß genug besaß, um durch ihr Urteil Rumänien für ewig vom europäischen Geldmarkt auszuschließen. Eine gewisse Unterstützung der preußischen Behörden im Interesse der deutschen Obligationsbesitzer soll auch nicht gefehlt haben, und nun mußte man sich entschließen, gute Miene zum bösen Spiel zu machen und der Kammer ein Gesetz, entsprechend den Hertelschen Bedingungen, vorzulegen.»[85]

Die Finanzgruppe, mit der «nicht zu spaßen war», spaßte allerdings auch nicht mit Strousberg. Während sich Bleichröder mehr auf die Verhandlungen mit Rumänien konzentrierte, widmete sich Hansemann besonders Strousberg.[86] Der Bankier hatte sich zum Ziel gesetzt, das Kapital für den Weiterbau der Bahnen zu beschaffen und die Obligationsbesitzer nach Möglichkeit zu entschädigen. Dazu sollte Strousberg erheblich beitragen. Wie Fürst Karl Anton seinem Sohn schon angekündigt hatte, schien jetzt der Zeitpunkt gekommen zu sein, Strousberg in die Tiefe zu stürzen. Hansemann machte Strousberg klar, daß er und seine Mitkonzessionäre auf alle Rechte an den rumänischen Bahnen verzichten müßten und darüber hinaus einen erheblichen finanziellen Beitrag zu ihrer Ablösung zu erbringen hätten. Von seiten Hansemanns müssen die Gespräche außerordentlich hart geführt worden sein. Er scheint Strousberg die Ausweglosigkeit seiner Situation sehr drastisch vor Augen geführt zu haben. In seiner Niederschrift enthält sich Strousberg darüber jeden Kommentars, und er äußerte sich, für ihn ungewohnt, sehr vorsichtig über diesen Bankier. Seine Formulierungen gingen nicht über solche Einschätzungen hinaus wie: «Da prägt sich sein Wille durch Ausschluß jedes anderen aus» oder «Er ist nicht unempfänglich für die Gedanken anderer, ist aber sein Wille einmal gefaßt, so ist keine Beeinflussung weiter möglich, und in dieser Beharrlichkeit liegt eben seine Kraft.»[87]

Vor dieser Kraft, gepaart mit den besseren Karten, die Hansemann in diesem Spiel hatte – er konnte Strousberg ja von allen Kreditquellen ausschließen –, mußte sich der angeschlagene Eisenbahnkönig schließlich beugen. Anfang des Jahres 1872 verzichteten er und seine Mitkonzessionäre offiziell auf alle Rechte an den rumänischen Eisenbahnen bei gleichzeitiger Verpflichtung zur Rückzahlung von sechs Millionen Talern. Davon waren vier Millionen von Strousberg sofort aufzubringen und zwei Millionen durch die Verpfändung von Teilen seines Besitzes zu sichern. Bei einem eventuellen Ausfall der gepfändeten zwei Millionen Taler sollten die Mitkonzessionäre bis zu jeweils 500 000 Taler belastet werden können. Mit dem Verzicht auf die Rechte an den rumänischen Bahnen war natürlich auch der Traum endgültig ausgeträumt, diese auf siebzig Jahre betreiben und viele Millionen Taler damit einnehmen zu können.

Die vier Millionen, die Strousberg sofort aufzubringen hatte, standen ihm natürlich nicht in bar zur Verfügung, sondern ließen sich nur durch umfangreiche Verkäufe aus seinem Besitz aufbringen. Dabei wollte ihm die Disconto-Gesellschaft, vor allem natürlich die eigenen Interessen im Auge habend, «behilflich» sein. Sie nahm ihm vor allem Aktienpakete aus dem Eisenbahn- und schwerindustriellen Bereich ab, denn gerade hier wollte sie selbst Erbe des Eisenbahnkönigs werden. Daß er dieser ziemlich offenkundigen Absicht nicht größeren Widerstand entgegensetzte, lag wohl an den Zusicherungen Hansemanns, ihn nicht völlig zu ruinieren und ihm einen Rest seines Imperiums zu belassen. Der unverbesserliche Optimist Strousberg machte sich tatsächlich Hoffnungen, mit diesem Rest einen neuen großen Aufstieg starten zu können. Wichtig für Strousbergs so williges Eingehen auf die Vorstellungen Hansemanns dürfte außerdem seine Furcht vor drohender strafrechtlicher Verfolgung gewesen sein. Wegen der Mehrausgabe an rumänischen Eisenbahnobligationen und der Ausplünderung des Bankdepots bei dem Bankier Jaques mußten Strousberg und seine adligen Mitkonzessionäre im ungünstigsten Fall mit einem Strafprozeß rechnen, der mit Haftstrafen enden konnte. Die Rumänen hatten bereits versucht, Strousberg auf diese Weise zu belangen, waren aber daran gescheitert, daß die Staatsanwaltschaft sich weigerte, Anklage zu erheben, weil sie nur in den Obligationsbesitzern Geschädigte zu erkennen glaubte. Hansemann aber gab beruhigende Erklärungen ab und war auch bemüht, ein Gerichtsverfahren in dieser Sache zu verhindern. Dabei ging es ihm vor allem um das Heraushalten der mitbeschuldigten Adligen, aber die konnte man nur schützen, wenn man auch Strousberg verschonte.

Zu den Verkäufen an die Disconto-Gesellschaft gehörten unter anderen die Dortmunder und Harzer Hüttenwerke, erhebliche Aktienpakete deutscher Eisenbahnen, die Hansemann danach zur Verdrängung Strousbergs benutzte, und die Zeitung «Die Post». Darüber hinaus mußte Strousberg auf seinen Besitz an Gütern und Häusern, ohnehin schon stark belastet, hohe Hypotheken eintragen lassen. Seine Mitkonzessionäre blieben bei dieser Regelung, bis auf die erwähnte Bürgschaft, ungeschoren. Der Kaiser nahm das mit großer Befriedigung auf und verlieh Hansemann und Bleichröder für ihr Engagement den Adelstitel. Im «Kladderadatsch» konnte man dazu folgendes fingiertes Börsengespräch lesen:

«Was sagen Sie zu Bleichröder und Hansemann?»
«Zwei arme geschlagene Männer!»
«Was heißt geschlagen?»
«Nu, zu Rittern!»

«Es ist übrigens zum ersten Mal an der Börse, daß Brief gleich Geld ist.»
«Wieso?»
«Nu? Etwa nicht? Der Adelsbrief ist doch Geld!»[88]

Wie einst Wallenstein

An geschlossenem Besitz, mit dem sich noch Geld erwirtschaften ließ, verblieb Strousberg, wenn auch ebenfalls erheblich verpfändet, im wesentlichen nur seine böhmische Herrschaft Zbirow. Dieser wandte er sich denn auch nach Abwicklung der rumänischen Eisenbahnaffäre und der damit verbundenen Zerschlagung seines Imperiums im Jahre 1872 besonders zu. Obwohl er sein Palais in der Wilhelmstraße noch besaß, konnte ihm nun der Aufenthalt in Berlin, wo er vom einst glanzvoll Gefeierten zum großen Buhmann geworden war, nichts mehr bedeuten. So zog er mit seiner Familie nach Zbirow, um dort, allen unangenehmen Begegnungen ausweichend, zu warten, bis Gras über seine Geschichten gewachsen war. An neue Unternehmungen war von Berlin aus ohnehin nicht zu denken. Zbirow dagegen versprach bei richtiger Leitung erhebliche Gewinne abzuwerfen. Abseits von den großen Metropolen gelegen, in denen jeder seiner Schritte verfolgt wurde, wollte Strousberg von hier aus unauffällig seinen Wiederaufstieg vorbereiten. Was er irgendwie noch an flüssigen Mitteln aufbringen konnte, sollte denn auch Zbirow bekommen, um es ertragreich zu machen.

Dazu kam, daß Strousberg, wie schon erwähnt, für Zbirow eine ebensolche Vorliebe hatte wie Wallenstein für sein böhmisches Fürstentum Friedland. Wie dieser träumte Strousberg davon, seine Herrschaft Zbirow mit einer blühenden Wirtschaft zu beglücken, die ihm die Taschen füllte und obendrein Zuneigung und Ehrerbietung der Einheimischen einbrachte. An stattlicher Hofhaltung stand er dem Feldherrn des Dreißigjährigen Krieges ebenfalls nicht nach – trotz seiner wirtschaftlichen Schwierigkeiten. Das war zwar finanziell höchst unvernünftig, verdeckte aber vordergründig, daß es mit dem Eisenbahnkönig bergab ging. So wurde Zbirow für Strousberg kein einsames Exil, denn nach wie vor fanden sich Gäste aus aller Welt bei ihm ein, und wenn auch einige frühere Bekannte fehlten, so sah man sie ersetzt durch neue Gesichter. Eigentlich war es wie immer bei Strousberg. Man wurde glänzend bewirtet und unterhalten, diskutierte wie immer über Gott und die Welt, besprach die Projekte anderer und natürlich, wenn man es wollte, die eigenen.

Eine Idylle wurde Zbirow für Strousberg aber nicht. Mehrere vernichtende Stürme suchten die reichen Waldbestände heim, die ja vorläufig noch die wichtigste Geldquelle in Zbirow waren. Gefördert durch den Windbruch, verbreitete sich der Borkenkäfer außerordentlich. Strousberg mußte zusätzliche Sägewerke errichten lassen, um das angefallene Bruchholz schnell verarbeiten und so den wirtschaftlichen Schaden in Grenzen halten zu können. Im Jahre seiner Übersiedlung nach Zbirow zerstörte außerdem Hochwasser seine Hochofenanlage bei Zbirow. Diese konnte er mit eigenem Kapital allerdings nicht wiederaufbauen. Überhaupt verlangsamte und erschwerte der Mangel an Kapital den raschen Fortschritt der Arbeiten, die er meist schon in den für ihn noch besseren Jahren eingeleitet hatte. Andererseits quälte es ihn geradezu schmerzhaft, an der herrschenden Hochkonjunktur nicht in dem gewünschten Maße teilnehmen zu können. Die riesige Nachfrage nach Eisen- und Stahlprodukten, speziell nach Eisenbahnschienen, Waggonausrüstungen und Brückenteilen, alles Erzeugnisse, die seine Zbirower Werke später in großem Umfang liefern sollten, ging nun an ihm vorüber. Diese Situation verführte ihn denn auch dazu, kaum daß er einem Bankrott gerade noch entgangen war, sich schon wieder nach riskanten Krediten umzusehen, die Zbirow schneller produktionsfähig machen sollten.

Was Strousberg später anderen vorwarf, nämlich daß sie im Hinblick auf die Konjunktur wild investiert hätten, ohne zu beachten, was bei einer verringerten Nachfrage mit der geschaffenen Produktionskapazität passierte, traf auf ihn genauso zu. Strousbergs finanzielle Situation begann sich zwar nach der mit Hansemann vereinbarten Regelung langsam wieder zu bessern – der Verkauf seiner Güter und Stadtgrundstücke hatte mehr eingebracht, als ursprünglich geschätzt –, aber die großen Einnahmen früherer Zeiten aus dem Eisenbahnbau fehlten jetzt. Als Reserve stand ihm eigentlich

Aus dem Besitz von Strousberg:
Die Gänserupferinnen (Gemälde von Max Liebermann)

nur noch sein Berliner Palais und seine Gemäldesammlung zur Verfügung. Seine Hoffnung, aus dem Kontrakt mit der Hannover–Altenbekener–Eisenbahn noch Zahlungen in Millionenhöhe zu bekommen, erfüllte sich nicht. Auch die Antwerpener Hafenanlage, die ihm später einmal große Gewinne bringen sollte, brauchte vorerst selbst noch viel Kapital. Für den Ausbau von Zbirow war das, was er an eigenem Kapital einsetzen konnte, daher relativ wenig. Dazu kam, daß Strousberg in zahlreiche Prozesse verwickelt wurde, die mit seinen verschiedenen Unternehmungen zusammenhingen. Da Strousberg inzwischen in Deutschland zu einer mißliebigen Person geworden war, bot er eine aussichtsreiche Zielscheibe, was viele frühere Geschäfts«freunde» veranlaßte, Prozesse gegen ihn anzustrengen. So klagte die Norddeutsche Bank wegen Nichteinhaltung eines Versprechens beim Bau der Bahnlinie Halle–Sorau–Guben erfolgreich auf 150 000 Taler Schadenersatz. Die Berliner Handelsgesellschaft erstritt die gleiche Summe. Die Ursache für ihr Vorgehen gegen ihn sah Strousberg übrigens in seiner Verbindung mit der Konkurrenzbank Disconto-Gesellschaft. Der preußische Finanzminister forderte 150 000 Taler Nachzahlungen an den Fiskus. Ein gewisser Schepeter in Riga bekam sogar 300 000 Taler für Provisionen gegen Strousberg zugesprochen. Der so Bedrängte verlor jeden Prozeß, den er führte, wobei die Zahlungen insgesamt eine Million Taler überstiegen. «Niemand hatte eine höhere Meinung von der über alle Zweifel erhabenen Ehrenhaftigkeit unserer Richter als ich», äußerte dazu Strousberg, wohl kaum ironisch, sondern eher vorsichtig. «Ich behaupte aber», fuhr er fort, «viele dieser Prozesse dürfte ich nicht verloren haben, und ich kann es mir nur erklären, daß die Richter von der allgemeinen Eingenommenheit gegen mich unwillkürlich berührt waren, und daß dieses, wo es auf Anschauung ankam, sie für die Auffassung der Gegenpartei geneigt machte.»[89]

Machtlos, mit verhaltenem Zorn, mußte Strousberg zusehen, wie die Disconto-Gesellschaft ihn aus allen deutschen Eisenbahngesellschaften, in denen er Einfluß besaß, hinausdrängte. In einer späteren Festschrift, in der sich die Disconto-Gesellschaft für dieses Vorgehen lobte, wurde die Ausgangssituation beschrieben: «Strousberg leitete nicht nur den Bau derselben, sondern beherrschte meist auch ihre Verwaltung, gleichviel in welcher Form der Entreprise der Bau ausgeführt wurde, und aus welchen Mitgliedern die Direktion und der Verwaltungsrat sich zusammensetzten. Ebenso hing die finanzielle Entwicklung dieser Unternehmungen von ihm ab, da sich die Aktien derselben, welche er bei dem im Wege der Entreprise ausgeführten Bau in Zahlung nahm, in seiner Hand vereinigten.»[90]

Was sie hier beanstandete, die Machtkonzentration in einer Hand, beanspruchte die Disconto-Gesellschaft für sich selbst ganz ungeniert. Mit eigenen Aktienpaketen sowie mit von Kunden und Geld geborgten Aktien marschierte sie in die Aktionärsversammlungen und ließ mit ihrer Stimmenmehrheit ihre Vertreter in die Aufsichtsräte wählen. So ging sie unter anderem auch bei der Berlin–Görlitzer–Eisenbahn vor. «Schonungslos wie das Verfahren bis dahin gewesen», äußerte Strousberg dazu, «wurde es bei der ersten Sitzung fortgesetzt, Geheimrat Wilckens, vom Aufsichtsrat der Disconto-Gesellschaft, wurde zum Vorsitzenden gewählt und, soweit das tunlich war, wurde vom Sieg ausgedehnter Gebrauch gemacht.»[91]

Mit dem Hinweis darauf, daß der Bauunternehmer, dem er vorher seinen Bauvertrag überlassen hatte, ein Mann Strousbergs sei, zwang man ihn, auf die Leitung des Verwaltungsrates der Bahn zu verzichten. Auf Grund der absoluten Machtstellung, die die Disconto-Gesellschaft erworben hatte, schied Strousberg nicht einmal ungern aus. «Was mir völlig zum Überdruß war», bemerkte er dazu, «war der Umstand, daß wir eigentlich gar keine selbständige Körperschaft waren, die Parole wurde von der Disconto-Gesellschaft ausgegeben.»[92]

Strousberg befand sich gegenüber der Disconto-Gesellschaft, seinem alten Feind, in einer schwierigen Lage. Mit offenem Visier konnte er sie nicht angreifen, ja sich nicht einmal gegen seine «Schutzmacht» wehren. «Ich selbst . . .», charakterisierte er die Situation, «war daher nicht in der Lage, aggressiv auftreten zu können, und so blieb mir nichts übrig, als mich überstimmen zu lassen.»[93]

Die harten Geschäftspraktiken der Disconto-Gesellschaft zeigten sich auch bei der Hinausdrängung Strousbergs aus der Hannover–Altenbekener–Eisenbahn. Die Disconto-Gesellschaft wollte zusammen mit der mit ihr liierten Magdeburg–Halberstädter–Eisenbahn die von Strousberg zu errichtende Bahn in die Hand bekommen. Unter Ausnutzung seiner Lage diktierten ihm beide Gesellschaften einen Vertrag, dem man den erpresserischen Druck, unter dem er abgeschlossen worden war, förmlich ansah. Strousberg wurde gezwungen, der Disconto-Gesellschaft und der Magdeburg-Halberstädter-Eisenbahn ein großes Aktienpaket der neuen Bahn zu verkaufen und sie an seinem Bauauftrag mit einer Gewinngarantie von 600 000 Talern zu beteiligen, ohne daß diese «Partner» für eintretende Verluste hafteten. Von seinen monatlichen Einnahmen mußte er jeweils einen entsprechenden Anteil an sie überweisen, blieben aber die Überschüsse aus, so wurde mit diesem Anteilsbetrag sein Schuldenkonto belastet. «Ich war kampfunfähig», so bezeichnete Strousberg seine Situation, «und mußte mit schwerem Herzen einen Vertrag eingehen, der seinem Charakter nach fast unmoralisch zu bezeichnen ist und in der Ausführung mich aufs Äußerste geschädigt hat.»[94]

Später, als man ihn nicht mehr benötigte, wurde Strousberg sogar völlig ausgeschaltet und gezwungen, seinen Bauvertrag an einen anderen, der Disconto-Gesellschaft bequemeren Unternehmer zu übertragen. Ein Teil seiner eigenen Forderungen, die aus seinen Bauleistungen resultierten, fiel damit gleichfalls unter den Tisch, wenn darüber auch noch jahrelang vor Gerichten gestritten wurde. Das Unternehmen Hannover–Altenbeken belastete ihn darüber hinaus auch dadurch noch einige Jahre, daß er Kredite abzahlen mußte, die er während des Baus aufgenommen hatte.

Diese Kämpfe nahmen ihn im abgelegenen Zbirow erheblich in Anspruch. Einen Schlußstrich unter seine Karriere als Eisenbahnkönig zu setzen, kam ihm trotzdem nicht in den Sinn. So viel, um das Leben eines wohlhabenden, ja reichen Mannes führen zu können, war ihm immer noch geblieben. In dieser Zeit kam, obwohl es naheliegend schien, die frühere Vision eines bescheideneren und ruhigeren Lebens gar nicht mehr auf. Ehrgeiz und Eitelkeit, von denen er besessen war, ließen ihm wohl keine andere Wahl mehr. «Unter den langandauernden Wahnbildern von Macht, Größe und Reichtum», schrieb Hermann Heiberg, der Strousberg persönlich gut kannte, «verzehrte ihn ein brennendes Fieber. Obwohl er ja schon früh diesen Wahnbildern folgte, waren sie doch in seinen jungen Jahren noch eingerahmt von Vorstellungen einer anstrebenswerten beschaulichen Tätigkeit eines Landedelmannes, der seinen geistigen Neigungen folgte. Davon war nichts mehr übrig geblieben.»[95]

Der Erfolg ging ihm jetzt über alles, dennoch war aus ihm ein Geschäftsmann im üblichen Sinn immer noch nicht geworden. Das war er nur dem Anschein nach. Seine Phantasie, die er für die Realität nahm, und seine Illusionen, die er für ordentliche Kalkulationen hielt, ließen ihn immer unsolid erscheinen und gefährdeten stets und ständig seine Unternehmungen. «Er war weder pünktlich noch zuverlässig», charakterisierte ihn Heiberg, «weder klug berechnend rücksichtsvoll um seines Vorteils willen, ja sogar unklug und unvorsichtig in seinen Reden, um einen kleinlichen Erfolg der Bewunderung. Strousberg war mit samt seinen Gaben ein gefährlicher Phantast, und nur seine gleichzeitig glänzende Verstandesdivination und das unerhörte Glück seiner Erfolge haben es ermöglicht, daß dieser Mann zeitweilig eine so große Rolle hat spielen können.»[96] Und da war natürlich auch noch das System Strousberg. Er hatte sich und anderen bewiesen, daß man damit Eisenbahnen bauen konnte. Und wie ein Spieler, der mehrmals hintereinander gewonnen hat, so glaubte auch er ein System zu haben, mit dem man die Spielbank sprengen konnte. Trotz aller Rückschläge gab er die Hoffnung auf den großen Erfolg, der ihn aus seinen Schwierigkeiten und von seinen Feinden befreien sollte, nicht auf.

Es erwies sich aber bald, daß Zbirow nicht der richtige Ort war, von dem aus man Geschäfte großen Stils machen konnte. Da Berlin und Wien für ihn ebenfalls nicht in Frage kamen, sah er sich nach einem besser geeigneten Platz um. Es lag nahe, daß seine Wahl dabei auf London, seine langjährige Heimat, fiel. In London, dessen Geschäftsleben ihm vertraut war, würde er auch seine Gläubiger besser auf Distanz halten können und die Angriffe in der deutschen Presse nicht zur Kenntnis nehmen müssen. London schien ihm außerdem geeignet, um unbelasteter neue Geschäfte anbahnen zu können, speziell dachte er dabei an die Gründung einer Gesellschaft zum Ausbau der Antwerpener Hafenanlagen. In Berlin und Wien scheute man doch sehr davor zurück, sich an neuen Gründungen Strousbergs zu beteiligen. So zog Strousberg im Frühjahr 1873 mit seiner Familie nach London, um von Englands Hauptstadt aus seinen Wiederaufstieg einzuleiten. Offensichtlich war er von dem Neubeginn anfangs auch nicht enttäuscht. «Ich richtete mich dort», bemerkte er, «entsprechend der Stellung, die ich einnehmen wollte, und meinen Zwecken angemessen ein, eröffnete mein Büro und fand alle meine Erwartungen übertroffen. Von allen Seiten strömten mir Offerten und Anerbietungen zu, Bahnbauten in allen Himmelsrichtungen, und ich war im vollsten Zuge die verschiedenen Unternehmungen zu prüfen, um für mich das Beste zu entscheiden.»[97]

Laskers Angriff

In Berlin war der Name Strousbergs inzwischen wieder in aller Munde. Im Januar und Februar 1873 hatte der liberale Parteiführer Eduard Lasker mit zwei Reden im Preußischen Abgeordnetenhaus,

Eduard Lasker

die das Gründerwesen, speziell das Eisenbahnkonzessionswesen betrafen, großes Aufsehen erregt. Strousberg machte er dabei zu einem Hauptangeklagten. Lasker prangerte das «System Strousberg», das nach seiner Auffassung mit der Ostpreußischen Südbahn begonnen und mit dem rumänischen Eisenbahnbau geendet hatte, auf das heftigste an. Anfang und Endpunkt schlossen für Lasker alles ein, was an dem System krankhaft und verwerflich war. Im Aufstieg und Fall Strousbergs, den er für den Prototyp des Gründers hielt, sah Lasker auch den Wert des Systems ausgedrückt. Er beschuldigte Strousberg, seine Geldgeber bei der Ostpreußischen Südbahn um ihr Geld gebracht zu haben, und verwies darauf, daß der Kurs noch immer unter der Hälfte des Nominalwertes der Aktien stand. Durch die Praktiken im rumänischen Eisenbahnbau habe der deutsche Name im Ausland Schaden erlitten, und unendliches Unglück sei über zahlreiche Bürger des eigenen Landes gebracht worden.

Lasker richtete seinen Angriff auch gegen den Minister von Itzenplitz wegen dessen Förderung des Strousbergschen Systems. «So ist das System Strousberg über eine sehr weite Fläche der Monarchie verbreitet worden», stellte Lasker fest, «und es ist mir glaubhaft versichert worden, daß gar nicht selten der Herr Handelsminister schon in den ersten Stadien solchen, die sich um die Genehmigung zu Vorarbeiten bei ihm bewarben, Anweisung gegeben hat, sie möchten sich mit Strousberg in Verbindung setzen, weil dieser schon Schritte getan hat, um die Vorarbeiten zu machen.»[98] Schonungslos deckte Lasker alle Sünden des Systems der Generalauftragnehmer auf, wie Bereicherung der Gründer, falsche Kalkulationen, Gesetzesverletzungen, Steuerhinterziehungen, Verteuerung des Bahnbaus, schlechte Bauausführung und allgemeine Korrumpierung. «Ich stelle ‹ehrlich››, rief er empört aus, «in Gegensatz zu diesem System.»[99]

Alles, was Lasker vortrug, war durchaus begründet, und seine parlamentarischen Zuhörer wußten das. Die auf durchschlagende Wirkung angelegten Reden verfehlten denn auch nicht ihr Ziel. Unter deren Eindruck äußerte der Herzog von Ujest gegenüber seinem Schwiegersohn Graf Frankenberg: «Ich mache mich auf drei Monate Gefängnis gefaßt.» Und Frankenberg schrieb in sein Tagebuch: «Heute muß jeder froh sein, der keine Eisenbahnkonzession erhalten hat.»[100]

Der Eisenbahnhistoriker Karl Ottmann unterstrich die Gewichtigkeit des Auftretens Laskers ebenfalls. «Sicher . . . bedeutete die Rede die Todesstunde für das Eisenbahngeschäft Strousbergs und ihr Eindruck war in der damaligen Zeit so stark, daß man sie zu den Parlamentsreden rechnen muß, die Geschichte gemacht haben», schrieb er dazu.[101] Lasker richtete seinen Angriff nicht nur gegen Strousberg und Itzenplitz, sondern auch gegen den Geheimrat Hermann Wagener, einen einflußreichen konservativen Ministerialbeamten der Preußischen Regierung. Dieser war Mitbegründer der Pommerschen Zentralbahn und hatte seine dienstliche Stellung für den Erhalt der Konzession benutzt. Durch den Bau der Bahn wollte er sich gleich einen zweifachen Vorteil verschaffen: die bessere verkehrsmäßige Erschließung seines Rittergutes und die Festigung seiner Position als Abgeordneter seines pommerschen Wahlkreises. Auch am Beispiel der Pommerschen Zentralbahn hatte Lasker so Gelegenheit, das System der Generalauftragnahme und die damit verbundenen Schwindeleien gründlich zu geißeln. Ein ungeschickter Versuch der Regierung, sich im Abgeordnetenhaus vor Wagener zu stellen, ging total daneben, so daß Wagener in der Folge den Staatsdienst verlassen und sein Abgeordnetenmandat aufgeben mußte. Darüber hinaus wurde er zu 1,8 Millionen Mark Schadenersatz verurteilt, was ihn zusätzlich finanziell ruinierte.

Der Sieg Laskers über Wagener, Strousberg und Itzenplitz war auf alle Fälle überwältigend. Infolge dieser Enthüllungen mußte auch Itzenplitz einige Monate später seinen Ministersessel räumen, trotz seiner schon frühzeitig erfolgten vorsorglichen Distanzierung vom «System Strousberg». Der Namensträger des nun so verrufenen Systems kommentierte die Folgen von Laskers Auftreten für sich selbst so: «Die berühmte Rede des Herrn Lasker im Abgeordnetenhause allein hat mich auf das Empfindlichste verletzt, und durch diese bin ich in einer nicht gut zu machenden und unverdienten Weise geschädigt worden. Alle begleitenden Momente haben dazu beigetragen, dieser Rede eine an sich zwar berechtigte Bedeutung zu geben, deren Wirkungen haben mich aber materiell zu Grunde gerichtet.»[102] Es war aber keineswegs so, wie Strousberg es im Umfeld der hier zitierten Äußerung darstellte, daß Lasker unbewiesene und unbegründete Anklagen gegen ihn vorgebracht hatte. Strousberg verzichtete auch wohlweislich darauf, ihn dafür zu belangen.

Lasker genoß nach seinen Reden höchstes öffentliches Ansehen im Kampf gegen die Auswüchse des Gründertums. Viele, die ebenfalls Dreck am Stecken hatten, waren glücklich, vom Bannstrahl des modernen Cato nicht getroffen worden zu sein. Kaum jemand wehrte sich deshalb oder verteidigte das Geschehene, es gab zudem keine guten Gegenargumente. «Es war grauenerregend», schrieb Rudolph Meyer, «die tiefe Heuchelei zu sehen, mit der die Abgeordneten, welche fast alle die Gründerei und die professionellen Gründer in ihrer Mitte kannten, den Enthüllungen Laskers über die Untaten dreier notorischer Dilettanten (gemeint sind Wagener und seine Gehilfen – M. O.) im Gründen zuhörten. Besonders tadelnswert war das Benehmen der Konservativen, die unter sich selbst einige Gründer hatten, daß sie nicht sofort den Spieß umdrehten und eine genaue Untersuchung aller, auch der liberalen Gründungen forderten.»[103]

In der Tat hatte Lasker die Gründungen seiner liberalen Parteifreunde, von denen es nicht wenige gab, völlig unerwähnt gelassen. Dabei hätte er den führenden Liberalen Bennigsen genausogut für die Mißbräuche im Eisenbahngeschäft verantwortlich machen können. Dessen Taten waren denen Wageners zumindest ebenbürtig. Es ging Lasker ja aber gar nicht allein – und vielleicht noch nicht einmal in erster Linie – um die Beseitigung der Mißstände schlechthin, sondern um die Erlangung politischer Vorteile für die Nationalliberale Partei.

Es kam nicht von ungefähr, daß sich Lasker gerade Wagener und Strousberg zu Hauptangeklagten ausgesucht hatte. Wagener stand in engen Beziehungen zur reaktionären «Kreuzzeitung», war ein bekannter Gegner der Liberalen, für seinen Einfluß auf Regierung und Hof bekannt. Darüber hinaus sollte er die Nachfolge des aus dem Staatsdienst ausscheidenden Geheimrats Wehrmann als vortragender Rat beim Kaiser antreten. Wehrmann aber war Liberaler und mit der Disconto-Gesellschaft Hansemanns eng liiert, in deren Verwaltungsrat er nach seiner Pensionierung auch eintrat. Die Disconto-Gesellschaft ebenso wie die Liberale Partei hatten natürlich kein Interesse daran, diesen einflußreichen Posten beim Kaiser an einen politischen Gegner zu verlieren beziehungsweise an jemanden, der den wirtschaftlichen Zielen der einflußreichen Bank Schaden zufügen konnte. «Und man hatte», schrieb Rudolph Meyer, «gerade ein Geschäft vor, wobei man auf das Herz Sr. Majestät wirken mußte, die Gründung eines Fonds für die ruhmvollen Invaliden, den die Disconto-Gesellschaft dann plündern wollte und geplündert hat.»[104]

Die Disconto-Gesellschaft brachte in diesen Invalidenfonds tatsächlich für rund 20 Millionen Taler Aktien der Bergisch–Märkischen und der Magdeburg–Halberstädter–Eisenbahn ein, von deren Dividenden die Invalidenpensionen zu zahlen waren. Der Staat hatte natürlich an die Fonds Bargeld gegeben, das die Disconto-Gesellschaft für ihre weitere Expansion nutzen konnte. Ein glänzendes Geschäft für die Bank, die an jenen Bahnen erheblich beteiligt war und die Verfügungsgewalt über sie dadurch auch nicht verlor. Für die Abwicklung des Vorhabens stellte Wagener aber eine gewisse Gefahr dar. «Im März 1873 brachte Delbrück die Vorlage im Reichstag ein», bemerkte dazu Meyer. «Vorher aber wurde Wagener beseitigt, der jedenfalls Sr. Majestät ‹den eigentlichen Zweck› dieses Fonds enthüllt haben würde.»[105] Der Sturz Wageners, der ein langjähriger Freund des Reichskanzlers war und stets sein Ohr hatte, traf Bismarck persönlich. Der freikonservative Führer von Kardorff hielt die Reaktion Bismarcks fest: «Bismarck stellte Lasker zur Rede. Als Lasker sich entschuldigte, er habe ihn ja gar nicht angegriffen, erwiderte Bismarck zornig, ‹aber Sie haben so nahe bei mir vorbeigeschossen, daß Sie auch mich um ein Haar getroffen hätten›.»[106]

Bei Laskers Anklagen gegen Strousberg war es ebenfalls nicht allzuschwer, die eigentlichen Absichten zu erkennen. Das Ziel der Gruppe Hansemann–Bleichröder, Strousberg ökonomisch in die Knie zu zwingen, war offenkundig. Was lag also näher, als ihn auch moralisch so zu diskreditieren, daß seine Position in jeder Hinsicht völlig unhaltbar wurde. Hansemann und Bleichröder hatten bekanntlich sehr gute Beziehungen zu den Führern der Liberalen: Bleichröder zog Lasker häufig als Berater heran, und dessen Parteifreund Miquel nahm bei der Disconto-Gesellschaft eine maßgebende Stellung ein. Der Angriff Laskers auf Strousberg hatte jedenfalls auch ökonomisch so durchschlagende Wirkung, daß ein Wiederaufstieg des Eisenbahnkönigs kaum noch möglich erschien. «Mich verfolgte Lasker, d. h. Laskers Rede», bemerkte dazu Strousberg, «wie ein Gespenst in meinem Kredit, in meinem Streben nach neuen Geschäften, in meiner gesellschaftlichen Stellung, kurz überall lähmend, verderblich wirkend.»[107]

Strousberg wurde nun von allen Seiten als der Ziehvater aller üblen Gründer beschimpft, obwohl er in den eigentlichen Gründerjahren, also nach 1871, nur noch wenig Gelegenheit hatte, aktiv zu werden. Man wies jedoch darauf hin, daß nunmehr fast alle Eisenbahnen nach seinem Beispiel gebaut wurden und der Aktienschwindel auf seinem Geschäftsgebaren beruhte, was aber nur bedingt richtig war. Bei allem Einfluß Strousbergs lagen die Ursachen der betrügerischen Gründerei natürlich nicht in der Vorbildwirkung eines einzelnen, sondern in den allgemeinen Profitinteressen des Kapitals. Aber die Schuld eines einzelnen, des «Meisters der Gründer», wie ihn Glagau nennt, sollte auch die Schuld der vielen Gründer verdecken. Im «System Strousberg» wollte man die Ursachen für die Mißstände sehen und nicht im kapitalistischen System. «Die Zeit war aufgeregt», schrieb Strousberg später darüber, «die öffentliche Meinung teilweise

Londoner Börse

gegen mich eingenommen, urteilsfähig waren die wenigsten, und so wirkten die Äußerungen Laskers, in denen er mich als Urheber der wilden Spekulationen, als verderblich für die öffentliche Moral hinstellte, ... positiv verderblich, vernichtend.»[108]

Die Großwetterlage verändert sich

Für Berlin war Strousberg nun zwar ein toter Mann, aber auf London schien sich diese Stimmung nicht auszuwirken. Jedenfalls gibt es dafür keine Hinweise. Er verhandelte gerade zu dieser Zeit mit einer ganzen Zahl von Eisenbahninteressenten aus verschiedenen Ländern, die sich offensichtlich vom stark lädierten Ruf des Eisenbahnkönigs nicht beeindrucken ließen. Zu Abschlüssen mit ihnen aber kam es dennoch nicht. Was sie an Strousberg störte, war wohl in erster Linie dessen völliger Mangel an einsetzbarem Kapital. Strousberg konnte sich jetzt nur noch als Mann mit Erfahrung anbieten, an eine nennenswerte finanzielle Beteiligung war kaum zu denken.

Wiener Börsenkrach im Mai 1873

Von einem Bauunternehmer der General-Entreprise erwartete man jedoch, daß er Sicherheiten mit eigenem Kapital bot. Das war natürlich auch Strousberg klar. Er hoffte jedoch, durch die Gründung einer Aktiengesellschaft für den Antwerpener Hafenbau und die damit verbundene Rückzahlung der ersten Rate der Kaufsumme – sie sollte die Aktiengesellschaft übernehmen – bald wieder Geld in die Hand zu bekommen.

Wäre ihm dieses Vorhaben gelungen, hätte er wahrscheinlich auch neue Eisenbahnaufträge abschließen können. Aber als es fast soweit war, mußte er London überraschend verlassen, um nach Berlin zurückzukehren. Von Wien her waren Anfang Mai drohende Wolken am internationalen Börsenhimmel aufgezogen, die ein heftiges Gewitter ankündigten. In der schönsten Konjunkturperiode hatten die Aktienkurse am 5. Mai an der Wiener Börse unvermittelt einen erheblichen Dämpfer erhalten. Auslöser dafür waren Gerüchte über einen möglichen Zusammenbruch der Franko-Ungarischen Bank und der angesehenen Börsenfirma Mayersberg & Russo. Diese leichte Erschütterung führte dann drei Tage später zu einem Kollaps, als sich achtundsiebzig Unternehmen für bankrott erklärten. Von nun an ging alles sehr schnell. Am folgenden Tag stürzten die Aktienkurse in die Tiefe und lösten zahllose Zusammenbrüche aus. Am 10. Mai wurde der Geschäftsbetrieb an der Börse dann sogar vorübergehend eingestellt. Das Börsenpublikum hatte auf die Kursstürze mit regelrechter Panik reagiert, es kam zu wüsten Beschimpfungen und sogar zu Prügeleien. Und das in den geheiligten Hallen der Börse. Viele verkrafteten es einfach nicht, über Nacht von der hochfliegenden Hoffnung in die tiefste Verzweiflung gestoßen zu werden.

Die Wiener Krise ließ auch die Berliner Börse plötzlich erbeben, denn in Wien und in Berlin handelte man zum großen Teil mit den gleichen Papieren, und zwischen den Bankiers der beiden Hauptstädte gab es enge Beziehungen. Durch den Kurssturz in Wien und das Nachgeben der Kurse in Berlin erlitten die Berliner Bankiers empfindliche Verluste, was sie dazu veranlaßte, ihre Kunden zu drängen, Kredite zurückzuzahlen oder die Sicherheit dafür zu erhöhen. Das traf auch für Strousberg zu, und deshalb war er zu dem unerwünschten Aufenthalt in Berlin gezwungen. Durch Verkäufe aus seinem Besitz, meist schon hoch verpfändet, und Eintreibung eigener Außenstände wollte er seine Geldgeber befriedigen. Bei dieser Gelegenheit mußte er die berühmte Gemäldesammlung für 800 000 Taler opfern. Dennoch blieben die Schwierigkeiten groß. Das Geld für die fällige zweite Rate auf die Antwerpener Zitadelle ließ sich nicht aufbringen, so daß er, schweren Herzens, weil mit so vielen Hoffnungen verbunden, auf ihren Kauf verzichten mußte. Zwar stand ihm nun die Rückzahlung der ersten Rate in Höhe von vier Millionen Francs zu, aber sie verzögerte sich, was ihn zwang, seine Forderung gegen hohe Zinsen verpfänden zu lassen. Wie schwierig die Situation Strousbergs war, wird durch ein Schreiben des Herzogs von Ratibor an Bismarck vom 3. Juli 1873 deutlich. In seinem Brief, der ein bezeichnendes Zeugnis adliger Interessenpolitik ist, bat Ratibor den Reichskanzler, beim Kaiser dafür einzutreten, daß Strousberg Steuergelder in Höhe von 90 000 Talern gestundet bekommt beziehungsweise ihm Ratenzahlungen ermöglicht werden. Ratibor erklärte, Strousberg befände sich durch die eingetretene Geldkrise in Verlegenheit, und bei Ablehnung des Gesuches könnte eine «Katastrophe» eintreten, «die möglicherweise seinen Ruin herbeiführen würde». Daß er selbst ein persönliches Interesse daran hatte, das zu verhindern, verhehlte Ratibor dabei nicht. Ebenso wie sein Schwager, der Herzog von Ujest, und Graf Lehndorff-Steinort müßte er als Mitkonzessionär der Rumänischen Eisenbahnen die vereinbarte Garantie für Strousbergs Schulden tragen. Durch die Bewilligung seines Gesuches sah Ratibor aber die Möglichkeit, daß, wie er schrieb, «wir vor großem Schaden bewahrt werden könnten».[109]

Obwohl das Donnern in Wien die Berliner Börse zittern und die Kreditquellen fast versiegen ließ, erfüllten sich die Befürchtungen, es käme zu ähnlichen Verhältnissen wie in Wien, vorerst nicht. Nach dem ersten Schrecken wurde denn auch die Berliner Börse langsam wieder selbstbewußter. Hatte man Laskers Attacke auf die Auswüchse des Gründerwesens überstanden, so würde man mit der Wiener Krise ebenfalls fertig werden. Eine Begründung, warum die Börsenkatastrophe Berlin nicht hatte erreichen können, fand sich schnell. Mit «pharisäischem Stolz», schrieb Rudolph Meyer, verwies man auf die in Deutschland «viel solideren Verhältnisse», die so etwas verhindert hätten.[110] An dieser Überzeugung änderten auch die Zusammenbrüche einzelner Unternehmen nichts. Man bewertete sie sogar positiv als einen gewissen Selbstreinigungsprozeß der Wirtschaft. – Und dann war die Katastrophe plötzlich doch da.

Das zur Schau gestellte Selbstbewußtsein und die Selbstberuhigungsformeln halfen ebensowenig wie die hektische Betriebsamkeit der Börse. «Über Nacht», schrieb der zeitgenössische Chronist Felix Philippi, «wurde der deutsche Sprachschatz um ein ... Wort bereichert, welches jäh durch die Stadt gellte, welches viele tausend Existenzen ruinierte, die großen Piraten und die kleineren Strandräuber, welches namenloses Unglück über zahllose solide Familien brachte und das ganze wirtschaftliche Leben plötzlich brachlegte, und dieses Wort hieß der ‹Krach›! ‹Krach› hallte es durch die Paläste der Herzöge, durch die Couloirs des Parlaments, durch die Hallen der Börse, durch die Villen der Reichen, durch Hofwohnungen, durch Obst- und Milchkeller. Krach! Krach! Und dieses unübersehbare Leichenfeld war bedeckt mit den bewußten Sündern, den großen Kommandanten, denen recht geschah, leider aber viel mehr noch mit kleinen Rekruten, welche mit ins Kampfgewirr geraten waren und sich verbluten mußten. Krach! Krach! Und durch ganz Deutschland hallte es, dieses kleine zermalmende Wort, und von der Donau, der Seine, der Themse und dem Tiber grollte es zurück, dieses furchtbare und unvergeßliche Wort!»[111]

Gründerkrach

Wie im Frühjahr in Wien, so stand auch in Berlin im Oktober 1873 eine spektakuläre Pleite am Beginn des Krachs. Aber ausgelöst wurde er nicht, wie man vermuten könnte, durch den Zusammenbruch Strousbergs, der in seinem Sog eine Schar von Gläubigern mit in die Tiefe gerissen hätte, sondern durch den Großspekulanten Quistorp. Die Zahlungseinstellung seiner Vereinsbank, die erst kurz vorher ein neues Bürohaus am Hegelplatz bezogen hatte, führte eine Lawine von Zusammenbrüchen herbei, der in der Folge allein siebenundzwanzig Banken zum Opfer fielen.[112] Mit Quistorp stürzte einer der Heroen der Gründerzeit in den Abgrund, der auf der Höhe der Erfolge ebenso hofiert und umschmeichelt worden war wie Strousberg. Durch seine Charlottenburger Bauspekulationen, die ihm auch gesellschaftliche Ehrungen einbrachten, hatte er sogar enge geschäftliche Beziehungen zur königlichen Familie. Noch im April hatte er zu seinem Geburtstag von allen Seiten kostbare Geschenke empfangen. In einem Bericht über diese Feier hieß es: «Um elf Uhr trat der Domchor in Frack und weißer Binde an. Dann kam die Schar der Gratulanten. Ein russischer Großfürst ließ eine Equipage mit zwei prachtvollen Orloffhengsten vorfahren. Frau Quistorp erhielt ein zierliches Juckergespann und so ging es weiter den ganzen Tag.»[113]

So ganz ohne Vorzeichen kam Quistorps Zusammenbruch allerdings nicht. Bereits im Juni war seine Vereinsbank in Zahlungsschwierigkeiten geraten, doch hielt man ihn dadurch noch nicht für ernsthaft gefährdet, obwohl sich schon deutlich abzeichnete, daß die wirtschaftliche Lage insgesamt instabil geworden war. Auf Grund seiner Analyse der ökonomischen Situation hatte Karl Marx schon am

24. Januar 1873 in seinem Nachwort zur zweiten Auflage des «Kapital» den bevorstehenden Beginn der Krise vorhergesagt. «Die widerspruchsvolle Bewegung der kapitalistischen Gesellschaft», schrieb er, «macht sich dem praktischen Bourgeois am schlagendsten fühlbar in den Wechselfällen des periodischen Zyklus, den die moderne Industrie durchläuft, und deren Gipfelpunkt – die allgemeine Krise. Sie ist wieder im Anmarsch, obgleich noch begriffen in den Vorstadien und wird durch die Allseitigkeit des Schauplatzes, wie die Intensität ihrer Wirkung, selbst den Glückspilzen des neuen heiligen, preußisch-deutschen Reiches Dialektik einpauken.»[114]

Hansemann und Bleichröder gehörten offensichtlich zu denjenigen, die den Ausbruch einer Wirtschaftskrise zumindest in ihre Kalkulationen einbezogen. Bleichröder warnte Bismarck sogar vor einer solchen Möglichkeit. Übrigens standen beide Bankiers schon vor der Zahlungseinstellung der Vereinsbank selbst in dem Ruf, in finanziellen Schwierigkeiten zu stecken. So schrieb Werner Siemens an seinen Bruder Wilhelm: «Disconto-Gesellschaft und Bleichröder sollen schon sehr klamm sein, und hat jedes sich ein Darlehen von 15 Millionen von der Regierung geben lassen.»[115] Doch Hansemann und Bleichröder überstanden die Krise, wenn auch nicht ohne Verluste. Ihren Kunden erging es da schon anders. «Das Bleichröder-Archiv», schrieb dazu Fritz Stern, «enthält eine Menge Briefe vornehmer Kunden, die ihre unerwarteten Verluste bejammerten. Gelegentlich klingt in den Klagen auch der Vorwurf gegen Bleichröder auf, wie er es habe zulassen können, daß so etwas passiere, oder, schlimmer noch, wie er so gefährliche Spekulationen ermutigt habe.»[116]

Die Gesamtverluste, die den Aktienbesitzern durch den Sturz der Aktienkurse infolge des Berliner Krachs entstanden, wurden damals auf insgesamt 1,5 Milliarden Taler geschätzt.[117] Hinter dieser Summe standen viele Tausende von Schicksalen, der Ruin zahlreicher Existenzen. Besonders betroffen waren kleine Kaufleute, Handwerker und Gewerbetreibende, die sich an der Spekulation beteiligt hatten. Für sie war der Sturz meist tief. Natürlich machten auch Unternehmer und Bankiers bankrott, doch kamen sie dadurch im allgemeinen noch nicht an den Bettelstab wie die Börsenspieler aus dem Mittelstand. Am meisten erschütterte diese die Tatsache, vor dem Nichts zu stehen. Wie es in einem Verwaltungsbericht der Stadt Charlottenburg vom 14. Oktober 1874 hieß, hatte als Folge des Gründerkrachs «die Zahl der Geisteskranken überhand genommen».[118] Von Regierungsseite sah man diesen Auswirkungen tatenlos zu. Der Präsident des Reichskanzleramtes, Delbrück, hatte schon im April 1873 vor dem Preußischen Abgeordnetenhaus die Haltung der Regierung zu Spekulationsopfern deutlich gemacht. «Es liegt außerhalb der Macht der Gesetzgebung», meinte er, «Leute, die nun einmal ihr Geld los sein wollen, daran zu hindern.»[119] Diese Auffassung bestimmte denn auch die offizielle Haltung zu den sozialen Folgen, die der große Krach hervorrief.

Besonders die Besitzer von Eisenbahnwerten, den bis dahin bevorzugten Spekulationsobjekten, erlitten durch den Kurssturz der Aktien enorme Verluste. Eine Aktie der Hannover–Altenbekener-Eisenbahn stand beispielsweise am Jahresende 1872 noch mit 66 $^1/_4$ Prozent im Kurs, 1875 nur noch mit acht Prozent. Und das war beinahe noch glücklich zu nennen, denn so manche Eisenbahngesellschaft mußte ihren Konkurs erklären. Betroffen waren in erheblichem Maße auch neugegründete Gesellschaften anderer Branchen, die ja häufig reine Schwindelunternehmen waren. Der Gesamtindex der Aktienkurse, der 1872 noch auf 102,4 Prozent stand und im Jahre 1874 auf 66,8 Prozent zurückgegangen war, wies die eigentliche Katastrophe nur sehr unzureichend aus, denn die bankrott gegangenen Firmen wurden hier nicht mehr erfaßt. Die Talfahrt der Aktienkurse setzte sich auch in den folgenden Jahren fort, so daß der Index im Jahre 1877 sogar nur noch 36,8 Prozent betrug. Im Herbst 1873 wollte man bei aller Katastrophenstimmung im allgemeinen weder an eine besonders lange noch an eine besonders intensive Krise glauben. Nicht wenige hofften sogar, daß schon am Jahresende 1873 wieder eine Erholung eintreten werde. Diese Hoffnungen wurden dann von Jahr zu Jahr erneuert, auch als schon längst feststand, daß der Börsenkrach, der zuerst meist schwache Unternehmen dahingerafft hatte, nur der dramatische Aufgalopp einer kapitalistischen Überproduktionskrise war, die einem erheblichen Teil der erzeugten Güter keinen Markt mehr ließ.

Von Strousberg hätte man eigentlich annehmen müssen, daß er

Noch unbeeinflußt von der Krise: Produktionshalle einer Maschinenfabrik

nun endgültig wirtschaftlich zusammenbrechen mußte. Doch das war nicht der Fall. Seine Situation blieb in ihrer instabilen Lage eigentümlicherweise stabil. Zu verkaufen hatte der Eisenbahnkönig nicht mehr viel, das heißt, was er noch besaß, war bis zum höchsten Grade verpfändet. Die Schuldenlast war höher als der Betrag, den er nach dem Beginn der Krise beim Verkauf bekommen hätte. Seine Gläubiger hielten deshalb auch still, weil sie sich unter diesen Umständen von seinem Bankrott nichts versprechen konnten, so daß er den Beginn der Krise ohne sichtbare Erschütterung überstand.

Strousberg war sich, wie aus seiner Selbstdarstellung hervorgeht, über den Charakter der Krise durchaus im klaren. Einen auslösenden und verschärfenden Faktor sah er jedoch in der öffentlichen Agitation gegen das Gründerwesen, besonders in den im Abgeordnetenhaus gehaltenen Reden. «Die Krisis zu schaffen oder gar zu befördern, weil diese der Genesung vorhergehen muß», äußerte er dazu, «wird der eifrigste Homöopath nicht versuchen, denn damit kann man den Kranken töten, jedenfalls ihn schädigen. Dies aber haben die Herren im Abgeordnetenhaus getan, und, wie schon gesagt, damit die Krankheit bedeutend verschlimmert. Hätte man ruhig abgewartet, so hätte sich die Sache von selbst entwickelt und eine natürliche Krisis wäre eingetreten, denn der Schwindel war zu groß, die Gründungen zu gemein und lächerlich, um noch lange zu bestehen; die Krisis wäre also bald gekommen, hätte aber alsdann nur das Schlechte, das Nichtlebensfähige fortgerafft; so aber wurde das Kind mit dem Bade ausgeschüttet und vieles Gute zerstört, vieles Lebensfähige brach und alles mehr als nötig entwertet.»[120] Hier bewertete Strousberg die subjektive Seite, insbesondere das ihm angetane «Ungemach», zu hoch. Die Aufregung, die die Auftritte Laskers und die daran anschließenden Debatten im Abgeordnetenhaus in der Öffentlichkeit hervorgerufen hatten, war aber bereits abgeklungen, und an der Börse war man längst zur Tagesordnung übergegangen, als die Krise so vehement auftrat. Strousbergs Empfehlungen zur Überwindung der Krise, allerdings erst 1876 veröffentlicht, orientierten auf den Verzicht von staatlichen Maßnahmen und auf die Selbstheilung der kranken Wirtschaft. Sie weisen ihn damit als einen typischen Vertreter des wirtschaftlichen Liberalismus aus.

«Wenn Aktion, Reaktion, Krisis und Genesung ebenso natürlich und verwandt sind wie beim menschlichen Organismus», schrieb er, «Tätigkeit, Verbrauch, Ermattung und Erholung, dies aber dort wie hier zur Ernährung, zum Stoffwechsel und zur Erhaltung erforderlich ist, so entsteht die Frage: was man dazu beitragen kann, um Maß zu halten in der Tätigkeit, um Kräfte zur richtigen Zeit zu gewinnen oder wenigstens nicht unnütz zu verbrauchen und Fieber und Abspannung zu vermeiden.»[121] Strousberg schlußfolgerte daraus: «Der gute Arzt wird . . ., hier wie da, sich auf ein Minimum von Tätigkeit beschränken und die Natur sich selbst überlassen.»[122] Solche Meinung, für die Überwindung der Krise anfangs weit verbreitet, trat infolge des lang anhaltenden Rückgangs der Produktion mehr und mehr zurück. Der Ruf nach Staatshilfe, insbesondere nach Schutzzöllen, wurde dagegen immer lauter.

Die ersten Auswirkungen der Krise auf die Produktion betrafen vor allem die Bauindustrie. Quistorp riß als «Baulöwe» sofort zahlreiche

Bauunternehmer mit in den Abgrund, so daß viele Gebäude nicht fertiggestellt werden konnten und die dort beschäftigten Arbeiter entlassen wurden. Auch die Eisen- und Stahlindustrie, die weit über den wirklichen Bedarf produziert hatte, kam in große Schwierigkeiten. Aber nicht alle Wirtschaftszweige wurden gleich hart getroffen, die Textilindustrie konnte sogar noch zulegen. Die uneinheitliche Entwicklung erschwerte eine Zeitlang die Einschätzung der Situation, erst allmählich zeichnete sich ein Rückgang der gesamten industriellen Produktion ab.[123]

Aktien ließen sich, ähnlich wie im Kriege, nur noch mit großen Verlusten absetzen. «Natürlich», schrieb damals Rudolph Meyer, «mußten die großen Gründerhäuser, deren Tresors ja nicht voll baren Geldes, sondern voll ‹industrieller Werte› liegen, diese Krise sehr schwer empfinden: die Fonds nahm ihnen aus dem Publikum niemand ab. Erstens wurde das Publikum von Monat zu Monat selbst ärmer und zweitens traute es selbst den ‹feinsten und größten Häusern› nicht mehr, zumal diese, trotz der riesigsten Opfer, den Kurs ihrer eigenen Papiere nicht hochhalten konnten.»[124]

Durch die Krise und die damit verbundenen Verluste wandelte sich das Bewußtsein der Schichten, die sich so rege am Börsenumsatz beteiligt hatten. Ihr Optimismus, eine ungestörte Wirtschaftsentwicklung und ständig wachsenden Reichtum betreffend, wurde stark erschüttert. Die Irritation war groß: man suchte nach den «Schuldigen» und versuchte zu verstehen, was geschehen war. Kritische Gedanken fanden jetzt auch in der breiteren Öffentlichkeit williges Gehör. Otto Glagau veröffentlichte ab Dezember 1874 sogar in der «Gartenlaube», dem ansonsten nicht gerade auf kritische Beiträge fixierten Familienblatt, eine ganz ungewöhnliche Serie über den Gründungsschwindel in Berlin. Im gleichen Jahr begann auch die «Deutsche Eisenbahn-Zeitung» mit Veröffentlichungen über die fragwürdigen Geschäfte von Politikern und führenden Bankiers. Trotz Verfolgung setzte sie das auch unter ihrem neuen Namen «Deutsche Reichs-Glocke» fort.

Sogar in der erzkonservativen «Kreuzzeitung» erschienen, verfaßt von einem gewissen Perrot, kritische Artikel, die selbst Bismarck nicht ausließen. Diese entlarvenden Berichte von konservativer Seite

Armenspeisung in einer Berliner Volksküche

nahmen nun vor allem Rache an den Liberalen für Laskers Angriffe im Reichstag. Sie enthielten häufig antisemitische Ausfälle, um besonders jüdischen Bankiers und Politikern die Hauptschuld an Korruption und Gründungsschwindel in die Schuhe zu schieben. Diese «Enthüllungen» brachten zwar eine ganze Reihe unbekannter Tatsachen zutage, sie konnten und wollten aber die Ursachen für Gründungsschwindel und Wirtschaftskrise nicht aufdecken. Von anderem Tiefgang war da die Berichterstattung in der Arbeiterpresse, da sie die Ursachen nicht in erster Linie in den Verfehlungen einzelner sah, sondern sie in den bestehenden gesellschaftlichen Verhältnissen suchte.

«Der Volksstaat», das Organ der «Eisenacher» unter Leitung Wilhelm Liebknechts, der dazu eine ganze Reihe von Artikeln brachte, beschäftigte sich Anfang Februar 1874 auch gründlich mit den sozialen Folgen der Krise. Die Zeitung verwies darauf, daß Hunderttausende aus dem Kleinbürgertum die Zeche bezahlen müssen, als Preis dafür, daß der Kleinbürger, der sogenannte Mittelstand, in seinem Dünkel, zur «respektablen Gesellschaft» zu gehören, nichts mit dem «besitzlosen Plebs» zu tun haben wollte. Auf die Zukunft vieler Kleinbürger wies der «Volksstaat» mit großer Klarheit hin: «Ihn hinabzuschleudern in den Strom des Proletariats, der damit nur um so mächtiger anschwillt, aus dem vermeintlich Privilegierten den klar bewußten revolutionären Habenichts zu machen und so die sozialen Gegensätze zu klären und zu schärfen, ist die Tendenz und eine der wichtigsten Aufgaben des gegenwärtigen Zeitalters.»[125]

Am deutlichsten bekam allerdings das Proletariat die Auswirkungen der Krise zu spüren. Viele Arbeiter wurden auf die Straße geworfen und konnten sehen, wie sie zurecht kamen. In Berlin traf dieses Schicksal rund ein Viertel der Beschäftigten in Industrie und Handwerk. Die ihren Arbeitsplatz behalten hatten, wurden noch mehr angetrieben und ausgepowert. Viele sahen daher für sich keine Zukunft mehr in diesem Lande, und ein breiter Auswanderungsstrom ergoß sich nach Übersee. Doch es wuchs auch die Kampfentschlossenheit der Arbeiterklasse, die bestehenden gesellschaftlichen Verhältnisse zu ändern. Immer mehr Proletarier verstanden die Notwendigkeit, sich zu organisieren. Und so erhielten die «Eisenacher» und auch die «Lassalleaner» als die politischen Interessenvertreter der deutschen Arbeiterklasse verstärkten Zulauf. Es verbreitete sich aber auch immer stärker die Idee einer Vereinigung der beiden Arbeiterorganisationen zu einer einheitlichen Partei, um das politische Gewicht der Arbeiterklasse im Klassenkampf zu stärken. Im Mai 1875 wurde das schließlich in Gotha Wirklichkeit.

Silberstreifen am Horizont

Gründerschock

«So groß ist die allgemeine Geschäftslosigkeit, daß es fast gleichgültig erscheint, ob sich die Tendenz als fest oder matt charakterisiert. In den meisten Fällen bleiben die Kurse doch nur nominell, denn sie werden fast nur gesprochen, die Umsätze sind nicht der Rede wert», schrieb die «Norddeutsche Allgemeine Zeitung» Anfang Januar 1874.[1]

Zu schließen brauchte die Börse allerdings nicht. Schon allein die Börsianer, die auf Baisse setzten, das heißt auf das Fallen der Aktienkurse, sorgten für ihren Betrieb. Im allgemeinen fuhren sie dabei nicht einmal schlecht, denn die Aktienwerte fielen – bis auf einige kurzzeitige Aufschwünge – fast beständig. Das große Börsenpublikum aber blieb schockiert. Der Euphorie über das ständige Steigen der Kurse war eine tiefe Angst vor dem Aktienbesitz gefolgt. Wer über Geld verfügte, behielt es jetzt lieber im Sparstrumpf oder kaufte festverzinsbare Staatspapiere. Nun war in erster Linie Sicherheit gefragt.

Viele Industrie- und Eisenbahnunternehmen erbrachten gar keine oder nur noch geringe Zinsen. Als im Januar 1874 die üblichen Zinszahlungen für das Vorjahr fällig wurden, zahlten beispielsweise die Strousberg-Bahnen Halle–Sorau–Guben, Hannover–Altenbeken, Tilsit–Insterburg, die Märkisch–Posener–Bahn und die Ostpreußische Südbahn nichts. Lediglich die Aktien der Berlin–Görlitzer-Bahn und der Rechten Oderuferbahn wurden mit 4,5 beziehungsweise sechs Prozent verzinst. Aber auch die rumänischen Eisenbahnen konnten nach der Neuregelung ihrer Verhältnisse 5,5 Prozent Zinsen auswerfen. Insgesamt jedoch war die Lage sehr prekär und bot keinerlei Anlaß zu optimistischen Spekulationen. Dazu kam, daß selbst bei vielen professionellen Spekulanten durch die zahlreichen Enthüllungen über Finanzskandale und Korruptionsfälle eine gewisse Scheu eintrat, ungeniert an der Börse zu spekulieren. Der Anrüchigkeit, die von ihr ausging, wollte man möglichst aus dem Wege gehen.

Man beschäftigte sich nach der Krise aber nicht nur mit den Problemen der wirtschaftlichen Depression. Auch die Politik, insbesondere gegenüber Frankreich und die Möglichkeiten eines neuen Krieges mit ihm, standen gerade in den Jahren 1874 und 1875 immer wieder im Blickpunkt der Öffentlichkeit. Anlaß zu erregten Diskussionen gab außerdem der sogenannte Kulturkampf Bismarcks, seine Auseinandersetzung mit dem politischen Katholizismus. Vielfach herrschte auch Enttäuschung darüber, was das Kaiserreich mit oder besser, nicht mit sich gebracht hatte, vor allem in den nichtpreußischen Ländern. Die nach wie vor vorhandenen Eigeninteressen der an das Reich angeschlossenen Königreiche und Fürstentümer wurden deshalb wieder verstärkt vertreten. Der Zeitgeist lebte nun nicht mehr von der zufriedenen Selbstgerechtigkeit und ungestörtem Zukunftsglauben. Pessimismus und eine zunehmende Deformierung früherer Wertvorstellungen waren deutlich zu spüren, was speziell die bürgerliche Publizistik lauthals beklagte.

Natürlich waren aus dem Geschäftsleben diejenigen nicht verschwunden, die Chancen für neuen Profit sahen, die Wagemutigen und Berechnenden, die Glücksritter und Nepper, die windigen Versucher und Schwindler. Alle wollten weiterhin Geschäfte machen, und aus ihren Reihen wurden immer wieder verlockende Wege zum großen Geld angepriesen. Die Zeit der Projektemacherei, vielfach der Scheinprojekte, war noch keineswegs vorbei, wenn es auch schwerer geworden war, Interessenten und Leichtgläubige zu finden. Noch lockte der nach wie vor zur Schau gestellte neue Reichtum, das Glück zu versuchen und den Tanz um das Goldene Kalb mitzumachen. Dieser brachte seltsame Blüten hervor. So, wenn, wie in der «Norddeutschen Allgemeinen Zeitung» in einer Annonce zu lesen war, «eine schöne, liebenswürdige, vornehme Dame (23 Jahre) von tadellosem Ruf, geistig und gemüthlich auf das Vorteilhafteste gebildet», einen Ehemann suchte. «Derselbe», hieß es da, «muß den höheren Ständen angehören, adlig sein, ein Vermögen nicht unter 250 000 Taler besitzen und im Alter zwischen 60 und 70 Jahren sein.»[2] Die Ehe war in adligen und bürgerlichen Kreisen eben meistens ein Geschäft, wenn man es auch nicht immer so direkt anging wie die annoncierende junge «Dame».

Den Ehefrauen der neuen Finanzgrößen, denen man im allgemeinen wohl auch nicht gerade Abneigung gegenüber dem Geld nachsagen konnte, gestand ein Chronist dieser Zeit, «gute geistige Anlagen und ein gewisses Verständnis für Geschmack und Geselligkeit» zu. Ihren Ehemännern wurde dagegen der Sinn für Geschmack und Geselligkeit rundweg abgesprochen, auch wenn sie es sich, wie er zufrieden konstatierte, abgewöhnt hätten, bei Gesellschaften von der Börse zu sprechen. «Der Herr und Gebieter dieser Häuser besucht die Börse wie der Arzt die ansteckenden Kranken; alles was an seinen Beruf erinnern könnte», hieß es in der Darstellung, «wird nach der Rückkunft abgelegt, damit er nicht mit der Giftluft infiziert in seine Familie eintritt. In seinem Haus ist er – freilich nur nach seiner eigenen Ansicht – reiner Gentleman . . . und bildet sich auch ein, daß seine Freunde, die seinen Rotwein trinken und seine Zigarren rauchen, der gleichen Ansicht huldigen.»[3]

Bei Strousberg dagegen soll man bei allen Gelegenheiten, also auch während seiner großen Feste, über Geschäfte haben sprechen können. So offen sogar, daß man sich über seine Absichten stets auf dem laufenden halten konnte und nicht selten Leute davon erfuhren, die eigentlich gar nichts davon wissen durften. Strousberg machte zu dieser Zeit wieder besondere Anstrengungen, die verschiedensten geschäftlichen Kontakte zu pflegen. Durch den Rücklauf aus dem nicht zustande gekommenen Geschäft in Antwerpen und die Verlängerung der Rückzahlungsfrist für die sechs Millionen Taler, die er von der Disconto-Gesellschaft für die Abwicklung der rumänischen Eisenbahnangelegenheit erhalten hatte, erreichte er wieder größere finanzielle Beweglichkeit. Dadurch entfiel für ihn die Notwendigkeit, nach London zurückzukehren.

Außerdem gelang es ihm, sich aus seinen Verwicklungen bei der russischen Bahnlinie Brest–Grajewo zu lösen. Trotz aller Schwierig-

Auch hier unerfüllte Hoffnungen: Hafen von Antwerpen

keiten wurde die Bahn im Jahre 1873 fertiggestellt, und die Betriebsergebnisse rechtfertigten die Erwartungen.

Die Trennung von der Gesellschaft sah so aus, daß die Kautionssumme von 900 000 Rubel, die er zu Beginn der Arbeiten hinterlegt hatte, einbehalten wurde und er lediglich die Zinsen dafür bekam. Strousbergs finanzielle Erwartungen waren wegen der Lieferung mangelhafter Schienen zwar auch nicht annähernd in Erfüllung gegangen, die Beendigung seiner Verwicklungen hier verbesserte aber insgesamt seine Situation, insbesondere seine Kreditwürdigkeit und die Chance, in Rußland neue Geschäfte anzuknüpfen.

Neue Kreditquelle

Tatsächlich ergab sich für Strousberg die Möglichkeit, durch Vermittlung des Bankhauses Manczik & Schlesinger mit der bedeutenden Moskauer Commerz-Leihbank in geschäftliche Beziehungen zu treten. Die Moskauer Bank hatte durch die Wirtschaftskrise schmerzhafte Verluste hinnehmen müssen, insbesondere durch den Kurssturz ausländischer Aktien. Sie hoffte, diese durch eine Beteiligung an Strousbergs Geschäften wieder wettmachen zu können. Das sollte folgendermaßen geschehen: Strousberg mußte die gewährten Bankkredite in Form dieser entwerteten Aktien nehmen, und zwar zu einem erheblich höheren als dem gerade gängigen Marktpreis. Strousberg schien das wenig auszumachen, er war von seiner Beziehung zur Commerz-Leihbank vielmehr sehr angetan. «Mir war eine Verbindung derart selbstverständlich sehr angenehm», bemerkte er dazu, «weil sie mir das zu bieten versprach, was ich suchte und was mir nötig war, einen Kredit außergewöhnlicher Art von einem Institute, welches über die nötigen Mittel verfügt und mir diese für meine Zwecke zur Disposition stellt.»[4]

Nachdem ein erster Beginn – eine Anzahlung auf das Antwerpener Geschäft – wegen dessen Scheitern nicht zustande kam, erhielt Strousberg einen Kredit in Höhe von rund einer Million Taler in Aktienwerten auf seine Unternehmungen in Zbirow ausgestellt. Er unterschrieb in dieser Höhe einen Wechsel und ließ diese Summe als Hypothek auf Zbirow eintragen als Sicherheit für die Bank. Für die Vermittlung des Geschäftes mußte Strousberg zusätzlich eine hohe Provision an die Herren Manczik und Schlesinger zahlen. Das traf ebenfalls auf alle weiteren Kredite zu, auch als Strousberg schon längst selbst direkte Beziehungen zur Commerz-Leihbank hatte. Das Bankhaus Jaques war bei diesen Geschäften wieder mit von der Partie, denn es wurde vereinbart, daß über dieses Bankhaus die geschäftlichen Beziehungen abgewickelt werden sollten.[5]

Seine Kassen konnte Strousberg mit dem erhaltenen Kredit aber nicht füllen. 600 000 Taler zahlte er davon an Zbirower Gläubiger, und viel mehr wird er wohl auch kaum für das Aktienpaket der Commerz-Leihbank erhalten haben. Er hatte neue Schulden gemacht, um alte begleichen zu können und dadurch wieder neue zu ermöglichen. «Ich erreichte damit», so Strousberg, «daß dieser Komplex Fabriken und die Arbeiterstadt jetzt ein separates Eigentum bildeten, auf das ich bei Fertigstellung weiter borgen konnte.»[6]

Strousbergs unmittelbares Ziel war es, bis 1876 seine Zbirower Werke voll auszubauen, den Eisenbahnbau wieder aufzunehmen und den Materialbedarf dafür im wesentlichen aus eigener Produktion zu befriedigen. Trotz herber Niederlagen und mancher Demütigung, die er inzwischen hinnehmen mußte, sah er sich immer noch als Eisenbahnkönig, der nur zeitweilig neue Kräfte sammeln mußte, um sein Reich zurückzuerobern. Finanziell gerade notdürftig konsolidiert, wenn auch nur durch eine sehr gefährliche Kreditakrobatik, ging er sofort wieder auf neue Eroberungen aus.

Zunächst kaufte Strousberg 1874 die während der Krise eingegangene Prag-Wiener Aktiengesellschaft für Waggonbau und Eisenbahnbedarf in Prag-Bubna auf. Sie sollte seine Waggonfabrik in Houloubkau, die sich noch im Aufbau befand, ergänzen. Für die Abzahlung des Kaufpreises der Firma waren mehrere Jahresraten vereinbart worden. Bei Nichteinhaltung der Zahlungstermine sollten Strousberg sowohl die Fabrik als auch die bis dahin eingezahlten Beträge verlorengehen. Er wußte genau, daß er nur bei günstiger Entwicklung der Auftragslage seinen neuen Verpflichtungen nachzukommen vermochte. «Ich konnte dieses riskieren», behauptete er aber, «denn die jährliche Zahlung betrug nicht mehr, als mir die Fabrik jährlich wert war, solange ich sie beschäftigen konnte.»[7] Wenige Monate später, Anfang 1875, griff Strousberg schon wieder zu. Diesmal war es die Elbinger Aktienfabrik für Eisenbahnbedarf, ein ebenfalls bankrottes Unternehmen. Auch diese Firma stellte hauptsächlich Eisenbahnwaggons her, so daß Strousberg plötzlich zu einem beachtlichen Produzenten auf diesem Gebiet wurde, der jährlich bis zu sechstausend Waggons bauen konnte.

Wieder beim Bahnbau

Nach dem erzwungenen Abbruch seiner Eisenbahnbauten war Strousberg zwangsläufig zum Lieferanten von Eisenbahnmaterial für andere Unternehmer geworden, dabei natürlich stets den Unsicherheiten einer schwachen Absatzlage ausgesetzt. Das sollte aber so nicht lange bleiben. Als erstes bot sich auch hier für seinen Wiedereinstieg in den Bahnbau ein bankrottes Unternehmen an. Es handelte sich um das Thüringer Projekt einer Bahnverbindung von Weida nach Mehltheuer, für das sich Anfang 1872 eine Aktiengesellschaft gebildet hatte. Ihr Generalauftragnehmer gab das Geld jedoch schneller aus, als er baute. Als das Kapital fast verbraucht war, ohne daß die Bahn auch nur annähernd fertiggestellt war, ging er in Konkurs. Die Initiatoren des Unternehmens, die vor allem aus Zeulenroda mit seiner entwickelten Textilindustrie und Holzverarbeitung kamen, wollten aber ihren Bahnanschluß haben und gaben das Vorhaben nicht auf. Man verband mit dem Bahnbau große wirtschaftliche Hoffnungen, weil damit auch ein Anschluß an das große Eisenbahnnetz geschaffen werden sollte. So war vorgesehen, Anschlüsse an die Linien Leipzig–Plauen–Hof bei Mehltheuer und Gera–Weida–Saalfeld–Eichicht (heute Kaulsdorf) bei Weida herzustellen.

Ob es allerdings gelungen wäre, schnell einen neuen Generalauftragnehmer zu finden, wenn sich nicht Strousberg angeboten hätte, ist mehr als zweifelhaft. Von dem ursprünglichen Baukapital waren lediglich noch zwölf Prozent übriggeblieben. Aber Strousberg wollte wieder Eisenbahnen bauen, und so konnte er nicht wählerisch sein. Nur Eisenbahnbau, so wußte er, sicherte den großen Verdienst und seinen Fabriken den Absatz. So kam man denn miteinander ins Geschäft – die Gesellschaft hatte ohnehin kaum etwas zu verlieren, denn die entstehenden Kosten mußte Strousberg sowieso vorfinanzieren. Am 28. Dezember 1874 unterschrieb Strousberg den Vertrag als Generalauftragnehmer für die Fortsetzung des Bahnbaus mit der Verpflichtung, die Strecke bis zum 1. Oktober 1875 betriebsfähig zu übergeben. Von dem übernommenen Auftrag versprach Strousberg sich direkt keinen Gewinn, er bewirkte aber, wie der neue Generalauftragnehmer selbst bemerkte, daß «damit der Welt bekundet wurde, daß ich wieder in Tätigkeit getreten sei».[8]

Das neugezimmerte Schiff seiner Unternehmen, mit dem Strousberg auf große Fahrt gehen wollte, schlingerte finanziell ganz erheblich. Im Herbst 1874, noch vor dem Abschluß des Vertrages über den Bahnbau Mehltheuer–Weida, war Strousberg für einige Monate nach Rußland gegangen, um dort neue Finanzquellen aufzutun. In Petersburg bewarb er sich, allerdings vergeblich, um den Bau einer Pferdeeisenbahn und um verschiedene Eisenbahnbauten. Hauptzweck seiner Reise war jedoch, durch sein persönliches Erscheinen bei der Moskauer Commerz-Leihbank zu neuen Krediten zu kommen.

Strousbergs Auftreten in Petersburg und Moskau war denn auch großartig, denn er wollte ja Eindruck machen. Wie gewohnt bei solchen Anlässen, trat er auf wie ein Nabob, für den das Geld, das er mit vollen Händen ausgab, keine Rolle spielte. Beim Geschenkeverteilen bewies er geradezu Generosität. «Dieses ist», behauptete Strousberg, «bei größeren und ungewöhnlichen Transaktionen in Rußland üblich; in meiner Natur lag es, mich dankbar zu zeigen und dadurch splendid zu sein, denn ich erwartete eben durch diese Hilfe meine Verhältnisse zu regeln und in die Lage zu kommen, nicht nur die Bank zu bezahlen, sondern wieder zu prosperieren.»[9]

Strousbergs direkter Verhandlungspartner in Moskau war der Direktor der Auslandsabteilung der Commerz-Leihbank, Landau. Den Hauptdirektor Poljanski will Strousberg während der Zeit seiner Beziehungen zu der Moskauer Bank nur etwa dreimal gesehen und mit ihm nur über belanglose Dinge gesprochen haben. Landau gab später zu, von Strousberg Zuwendungen angenommen zu haben. Aber er besaß auch ohne diese Geschenke außerordentliches persönliches Interesse an den Geschäften mit Strousberg, hatte er doch die Verantwortung zu tragen für den Erwerb der inzwischen entwerteten ausländischen Aktien, die seine Bank in die roten Zahlen trieben. Für sein Ansehen in der Bank war das so verheerend gewesen, daß er seine alleinige Unterschriftsberechtigung für Auslandsgeschäfte verloren hatte. Er hoffte nun bangend, durch die Beziehungen zu Strousberg sein Prestige wieder aufzupolieren, die verteufelten Aktien loszuwerden und die Verluste für die Bank so schnell wie möglich auszugleichen.

Landau hatte in seinem Eifer, einen Ausweg aus den Schwierigkeiten zu finden, das Statut seiner Bank für die Kreditvergabe verletzt, was ihn zusätzlich bewog, Strousberg zu drängen, den ersten Wechsel möglichst bald einzulösen. Nach Landaus Wunsch sollte dieser Wechsel von einer Million Taler spätestens bis Anfang des Jahres 1875, noch vor der nächsten Aufsichtsratssitzung der Bank, zurückgezahlt sein. Strousberg war darüber einigermaßen entsetzt. Er wollte ja in Moskau nicht über Rückzahlungen verhandeln, sondern über die Gewährung neuer Kredite. «Das war die erste Gelegenheit», bemerkte Strousberg dazu, «die ich hatte, die Anschauungen des Herrn zu hören und sie bestürzten mich in seinem Interesse, da ich keine Aussicht vor mir sah, den Vorschuß zurückzuzahlen, ehe die Werke nicht viel weiter vorgeschritten waren, denn ich hatte den Vorschuß als einen dauernden, jedenfalls längeren betrachtet.»[10]

Hier lag offensichtlich ein Mißverständnis vor, oder man wollte sich beiderseits nicht mehr an frühere Absprachen erinnern. Vielleicht hatte Landau weitere Kredite in Aussicht gestellt und die Bedingungen dafür nicht festgelegt, das heißt, die Rückzahlung des ersten Kredits. Vielleicht aber hatte Strousberg diese Voraussetzungen nur nicht ernst genommen, denn er sprach von dem ersten Kredit immer als Vorschuß. Wie dem auch sei, nach dem Motto «Mitgefangen – mitgehangen» beredete Strousberg nun Landau, daß der beste Weg, zu seinem Geld zu kommen, für ihn wäre, wenn er ihm, Strousberg, noch mehr Kredit gäbe. Damit würde er dann, so Strousbergs Argumentation, seine Anlagen in Zbirow weiter ausbauen und bestimmt jemanden finden, der Landaus Hypothek übernahm. Landau, einerseits durch die Entgegennahme von Geschenken schon knieweich gemacht, andererseits auch keine Möglichkeit sehend, anders zu seinem Geld zu gelangen, willigte schließlich ein.

Landau gab Strousberg den neuen Kredit gegen die Verpfändung eines russischen Auftrages über zweitausend Güterwaggons für die Bahn Kursk–Charkow–Asow. Die von Strousbergs Waggonfabriken gelieferten Güterwagen konnten notfalls, wenn der Kredit nicht anders eingelöst wurde, von der Bank verkauft werden. Über die Rückzahlung der Kredite und die Schwierigkeiten, in die seine Moskauer Geschäftspartner kommen konnten, machte sich Strousberg keine allzugroßen Sorgen. Er meinte später dazu: «Ich benutzte die Gelegenheit, bestmöglichst nun so viel zu borgen, als ich konnte, um meine Pläne durchzuführen.»[11] Und er ergänzte das noch: «Ich war einfach ein Geld bedürftiger Borger, der unter den für ihn günstigen Bedingungen und möglichen Sicherheiten den Kredit wahrnahm, der ihm gewährt wurde.»[12] Dabei war er auf leichtsinnige Weise sicher, daß er auf die Probleme Landaus und seiner Bank keine übertriebenen Rücksichten zu nehmen brauchte. Je mehr er dort Schulden hatte, desto ernsthafter mußten sie seiner Meinung nach an seiner wirtschaftlichen Existenz interessiert sein.

Langsam sprach sich herum, daß Strousberg wieder festeren Boden unter den Füßen hatte. Er kaufte wieder zu und trug sich mit neuen Projekten. Ein Silberstreifen der Hoffnung zeigte sich für Strousberg am Horizont. «Meine Bautätigkeit, der Fortschritt meiner Fabriken und die Beschäftigung derselben», so Strousberg über die erneute Aufschwungsphase, «hatten ihren Eindruck nicht verfehlt und ich erreichte dadurch, was am allerwichtigsten war, daß man an ein Weiterarbeiten auf meiner alten Basis zu glauben anfing. Die Erschütterung dieses Glaubens hatte mich während der letzten verflossenen Jahre am meisten gehindert und der Umschwung kam mir jetzt zu Statten.»[13] Vorsichtig meldeten sich nun auch erneut interessierte Kapitalgeber. Die schlechte Lage vieler Unternehmungen ließ sie Ausschau halten nach gewinnträchtigen Anlagen. Warum sollte man bei Strousberg nicht wieder Geld verdienen können, wenn er sich auch in schwerer Zeit nicht unterkriegen ließ, mögen manche gedacht haben.

Einer dieser Interessenten war das renommierte Wiener Bankhaus H. v. Goldschmidt & Co. Mehrere Herren dieser Bank kamen nach Zbirow, untersuchten alle Anlagen, prüften die Finanzverhältnisse und machten dann zurückhaltend Vorschläge für eine Zusammenarbeit. Strousberg war begeistert; allein die Möglichkeit einer Regelung seiner finanziellen Probleme ließ seinen Optimismus sofort wieder üppig ins Kraut schießen. «Hier bot sich mir», schwärmte Strousberg noch später, «zum ersten Mal in meinem Leben unaufgefordert Hilfe, die ich bis dahin vergebens gesucht hatte, und ein eben so seltenes Verständnis für meine Bedürfnisse, und ich fand die reservierte Haltung ... vollständig erklärlich.»[14]

Nach einer weiteren gründlichen Abschätzung der Zbirower Anlagen und einem ansprechenden Ergebnis stellte die Goldschmidt-Bank einen Kredit zur Vollendung der Anlagen in Aussicht. Wenn der Aufbau beendet war, sollte durch einen weiteren Kredit auch das notwendige Betriebskapital bereitgestellt werden. Darüber hinaus wollte die Bank dann die Vertretung des An- und Verkaufs übernehmen, die es Strousberg ersparen sollte, notwendige Lieferungen immer auf Wechselkredit zu übernehmen. Die Goldschmidt-Bank ließ den Zbirower Besitz nach den ersten Verhandlungen von einem Ver-

Bauarbeiter

treter des österreichischen Handelsministeriums, einem gewissen Rziha, in einem weiteren Gutachten schätzen. In seinem unvollendeten Zustand wurde der Wert auf rund zwölf Millionen Gulden angesetzt. Etwa sieben Millionen wurden für den weiteren Ausbau veranschlagt. Grundlage des Besitzes bildeten nach diesem Gutachten die Eisenerzvorkommen mit 18,8 Millionen Tonnen, die Kohlenflöze mit 5,75 Millionen Tonnen und das Holz der ausgedehnten Wälder. Die vorhandenen und noch zu errichtenden Industriewerke waren in erster Linie daraufhin angelegt worden, diese Rohstoffvorkommen zu verwerten. Dazu gab es Hochofenanlagen, Walzwerke, Koksöfen und Sägewerke. Industriebahnen verbanden diese Anlagen miteinander und hatten auch Anschlüsse an das große Bahnnetz. Bereits fertig waren oder noch im Bau befanden sich zahlreiche Beamten- und Arbeiterwohnhäuser, die künftig fünftausend Menschen beherbergen sollten. Speise-, Wasch- und Badeanstalten waren ebenso geplant wie ein Krankenhaus und ein repräsentativer Hotelneubau. Das Gutachten des Herrn Rziha war denn auch – abgesehen von dem Hinweis auf die noch erforderlichen beträchtlichen finanziellen Mittel – recht positiv. Für das Land Böhmen konstatierte er, daß die Anlagen eine «Wohltat» und für «ganz Österreich von großem nationalökonomischen Werte» seien.[15]

Großunternehmen Paris–Narbonne

Am 1. Februar 1875 berichtete die «Berliner Börsen-Zeitung»: «Dem Vernehmen nach hat Dr. Strousberg in jüngster Zeit die Konzession für eine in gerader Linie von Paris nach Narbonne zu erbauende Bahn erhalten, welche in einer Länge von 1400 Kilometer industriereiche Departements durchschneidend, die kürzeste Verbindung zwischen Paris und dem Mittelländischen Meer herstellt.»[16] Nach ersten Schätzungen forderte das gewaltige Unternehmen mindestens 500 bis 600 Millionen Francs, der erhoffte Profit war entsprechend verlokkend. Strousberg wurde Anfang des Jahres von einer Londoner Firma vorgeschlagen, in diesen Bahnbau einzusteigen. Das war endlich wieder ein Angebot, das Strousberg bestätigte, daß er auf dem richtigen

Wege war, und das an Größe und Bedeutung seinen Vorstellungen entsprach und eines Eisenbahnkönigs würdig war. Es schien ihm in höchstem Maße geeignet, seinem Namen wieder früheren Glanz zu geben. Wenn er in seiner Lage auch nur ungefähre Vorstellungen davon hatte, wie er das finanziell durchstehen konnte, sagte er deshalb doch sofort zu. Der Umfang der aufzubringenden Leistungen war, wie er selbst fand, «so groß . . ., daß dieses . . . geeignet war, abzuschrecken».[17] «Ich war aber gewöhnt», bemerkte er und war da wieder ganz der alte, «Großes zu unternehmen, und so gab ich mir Mühe, einen Weg für die Ausführung zu finden».[18]

Die «Berliner Börsen-Zeitung» nannte das Vorhaben ein «glänzendes Unternehmen», das rasch ausgeführt werden sollte, wobei die Schnelligkeit gesichert schien, weil Strousberg «das notwendige Material seinen Fabriken in Zbirow entnehmen kann».[19] Das Unternehmen Paris–Narbonne war in Teilstrecken untergliedert, was die Sache etwas einfacher machte. Als erstes sollte der Abschnitt von Bourgi nach Beau la Rolande errichtet werden. Strousberg hatte alle Rechte an dieser Teilstrecke einschließlich der staatlichen Konzession von einem Vorbereitungskomitee gekauft. Komitees dieser Art gab es für alle Teilstrecken. In ihnen war meist der Großgrundbesitz, der an diesen Strecken lag, maßgeblich beteiligt. Weil es die französischen Gesetze nicht zuließen, daß Strousberg das ganze Geschäft allein abwickelte, gründete er eine Gesellschaft. Nach bewährtem Muster versammelte er darin berühmte Adelsnamen, unter anderen den Herzog von Brissac.

Der von ihm gegründeten Gesellschaft verkaufte er alle seine Rechte, und diese verpflichtete sich selbstverständlich, ihm alle Bauausführungen zu übertragen und das auch bei den weiteren Teilstrekken so zu handhaben. Für die erste Teilstrecke wurde ein Aktienkapital von vierzehn Millionen Francs veranschlagt, das Strousberg nach und nach entsprechend seinen Bauleistungen erhalten sollte. Nach französischem Gesetz durften jedoch Aktien erst auf den Kapitalmarkt gebracht werden, wenn ein wesentlicher Teil der Anlagen errichtet worden war. Strousberg traf daher mit seinen beteiligten Subunternehmern die Vereinbarung, daß sie ihre Lieferungen zwar in Aktien bekamen, er aber das vorläufige Verfügungsrecht darüber behielt. Er verpfändete sie gewissermaßen für deren Leistungen. Erst bei Vollendung der Teilstrecke sollten sie dann für gemeinsame Rechnung an die Börse gelangen.

Natürlich konnte Strousberg für die Ingangsetzung des Bahnbaus nicht alles auf Kredit und Beleihung bekommen, sondern mußte vieles in bar bezahlen. Doch Bargeld war wie immer knapp bei ihm. So stellte er mehr Wechsel aus, als er durfte. Er überzog dabei auch gehörig den Kredit, den er von der Commerz-Leihbank auf seine zweitausend Waggons erhalten hatte. Das machte die Bank noch nervöser, und sie bedrängte Strousberg erneut, seine Wechsel einzulösen. Von Goldschmidt aus Wien waren bis zu dieser Zeit nur Versprechungen gekommen. Der großartige Kredit, den Strousberg erwartete, war ausgeblieben. Aber Goldschmidt sagte nun zu, die Moskauer Hypothek von einer Million Taler zu übernehmen und sich dafür zu verwenden, daß Strousberg bei einer Wechselbank in Wien einen Kredit von einer halben Million bekam. Darüber hinaus wollte Goldschmidt zusammen mit einer belgischen Bank die Restschulden bei der Commerz-Leihbank übernehmen. Doch auch danach verzögerte der Wiener unbegreiflicherweise immer weiter die zugesagte Hilfe. War es die Besorgnis über die allgemeine wirtschaftliche Lage oder die Furcht, sich mit einer so schillernden Persönlichkeit wie Strousberg so eng zu verbinden? Seine Motive behielt er für sich.

Der Ofenheim-Prozeß

Goldschmidt hatte im Januar und Februar 1875 in Wien ausreichend Gelegenheit, anhand eines Prozesses gegen den österreichischen Eisenbahnbauer Victor Ofenheim, Ritter von Ponteuxin, zu sehen, wie kompromittierend so eine Verbindung sein konnte. Ofenheim, der Erzrivale Strousbergs in Rumänien, stand zu dieser Zeit vor Gericht, weil er seinen Mitkonzessionären an der Eisenbahn Lemberg–Czernowitz–Jassy rund 100 000 Gulden zugeschanzt und die Eisenbahngesellschaft durch überhöhte Preise eigener Lieferungen geschädigt haben sollte. Seinen Posten als Generaldirektor der Eisenbahnlinie mußte Ofenheim deshalb bereits aufgeben. Noch drei Jahre vorher hatte er in Richtung des österreichischen Handelsministers Banhans, der an der Spitze seiner Kritiker stand, selbstbewußt geäußert: «Ich werde noch Generaldirektor sein, wenn seine Exzellenz nicht mehr Minister ist.» Der Gerichtsprozeß entwickelte sich zu einem heftigen Ringen zwischen Ofenheim und dem Handelsminister. Dabei war der ehemalige Generaldirektor gar nicht so sehr bemüht, die Beschuldigungen abzustreiten, als sie vielmehr zu rechtfertigen. Sein Ausspruch «Ich muß viel verdienen, deshalb schiebe ich mich überall mit ein», war bezeichnend für diese Haltung. Bei dem Prozeß ging es im wesentlichen darum, ob sichtbar grobe Gesetzesverletzungen, wie sie von einem Gründer vom Kaliber Ofenheims begangen wurden, Rechtfertigung erfuhren oder die Regierung die bestehende Rechtslage verteidigen konnte. Man schrieb dem Prozeß deshalb eine grundsätzliche politische Bedeutung zu, «weil», wie die «Berliner Börsen-Zeitung» es sah, «sein Ausgang auf Regierung und System Einfluß üben könnte».[20]

Im Verlauf des Prozesses zeigte es sich, daß die Staatsanwaltschaft Schwierigkeiten hatte, einen Wirtschaftsprozeß zu führen. Der Angeklagte, der bei seinen Ausführungen von Sympathisanten häufig Beifall erhielt, ließ sich bei rein technischen Fragen kaum in Bedrängnis bringen. So etwa, wenn es um die Frage ging, ob die Eisenbahnschwellen, die Ofenheim an seine eigene Gesellschaft geliefert hatte, nun von guter oder schlechter Qualität waren. Ofenheim, ironisch bis anmaßend auftretend, legte es zudem darauf an, den Staatsanwalt lächerlich zu machen. Mit den Worten «Ich kann in meiner Stellung als kaiserlich-königlicher Beamter nicht dulden, daß Sie mich dem Gelächter des Publikums preisgeben», versuchte er zwar, Ofenheim das zu verwehren, ohne aber sichtbaren Erfolg zu erzielen. Als der Staatsanwalt dann jedoch schärfer wurde, reagierte Ofenheim mit Herzattacken, die die Verhandlungen unterbrachen. Seine im Gerichtssaal versammelte Anhängerschaft, am nächsten Tag auch die ihm nahestehende Presse, reagierten dann folgerichtig mit Empörung über die Staatsanwaltschaft. Ofenheim beherrschte souverän ein großes Repertoire spektakulärer Verhaltensweisen, die er je nach Situation sehr nutzbringend einsetzen konnte.

Der gestürzte Generaldirektor hatte eine ganz ähnliche Karriere wie Strousberg hinter sich. Vielseitig interessiert, studierte er, auf eine wissenschaftliche Laufbahn hoffend, zunächst orientalische Sprachen. Als sich das zerschlug, wechselte er zu einem juristischen Studium über, um dann später zur Eisenbahnverwaltung zu gehen. Das war der erste Schritt auf einem Weg, der ihn schließlich zum Generaldirektor einer bedeutenden Eisenbahngesellschaft werden ließ. Ofenheim beteiligte sich darüber hinaus an vielen weiteren Unternehmen, war Gründer der Agrarbank, die später in der einflußreichen Union-Bank aufging, und wirkte noch in siebzehn anderen Firmen mit. Vor der Wirtschaftskrise, so gab er selbst an, hatte er über ein Vermögen von rund zwei Millionen Gulden verfügt, von denen aber nach dem Gründerkrach ein erheblicher Teil wieder verlorengegangen war. Ofenheim besaß, ebenso wie Strousberg, ein repräsentatives Palais und hatte es durch seine Erhebung in den Adelsstand gesellschaftlich noch weiter als dieser gebracht.

Die Anklage gegen Ofenheim und der Verlauf des Prozesses wurde von der österreichischen Öffentlichkeit aufmerksam verfolgt, ging es doch um einen außerordentlich bekannten Mann und um ein grundsätzliches Urteil. Eine Zeitung schrieb: «Ofenheim ist in Österreich kein Eigenname, sondern ein Begriffswort, und es gibt der Ofenheims in allen Schichten der Bevölkerung so viele, daß sie mit ihren Virilstimmen ein großes Stück der öffentlichen Meinung darstellen und höhnend den Vorwurf der Korruption mit der Bemerkung abfertigen können: Nun gut, sind wir korrumpiert, so ist halb Österreich korrumpiert und muß wie Herr Ofenheim, Ritter von Ponteuxin, vor Gericht gestellt und freigesprochen werden!»[21] Die Pressemeinungen waren insgesamt sehr unterschiedlich. Zeitungen, die der Gründerclique nahestanden, sahen in dem Prozeß vor allem einen Skandal, der einen «geistig hochbegabten Unternehmer», dem man eigentlich eine «Bürgerkrone» hätte geben müssen, verunglimpfte.

Neben Handelsminister Banhans stand besonders der Staatsanwalt, Graf Lamezan, im Zentrum der Kritik. Der Staatsanwalt hatte in seiner Anklagerede nicht nur die Verfehlungen Ofenheims bloßgelegt, sondern auch auf die sozialen Auswirkungen hingewiesen, wenn solche Vergehen, wie sie Ofenheim und viele andere Gründer begingen, nicht gesühnt werden würden. Der Börsenclan fühlte sich dadurch in seiner Gesamtheit angegriffen, und die börsenfreundliche Presse reagierte entsprechend heftig. Ofenheims Verteidiger verunglimpfte die Argumentation des Staatsanwaltes und versuchte, diesen in eine linke Ecke zu stellen. «Hat der Herr Staatsanwalt auch bedacht», deklamierte er dramatisch, «von welch zweischneidiger Waffe er Gebrauch macht, hat er erwogen, wie ja die ganze soziale Gefahr der Gegenwart gerade darin liegt, daß sich das Proletariat in aufgeregten Momenten von Haß erfüllt zeigt gegen den besitzenden Bürger und in dem Besitz selbst schon ein Verbrechen erkennt?»[22]

Der Verteidiger bezeichnete den Prozeß als einen Beweis für Regierungsjustiz, und demagogisch und hoffnungsvoll rief er in die Richtung der Geschworenenbank: «So lange Männer aus dem Volke das Urteil sprechen, wird sich für diese Justiz in Österreich kein Boden finden.»[23] Die Rede des Verteidigers, die oft von Bravorufen unterbrochen wurde, blieb auch höheren Orts nicht ohne Wirkung. Man warf dem Staatsanwalt politische Kurzsichtigkeit vor, und der Oberlandesgerichts-Präsident Baron Hein monierte, daß dieser «der Anklage einen viel zu wenig juristischen und viel zu starken sozialen Stempel» aufgedrückt habe.

«Die Männer aus dem Volke», von denen der Verteidiger Ofenheims gesprochen hatte – es waren alles angesehene Besitzbürger –, mußten nun das Urteil fällen. Sie hatten abzuwägen zwischen den Argumenten des Staatsanwaltes, der keineswegs ein Gegner der kapitalistischen Entwicklung war, aber auch für sie Achtung vor dem Gesetz verlangte, und Ofenheims Auffassung, der die üblich gewordenen Geschäftspraktiken als notwendig und sogar als ein Ausdruck von Bürgerfreiheit verteidigte. Die seriösen Bürger auf der Geschworenenbank, die vielleicht ihre Geschäfte ähnlich wie Ofenheim abwickelten, entschieden sich eindeutig. Ihr Urteil hieß: Freispruch.

Die Börsianer, die zur Urteilsverkündung in großer Zahl in den Gerichtssaal gekommen waren, begrüßten, wie eine Zeitung berichtete, «mit einem wahren Indianergeheul den Sieg ihrer Prinzipien über die Staats- und Gesellschaftsnormen».[24] Obwohl der Prozeß deutlich enthüllt hatte, mit welchen Schiebungen gegründet und betrogen wurde, kam es nicht zur Verurteilung dieser Machenschaften. Ofenheim verfiel auch keineswegs gesellschaftlicher Ächtung. Am

Tage seines Freispruchs standen in einer langen Reihe Equipagen vor dem Palais Ofenheim, deren Besitzer dem Hausherrn ihre Glückwünsche überbrachten. Außerdem sollen an diesem Tage Hunderte Visitenkarten als Referenz bei ihm abgegeben worden sein.

Das Urteil wurde allgemein als ein Sieg der Börse über den Staat empfunden, der auch in Zukunft keinen neuen Versuch erlaubte, die Herrschaft der Börse einzuschränken. Ein Gericht hatte schließlich nach einem achtwöchigen spektakulären Prozeß Geschäften à la Ofenheim einen Freipaß erteilt. «Recht hat er gehabt», schrieb eine Wiener Zeitung zu den Konsequenzen des Urteils über Ofenheim, «daß er die Provision nahm, Recht, daß er den Konzessionsgewinn einsteckte, Recht, daß er die Lieferung der Schwellen übernahm ... und sie der Gesellschaft um ein Drittel teurer verrechnete, als sie ihm zu stehen kamen usw. usw.»[25] Das «Fremdenblatt» in Wien triumphierte: «Der Prozeß ist zu Ende, der Alp der die geschäftliche Welt gedrückt hat, als sie sehen mußte, daß bedeutungsvolle geschäftliche Transaktionen der Gegenstand einer kriminalrechtlichen Kontroverse geworden waren, ist von ihr genommen. Wirtschaftliche Erscheinungen werden nunmehr wieder nach wirtschaftlichen Normen beurteilt werden.»[26] Eine andere Zeitung drückte die Konsequenzen aus dem Urteil sarkastisch aus: «Die Börse wird jetzt Staat und Gesellschaft einrichten, nach ihrer Facon und nach dem Motto des Jahres 1872 ‹Ein ehrlicher Mensch ist ein Trottel, der arbeiten muß, weil er zum Stehlen, ohne mit dem Gesetz in Konflikt zu geraten, zu dumm ist›.»[27]

Bahnbau mit finanziellen Nöten

Strousberg und Goldschmidt waren im Interesse ihrer eigenen Geschäfte sicherlich höchst zufrieden mit dem Ausgang des Prozesses. Die Anklage gegen Ofenheim mußte Strousberg ja wie gegen sich selbst gerichtet vorgekommen sein. Was da verhandelt wurde, hatte er ja vielfach selbst praktiziert. Die Entscheidung des Wiener Gerichtes gab ihm und vielen anderen Geschäftemachern wieder Sicherheit. Doch an Goldschmidts zögernder Haltung änderte sich auch jetzt nichts, so daß für Strousberg die akuten finanziellen Probleme blieben. Dennoch tauchten Mitte März 1875 Mitteilungen in der Presse auf, daß Strousberg wieder an einer neuen Bahnlinie arbeiten werde. Es handelte sich um die Waagthalbahn, die von Preßburg (Bratislava) nördlich bis zur preußischen Grenze nach Troppa verlaufen sollte. Davon waren bereits fünfzig Kilometer gebaut, bis eintretender Kapitalmangel eine Einstellung der Arbeiten erzwungen hatte. Wegen dieses Mangels an Kapital gab es eigentlich auch keinen Anreiz für die Weiterführung der Bahn. Doch bei Strousberg war es das alte Motiv, er wollte mit dem Bau einer weiteren Bahnlinie seinen Wiederaufstieg bestätigen und seinen Werken zusätzlichen Absatz schaffen.

Strousberg verpflichtete sich als Generalauftragnehmer gegenüber der Eisenbahngesellschaft der Waagthalbahn, die Strecke Tyrnau–Vlarapass innerhalb von zwei Jahren fertigzustellen und vier Jahre lang kein Bargeld von ihr für seine Bauleistungen zu fordern. Diese Leistungen waren mit sechs Millionen Gulden veranschlagt worden, die Strousberg vorstrecken sollte. Als diese Vereinbarungen bekannt wurden, bezweifelten viele Zeitungen, daß Strousberg das schaffen würde. Es gab aber schon einen relativ realistischen Finanzierungsplan, der deutlich Strousbergs Handschrift verriet. Er sollte für seine Bauleistungen von der Gesellschaft Obligationen erhalten, die mit neuneinhalb Prozent verzinst und durch die Verpfändung der bereits fertigen Teilstrecke und den Grundbesitz der hier ebenfalls beteiligten Adelspersonen garantiert wurden. Strousberg war natürlich auch nicht annähernd in der Lage, sechs Millionen Gulden für vier Jahre vorzustrecken. Der Plan konnte nur gelingen, wenn Strousberg die Obligationen bei einem Bankhaus verpfänden konnte. Dabei mußten an den sechs Millionen erhebliche Einbußen hingenommen werden, aber die Baukosten waren von ihm sicherlich, wie bisher immer, großzügig berechnet worden.

Die Zeitungsmeldungen von der Übernahme der stillgelegten Bahnbauten Mehltheuer–Weida und Waagthalbahn wurden schon wenig später fortgesetzt durch Nachrichten über den Beginn der Arbeiten. Am 14. April 1875 informierten die Zeitungen bereits über den ersten Spatenstich für den Weiterbau der Waagthalbahn. Mitte April erschienen auch schon Berichte von den Arbeiten an der Linie

Viadukt über das Oschütztal in Weida

Mehltheuer–Weida, und man sagte ihre Fertigstellung mit großer Sicherheit für den kommenden Oktober voraus. Diese Meldungen waren so positiv, daß man annehmen kann, daß sie nicht ganz zufällig so in die Zeitungen kamen, sondern Strousberg sie lancierte, um seine Kreditfähigkeit zu stärken. Was sein Ansehen zu dieser Zeit betraf, war es, nimmt man die Zeitungen zum Maßstab, nicht schlecht. Die früheren Vorwürfe wegen der rumänischen Bahnen schienen vergessen, und man las immer häufiger, daß man in Zukunft wieder mit ihm rechnen müsse.

Mit seinen Eisenbahnbauten ging es allerdings auch diesmal nicht so schnell und glatt, wie es Strousberg der Öffentlichkeit einreden wollte. Die Arbeiten an der Mehltheuer–Weidaer–Eisenbahn kamen sogar nur sehr schleppend in Gang und wurden dann später unter großem Zeitdruck mit Hast und wenig Sorgfalt betrieben. Am 12. Juli stürzte dadurch in der Nähe der Osterburg in Weida eine Felswand auf die Strecke. Zum Glück wurde niemand getötet, der Vorfall verzögerte die Arbeiten aber natürlich noch mehr. Die «Geraer Zeitung» vom 17. Juli 1875 äußerte sich – offensichtlich gestützt auf das Haus Strousberg – trotz des Einsturzes optimistisch über den Eröffnungstermin der Bahn. «Es gilt als vollständig sicher», schrieb sie, «daß Strousberg sie bis zum 1. Oktober fertigstellen wird.»[28]

Das hohe Arbeitstempo und der mangelnde Arbeitsschutz führten jedoch immer wieder zu schweren Unfällen. So berichtete die «Geraer Zeitung» nur zehn Tage später: «Gestern ist wieder einmal ein Arbeiter dadurch verunglückt, daß ihm von einer einstürzenden Felswand, die er unterhöhlt hatte und die zu zeitig zusammenstürzte, beide Beine zerschmettert wurden.»[29] Trotz der Hektik, mit der die Arbeiten jetzt rücksichtslos vorangetrieben wurden, zeigte sich bald, daß die Bahn weder bis zum 1. Oktober noch überhaupt im Jahre 1875 fertig würde.

Wie bekannt, ja populär der Eisenbahnkönig trotz aller Skandale noch immer war, zeigte sich, als er in Gera sogar zum scherzhaften Mittelpunkt eines Volksfestes avancierte. Das in Nachbarschaft zu Weida gelegene Gera machte ihn bei dieser Lustbarkeit am 31. Juli 1875 aus Ulk zur «Ehrenperson». Man spielte dabei einen fiktiven Besuch Strousbergs in Gera, bei dem «er» durch den Major der Schützengarde und eine Gruppe Schützen aus dem Hotel zum Roß abgeholt wurde. In der Geraer «Geschichte der Schützengesellschaft» heißt es dazu: «An der Kutsche, die ‹ihn› aufnehmen sollte, war eine Fahne angebracht, welche den berühmten Gründer in folgender Weise darstellte: auf einer Erdkugel reitend, schwang er in der einen Hand ein mächtiges Gefäß und in der anderen eine Tonpfeife, mit welcher er Seifenblasen in die Luft blies ... Auf dem Schießplatz wurde der Gast von einer Deputation ‹Kunst und Wissenschaft› empfangen, die ihm eine Ovation, bestehend in leeren Geldbeuteln usw. auf einem Präsentierteller brachte. Auch am Nachmittag wurde Strousberg im Triumph durch einen Teil der Stadt geleitet.»[30]

Ein wirklicher Triumph zeichnete sich aber nach der hoffnungsvollen Aufschwungsphase im Frühjahr nicht ab. Trotz des nach wie vor prächtigen äußeren Rahmens seiner Existenz, die grenzenlosen Reichtum suggerieren sollte, begannen ihn die finanziellen Sorgen immer stärker zu drücken. Die Commerz-Leihbank drängte auf neue Sicherheiten, die er durch Hinterlegung von Aktien der Eisenbahn

Paris–Narbonne noch einmal schaffen konnte. Daß Landau daraufhin für sich einen Sitz und für seinen Schwiegersohn eine Sekretärstelle im Aufsichtsrat dieser Aktiengesellschaft beanspruchte, berührte Strousberg schon nicht mehr. Viel schlimmer war, daß seine Erwartung, im Juli einen großen Kredit von Goldschmidt zu bekommen, sich noch nicht erfüllt hatte. Er mußte daher die Moskauer Bank erneut bitten, ihm wieder Kredit zu geben. «Ich hatte in nächster Zeit größere Summen in Waagthalobligationen zu empfangen», bemerkte Strousberg dazu, «und schrieb daher an die Bank, schilderte ihr meine Lage und bat sie, mir vorübergehend einen Teil mir gehöriger, wertvoller bei ihr verpfändeten Effekten herauszugeben, und versprach ihr dafür in nächster Zeit Waagthalobligationen und auch Geld zu schicken. Die Bank ging auf meinen Wunsch ein und gab Effekten im Wert von 600 000 Rubeln heraus.»[31]

Das erhaltene Kapital floß Strousberg aber nur allzuschnell durch die Finger, denn der Bau der von ihm übernommenen Eisenbahnlinien brachte selbstverständlich einen enormen Kapitalbedarf mit sich. Es brauchte in dieser Situation wirklich außerordentlicher Künste im Jonglieren mit Wechseln, Krediten und Verpfändungen, über die Strousberg zweifellos verfügte, um die aufgetretenen Finanzprobleme auch nur einigermaßen zu bewältigen. Jede neue Schwierigkeit konnte zum Verhängnis führen. Das bahnte sich auch an, als Strousberg Streit mit der Verwaltung der Waagthalbahn bekam. Von den fälligen Teilzahlungen in Obligationen, die er für seine Bauleistungen zu erhalten hatte, zog man ihm die als Vorschuß gezahlten Obligationen ab. Nach Strousbergs Verständnis hätte das erst später geschehen dürfen. Diese an und für sich zweitrangige Auseinandersetzung bekam für ihn aber existentielle Bedeutung. Er konnte nun nicht, wie versprochen, die Waagthalobligationen zur Deckung seines Kredites nach Moskau schicken, so daß dieser ohne Sicherheit blieb. Für die Commerz-Leihbank war das nicht akzeptabel. Direktor Landau kam deshalb schleunigst angereist, um die Lage mit Strousberg zu klären.

Landaus und Strousbergs Hoffnungen richteten sich von neuem auf Goldschmidt, den man nun beschwor, endlich einen größeren Kredit zu gewähren. Aber Goldschmidt ließ sich auch jetzt nicht drängen. Nach den Gesprächen mit ihm war klar, daß er, wenn überhaupt, erst nach Fertigstellung der Anlagen in Zbirow sein Engagement verstärken würde. Für das Jahr 1875 konnte man mit ihm also nicht mehr rechnen. Die Situation blieb daher für Strousberg und die Commerz-Leihbank kritisch, zumal bis Ende des Jahres noch weitere fünfzehn Millionen Mark benötigt wurden. Konnten die nicht aufgebracht werden, mußten die Arbeiten bei Paris–Narbonne, der Waagthalbahn und Mehltheuer–Weida sowie in Zbirow eingestellt werden.

Strousberg hatte nun eine neue Finanzidee. Er verfiel dabei wieder aufs Gründen, denn er faßte die meisten der ihm gehörenden Unternehmen zu einer Aktiengesellschaft zusammen, die er «Aktiengesellschaft für Deutsche und Böhmische Eisen- und Stahlfabrikate» nannte. Als Sitz der Gesellschaft ließ er Berlin eintragen. Mit den Aktien der Gesellschaft wollte Strousberg aber nicht an die Börse gehen, sondern sein Schuldkonto in Moskau abdecken und vor allem darauf neue Kredite aufnehmen. Die Aktiengesellschaft bekam Schulden in Höhe von 7 518 000 Mark aufgebürdet, alle darüber hinaus verbliebenen Schulden, meist Hypotheken- und Grundschulden, wollte Strousberg innerhalb eines Jahres zurückzahlen. Von «seiner» Gesellschaft pachtete sich Strousberg das Recht, alle von ihm eingebrachten Werke weiter zu nutzen. Mitbegründer der Gesellschaft waren Hermann von Goldschmidt, das seit vielen Jahren stets mit Strousberg verbundene Bankhaus Jaques und die Commerz-Leihbank, die ein besonderes Interesse an der Gründung hatte. Allerdings gab es gegen die neue Aktiengesellschaft gerichtlichen Einspruch von Gläubigern, da Strousberg ihnen verpfändete Objekte darin eingebracht hatte. Die Zukunft der Strousberg-Gesellschaft war daher noch recht unsicher.

Als Strousberg Ende August nach Moskau fuhr, nahm er dennoch schon ein großes Aktienpaket seiner Gesellschaft mit, um es dort zu hinterlegen. Er reiste in aller Eile, da er unbedingt einen neuen Kredit benötigte, den ihm die Moskauer Bank geben sollte. Seine Hoffnungen erfüllten sich aber nur teilweise. Man war in Moskau zwar befriedigt, daß die gezahlten Kredite nun wieder gedeckt waren, aber bei der weiteren Kreditvergabe gab man sich sehr vorsichtig. Strousberg konnte diesmal nur mit der Hälfte der gewünschten Summe zurückkehren. Für die Aktien seiner Gesellschaft in Höhe von vier Millionen Taler soll er einen Kredit von zwei Millionen Taler erhalten haben.[32] Er reichte nicht einmal aus, um seinen dringendsten Verpflichtungen nachkommen zu können.

Der geplagte Strousberg telegraphierte deshalb schon bald um neue Hilfe nach Moskau und schickte auch einen Bevollmächtigten dorthin. Die Nachrichten, die aus Moskau kamen, hielten seine Hoffnungen offensichtlich am Leben. «Durch diese Verhandlungen», schilderte Strousberg seine Lage, «verging ein Monat, während welcher Zeit Zahlungen und Wechsel bei mir fällig wurden. Ich vertröstete die Gläubiger durch das Versprechen, ihnen in ganz nächster Zeit zu zahlen, indem ich, wie mir von Moskau mitgeteilt worden, auf Hilfe von dort rechnen könne. Hätte man mir dieselbe rundweg abgeschlagen, so würde ich versucht haben und wahrscheinlich wäre es mir auch gelungen, mir andere Quellen zu eröffnen. Ich glaubte aber, daß es im Interesse der Bank war, mir zu helfen, und nicht zu wünschen, daß ich durch neue Beziehungen meine Verhältnisse weiter verwickeln würde.»[33]

Es waren spannungsgeladene Wochen für Strousberg, in denen er auf ein Rettungssignal wartete. Entgegen seiner Aussage boten sich nirgendwo weitreichende Hilfen für ihn an. Daß er sich nicht um andere Finanzquellen kümmerte, weil er an die Interessen der Commerz-Leihbank dachte, ist nicht mehr als eine Ausrede. Auch die Moskauer Bank hätte es sicher nur begrüßt, wenn er zusätzliche Finanziers gefunden hätte. Im Oktober traf dann das ersehnte Telegramm ein, das ihn nach Moskau zum Abschluß eines neuen Kreditvertrages rief. An dem Abend, an dem sein Zug gegen 23 Uhr nach Moskau fuhr, hatte Strousberg noch einige Gäste in die Wilhelmstraße geladen. Der Gastgeber war niedergeschlagen, was bei ihm selten vorkam, und legte sich immer wieder die Karten, während seine Gäste sich unterhielten. Als ein neuer Besucher Strousberg bei der Begrüßung fragte, was er denn so allein mache, antwortete der Hausherr, daß er sehr übellaunig sei, denn schon fünfmal habe er Patience gelegt, ob ihm die Gründung der Stahlindustrie-Gesellschaft gelingen werde oder nicht, und immer sei die Patience nicht aufgegangen. Der «Berliner Börsen-Courier», der diese Episode berichtete, schloß daran die allgemeine Betrachtung, daß die meisten Leute, die sehr bewegte Schicksale erlebt haben, sehr fatalistisch und abergläubisch seien.[34] Mehr als die Karten waren es aber wohl die Umstände, die Strousberg bedrückten und düstere Ahnungen provozierten. In diesem Fall sollten sie ihn, was seine Zukunft betraf, nicht getrogen haben.

Ein Böser Zufall

In Haft genommen

Das herbstliche Moskau empfing Strousberg nicht nur vom Wetter her kühl. Kaum angekommen, erfuhr Strousberg, daß gegen die Commerz-Leihbank eine staatliche Untersuchung lief, die sich besonders auf die Tätigkeit Landaus bezog. Außerdem war zu hören, die Bank stände vor dem Konkurs. Strousberg war nun klar, daß er von der Commerz-Leihbank keinen einzigen Rubel mehr bekommen würde, sondern vielmehr die akute Gefahr bestand, in die Untersuchung einbezogen zu werden. Er beschloß deshalb umgehend, Rußland wieder zu verlassen und sich in Sicherheit zu bringen. Seine Abreise am nächsten Tag glich buchstäblich einer Flucht, die ihm allerdings nur bis Petersburg gelang. Auf telegraphische Anweisung wurde er festgenommen und unter polizeilicher Aufsicht nach Moskau zurückgebracht. Dort teilte man Strousberg als Grund für diese drastische Behandlung mit, daß er beschuldigt werde, Kredite von der Commerz-Leihbank unberechtigt und ungedeckt erhalten zu haben. Der zuständige Richter ordnete deshalb Haft an, mit der Aussicht, bis zur Rückzahlung der Kredite in Schuldhaft bleiben zu müssen. Strousberg bestritt natürlich, daß es dazu Veranlassung gab, da die Wechsel noch nicht fällig und außerdem in vollem Maße gesichert seien. Doch alle Proteste waren vergeblich.

In den nächsten Tagen und Wochen wurde Strousberg peinlich genau nach dem Ablauf seiner Geschäfte mit der Commerz-Leihbank und nach seinen persönlichen Beziehungen zu ihren Direktoren befragt. Für den Untersuchungsrichter verstärkte sich dabei der Verdacht, Strousberg habe die Bankdirektoren durch Zuwendungen dazu gebracht, Kredite an ihn zu vergeben. Die Geschenke an die Direktoren der Bank leugnete Strousberg – die Beweise waren zu deutlich – auch nicht. Dennoch empörte er sich, als der Untersuchungsrichter ihm ein Verfahren wegen Anstiftung zum Kreditvergehen ankündigte. «Eine Klage, wie die gegen mich erhobene», schrieb Strousberg entrüstet, «ist in der Jurisprudenz etwas Unerhörtes, weil ich als jemand, der Kredit in Anspruch nimmt, nicht die Aufgabe habe, die Direktion an ihre Instruktionen zu erinnern oder dieselben zu kennen, sondern im Gegenteil es jeder als ganz berechtigt finden muß, daß ich alle erlaubten Mittel anwende, um sie für meine Wünsche willfährig zu machen.»[1]

Noch im November 1875 wurde gegen Strousberg Anklage wegen Bestechung erhoben. Als Bedingung für die Haftentlassung bis zum Prozeß setzte das Gericht die Bezahlung seiner Schulden bei der Commerz-Leihbank und eine Kaution von 500 000 Rubel fest.[2] Das bedeutete natürlich, daß Strousberg in Haft bleiben mußte, da er diese Auflagen nicht erfüllen konnte. Auch die Direktoren Poljanski und Landau waren im Verlaufe der Untersuchung gegen die Commerz-Leihbank verhaftet worden und erwarteten mit einer Anzahl weiterer leitender Bankangestellter und Aufsichtsratsmitglieder, die allerdings gegen Bürgschaft auf freiem Fuß bleiben konnten, ihren Prozeß.

Die Untersuchung hatte die traurige finanzielle Lage der Bank offenbart, wobei vor allem Strousbergs Schulden, die inzwischen auf sieben Millionen Rubel angewachsen waren, ausschlaggebend für die Misere waren. Ende Oktober hatte die Bank ihre Zahlungen einstellen müssen, damit zeitweilig eine allgemeine Vertrauenskrise in die Sicherheit der Banken herbeiführend. Diese Krise führte zu einem Sturm auf die Kassenschalter der anderen Moskauer Banken.

Der Konkurs

Während Strousberg in Moskau immer mehr in die leidigen Schwierigkeiten der Commerz-Leihbank verwickelt wurde, behandelte die europäische Presse die Meldung von seiner Inhaftierung sehr ausführlich. Es gab interessanterweise aber kaum Stimmen, die das Vorgehen gegen Strousberg für schreiendes Unrecht hielten. Man traute ihm durchaus zu, daß mit seinen Moskauer Geschäften nicht alles in Ordnung war. Mehr Gedanken machte man sich darüber, ob es opportun sei, Strousberg angesichts seiner verworrenen Verhältnisse zu Hause in Moskau festzuhalten. Die Nachricht von der Festsetzung Strousbergs löste bei denjenigen, die mit ihm geschäftlich verbunden waren, Panik aus.

Ohne Strousberg bestand für sie kaum mehr Hoffnung, noch irgend etwas zu retten. Hastig meldete sich jedermann, der Forderungen an Strousberg hatte, bei den verschiedenen Verwaltungen des Eisenbahnkönigs. Niemand nahm jetzt noch umlaufende Wechsel mit Strousbergs Unterschrift an, so daß die Wechselproteste lawinenhaft anschwollen. Da man in seinen Kassen so gut wie kein Bargeld fand, mußte an allen seinen Unternehmungen die Arbeit eingestellt werden.

Schon am 1. November trafen sich rund hundert Gläubiger Strousbergs in Berlin, um darüber zu beraten, wie man sich unter den gegebenen Umständen weitgehend schadlos halten konnte. Unter ihnen befanden sich noch nicht einmal die Disconto-Gesellschaft und andere Gläubiger, die durch Hypotheken und Bürgschaften gesichert waren. Interessantester Punkt der Versammlung, die in Strousbergs Büroräumen in der Behrenstraße 31 stattfand, war natürlich, welche Werte den Schulden als Aktivposten gegenüberstanden. Der zum Vorsitzenden der Gläubigerversammlung gewählte Anwalt Dr. Horwitz erklärte dazu, daß zu dem Inventar in den Büros noch die Einrichtung des Palais Strousbergs hinzukäme. Von den vielen wertvollen Gemälden wären aber, nach seiner Kenntnis, nur noch zwei oder drei übriggeblieben, die noch vorhandene Bibliothek schätzte der Anwalt allerdings als bedeutend ein. Er teilte den anwesenden Gläubigern jedoch sofort einschränkend mit, daß aus dem Inventar aus der Wilhelmstraße auch noch eine Steuerschuld in Höhe von 20 000 Taler beglichen werden mußte. Horwitz glaubte, daß insgesamt noch etwa eine Aktivmasse von 30 000 bis 50 000 Taler vorhanden war. Angesichts der millionenfachen Schulden, die dieser Summe gegenüberstanden, riet Horwitz abzuwägen, ob sich ein Konkursverfahren überhaupt lohne und ein Vergleich für die Gläubiger nicht günstiger wäre. Die Entscheidung darüber wurde wegen unterschiedlicher Meinungen vertagt.

Einig waren sich die Anwesenden darüber, daß es vor allem wichtig sei, Strousberg heimzubekommen. «Für uns», so faßte einer der Gläubiger die Meinung der Mehrheit zusammen, «ist die beste Dek kung die Person Strousbergs.»[3] Der Glaube an den «Wunderdoktor» dem es immer wieder gelungen war, scheinbar unentwirrbare finanzielle Probleme zu klären, war hier – zumindestens in Restbeständen – noch immer vorhanden.

Rechtsanwalt Horwitz versicherte, daß es, was die Entlassung Strousbergs betraf, bisher «trotz einflußreicher Versuche nicht möglich gewesen sei, ihn auf freien Fuß zu bringen».[4] Diplomatische Bemühungen konnten nach Horwitz' Auffassung auch nicht ohne weiteres ein juristisches Verfahren unterbrechen, so daß er Aktivitäten in dieser Richtung keine allzugroßen Chancen gab.

Doch die Geschädigten kämpften weiter um ihr wichtigstes Pfand. Am 3. November begab sich eine Delegation von Hauptgläubigern mit dem Wunsch zu Handelsminister Achenbach, daß er sich bei der zaristischen Regierung für die Freilassung Strousbergs einsetze. Achenbach sagte allerdings nur eine sorgfältige Prüfung der Angelegenheit zu.

Am 4. November 1875 erfolgte dann nach einigem Hin und Her vor dem Berliner Stadtgericht die Einleitung des Konkursverfahrens gegen Strousberg. Antragsteller waren nur die deutschen Gläubiger. Als Tag der Zahlungseinstellung wurde wegen der schon länger bestehenden Zahlungsschwierigkeiten der 18. September festgelegt. Alle diejenigen, die Ansprüche an den Eisenbahnkönig hatten, wurden aufgefordert, diese bis zum 16. November anzumelden. Andere, die selbst Schulden bei Strousberg hatten oder über Werte verfügten, die Strousberg gehörten, wurden angemahnt, davon nichts an ihren Gläubiger zurückzugeben, sondern dem Gericht oder dem Konkursverwalter anzuzeigen.

Für die Berliner Gläubiger wurde eine Hypothekenschuld Strousbergs von etwa 30 Millionen Mark festgestellt, allein auf die Disconto-Gesellschaft kamen davon 7,6 Millionen Mark. Die Gläubigerversammlung brachte auch noch zutage, daß Strousberg in den letzten Wochen vor seiner Verhaftung eine immens große Anzahl von Wechseln ausgestellt hatte. Insgesamt lagen Wechsel in Höhe von 6 Millionen Mark vor, für die es keine Deckung gab.

Die sich in Prag treffenden Gläubiger aus dem Habsburger Reich beschlossen ebenfalls, den Weg des Konkursverfahrens zu gehen, um zu ihrem Geld zu kommen. Als sie am 14. November zusammenkamen, vertraten sie Forderungen in Höhe von 15,5 Millionen Gulden. Die Hauptgläubiger waren die Rumänische Eisenbahngesellschaft mit 2,92 Millionen, die Allgemeine Österreichische Boden-Kredit-Anstalt mit 2,84 Millionen und H. v. Goldschmidt mit 1,35 Millionen Gulden. Nach eingehenden Beratungen beschlossen die Gläubiger, alle in der k. u. k.-Monarchie liegenden Besitzungen Strousbergs versteigern zu lassen, um damit wenigstens einen Teil ihres Geldes wiederzubekommen. Besonders dramatisch verlief die Einleitung des Konkursverfahrens in Zbirow, denn hier besetzte Militär alle Zugänge zum Schloß und gab dadurch diesem Vorgang einen staatspolitisch bedeutsamen Anstrich.

Die Verwirrung über den Konkurs Strousbergs war in Prag ebensogroß wie in Berlin, denn auch dort übersah niemand dessen Vermögensverhältnisse, aber alle waren sich der Folgen des Zusammenbruchs bewußt. Eine deutsche Provinz-Zeitung sprach sogar davon, daß dieser «in seiner verheerenden Wirkung schrecklicher ist als die Überschwemmung eines Kleinstaates»[5]. Strousbergs Geschäftsbücher sollen kaum dazu beigetragen haben, seine Transaktionen aufzuhellen. Kein Wunder, daß schon deshalb der Wunsch immer lauter wurde, Strousberg aus Moskau freizubekommen. Seinen engeren Geschäftspartnern war daran verständlicherweise besonders gelegen. Graf Lehndorff-Steinort hatte sich schon am 4. November nach Moskau aufgemacht, um dort über die Freilassung Strousbergs zu verhandeln. Für Lehndorff-Steinort und die anderen Mitkonzessionäre stand ja noch eine Garantiesumme von je 500 000 Taler auf dem Spiel, die sie für Strousberg übernommen hatten.

Lehndorff-Steinort kam jedoch bald wieder unverrichteter Dinge zurück. Niemand aus der Umgebung des Zaren Alexander hatte sich bei seinen Gesprächen bereit erklärt, in das heikle juristische Verfahren einzugreifen. Am 25. November hatten auch die Töchter

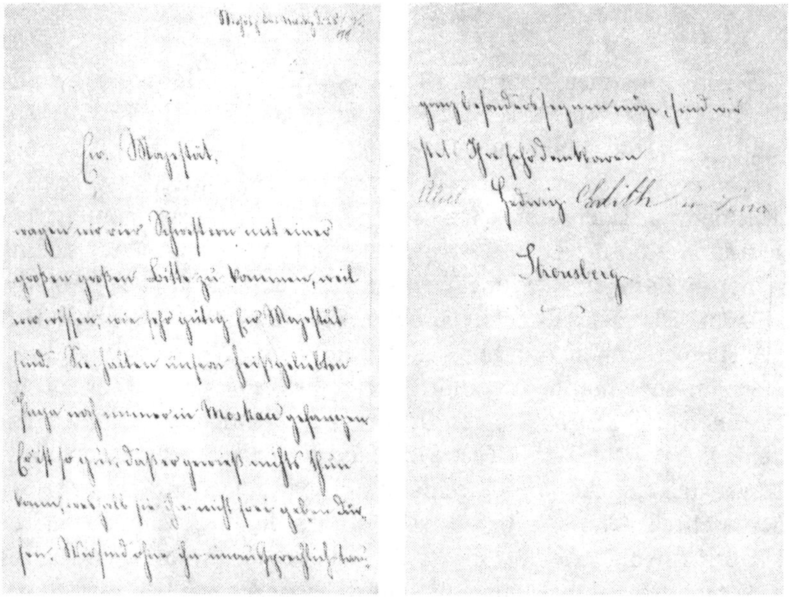

Brief der Töchter Strousbergs
an Kaiser Wilhelm I.

Strousbergs sogar Kaiser Wilhelm gebeten, sich für die Freilassung ihres Vaters einzusetzen. Sie schilderten in ihrem Schreiben den Schmerz ihrer Mutter und ihren eigenen, um dann der Rückkehr des Vaters nicht ungeschickt allgemeinere Bedeutung zu geben. «Auch sagt man uns», hieß es da, «daß nicht wir allein, sondern viele Menschen unglücklich werden, wenn er nicht zurückkommen darf, um seine Sachen in Berlin zu ordnen.»[6] Den sehr persönlich gehaltenen Brief, den die Töchter aus Moholz bei Niesky, wo die Familie bei einem befreundeten Gutsbesitzer lebte, schrieben, ließ der Kaiser dahingehend beantworten, daß er sich bei aller Teilnahme eine Einwirkung auf die Entschließung der russischen Behörden versagen müsse.[7]

Die Dinge nahmen nun ihren normalen Verlauf: In Moskau wurde die Anklage gegen Strousberg vorbereitet, und bei den Konkursverfahren in Deutschland und Österreich zerbrach man sich weiterhin den Kopf über Strousbergs Geschäfte. Die «Geraer Zeitung» schrieb über deren Ausdehnung: «Strousbergs Geschäfte umspannen fast den gesamten Kontinent, fast alle Staaten haben ihm zur Befriedigung seiner großartigen Kreditbedürfnisse nach und nach Quellen bieten müssen, und mehr als zehnmal hat er wechselweise den Schwerpunkt der Hauptaktionen verlegen müssen. Bukarest, Wien, Paris, Antwerpen, London, Berlin, Prag und zuletzt Petersburg und Moskau bezeichnen die Zentren seiner Operationen.»[8] Mit dem Hinweis auf den Rückzug Napoleons I. aus Rußland wurde vermerkt, daß Strousbergs Rückzug über die Beresina nur durch seine Verhaftung verhindert werden konnte. «Heute hat man sich daran gewöhnt», hieß es weiter in dem Bericht, «Millionen verloren gehen zu sehen und es wird nicht an Leuten fehlen, die mit Recht sagen werden: Es war vorauszusehen, daß es so kommen mußte; Gott sei Dank, daß der Schwindel einmal aufhört und auch wieder einmal ruhige Zeiten kommen. Aber trotz alledem reißt der Fall Strousberg in bedauerlicher Weise viele mit sich, und viele dem Tode Geweihte grüßen den Cäsar der Pleiten.»[9]

Die «Berliner Börsen-Zeitung» schrieb zu den Folgen des Konkurses: «Für nur zu viele Unternehmer, Finanziers, kleine und große Industrielle ist aus diesem Konkurs der Ruin erwachsen, Leute, die mit ihm liiert waren, mußten große Verluste auf sich nehmen und wie die Schöpfungen Strousbergs einst für weite Kreise Leben und Verkehr und Verdienst hervorgebracht hatten, so wirkte sein Ruin auf nicht minder ausgedehnte Kreise verderbenbringend.»[10] Und der «Berliner Börsen-Courier» bezeichnete den Konkurs Strousbergs mit einer Schuldensumme von rund 100 Millionen Mark als den größten, der jemals in Deutschland zu behandeln gewesen war.[11] Die enormen Auswirkungen des Ruins führten natürlich auch dazu, daß Strousbergs öffentlicher Ruf, gerade wieder einigermaßen hergestellt, nun noch schlechter war als nach dem Rumänien-Debakel. Bezeichnungen wie «gemeiner Betrüger» und «Schwindler» waren in der Öffentlichkeit gang und gäbe. Ehrenbezeichnungen wie «Wunderdoktor» oder «Eisenbahn-Moltke» dagegen provozierten nur noch Hohn und Spott.

Allgemein glaubte man – im Gegensatz zu Strousberg – auch nicht daran, daß der finanzielle Zusammenbruch nur ein böser Zufall war. Man war sich in der Öffentlichkeit fast einig, daß der Ruin vielmehr das sich schon lange abzeichnende Ende eines von Anfang an zum Scheitern verurteilten Weges war. In der Tat, Strousbergs Idee, mit Zbirow als industrieller Basis und als Lieferant von Eisenbahnmaterialien neue Eisenbahnbauten zu übernehmen, hatte zwar vieles für sich, doch das geringe Kapital, das ihm dafür zur Verfügung stand und ihn zu waghalsiger Kreditakrobatik zwang, mußte schließlich in die finanzielle Katastrophe führen. Wenn die Revision bei der Commerz-Leihbank, die Strousberg als hauptsächliche Ursache seines Unglücks ansah, nicht gewesen wäre, so hätte er den Wettlauf zwischen der Fertigstellung seiner Unternehmen und der finanziellen Katastrophe vielleicht noch etwas verlängern können – die Chancen, ihn zu gewinnen, standen aber niemals gut. Ein Zufall war Strousbergs Zusammenbruch nicht.

Die Besitzaufteilung

Mit gebundenen Händen verfolgte Strousberg von Moskau aus die Auflösung seines Besitzes. Durch seinen Verteidiger Spiro wurde er ständig auf dem laufenden gehalten, dieser war es auch, der Strousbergs Geschäftspartnern Informationen zukommen ließ. In seiner in der Moskauer Haft verfaßten Selbstdarstellung, aus der hier ja häufig zitiert wurde, sah Strousberg wenig Hoffnung, daß die Konkursmasse für die Gläubiger viel bringen werde. «Wenn das Ergebnis der Abwicklung meiner Masse, wie ich fürchte, ein so schlechtes sein wird, daß die ungesicherten Gläubiger wahrscheinlich nichts bekommen werden», bemerkte er, «so liegt dieses nicht in der Wertlosigkeit meiner Masse oder der bei der Bank deponierten Effekten, sondern es ist eine Konsequenz des Konkurses selbst und der damit nach den obwaltenden Gesetzen in Verbindung stehenden Art der Handhabung desselben.»[12]

Besonders kritisch beurteilte Strousberg den Verlauf des Konkursverfahrens in Österreich, wo nach seiner Meinung alles zusammenhanglos und billig veräußert wurde. Der Berliner Konkursverwalter Dielitz bekam von ihm dagegen eine bessere Note. Strousberg lobte, daß man Zusammengehöriges auch zusammen zu veräußern bestrebt war. Aber hier ließen sich die Ansprüche der Gläubiger ebenfalls nicht befriedigen. Angesichts der anhaltenden wirtschaftlichen Flaute war niemand bereit, den wirklichen Wert der Werke zu bezahlen. Die erst 1875 erworbenen Anlagen der Gesellschaft für Eisenbahnbedarf, die nach Angaben Strousbergs zwischen einer und zwei Millionen Wert waren, gingen für 100 000 Taler an einen Hypothekenbesitzer über, wobei die Anlagen aber noch mit 700 000 Taler hypothekarisch belastet waren. Ähnlich unbefriedigend waren die Erlöse aus der Versteigerung der Siegerländer Gruben, der Marienhütte in Danzig und der anderen Besitzungen. Selbst die Disconto-Gesellschaft mußte bei dem Verkauf von Strousbergs Gütern, die bei ihr verpfändet waren, Verluste hinnehmen. Deshalb wurden von ihr dann auch die Herzöge von Ujest und Ratibor und Graf Lehndorff-Steinort zur Einlösung der Bürgschaft für Strousberg gebeten.

Doch nicht alle Unternehmen und Unternehmungen, in denen das Geld und die Ideen des einfallsreichen Gründers steckten, wurden verschleudert. Die Eisenbahn Paris–Narbonne entwickelte sich auch ohne Strousberg mit neuen Initiatoren weiter, und wurde später zu einer der wichtigsten Verkehrsverbindungen Frankreichs. Die Waagthalbahn und die Linie Mehltheuer–Weida konnten, wenn auch mit erheblichen Schwierigkeiten, ebenfalls fertiggestellt werden. Besonders schwer hatte es die Thüringer Bahn. Nach dem Ruin Strousbergs mußte auch die Eisenbahngesellschaft in Konkurs gehen, und die Fortführung der Arbeiten ließ einige Jahre auf sich warten, so daß diese Bahnlinie erst 1883 – mit staatlichen Mitteln vollendet – dem Verkehr übergeben werden konnte.[13]

Das Schicksal der Strousbergschen Unternehmen und seines weiteren Eigentums beschäftigte die Öffentlichkeit noch längere Zeit erheblich. Laufend wurden in den Zeitungen Auktionen Strousbergschen Besitzes angekündigt. Eine Versteigerung zweier russischer Rappenhengste erbrachte am 14. November 1875 sechstausendeinhundertfünfzig Mark. Nachdem, wie erwähnt, die berühmte Gemäldegalerie Strousbergs schon früher veräußert worden war, kam es nun zur Versteigerung des bis dahin zurückgehaltenen Kunstbesitzes und der Bibliothek aus dem Palais in der Wilhelmstraße. Die Auktion fand in Strousbergs Bürohaus in der Behrenstraße statt, veranstaltet durch den bekannten Berliner Kunsthändler Rudolf Lepke und den Buchhändler Leo Lippmannssohn.

Unter den angebotenen Kunstwerken befanden sich einige Plastiken von Reinhold Begas, den Strousberg bekanntlich sehr geschätzt hatte, so «Satyr, einen Knaben im Flötenspiel unterweisend» und «Hagar und Ismael». Strousberg hatte Begas wiederholt Aufträge erteilt, zuletzt anläßlich des Todes seines ältesten Sohnes Arthur, der an einer Lungenkrankheit verstorben war. Vergeblich hatte Strousberg den Sohn in Begleitung des Ägyptologen und Schriftstellers Professor Georg Ebers zur Heilung nach Ägypten geschickt. Die tückische Krankheit ließ sich nicht aufhalten. Als Begas den bei ihm bestellten Sarkophag fertig hatte, konnte ihn Strousberg allerdings schon nicht mehr bezahlen, so daß Begas ihn in seinem Besitz behielt.[14] Wie weit der Verkauf auch privatester Dinge ging, zeigte sich durch die Versteigerung des von Ludwig Knaus gemalten Familienbildes, das Ehepaar Strousberg im Kreise seiner Kinder darstellend.

Die während der Auktion angebotene Bibliothek umfaßte etwa zwanzigtausend Bände. Eine bedeutende Bibliothek besaß Strousberg außerdem noch in Zbirow, die später ebenfalls versteigert wurde. Die Berliner Bibliothek enthielt viele ausgezeichnet sortierte Sachgebiete wie Geschichte, Staatswissenschaft, Geographie, Mathematik, Naturwissenschaften, Landwirtschaft, Belletristik, Kunst und Musik. Im Auktionskatalog wurde die Bibliothek so beschrieben: «Die Sammlung ... ist von äußerst sachkundiger Hand erst vor wenigen Jahren zusammengestellt worden, und darf mit Recht als eine der schönsten und reichhaltigsten modernen Bibliotheken bezeichnet werden, welche seit langer Zeit, wenigstens in Deutschland, unter den Hammer gekommen sind.»

Wenn Strousberg auch die Bibliothek nicht selbst zusammenge-

Familie Strousberg (Gemälde von Ludwig Knaus)

stellt haben dürfte, so kann sie doch wohl als Widerspiegelung seiner vielfältigen Interessen verstanden werden und nicht nur als Bildungsprunk. Unter den Büchern befanden sich auch der 1867 erschienene erste Band des «Kapitals» von Karl Marx und zwei Bände von Lassalle. Zufällig gelang es Friedrich Engels, einige Titel aus dieser Bibliothek zu erwerben. In einem Brief an Karl Marx berichtete er darüber: «Ich habe neulich second hand (antiquarisch – M. O.) endlich die vollständigen ‹Geschichtsschreiber der deutschen Vorzeit› gebunden erhalten, und rate, aus wessen verklopfter Bibliothek? – Dr. Strousberg!»[15]

Zweifel an Strousbergs Armut

Ob und wie weit Strousberg und seine Familie finanziell wirklich ruiniert waren, ließ sich schwer nachweisen. Jedenfalls wurden vielerorts Zweifel laut. Strousberg wehrte sich bereits aus dem Gefängnis heraus gegen den Vorwurf, er habe einen erheblichen Teil seines Vermögens vorbeugend seiner Frau übertragen und damit seinen Gläubigern entzogen. Er bestritt das nicht nur, sondern beklagte sogar, daß er nicht besser für seine Familie gesorgt habe. «Ich bin als Vater und Gatte zu tadeln», äußerte er dazu, «daß ich in guten Zeiten nichts für meine Kinder getan, während ich ihnen durch übermenschliche Anstrengungen den Ernährer geschwächt, wenn auch nicht geraubt habe.»[16]

Strousberg erklärte zu seiner Vermögenssituation, daß seine Frau und die Töchter nunmehr «bettelarm» und «mittellos», ja «obdachlos» seien. Lediglich für die beiden verheirateten Söhne Arthur und Henry will er vorgesorgt haben. Da sich die Witwe Arthurs aber wieder verheiratet hatte, war der Besitz dieses Sohnes der Familie verlorengegangen, so daß nach Strousbergs Darstellung nur noch Henry Vermögen besaß. Es wird dem allerdings nicht nur ein kärgliches Auskommen ermöglicht haben. Jedenfalls besaß Henry Strousberg nach dem Konkurs des Vaters noch das Gut Diepensee in der Nähe Berlins.

Der Sturz des Eisenbahnkönigs war zweifellos tief, aber «bettelarm» und «obdachlos» trafen auf die Situation seiner Familie sicher nicht zu. Henry Strousberg nahm in Abwesenheit des Vaters die Rolle des Familienoberhauptes, verbunden mit der Sorgepflicht für Mutter und Schwestern, auf sich. Daß Strousberg für seine Frau nicht besser vorgebaut hatte, ist auf Grund seiner Mentalität und seines Geschäftsgebarens nicht unglaubhaft. «An Konkurs habe ich nie gedacht», beteuerte er jedenfalls. Nur wegen eines eventuellen Todesfalles habe er überhaupt eine Erbregelung getroffen. Die seiner Frau zugeteilten Vermögenswerte sind jedoch immer wieder, so versicherte er, im Interesse seiner Geschäfte verpfändet worden. Auf Forderungen, die seine Frau deshalb an ihn hätte stellen können, habe sie aber verzichtet, so daß ihre Vermögensanteile in die zur Verfügung stehende Konkursmasse eingeflossen seien.

Strousberg zeigte sich ansonsten über seinen Sturz und die Inhaftierung weniger erschüttert, als man das hätte erwarten dürfen. Sein stark entwickeltes Selbstbewußtsein befähigte ihn offensichtlich, auch diese Lage zu verkraften. Darüber hinaus machte es ihn weitgehend immun gegen Skrupel oder die Folgen seiner Tätigkeit für andere Menschen. «Ich bin», erklärte Strousberg in seinem in der Haft geschriebenen Buch, «ein ehrlich denkender und rechtlich trachtender Mensch, dessen Streben mißglückt, aber eines guten Endes würdig war.»[17] Da er sich immer im Recht fühlte, seine großen Pläne zu verwirklichen, machten sie ihm auch nach ihrem Scheitern keine Gewissensbisse. Moralisch fühlte sich Strousberg integer. «Letzteres allein», verkündete er, «ist mir von Wichtigkeit; der Verlust meines Vermögens, ja jedes Eigentums läßt mich kalt.» In Anbetracht der Intensität, mit der er sein Eigentum seit jeher genoß, war das eine sehr merkwürdige Aussage, zumal er die Erreichung von Wohlstand früher immer zum stärksten Motiv für sein Handeln erklärt hatte. Wahrscheinlich mußte er aber auf diese Weise seine neue Situation bewältigen.

Daß Strousberg während der Gefangenschaft nicht nur über seinen Zusammenbruch und über den bevorstehenden Prozeß nachsann, wird durch seine Selbstdarstellung deutlich. Er hielt hier nicht resignativ Rückblick auf Verlorenes, sondern verteidigte mehr oder weniger das Gewesene und gab sich auch für die Zukunft nicht auf. Er bemerkte in seinem Buch, daß er sich auch künftig zutraue, für jedes aussichtsreiche Unternehmen eine Finanzierung zustande zu bringen. Es war eine Botschaft an die kommende Zeit. In erster Linie ging es ihm aber in seiner Autobiographie um eine moralische Rechtfertigung, die dieses Buch leider so wenig aufklärend und so stark beschönigend werden ließ. Natürlich war er sich beim Schreiben stets bewußt, daß er unter Anklage stand, außerdem wurden alle seine Äußerungen von der Erwägung bestimmt, das Verhältnis zu seinen früheren Geschäftspartnern nicht noch mehr zu belasten. Einzelheiten über diese Beziehungen oder gar Enthüllungen sucht man deshalb in diesem Buch vergeblich. Zu dem zu erwartenden Prozeß verhielt sich Strousberg diplomatisch. Er äußerte sich über die Gesetze und die Justiz im zaristischen Rußland zurückhaltend, beschwor dagegen mehr seine Unschuld. Den Ausgang des Prozesses sah er als ungewiß an, «bei den hiesigen Verhältnissen», wie er schrieb, «für ein Lotteriespiel».[18]

Die Haftbedingungen erlaubten Strousberg nicht nur, seine Memoiren zu schreiben, sondern vielfältige Kontakte zur Außenwelt zu unterhalten. Über den aktuellen Stand der Konkursabwicklung war er jedenfalls, wie aus seinem Buch hervorgeht, stets gut informiert. Daß er es überhaupt schreiben und noch vor Prozeßbeginn zur Veröffentlichung nach Deutschland schicken konnte, zeugt von der Großzügigkeit der zaristischen Justizbehörden ihm gegenüber. Andererseits wurde aber auch von sehr schlechten Haftbedingungen gesprochen. So soll Strousberg in der Untersuchungshaft zeitweise nicht einmal ein Bett und Wäsche in seiner Zelle gehabt haben. Erst nachdem ein Major von Prittwitz, den Strousberg kannte, als Adjutant des Prinzen Karl von Preußen nach Moskau gekommen war, soll sich seine Lage verbessert haben. Als Strousberg erfuhr, daß sich Prittwitz in Moskau aufhielt, bat er ihn schriftlich, ihn in der Zelle zu besuchen. Der Major tat dies auch und berichtete anschließend dem Prinzen Karl, der sich dann bei den zaristischen Behörden für den gestürzten Eisenbahnkönig einsetzte. Das war allerdings erst kurz vor dem Prozeß, der für Oktober 1876 vor dem Moskauer Bezirksgericht angesetzt war.

Der Prozeß

Während des Prozesses, bei dem Strousberg neben den Direktoren Poljanski und Landau sowie anderen Verantwortlichen der Commerz-Leihbank auf der Anklagebank saß, ging es hauptsächlich um die den Bankleuten vorgeworfenen Verfehlungen, die der inzwischen notwendig gewordenen Liquidation der Bank vorangegangen waren. Der Schwerpunkt der Anklage bezog sich auf die Geschäftsbeziehungen der Bank zu ihrem Hauptschuldner Strousberg. Der Ankläger versuchte nachzuweisen, daß sich Strousberg die erhaltenen Kredite auf unrechtmäßige Weise beschafft und sich somit strafbar gemacht hatte. Strousberg bestritt, wie auch in der Voruntersuchung, die Berechtigung der Anklage überhaupt und beschwerte sich über sein Festhalten in Moskau. Er blieb dabei, daß die geliehenen sieben Millionen Rubel allein Sache der Bankdirektoren gewesen seien und es ihre Pflicht gewesen wäre, die Sicherheiten zu überprüfen und deren Wert festzulegen.

Nach Strousbergs Meinung beruhte die Anklage lediglich auf Vermutungen, und er bestritt entschieden, Landau veranlaßt zu haben, «Böses» zu tun. Er ließ jedoch durchblicken, daß Landau unterschiedliche Interessen verfolgte. Einerseits habe er den Wunsch gehegt, der Bank ihren Verlust wieder einzubringen und sich dadurch zu rehabilitieren, andererseits wollte er für die eigene Tasche verdienen.[19] Die Absicht von Strousberg war durchsichtig – wenn man Schuldige für den Ruin der Commerz-Leihbank suchte, konnten es möglicherweise Landau und andere Bankdirektoren sein – er jedenfalls nicht. Landau wies aber die Beschuldigungen zurück und versicherte, die Verbindung mit Strousberg habe ausschließlich im Interesse seiner Bank gelegen. Er verneinte auch den Vorwurf, die Sicherheiten seien wertlos gewesen. Ausführlich legte Landau dar, er habe nur allmählich und nur notgedrungen die Geschäftsbeziehungen zu Strousberg intensiviert, um das an ihn vergebene Geld zu retten.[20]

Während des Prozesses zeigte sich Strousberg wenig beeindruckt von dem, was um ihn herum vorging. Häufig, wenn es nach seiner Meinung nur um Belange der Bank ging, ließ er sich wegen seines Gesundheitszustandes entschuldigen. Mit Interesse und Erwartung sah er allerdings den Aussagen der Zeugen entgegen, die zu seiner Entlastung aus Deutschland kamen. Die Kreditvermittler Manczyk und Schlesinger sowie Ferdinand Jaques von dem inzwischen durch seine enge Verbindung mit Strousberg ebenfalls ruinierten gleichnamigen Bankhaus legten ihre Auffassung dar, daß es nicht der Eisenbahnkönig gewesen sei, der die Commerz-Leihbank ausgenutzt hatte, sondern daß das vielmehr wegen ihrer Zahlungsbedingungen auf die Bank zutraf. Zur weiteren Entlastung seines Mandanten war Spiro bemüht, nachzuweisen, daß dieser nicht irgendein Niemand war, der sich Kredit erschwindeln mußte, sondern ein hochgeschätzter Geschäftsmann. Er scheute tatsächlich nicht davor zurück, die Forderungen der Gläubiger im Berliner Konkursverfahren – er nannte 149 Millionen Mark – heranzuziehen, um die These zu belegen, wie großzügig man Strousberg Geld geliehen habe.[21]

In seinen Abschlußbemerkungen appellierte Strousberg anmaßend an die Geschworenen, den gesunden Menschenverstand walten zu lassen und ihn freizusprechen. Er lockte auch damit, daß sich, wenn er freikommen sollte, aus den Trümmern seines früheren Besitzes noch etwas retten ließe. Er sei ja nun einmal die Ursache des ganzen Unglücks, gab er zu, man könne aber ein Unglück nach seiner Auffassung verursachen und doch nicht schuldig sein. Er fühle andererseits aber auch, man habe Rache üben wollen und ihn hierbehalten, um ihn als «Mittelblume in diesem faulen Bouquet» zu gebrauchen.[22]

Strousberg beklagte außerdem, daß er alles, was ihm lieb gewesen, verloren habe und er sich aus hoher bevorzugter Stellung in die Gefängniszelle versetzt sehe. Er rief die Geschworenen auf, an seine Frau und seine Kinder zu denken, die unversorgt seien und ihn deshalb für ihren Unterhalt brauchten. Danach stellte der Vorsitzende des Gerichtes die umständliche, aber entscheidende Frage: «Ist der angeklagte preußische Untertan Dr. Bethel Henry Strousberg, 52 Jahre alt, dessen schuldig, daß er, nachdem er im Mai des Jahres 1874 in Beziehung zu dem Bankdirektor Landau getreten war, im Wege der Bestechung sowohl diesen und durch dessen Vermittlung auch den anordnenden Poljanski geneigt gemacht hat, ihm, Strousberg, aus der ihrer Leitung anvertrauten Bank einige Millionen Rubel herauszugeben und dies Geld nicht zurückgezahlt hat?»[23] Die Geschworenen antworteten mit: «Ja, schuldig.»

Das Urteil lautete daraufhin auf Aberkennung der Strousberg in Rußland verliehenen Standesrechte und Privilegien – er war Kaufmann erster Gilde in Petersburg – und auf Ausweisung in sein Heimatland. Von einem Freispruch konnte – wie in manchen Darstellungen darüber zu lesen ist – keine Rede sein. Strousberg wurde untersagt, in das Russische Reich zurückzukehren, und ihm drohte für den Fall, daß er in seinem Heimatland keine Aufnahme fand, eine Verbannung für die Dauer von vier Jahren in das Gouvernement Olonetz.[24] Außerdem wurde Strousberg zur Zahlung einer hohen Ausgleichssumme für die ungenügende Deckung seiner Kredite, die er von der Commerz-Leihbank erhalten hatte, verurteilt. Bei Poljanski und Landau entschied das Gericht auf Ausweisung in das Gouvernement Tomsk unter gleichzeitiger Aberkennung ihrer Standesrechte und Privilegien.

Strousberg brauchte nicht in die Verbannung zu gehen. Bereits vor der Urteilsverkündung hatte sich der Herzog von Ratibor an Kaiser Wilhelm I. gewandt, um die Freilassung von Strousberg zu erwirken. Daraufhin fragte der Kabinettsrat von Wilmowski in kaiserlichem Auftrag bei Bismarck an, was man da machen könne. Der ließ ihm am 12. November 1876 antworten: «Euer Hochwohlgeboren beehre ich mich in Erwiderung des gefälligen Schreibens vom gestrigen Tage ganz ergebenst mitzuteilen, daß bereits, bevor das gegen Dr. Strousberg gefällte Urteil hier bekannt war, vom Herrn Reichskanzler die erforderlichen Schritte angeordnet worden waren, um event. eine Begnadigung des Herrn Strousberg zu erreichen. Inzwischen ist nunmehr aus Moskau ein telegraphischer Bericht des dortigen Kaiserlichen Konsuls eingegangen, demzufolge Dr. Strousberg nur zur Ausweisung aus Rußland verurteilt worden ist und wir ihm nur noch soweit nützlich werden können, daß seine dortige Entlassung beschleunigt und seine Ausweisung nicht nach Österreich sondern nach seinem Heimatlande Preußen dirigiert werde.»[25] In diesem Sinne wurde der deutsche Botschafter in Moskau dann auch angewiesen, wirksam zu werden.

Man kümmerte sich also auf höchster Ebene um Strousberg. Reine Freundlichkeit war es allerdings nicht, die den Kaiser, den Reichskanzler und andere maßgebliche Leute zu dieser Haltung veranlaßten. Strousbergs oft dargelegte, wenn auch etwas modifiziert geäußerte konservative Haltung war zwar «oben» immer gut angekommen, ausschlaggebend dafür dürfte jedoch die Befürchtung gewesen sein, daß der ferne Inhaftierte, der wohl wie wenige die Verstrickungen des Hochadels in die düstersten Seiten des kapitalistischen Geschäftsgebarens kannte, sein Wissen aus Enttäuschung für einen Skandal nutzte.

Die Nachricht von der voraussichtlich baldigen Rückkehr Strousbergs nährte bei den Gläubigern offensichtlich die Hoffnung, daß dieser für ihre Probleme irgendwelche Patentlösungen parat habe. Allein auf die Meldung hin, daß Strousberg bald eintreffen werde, wurden bereits feststehende Versteigerungen wieder abgesagt.

Im allgemeinen wurde das Urteil gegen Strousberg in Berlin günstig aufgenommen. Die «Berliner Börsen-Zeitung» wertete das Urteil jedoch als prinzipielle Entscheidung gegen das kapitalistische Geschäftsleben. «Wir erblicken in diesem Prozeß», schrieb sie, «wieder einen jener, man kann nicht anders sagen, seltsamen Versuche, diejenigen zu bestrafen oder doch bestrafen zu wollen, welche im Laufe einer relativ kurzen Zeit bedeutendes Vermögen angesammelt oder wenigstens große Geschäfte durchgeführt haben.»[26] Die Zeitung erinnerte in diesem Zusammenhang an den Prozeß Ofenheim, der angeblich nur dem Sensationsbedürfnis gedient hatte. Nach der Schuldfrage forschte sie nicht. Allein einen führenden Unternehmer vor ein Gericht zu stellen, schien ihr schon ein Sakrileg zu sein. Nach Auffassung der «Berliner Börsen-Zeitung» konnte «das richterliche Forum nicht der Ort» sein, «an welchem geschäftliche Transaktionen abgeurteilt werden dürfen».[27]

Strousbergs Ausweisung aus Rußland zog sich entgegen allen Erwartungen hin, da er das Geld, das er an die Liquiditätskommission der Commerz-Leihbank zu zahlen hatte, nicht aufbringen konnte. Im Mai 1877 richtete Mary Ann Strousberg deshalb ein neues Hilfegesuch an Wilhelm I. Sie klagte darüber, daß die Liquiditätskommission die Eröffnung eines Konkursverfahrens gegen ihren Mann anstrebte. «Um auf diesem Umwege», wie sie meinte, «ein ferneres Festhalten meines Mannes durch die im Konkurse zulässige mehrjährige Schuldhaft zu erreichen.»[28] Als Motiv dafür bot Mary Ann Strousberg zwei Versionen an: persönliche Rache oder das Erzwingen von Geld, das ihr Mann ihrer Meinung nach nicht hatte. «Eventuell», schrieb sie, «wenn man auch noch in Rußland den Konkurs zum bloßen Schein haben will, so kann das geschehen auch ohne die persönliche Anwesenheit meines Mannes, ebenso wie der ernsthafte hiesige Konkurs leider ohne denselben verhandelt werden mußte.»[29] Eine Freilassung Strousbergs konnte nach ihrer Meinung niemandem schaden, sondern würde im Gegenteil noch Kosten für seinen Unterhalt sparen. Die Aussichten für eine baldige Entlassung sah sie dennoch als gering an. «Nur durch Ew. Majestät ist es möglich», schrieb sie am Ende ihres Briefes, «den erhabenen Kaiser Alexander zu unterrichten, und deshalb wage ich die Bitte Ew. Majestät wolle allerhöchst huldvollst dies bezüglich im Interesse meiner verzweifelten Familie zu handeln geruhen, welche sich in trostlos bedingter Lage durch die Entziehung ihres Ernährers befindet.»[30]

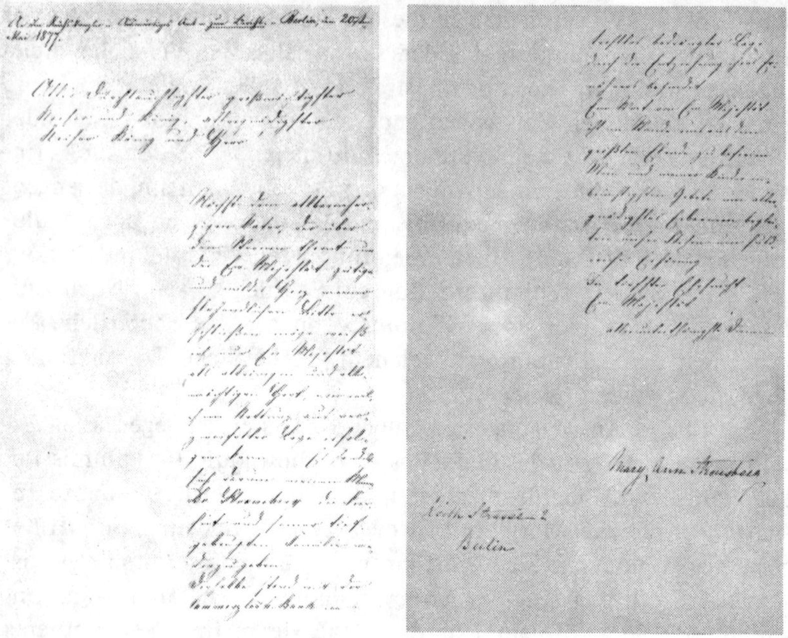
Mary Ann Strousberg
Keith Strasse 2
Berlin

Brief von Mary Ann Strousberg
an Kaiser Wilhelm I.

Mary Ann Strousbergs Brief war voller Engagement und dennoch bemüht, sachlich zu argumentieren. Sie schrieb ihn aus ihrer Berliner Wohnung in der Keithstraße, in der Nähe des Tiergartens, in die sie nach dem Konkurs und der Aufgabe des Palais in der Wilhelmstraße gezogen war. Echte wirtschaftliche Not mußte sie und ihre Familie dort nicht leiden, dennoch dürfte ihre Lage, bedingt durch den Konkurs sowie die ungesicherte Zukunft, nicht angenehm gewesen sein. An ihrer Übereinstimmung mit ihrem Mann ließ sie, obwohl auch sie vielen Anfeindungen ausgesetzt war, jedoch nie einen Zweifel aufkommen.

Trotz der Bemühungen vieler Seiten um Strousbergs Rückkehr sollte sich seine Freilassung noch bis zum Herbst 1877 verzögern. Erst dann, zwei Jahre nach Beginn seiner Moskauer Reise, traf er wieder in Berlin ein – sicherlich mit gemischten Gefühlen, was ihn dort erwarten würde. Ganz ohne Vorstellungen, wie es weitergehen sollte, war er allerdings nicht. Er hatte während seiner Inhaftierung schon längst wieder Pläne gemacht, wie ihm aus seiner verzweifelten Lage heraus doch wieder ein Aufstieg möglich wäre. Sollte er wider Erwarten noch einmal gelingen?

Anschlußsuche

In Berlin angekommen, schien Strousberg wenig bedrückt zu sein von den beschränkten Verhältnissen, die er in der Keithstraße vorfand. Auch seine finanzielle Lage als Bankrotteur trug er mit bemerkenswerter Fassung. So etwas wie Scham über das, was er zu verantworten hatte, lag ihm ohnehin gänzlich fern. Ohne Gespür dafür, welche nachhaltigen ökonomischen und psychologischen Wirkungen sein Riesenbankrott hinterlassen hatte, sah er sich noch immer als finanziellen Zauberer, der nach wie vor seine Möglichkeiten hatte. Schon bald nach seiner Rückkehr eröffnete er als sichtbaren Ausdruck seines Willens zu weiterer geschäftlicher Betätigung dann auch ein neues Büro in der Dorotheenstraße. Zu seinem Kummer bestand sein Besucherkreis aber überwiegend aus alten Gläubigern und nicht aus neuen Geschäftspartnern. Was außer Schulden und einem schlechten Ruf hatte Strousberg auch zu bieten?

Selbstverständlich ließ er nichts unversucht, neue Geschäftsbeziehungen anzuknüpfen. Er lud viele seiner früheren Bekannten ein, um ihnen dann, lebhaft wie immer, seine phantasievollen Pläne zu entwickeln. Der Eisenbahnbau und die Einrichtung von Straßenbahnverbindungen spielten darin eine große Rolle. Doch auf seine Werbung für gemeinsame Unternehmen reagierte man im besten Fall lediglich mit höflicher Unverbindlichkeit. Abgesehen von seinem kompromittierten Ruf gab es auch praktische Schwierigkeiten, Geschäfte mit Strousberg zu machen, denn er mußte wegen seiner Schulden ständig mit Pfändungen rechnen. Mit einem Kapitalisten, der kein eigenes Kapital besitzen durfte, konnte man schon aus diesem Grund schlecht Geschäfte machen. Strousberg behalf sich zwar damit, daß er gewisse Reste seines Besitzes anderen unter Beibehaltung seines Verfügungsrechtes übertrug, doch konnte das bei Nachforschungen erheblichen Ärger bereiten.

Einer der wenigen, der es mit Strousberg versuchen wollte, war der Bauunternehmer Ferdinand Guttzeit. Beide hatten schon vor dem Konkurs miteinander verhandelt. In Danzig planten sie nun, gemeinsam eine Pferdestraßenbahn zu bauen. Strousberg wollte dazu das Material liefern und die Aktiengesellschaft organisieren, die das Kapital für die Baukosten aufbringen sollte. Vielleicht wirkte auf Guttzeit noch der einstige Glanz des Gestürzten, zugleich hoffte er wohl, dessen Erfahrungen und Verbindungen nutzen zu können. Außerdem war auch er der weitverbreiteten Ansicht, daß der Reichtum des einstigen Eisenbahnkönigs nicht völlig verlorengegangen sein könne, wobei Strousberg ihn und andere natürlich nicht ungern in diesem Glauben ließ. Guttzeit erklärte später, er hätte gehört, Strousberg habe fünfhunderttausend Mark in bar aus Moskau mitgebracht, die er anderen überschrieben habe. Obwohl es für dieses «Mitbringsel» keine konkreten Anhaltspunkte gab, galt doch Strousberg damit Guttzeit nicht als armer Mann. Auf Grund dieses «Mißverständnisses» verlief ihre Zusammenarbeit sehr kompliziert und sollte sogar noch ein gerichtliches Nachspiel haben. Strousberg hatte dem Bauunternehmer zugesichert, daß er durch eine geplante Aktienausgabe in London bald zu Geld kommen werde, de facto mußte er ihm jedoch 85 000 Mark schuldig bleiben. Das waren wieder neue Schulden, die zu den alten hinzukamen und das Unsolide in Strousbergs Geschäftstätigkeit einmal mehr verdeutlichten.

Die Gründung der Straßenbahngesellschaft, die Strousberg übernommen hatte, gelang ihm im übrigen auch nicht. Dennoch ließ Strousberg von neuerlichen Gründungsversuchen nicht ab. Als er wieder einmal beim Plänemachen war, bat er Heiberg um Rat. «Lesen Sie und sagen Sie mir Ihr Urteil!» sagte er zu ihm und reichte Heiberg einen Prospekt über eine Kommandit-Gesellschaft auf Aktien in Höhe von fünf Millionen Mark.

«Nun», fragte er, «was halten Sie davon? Ich bitte unumwunden um Ihre Ansicht!»

«Ich glaube», entgegnete Heiberg, «daß fünf Millionen Mark das Eingeständnis einer Schwäche sein würde, Herr Doktor. Ich fürchte, offen gesagt, Sie werden Fiasco machen. Vielleicht täusche ich mich in der Voraussetzung, daß der alte Zauber Ihres Namens wirken wird – jedenfalls werden Sie mit dieser Summe und mit diesem Prospekt nichts erreichen.»

Heiberg verriet nicht, um welche Neugründung es sich handelte. Er bemerkte jedoch, daß Strousberg, entgegen seinem Rat, seine Absichten zu verwirklichen trachtete. «Seltsamerweise wurde doch ein Geringes gezeichnet, und zwar, wie mir erzählt ward, von Leuten, die viel Geld bei ihm verloren hatten», wunderte sich Heiberg. «Es gibt eben ewige Rätsel», schloß er philosophisch.[31]

Insgesamt waren es jedoch nur wenige, die dem Zauber des Namens Strousberg noch verfielen. Obwohl er die Projektemacherei zeit seines Lebens nicht aufgab, mußte er langsam einsehen, daß man nicht den bis dahin größten Bankrott verursachen und dann weitermachen konnte wie bisher. Seine geringe Geschäftstätigkeit ließ ihm nun viel Zeit für seine andere große «Berufung», das Schreiben. Natürlich mußte dafür auch eine entsprechende Zeitung her, und so gründete er «Das kleine Journal». Es war eine Tageszeitung, von der er sich durch die Vielfalt der behandelten Themen sogar einen Verkaufserfolg versprach. Die Gründung der Zeitung ermöglicht haben sollen Wiener Geldgeber, wobei jedoch nicht auszuschließen ist, daß sie nur Strousbergs eigenes, verstecktes Geld dafür anlegten.

Das neue Strousberg-Blatt behandelte tatsächlich nicht nur die unterschiedlichsten Themen, sondern in ihm wurde ein erstaunlich breites Meinungsspektrum vertreten, das sich von sozialkritischen Beiträgen bis zur apologetischen Rechtfertigung der industriekapitalistischen Entwicklung erstreckte. Zur Mitarbeit an seiner Zeitung gewann Strousberg anerkannte Schriftsteller wie Karl Emil Franzos, Friedrich Spielhagen, Max Kretzer und Hieronymus Lorm. Er schrieb aber auch selbst, so, wie er es früher schon getan hatte, vor allem politische und wirtschaftspolitische Artikel. «Strousberg», äußerte Reitböck über ihn, «war ein geistvoller Kritiker, der den Nagel stets auf den Kopf traf. Die Auffassung und Ansichten, die er von allem hatte, waren ganz eigenartig, von der landläufigen Meinung abweichend und dadurch besonders interessant.»[32]

Strousberg fand für seine geschickte Feder und sachkundige Darstellung höchste Anerkennung. Von Bismarck wußte man, daß er «Das kleine Journal» gerade wegen der Leitartikel Strousbergs besonders gerne las. Natürlich erfuhr das ihr Verfasser. Es schmeichelte ihm, und er sah, wie so oft bei guten Nachrichten, phantastische neue Möglichkeiten. «Wenn Bismarck mich nur als Journalisten für seine Ideen verwenden wollte», äußerte er gegenüber Heiberg. «Ich brauche wenig für meine Bedürfnisse», behauptete er ihm gegenüber entgegen allen Tatsachen. «Schreiben ist mein eigentlicher Beruf, mein Element», fuhr er fort, «ich würde ihm und seiner Sache unendlich dienen können – freilich, es würde anders gemacht werden als bisher.»[33] Es ist durchaus anzunehmen, daß Bismarck durch Strousbergs hochgestellte Freunde von diesem Wunsch Mitteilung erhielt, ohne ihn aber akzeptieren zu können.

Einen bemerkenswerten gesellschaftlichen Erfolg konnte Strousberg 1879 durch die Heirat seiner ältesten Tochter, Agnes, mit dem Grafen Hans Dönniges von Kleist feiern. Diese Verbindung mit einer der angesehensten preußischen Adelsfamilien war Strousberg in seiner Situation gewiß eine besondere Genugtuung und entschädigte ihn sicherlich etwas für die ausgebliebene eigene Erhebung in den Adelsstand. Kleist, von Haus aus Gutsbesitzer, war Offizier und avancierte im Laufe der Zeit bis zum Generalmajor. Aus dieser Ehe gingen vier Kinder hervor, und Strousberg besuchte besonders in seinen letzten Lebensjahren den 1880 geborenen Enkel und die zwei Jahre jüngere Enkelin auf dem Gut des Schwiegersohnes.

«Fragen der Zeit»

Neben den wenig erfolgreich betriebenen Geschäften und der journalistischen Tagesarbeit dieser Jahre äußerte sich Strousberg auch ausführlicher zu bestimmten Themen. Im Jahre 1878 erschien von ihm eine längere Abhandlung «Berlin, ein Stapelplatz des Welthandels durch den Nord-Ostsee-Kanal», in der er das schon lange diskutierte Thema dieser Kanalverbindung aufnahm und deren Vorteile für Berlin darstellte. Ein Jahr später veröffentlichte er ein kleines Buch «Über Parlamentarismus». Es war der erste Band einer geplanten

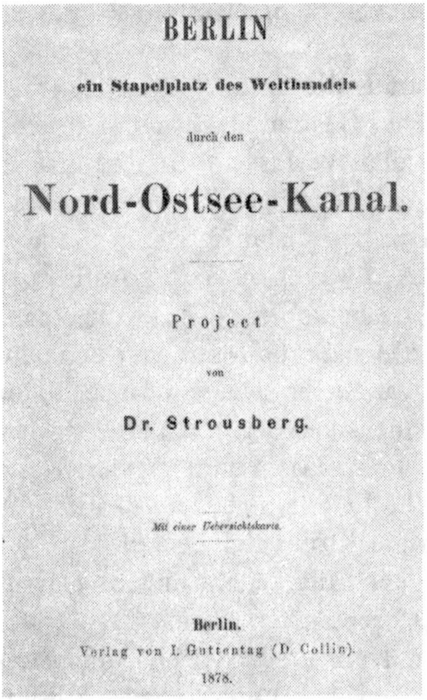
BERLIN

ein Stapelplatz des Welthandels

durch den

Nord-Ostsee-Kanal.

Project

von

Dr. Strousberg.

Mit einer Uebersichtskarte.

Berlin.

Verlag von I. Guttentag (D. Collin).

1878.

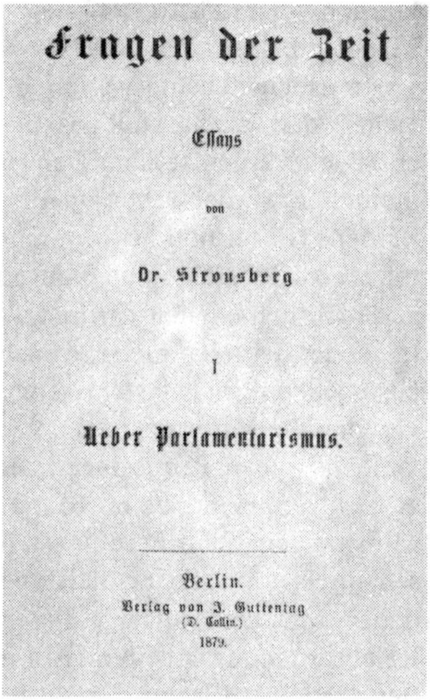
Fragen der Zeit

Essays

von

Dr. Strousberg

I

Ueber Parlamentarismus.

Berlin.

Verlag von J. Guttentag

(D. Collin.)

1879.

mehrbändigen Reihe, die er «Fragen der Zeit» nannte. Allerdings blieb es lediglich bei diesem Band.

Strousberg setzte sich in jener Schrift mit dem deutschen Parlamentarismus seit der Reichsgründung auseinander, ohne eine bestimmte parteipolitische Richtung zu bevorzugen. Immer wieder den Vergleich mit Englands parlamentarischem System – dem seine Neigung galt – herstellend, äußerte er sich rundum kritisch. So sah er im politischen Liberalismus wenig Gutes, fand ihn mit Dogmen behaftet, die ihm seiner Meinung nach Toleranz unmöglich machten. Von den Konservativen, deren Lager er doch lange nahegestanden hatte, sagte er jetzt: Sie «bilden ... im großen Ganzen eine Kaste, die sich über alle anderen Gesellschaftsklassen erhaben däucht».[34] In der Befürwortung eines scharfen Vorgehens gegenüber sozialistischen Bestrebungen sah sich Strousberg aber durchaus in Übereinstimmung mit der herrschenden Staatsgewalt, die seit 1878 das Sozialistengesetz zur Verfolgung der organisierten Arbeiterbewegung praktizierte. «Ist der Sozialismus, wie er bei uns gepredigt wird, staatsgefährlich», schrieb er, «so liegt es auch im Staatsinteresse, ihn zu beseitigen.»[35]

Strousberg scheute sich nicht, daraus die brutale Konsequenz zu ziehen, daß Arbeiter mit sozialistischer Gesinnung aus den Fabriken entlassen werden sollten. Denn mit dem Verlust des Broterwerbs, so meinte er, würden schon viele von «leichtsinnigen Theorien» geheilt werden. Hierin und auch durchaus in den distanzierenden Betrachtungen zu Liberalen und Konservativen war er Bismarcks Auffassungen recht nahe, auch darin, daß er sie beide dennoch für die staatstragenden Parteien hielt. Strousberg versicherte in seinem Buch dem bestehenden Staatssystem seine Loyalität, er setzte sich aber dafür ein, daß die Minister aus dem Parlament hervorgehen und einer parlamentarischen Partei angehören sollten. Das Vertrauen der Krone zu besitzen, bemerkte er, könne nicht die alleinige Qualifikation der Minister sein. Ihre Berufung durch die Krone hielt er außerdem für schädlich, weil alle Fehlleistungen der Minister ihr angelastet werden.[36] Mit dem allgemeinen Wahlrecht, dem Bismarck bei der Reichsgründung zustimmen mußte, konnte auch er sich nicht anfreunden. Das Eigentum zu wahren, hielt er – und war da ganz Bourgeois – für die vordringlichste Pflicht des Staates. Alles, was seiner Meinung nach das Eigentum bedrohte, darunter das bestehende Wahlrecht, sollte deshalb nicht geduldet werden.[37]

Bei seinen Vergleichen mit England entwickelte Strousberg recht eigenwillige Ansichten. So behauptete er: «Die verschiedene Entwicklung der beiden Nationen läßt sich beinahe schon physiognomisch erkennen. Beim Deutschen ist der Kopf, beim Engländer das Gesicht besser geformt. Der Deutsche hat eine bessere Stirn, eine höhere geistige Entwicklung; der Engländer hat bestimmtere Formen in Nase, Kinn und Mund, und wenn dies schon im allgemeinen der Fall ist, so betrachte man erst die Köpfe der hervorragenden Deutschen und Engländer: wie häufig sieht man bei den ersteren neben Kurzsichtigkeit eine Mopsnase mit Jupiterstirn gepaart – bei den letzteren einen ganz unbedeutenden Schädel mit einem feingeschnittenen, in festen Formen geprägtem Gesicht!»[38]

Auf diese, gewissermaßen «kopflastige» Weise machte Strousberg die seiner Meinung nach bestehenden Unterschiede zwischen den beiden Nationen «sichtbar». Dem Engländer traute er mehr praktischen Verstand zu, der ihn angeblich mehr zum Handeln drängte, dem Deutschen mehr Geist, den er jedoch nach seiner Auffassung vor allem zum Reflektieren nutzte. Dafür, daß das so war, sah er historische Gründe. «Der Deutsche», meinte Strousberg, «namentlich in den größeren Staaten, konnte bei der Zersplitterung des Ganzen, bei der sich daraus ergebenden staatlichen Form und der Notwendigkeit, die Macht unbegrenzt in den Händen seiner Monarchen zu lassen, sich nicht individuell entwickeln: er mußte stets Befehlen folgen, war nie am politischen Leben beteiligt, deshalb fehlt ihm der praktische Instinkt dafür, und weil das Bestehende nicht seine Schöpfung ist, deshalb empfindet er im großen Ganzen weder Liebe noch Stolz für dasselbe.»[39]

Die englischen Verhältnisse, bei denen er die bürgerlichen Interessen besser aufgehoben fand, hielt er auch auf Deutschland übertragbar, obwohl sie, wie er selbst bemerkte, nicht den gewachsenen deutschen Zuständen entsprachen. «Wenn es sich darum handelte», erklärte er, «inwieweit der Deutsche sich eignet, Fremdes in sich aufzunehmen, also sich in eine Verfassung oder Gesetzgebung zu fügen, die ihm ursprünglich fremd ist, so dürfte man keine Befürchtung haben, daß sich unser Volk nicht in jede Verfassung einzuleben vermöchte; denn es ist eine Eigentümlichkeit des Deutschen, daß er sich in alle Verhältnisse fügen, jedem Impuls folgen und auf jeden Boden sich akklimatisieren kann.»[40]

Sowohl aus Überzeugung als auch auf Grund direkter ökonomischer Interessen stand Strousberg stets auf dem Boden der Bismarckschen Reichseinigung. Als Mann der Eisenbahnen sah er in nationaler Zersplitterung und Kleinstaaterei unzeitgemäße Hindernisse für die Entwicklung von Industrie, Handel und Verkehr. Allein das umständliche Genehmigungsverfahren zur Erlangung von Eisenbahnkonzessionen – für die fünfunddreißig Kilometer lange Strecke Mehltheuer–Weida mußten vier deutsche Bundesstaaten ihre Zustimmung geben, weil die Bahn ihr Gebiet berührte – war ihm höchst verhaßt. Ein Gegner Bismarcks war Strousberg jedoch, was dessen Eisenbahnpolitik nach der Reichseinigung betraf. 1879 äußerte er sich in der Monatsschrift «Nord und Süd» zu den Absichten

Bismarcks, die Eisenbahnen zu verstaatlichen, strikt ablehnend. In einem Artikel mit der Überschrift «Zwei Fragen, die nicht brennen» behauptete er, daß die Regierung die Enttäuschung über die Privatbahnen, die nicht die erwartete Rendite gebracht hätten, für ihre Absichten ausnutze. «Ebenso scheint es», erkannte er dabei ganz richtig, «in dem Angestrebten zu liegen, jede Gelegenheit wahrzunehmen, um durch Übernahme von Eisenbahnen ... Mittel zu schaffen, die den Staat unter allen Umständen hinsichtlich Geldbewilligung von der Landesvertretung unabhängig machen. Wenn man einen dynastischen Staatssozialismus anstrebt, so scheint mir der eingeschlagene Weg verständlich.»[41] Mit Sozialismus hatte das Streben Bismarcks nach Verstaatlichung der Eisenbahnen zwar nichts zu tun, aber der Begriff wurde von den Anhängern der Privateisenbahnen nicht selten zur Diskreditierung des Vorhabens benutzt.

Bismarcks Pläne zur Verstaatlichung der Eisenbahnen waren zu der Zeit, da Strousberg öffentlich gegen sie auftrat, in eine neue Phase getreten. Sowohl die Errichtung eines Reichseisenbahnamtes im Jahre 1873 als auch eine Gesetzesinitiative von 1876 zur Schaffung von Reichsbahnen, die am Widerstand der deutschen Bundesstaaten gescheitert war, hatten die Verstaatlichung nicht voranbringen können. Um endlich weiterzukommen, begann Bismarck daher, in Preußen Privatbahnen durch den Staat anzukaufen. 1879 ließ er im Preußischen Abgeordnetenhaus zwei Gesetzesvorlagen verabschieden, die den Ankauf einiger preußischer Eisenbahnen ermöglichten. Bis Mitte der achtziger Jahre gingen danach alle wichtigen preußischen Linien in Staatsbesitz über. Die Schaffung einer wirklichen Reichsbahn sollte dann allerdings noch bis zum Jahre 1922 auf sich warten lassen.

Strousbergs Einschätzung, daß Bismarck mit der Verstaatlichung dem Reich selbständige Einnahmequellen verschaffen wollte, war sicherlich zutreffend, wobei wohl die generelle Stärkung der Reichsgewalt neben den gravierenden militärischen Vorteilen von übergeordneter Bedeutung war. Eben das hatten auch die deutschen Bundesstaaten erkannt und widersetzten sich gerade deshalb den Plänen Bismarcks.

Die Befürworter der Verstaatlichung argumentierten vordergründig

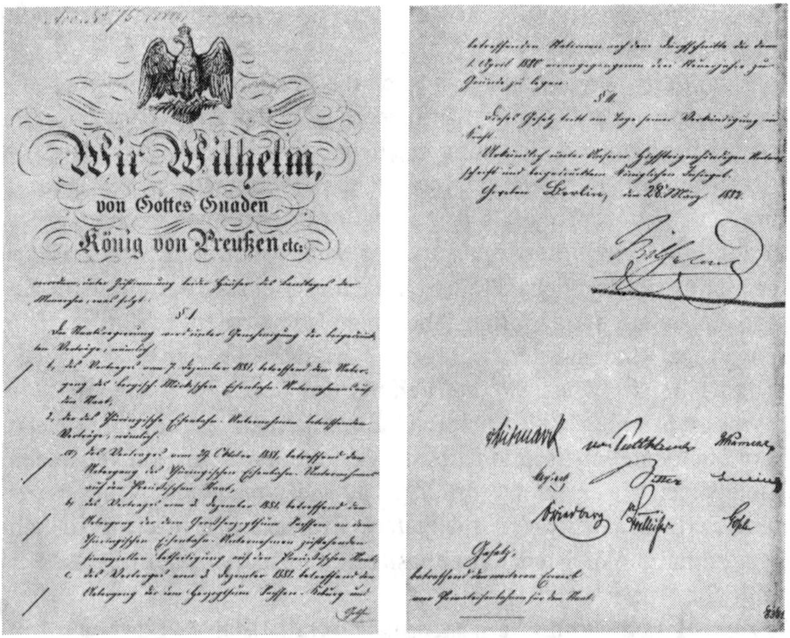
Wir Wilhelm,
von Gottes Gnaden
König von Preußen etc.

Gegeben Berlin, den 28. März 1882.

Eines der preußischen
Verstaatlichungsgesetze

mit dem Mißbrauch des privaten Eisenbahnbaus, wobei es manchen von ihnen damit allerdings durchaus Ernst war. Der Name Strousberg stand in dieser Diskussion oft als Synonym für Mißbrauch. Ein neuralgischer Punkt der Privatbahnen war auch die durch die vielen Eisenbahnverwaltungen hervorgerufene Anarchie. «Wir sind», sagte Bismarck dazu schon 1876 im Preußischen Abgeordnetenhaus, «in bezug auf den Eisenbahnverkehr in eine Lage geraten, wie sie sonst seit dem Mittelalter in Deutschland nicht eigentümlich war. Wir haben in ganz Deutschland, glaube ich, 63 verschiedene Eisenbahnprovinzen. Das ist fast zu wenig gesagt; sie sind selbständiger als Provinzen, Eisenbahnterritorien möchte ich sagen – von denen vielleicht 40 auf Preußen kommen. Jede dieser territorialen Herrschaften ist mit den mittelalterlichen Rechten des Stapelrechtes, des Zoll- und Geleitwesens und der Auflagen auf den Verkehr zugunsten ihres

Privatsäckels vollständig ausgerüstet, ja selbst mit dem Fehderecht . . .»[42]

Besonderen Ärger riefen die durch die Zersplitterung hervorgerufenen enormen Verzögerungen im Reise- und Güterverkehr hervor. So kam es nach einer Aufstellung aus dem Jahre 1871 noch vor, daß ein Eilguttransport aus dem thüringischen Hildburghausen nach Frankfurt a. M. neun Tage und ein Frachtguttransport nach Hamburg vierunddreißig Tage unterwegs war. Das waren natürlich für Fabrikanten, landwirtschaftliche Produzenten und Kaufleute unhaltbare Zustände. Außer diesen offensichtlichen Mißständen begünstigte die schwierige wirtschaftliche Situation, die den Glauben an das allein seligmachende private Unternehmertum erschüttert hatten, Bismarcks Absichten. Die Freude an Eisenbahnaktien war ihren Besitzern nach den drastischen Kursrückgängen meist ohnehin vergangen. Viele sahen sogar einen Vorteil darin, die unsicheren Aktien gegen garantierte Staatspapiere mit festem Zinssatz umtauschen zu können, zumal die meisten Aktienbesitzer ja nur «nebenberufliche» Börsenjobber waren.

Zur Herausbildung eines privatkapitalistischen Eisenbahnkonzerns, der den Verstaatlichungsbestrebungen starken Widerstand entgegensetzen konnte, war es in Deutschland, vor allem durch die territoriale Zersplitterung und den staatlichen Eisenbahnbau, nicht gekommen. Die jahrzehntelange Existenz von staatlichen Eisenbahnen kam Bismarck nun auch in der Argumentation zugute, denn ihre weitere Ausdehnung war wenig geeignet, als revolutionäres Schreckgespenst zu dienen.

Strousbergs frühere Bemühungen, die von ihm gebauten Eisenbahnlinien auch nach ihrer Inbetriebnahme weiter zu kontrollieren, und sein Versuch, eine regelrechte Eisenbahnindustrie in seiner Hand zu konzentrieren, waren allerdings Ansätze zu einem Konzern, wie sie in anderen Ländern tatsächlich entstanden. «Wäre Strousberg erfolgreich gewesen», schrieb der Wirtschaftshistoriker Hans Mottek, «so hätte er den zweifelhaften Ruhm besessen, Deutschlands erster Konzernherr gewesen zu sein und damit eine Reihe eröffnet zu haben, die soviel Unheil über uns gebracht hat. Was die Eisenbahngeschichte betrifft, so würde das Vorhandensein eines solchen starken

Konzerns Bismarck die Verstaatlichung wahrscheinlich außerordentlich erschwert haben.[43]

Obwohl Gegner der Verstaatlichung, hatte Strousberg diese nicht nur durch sein Negativbeispiel gefördert. Die Disconto-Gesellschaft und Bleichröder hatten zur Regulierung seiner rumänischen Verwicklungen sehr viele Aktien von Strousberg-Bahnen übernommen und sie danach an den preußischen Staat weitergegeben. Damit sollte in erster Linie verhindert werden, daß die Aktien zu starke Kurseinbußen erlitten. «Die Maßnahme», schrieb Ottman, «lag im Interesse der Aktionäre und sollte einer allgemeinen Panikstimmung vorbeugen. Es handelte sich noch um keine planmäßige Vorbereitung zu zukünftigen Verstaatlichungen, doch ist sie der späteren Verstaatlichung der Privatbahnen in Preußen zugute gekommen.»[44]

Die Disconto-Gesellschaft und Bleichröder spielten auch beim Erwerb weiterer Eisenbahnaktien im Rahmen der Bismarckschen Verstaatlichungspläne eine wesentliche Rolle. Das brachte ihnen erheblichen Gewinn, und sie sollen es auch gewesen sein, die Bismarck empfohlen haben, die Verstaatlichung über den Ankauf der Privatbahnen zu erreichen. Sie konnten somit ihre eigenen großen Aktienpakete an den preußischen Staat verkaufen und sich dadurch selbst entscheidend helfen. Vielleicht wäre ihnen sonst ein ähnliches Schicksal wie Quistorp und Jaques beschieden gewesen. Als Bankiers, die gerade durch Eisenbahnaktien viel verdient hatten, wären sie ansonsten wohl kaum zu Freunden der Staatseisenbahn geworden.

Im Februar 1880 konnten Hansemann und Bleichröder einen weiteren bemerkenswerten Erfolg verbuchen. Mit dem Beschluß des rumänischen Parlaments zur Übernahme der früheren Strousbergschen Eisenbahnen in Staatsbesitz fand ein langjähriges Problem seinen Abschluß. Die bisherigen Aktionäre bekamen ihre Aktien nun in festverzinste rumänische Staatspapiere umgetauscht. Von deutscher Seite war immer wieder Druck auf Rumänien ausgeübt worden, einer solchen Lösung zuzustimmen. Bismarck hatte diese Regelung sogar zu einer Vorbedingung für die vorbehaltlose Anerkennung der rumänischen Unabhängigkeit durch das Deutsche Kaiserreich gemacht. Rumänien hatte sich die volle Souveränität bereits im

Kriege von 1877/78 an der Seite Rußlands gegen die Türkei erkämpft und durch die Proklamierung zum selbständigen Königreich dokumentiert.

«Schaffen Sie mir Geld!»

Trotz intensiver journalistischer und publizistischer Tätigkeit gelang es Strousberg nicht, seine wirtschaftliche Existenz zu sichern, zumal sein «Kleines Journal» aus den roten Zahlen nicht herauskam. Vielmehr verwickelte es ihn in verschiedene Gerichtsverfahren, die ihm selbst den Spaß an dieser Arbeit vergällten. In welchen finanziellen Schwierigkeiten Strousberg zur Zeit der Herausgabe des «Kleinen Journals» steckte, machte Heiberg deutlich. «Schaffen Sie mir Geld», drängte ihn Strousberg bei einem Besuch, «wenn's auch nur ein paar hundert Mark sind! Eilen Sie – darf ich Sie in einer halben Stunde erwarten? Ich brauche es dringend notwendig. Geben Sie mir Nachricht?»[45] Auch der bekannte Bankier Carl Fürstenberg von der Berliner Handelsgesellschaft berichtete, daß Strousberg eines Tages in zerschlissenen Kleidern zu ihm kam und ihm sagte, daß er der einzige Mensch sei, der einem Mann von seiner, Strousbergs, Begabung wieder in den Sattel helfen könne, wozu der Bankier aber nicht bereit war.

Strousberg mußte schließlich «Das kleine Journal» verkaufen und ging 1880, verfolgt von Gläubigern, mit der Familie wieder nach England, um hier erneut sein Glück zu versuchen. Der Traum von einer Rückkehr ins Eisenbahngeschäft in Deutschland war durch die Verstaatlichungspolitik ohnehin endgültig ausgeträumt. Strousberg hatte aber auch erkennen müssen, daß sich die wirtschaftlichen Strukturen in Deutschland schnell veränderten, sich der Übergang vom Kapitalismus der freien Konkurrenz zum Monopolkapitalismus vollzog und es immer schwerer wurde, sich gegen die entstehenden übermächtigen Kapitalgruppen zu behaupten. Die Zeiten, in denen man ihn gebraucht hatte, waren vorbei.

In England versuchte sich Strousberg vor allem mit journalistischer Arbeit durchzubringen. Es wurden magere Jahre, so wie er sie einst als junger Mann in derselben Branche kennengelernt hatte. Als

1882 seine Frau starb, reiste er für kurze Zeit nach Berlin, um seine Lebensgefährtin auf dem Berliner Matthäus-Friedhof in Schöneberg in der Familiengruft beerdigen zu lassen. Anfang 1884 kehrte Strousberg dann endgültig nach Berlin, der Stadt, in der seine große Karriere begonnen hatte, zurück. Hier lebte er allein in sehr bescheidenen Verhältnissen in zwei Zimmern in Aschbachs Hotel in der Taubenstraße 40.[46] Die noch unverheirateten Töchter hielten sich meist bei der verheirateten Schwester auf. Strousbergs Hauptbeschäftigung blieb auch in Berlin die Arbeit für Zeitungen und Zeitschriften, für letztere verfaßte er vor allem größere Abhandlungen über wirtschaftliche Themen. «Es ist mein Wunsch», hatte er 1879 geschrieben, «und ich hoffe die Muße zu gewinnen, die Fragen der Gegenwart von Zeit zu Zeit jede für sich zu behandeln.»[47]

Doch damit allein konnte sich Strousberg nicht beschäftigen. Immer noch hielten ihn zahlreiche Prozesse in Atem, so der mit dem Bauunternehmer Guttzeit. Als Guttzeit bei Strousberg gepfändetes Mobiliar veräußern lassen wollte, wurde er durch eine Interventionsklage von Strousbergs Enkelin Mary Josefine, Tochter des verstorbenen Sohnes Arthur, erfolgreich daran gehindert. Sie hatte das Mobiliar einfach als ihr Eigentum deklariert. Einen langjährigen Prozeß führte Strousberg auch gegen die Hannover–Altenbekener–Eisenbahngesellschaft um die Zahlung von sieben Millionen Mark. Er bestritt den Prozeß gemeinsam mit der Disconto-Gesellschaft, die noch immer sein Gläubiger war. Eine Entscheidung zu seinen Gunsten konnte Strousberg zu seinen Lebzeiten aber nicht mehr herbeiführen. Auch einen Antrag an den preußischen Staat auf Rückgabe einer gestellten Kaution von dreihunderttausend Mark, die er für Hannover–Altenbeken leisten mußte, wurde mit dem Hinweis auf den laufenden Prozeß und Gegenforderungen der Bahn abgelehnt.

Das Ende des Eisenbahnkönigs

Nach Aussagen seiner vielen Bekannten machte Strousberg trotz all seiner Niederlagen in seinen letzten Lebensjahren keinen gebrochenen oder resignierten Eindruck. Heiberg berichtete von ihm sogar, «daß er sich mit neuen Plänen und keineswegs aussichtslosen trage und ein ganz unverwüstliches Selbstvertrauen an den Tag lege».[48] Abends sah man ihn oft, Zeitungen lesend oder in seiner lebhaften Art mit ihm bekannten Gästen debattierend, im Café «Kaiserhof» sitzen.

So verbrachte er auch den Abend des 31. Mai 1884. Diejenigen, die mit ihm zusammengewesen waren, berichteten später, daß er einen weniger frischen Eindruck als sonst gemacht habe. Er hatte noch vor, mit dem um 23 Uhr 30 abgehenden Nachtzug nach Bromberg zu reisen, um die Pfingstfeiertage auf dem Gut des Schwiegersohnes im Familienkreis zu verleben. Als er kurz vor 22 Uhr in seinem Hotel eintraf, um sich auf die Reise vorzubereiten, erlitt er in Gegenwart eines Zimmerkellners einen Herzanfall. Der Zimmerkellner half ihm, sich hinzulegen, und holte dann drei zufällig im Hotel anwesende Ärzte herbei, die sofort einen Aderlaß bei dem offensichtlich Schwerkranken machten. Bereits nach wenigen Minuten blieb ihnen aber nur noch übrig, den Tod Bethel Henry Strousbergs festzustellen.[49]

Der Tod des Sechzigjährigen brachte kein Wirtschaftsimperium mehr ins Wanken und riß keine Lücke in das gesellschaftliche Leben Berlins. Bei seiner Beerdigung auf dem Matthäus-Friedhof am 4. Juni 1884 waren zwar viele Menschen anwesend, meist einfache Leute, die sich an ihn immer noch als Wohltäter erinnerten, aber die Prominenz aus dem politischen und wirtschaftlichen Leben fehlte. «Wo waren sie», fragte der «Berliner Börsen-Courier», «die Millionen an Strousberg verdient haben, welche sich klug zu rechter Zeit zurückzuziehen verstanden und die das Geld behalten haben, während ihm das Schicksal alles, alles wieder abforderte, was es ihm einst verschwenderisch in den Schoß geschüttet. Die Mittel, welche jene angewendet haben, waren nicht um ein Atom besser, im Gegenteil, sie haben sich an Strousbergs Fehlern bereichert, während er sie gebüßt hat. Sie alle, die vielen Dutzende, hielten es nicht für nötig, den Weg bis zu dem entfernten Kirchhof zu machen, auf welchem Strousberg ohne viel Sang und Klang in die Erde gesenkt wurde. Wo waren die Millionäre von Strousbergs Gnaden, wo waren die Träger von Herzogkronen, die es einst nicht verschmähten unter seinen Prospekten

Begräbnisstätte der Familie Strousberg
auf dem Matthäus-Friedhof in Berlin-Schöneberg

zu figurieren, die es aber jetzt verschmäht haben, an seinem Grabe zu stehen?»[50]

Diese kritischen Fragen bildeten allerdings die Ausnahme und waren nur deshalb zu lesen, weil der Herausgeber des «Berliner Börsen-Couriers», Georg Davidsohn, mit Strousberg befreundet war. Die Presse gedachte des Verstorbenen im allgemeinen freundlich. Man hob seine besondere Bedeutung für den preußischen Eisenbahnbau hervor, seine Verdienste für die zu seiner Zeit sehr schwierige Geldbeschaffung und bezeichnete sein Wirken als segensreich für jene Gegenden, die durch ihn dem modernen Verkehr erschlossen wurden. Seine Fehler, insbesondere seine «leichtherzige und kostspielige Art der Geldbeschaffung im Zusammenhang mit einer Umgebung von Schmarotzern»[51] erwähnte man zwar, ließ aber eine milde Sonne darauf scheinen.

«Das kleine Journal», das seinem Gründer noch geneigt geblieben war, begann im Juni 1884 eine Artikelserie aus der Feder Strousbergs über das Aktienwesen abzudrucken. Die Serie war von Henry Strousberg junior aus einem Buch zur Verfügung gestellt worden, an dem sein Vater bis zu seinem Tode gearbeitet hatte. In dieser Arbeit befürwortete Strousberg Aktiengesellschaften nur dort, «wo Kapitalien nicht anders zu beschaffen sind». Aktionäre und Aktiengesellschaften sah er am Ende seines Lebens sehr kritisch. Nach seinen Erfahrungen war es Aktionären völlig gleichgültig, daß ihre Unternehmen die Existenzgrundlage vieler Menschen bedeuteten, für sie seien nur Kurse und Dividenden interessant. «Bei Aktiengesellschaften sind die Beziehungen zwischen Brotherren, Arbeitern und Beamten naturgemäß härter, kälter und herzloser, die Rücksichten der Humanität schwinden gänzlich», erklärte er und begründete es so: «Im Namen einer Gesellschaft ist es leicht, zu verweigern, zu tun und zu lassen, was man als Mensch im eigenen Interesse nicht tun würde.»[52]

Der Tod Strousbergs ließ dessen Namen ein letztes Mal in der Öffentlichkeit hervortreten. Er wäre mit dem, was die Presse über ihn schrieb, sicherlich zufrieden gewesen. Angesichts des Schuldenberges, den er hinterließ, war es erstaunlich, daß man ihm das in seinen Nachrufen kaum anlastete. In einer Gesellschaft, in der ein untreuer Kassierer wegen Unterschlagung eines Bagatellbetrages lange Jahre ins Gefängnis mußte, war seine Behandlung mehr als gnädig. Manche nannten ihn fälschlicherweise sogar einen großen Strategen, dem es darum ging, das deutsche Eisenbahnnetz zu gestalten. Einem großen Plan war er aber nie gefolgt. Es waren immer die Profitaussichten, die vor allem bestimmten, wo er baute. Zweifellos hat er auf diese Weise aber auch mit 1300 Kilometer Eisenbahn maßgeblich dazu beigetragen, das deutsche Eisenbahnnetz erheblich zu verbessern. Die in Rußland, Ungarn und Rumänien von ihm errichteten 1700 Eisenbahnkilometer machen aber auch seine Verdienste um die Entwicklung des europäischen Eisenbahnwesens deutlich.

Durch sein Wirken, seine individuellen Eigenschaften und Fähigkeiten gehört Strousberg zu den interessantesten und bedeutendsten Gestalten der Gründerzeit in Deutschland. Mit seinen Unternehmen und seiner Art der Geldbeschaffung hat er die Industrialisierung und die kapitalistische Entwicklung wesentlich vorangetrieben. Er fand viele Nachfolger und Nachahmer. In den Handlungen Strousbergs zeigte sich der Januskopf des Kapitals recht deutlich. Selbst als der Kapitalismus noch den historischen Fortschritt verkörperte, zeigte er, auch in der Person Strousbergs, alle seine Mängel: Ausbeutung, Korruption, Bereicherung, Gewissenlosigkeit und Betrug. Als Spieler mit Ideen, mit fremdem und eigenem Kapital, der Strousberg war, hat er immer alles riskiert und schließlich alles verloren. Im Bewußtsein vieler gilt er als einer der größten Bankrotteure der deutschen Kapitalgeschichte. Sein Lebensziel, seine Hoffnungen, insbesondere seinen extremen Wunsch nach alles überstrahlendem Reichtum konnte er nur zeitweilig, nicht auf Dauer verwirklichen. Seine robuste Psyche rettete ihn aber davor, unter seinen persönlichen Katastrophen zusammenzubrechen. Er konnte über seine Enttäuschungen und seine Fehler später sogar recht anregend philosophieren.

Sein mühsamer Weg der Erkenntnis brachte ihm viele Einsichten über seine Zeit, seine Partner und Widersacher, nicht zuletzt über sich selbst. Seine Erfahrungen ließen den stets so sehr von sich überzeugten Mann möglicherweise auch eine persönliche Ursache seines Scheiterns erkennen. «Es ist fast unmöglich», bemerkte Strousberg jedenfalls einmal, «einen übergroßen Grad von Anerkennung, Popularität und Macht zu genießen, ohne dahin zu kommen, den eigenen Willen als allein maßgebend zu betrachten und weder dem Zufall, den Verhältnissen, noch anderen etwas zuzutrauen.»[53]

ANMERKUNGEN

EINLEITUNG
DIE MISSION

1 Vgl. Redlich, Fritz, Two nineteenth-century financiers and autobiographers, in: Economy and history, Bd. 10 (1967), S. 37ff.
2 Vgl. Bauernfeld, Eduard, Erinnerungen aus Alt-Wien, Wien 1923, S. 459f.
3 Brief von F. Engels an K. Marx vom 5. September 1869, in: Marx/Engels, Werke, Bd. 32, Berlin 1965, S. 370.
4 Strousberg, Bethel Henry, Dr. Strousberg und sein Wirken, Berlin 1876, S. 5.
5 Gemeint ist seine Selbstdarstellung, vgl. Anmerkung 4.
6 Vgl. Der Bär, Beiblatt der Illustrierten Berliner Wochenschrift, Nr. 32, 5. Mai 1883.
7 Illustrierte Zeitung, Nr. 1372, 16. Oktober 1869.
8 Vgl. Berlin und seine Bauten, 1. Aufl., Berlin 1877, S. 69.
9 Vgl. Hegemann, Werner, Das steinerne Berlin, Berlin 1930, S. 149.
10 Vgl. Berlin und seine Bauten, a. a. O., S. 140.
11 Illustrierte Zeitung, Nr. 1333, 2. Januar 1869.
12 Berlinische Nachrichten von Staats und gelehrten Sachen (Spenersche Zeitung), Nr. 132, 9. Juni 1868.
13 Illustrierte Zeitung, Nr. 1372, 16. Oktober 1869.
14 Das kleine Journal, Nr. 150, 3. Juni 1884.
15 Ebenda.
16 Illustrierte Zeitung, Nr. 1372, 16. Oktober 1869.
17 Riedler, Alois, Emil Rathenau und das Werden der Großwirtschaft, Berlin 1916, S. 197.
18 Heiberg, Hermann, Erinnerungen an einen Millionenfürsten, in: Die Gartenlaube, Nr. 25, 1884.
19 Aufzeichnungen und Erinnerungen aus dem Leben des Botschafters Joseph Maria von Radowitz, Berlin/Leipzig 1925, S. 189f.
20 Bamberger, Ludwig, Erinnerungen, Berlin 1899, S. 525f.
21 Vgl. Münch, Hermann, Adolph v. Hansemann, München 1932, S. 355.
22 Vgl. Berliner Börsen-Courier, Nr. 278, 4. Juni 1884.
23 Beta, Heinrich, Die Dichtkunst der Börse, Berlin 1873, S. 3.

24 Ottmann, Karl, Bethel Henry Strousberg, Eisenbahnkönig der Privatbahnzeit, in: Archiv für Eisenbahnwesen, Nr. 70, Heft 2, 1960, S. 169.
25 Wie Anmerkung 23.
26 Vom Rhein, Friedrich, Enthüllungen über Dr. Strousberg und sein Rumänisches Eisenbahnunternehmen, 6. Aufl., Berlin 1871, S. 15.
27 Vgl. Radowitz, a. a. O., S. 15.
28 Malet, Sir Edward, Diplomatenleben, Frankfurt a. M. 1901, S. 110.
29 Wie Anmerkung 16.
30 Strousberg, a. a. O., S. 5.
31 Ebenda, S. 21.
32 Vgl. Gregorovius, Julius, Die Ordensstadt Neidenburg in Ostpreußen, Marienwerder 1883, S. 222.
33 Strousberg, a. a. O., S. 21.
34 Ebenda, S. 17.
35 Ebenda, S. 16.
36 Ebenda, S. 17.
37 Das kleine Journal, Nr. 150, 3. Juni 1884.
38 Strousberg, a. a. O., S. 22.
39 Vgl. Illustrierte Zeitung, Nr. 1372, 16. Oktober 1869.
40 Ebenda.
41 Reitböck, Gottfried, Der Eisenbahnkönig Strousberg und seine Bedeutung für das europäische Wirtschaftsleben. Beiträge zur Geschichte der Technik und Industrie. In: Jahrbuch des Vereins deutscher Ingenieure, Berlin 1924, Bd. 14, S. 67.
42 Wie Anmerkung 39.
43 Vgl. Redlich, a. a. O., S. 68.
44 Wie Anmerkung 39.
45 Vgl. Reitböck, a. a. O., S. 67.
46 Strousberg, a. a. O., S. 22.
47 Ebenda, S. 23.
48 Ebenda, S. 24.
49 Vgl. Mauter, Horst, Aufstieg und Fall des Eisenbahnkönigs Bethel Henry Strousberg, in: Miniaturen zur Geschichte, Kultur und Denkmalpflege Berlins, Berlin 1981, S. 16.
50 Strousberg, a. a. O., S. 26.
51 Die Unterlagen über das Promotionsverfahren befinden sich im Universitätsarchiv der Friedrich-Schiller-Universität Jena.
52 Strousberg, a. a. O., S. 27.
53 Ebenda.
54 Wiedenfeld, Kurt, Deutsche Eisenbahn-Gestalter (1815–1914), Berlin 1940, S. 14f.
55 Zentrales Staatsarchiv (ZStA), Dienststelle Merseburg, Staatsministerium, Rep. 90 a, K III. 3, Nr. 42, Bl. 22.
56 Strousberg, a. a. O., S. 241.

57 Bergengrün, Alexander, Staatsminister August Freiherr von der Heydt, Leipzig 1908, S. 311.
58 Strousberg, a. a. O., S. 130.
59 Kladderadatsch, 1873, Nr. 10.
60 ZStA, Dienststelle Merseburg, Geheimes Zivilkabinett, 2.2.1., Nr. 29666, Bl. 3.
61 Ebenda, Staatsministerium, Rep. 90 a, K III. 3, Nr. 42, Bl. 9.
62 Strousberg, a. a. O., S. 252.
63 Wiedenfeld, a. a. O., S. 15.
64 Strousberg, a. a. O., S. 253.
65 Ebenda, S. 254.
66 Vgl. Berliner Börsen-Courier, Nr. 277, 3. Juni 1884.
67 Strousberg, a. a. O., S. 262.
68 ZStA, Dienststelle Merseburg, Rep. 90 a, K III. 3, Nr. 27.
69 Strousberg, a. a. O., S. 260.
70 Vgl. Mauter, a. a. O., S. 22.
71 Strousberg, a. a. O., S. 262.
72 ZStA, Dienststelle Merseburg, Geheimes Zivilkabinett 2.2.1., Nr. 29542, Bl. 1f.
73 Ebenda.
74 ZStA, Dienststelle Merseburg, Geheimes Zivilkabinett 2.2.1., Nr. 29583, Bl. 1f.
75 ZStA, Dienststelle Merseburg, Rep. 90 a, K III. 3, Nr. 35, Bd. 1, Bl. 29.
76 Strousberg, a. a. O., S. 270.
77 Ebenda, S. 271.
78 ZStA, Dienststelle Merseburg, Geheimes Zivilkabinett 2.2.1., Nr. 29542, Bl. 1ff.
79 Strousberg, a. a. O., S. 274.
80 Ebenda, S. 271.
81 Bismarck, Otto von, Die gesammelten Werke, Berlin 1924–1935, Bd. 7, S. 131.
82 Zitiert nach Stern, Fritz, Gold und Eisen, Bismarck und sein Bankier Bleichröder, Frankfurt a. M./Berlin 1978, S. 120.
83 Engels an Marx, 10. April 1866, in: Marx/Engels, Briefwechsel, Bd. III, Moskau 1937, S. 389.
84 Vgl. Seeber, Gustav/Wolter, Heinz, Mit Eisen und Blut, Berlin 1981, S. 71.
85 Zitiert nach Engelberg, Ernst, Deutschland 1849–1871, Lehrbuch der Deutschen Geschichte (Beiträge), Berlin 1965, S. 180.
86 Vgl. Stern, a. a. O., S. 119.
87 Ebenda.
88 Ebenda, S. 113.
89 Strousberg, a. a. O., S. 276.
90 Ebenda, S. 277.
91 Zielenziger, Kurt, Juden in der deutschen Wirtschaft, Berlin 1930, S. 85.
92 Die Post, Nr. 224, 2. Mai 1867.
93 Lewinsohn, Richard/Pick, Franz, Sinn und Unsinn der Börse, Berlin 1933, S. 81.
94 Vgl. Strousberg, a. a. O., S. 45.

95 Kardorff, Siegfried v., Wilhelm von Kardorff. Ein nationaler Parlamentarier im Zeitalter Bismarcks und Wilhelms II., 1828–1907, Berlin 1936, S. 25.
96 Spenersche Zeitung, Nr. 77, 31. März 1868.
97 Ebenda, Nr. 136, 13. Juni 1868.
98 Ebenda, Nr. 90, 17. April 1868.
99 Vgl. Bebel, August, Aus meinem Leben, Teil II, Berlin 1953, S. 48.
100 Vgl. Strousberg, a. a. O., S. 45
101 Spenersche Zeitung, Nr. 129, 5. Juni 1868.
102 Vgl. Bebel, a. a. O., S. 134.
103 Spenersche Zeitung, Nr. 143, 21. Juni 1869.
104 Ebenda.
105 Vgl. Kuczynski, Jürgen, Die Geschichte der Lage der Arbeiter unter dem Kapitalismus, Teil I, Bd. 2, Darstellung der Lage der Arbeiter in Deutschland von 1848 bis 1870, Berlin 1962, S. 3.
106 Strousberg, a. a. O., S. 46.
107 Ebenda, S. 44.
108 Ebenda, S. 39.

Ein Vertrag wird geschlossen

1 Vgl. Berlin und seine Bauten, 2. Aufl., Berlin 1896, S. 156.
2 Ebenda.
3 Spenersche Zeitung, Nr. 100, 29. April 1868.
4 Königlich privilegierte Berlinische Zeitung (Vossische Zeitung), Nr. 268, 14. November 1868.
5 Vgl. Thienel, Ingrid, Städtewachstum im Industrialisierungsprozeß, Berlin/New York 1973, S. 162.
6 Vgl. Lange, Annemarie, Berlin zur Zeit Bebels und Bismarcks, 3. Aufl., Berlin 1980, S. 124f.
7 Ebenda, S. 122.
8 Vgl. Illustrierte Zeitung, Nr. 1339, 27. Februar 1869.
9 Kladderadatsch, 1872, Nr. 6.
10 Ebenda, 1867, Nr. 7.
11 Ebenda.
12 Spenersche Zeitung, Nr. 9, 11. Januar 1868.
13 Bunsen, Marie von, Die Welt, in der ich lebte, Leipzig 1929, S. 49.
14 Ebenda.
15 Das Tagebuch der Baronin Spitzemberg, geb. Freiin von Varnbüler, Aufzeichnungen aus der Hofgesellschaft des Hohenzollernreiches, Hrsg. Rudolf Vierhaus, Deutsche Geschichtsquellen des 19. und 20. Jahrhunderts, hrsg. von der Historischen Kommission der Bayerischen Akademie der Wissenschaften, Bd. 43, Göttingen 1960, S. 132.
16 Bunsen, a. a. O., S. 53.

17 Ostwald, Hans, Kultur- und Sittengeschichte Berlins, Berlin 1926, S. 283.
18 Bunsen, Marie von, a. a. O., S. 95.
19 Vgl. Holstein, Friedrich, Die geheimen Papiere, Göttingen/Berlin/Frankfurt a. M. 1961, Bd. 3, S. 4.
20 Frischauer, Paul, Knaurs Sittengeschichte der Welt, München/Zürich 1968, Bd. 3, S. 84.
21 Strousberg, a. a. O., S. 166.
22 Ebenda, S. 425.
23 Ebenda.
24 Vgl. Mauter, a. a. O., S. 34.
25 Vgl. Stadtarchiv Berlin, Rep. 00, Bd. 2215.
26 Ebenda.
27 Hensel, Sebastian, Ein Lebensbild aus Deutschlands Lehrjahren, in: Berliner Leben 1870–1890, Berlin 1903, S. 180f. Zitiert nach Mauter, a. a. O., S. 34.
28 Vgl. Vossische Zeitung, Nr. 192, 14. August 1864.
29 Vgl. Berliner Beobachter, 17. September 1865.
30 Berliner Tageblatt, Nr. 264, 22. September 1872.
31 Ebenda.
32 Vgl. Vossische Zeitung, Nr. 92, 19. April 1868.
33 Strousberg, a. a. O., S. 407.
34 Ebenda.
35 Stadtarchiv Berlin, Rep. 00, Nr. 2215.
36 Berlin und seine Bauten, 1. Auflage, a. a. O., S. 221f.
37 Spenersche Zeitung, Nr. 30, 5. Februar 1868.
38 Ebenda.
39 Berlin und seine Bauten, 1. Aufl., a. a. O., S. 221f.
40 Ebenda.
41 Ebenda, S. 223.
42 Stadtarchiv Berlin, Nr. 16284, Bl. 73–77.
43 «Berliner Intelligenz-Blatt», Nr. 87, 14. April 1871.
44 Illustrierte Zeitung, Nr. 1399, 23. April 1870.
45 Ebenda.
46 Ebenda, Nr. 1409, 2. Juli 1870.
47 Spenersche Zeitung, Nr. 116, 19. Mai 1868.
48 Vgl. Lange, a. a. O., S. 113.
49 Ebenda.
50 Aus dem Leben König Karls von Rumänien. Aufzeichnungen eines Augenzeugen (Die Aufzeichnungen wurden verfaßt von Mite von Kremnitz), Stuttgart 1894, Bd. 1, S. 17.
51 Strousberg, a. a. O., S. 338.
52 ZStA, Dienststelle Merseburg, 2.4.1., Abt. II, Nr. 7676, Bl. 3–8.
53 Ebenda.
54 Ebenda, Bl. 11.

55 Ebenda, Bl. 12.
56 Ebenda, Bl. 13.
57 Vgl. Mauter, a. a. O., S. 24.
58 Strousberg, a. a. O., S. 338.
59 Ebenda.
60 Ebenda, S. 343.
61 Ebenda.
62 Vgl. vom Rhein, a. a. O., S. 18.
63 ZStA, Dienststelle Merseburg, 2.4.1., Abt. II, Nr. 7676, Bl. 27–30.
64 Ebenda, Bl. 31–33.
65 Vgl. vom Rhein, a. a. O., S. 10.
66 Strousberg, a. a. O., S. 344.
67 ZStA, Dienststelle Merseburg, 2.4.1., Abt. II, Nr. 7676, Bl. 23.
68 Ebenda, Bl. 27–30.
69 Vom Rhein, a. a. O., S. 9.
70 Ebenda, S. 10.
71 Berliner Börsen-Courier, 2. Juni 1884.
72 Aus dem Leben König Karls, Bd. 1, a. a. O., S. 273.
73 ZStA, Dienststelle Merseburg, 2.4.1., Abt. II, Nr. 7676, Bl. 27–30.
74 Vom Rhein, a. a. O., S. 11.
75 ZStA, Dienststelle Merseburg, 2.4.1., Abt. II, Nr. 7676, Bl. 36–37.
76 Vgl. Aus dem Leben König Karls, Bd. 1, a. a. O., S. 294.
77 ZStA, Dienststelle Merseburg, 2.4.1., Abt. II, Nr. 7676, Bl. 40.
78 Ebenda.
79 Ebenda.
80 Strousberg, a. a. O., S. 345.
81 Vom Rhein, a. a. O., S. 24f.
82 Aus dem Leben König Karls, Bd. 1, a. a. O., S. 312.
83 Illustrierte Zeitung, Nr. 1328, 12. Dezember 1868.
84 Vgl. Hoppe, J., Dr. Strousberg und Konsorten, die rumänische Regierung und die Besitzer rumänischer Eisenbahn-Obligationen, Berlin 1871, S. 20.
85 Vgl. vom Rhein, a. a. O., S. 18.
86 Ebenda, S. 19.
87 Ebenda, S. 20.
88 Bratisch, L., Dr. Strousberg und seine Ingenieure Rauschning, Victor, Busse, Wächter, von Brand. Der Wert ihrer Bauten und die Beschaffenheit des vorhandenen Eisenbahnmaterials in Rumänien, Berlin 1872, S. 5.

Der Moloch

1 Kladderadatsch, 1869, Nr. 50.
2 Reitböck, a. a. O., S. 71.
3 Vom Rhein, a. a. O., S. 19.

4 ZStA, Dienststelle Merseburg, 2.2.1., Nr. 29542, Bl. 6ff.
5 Ebenda.
6 Ebenda.
7 Ebenda, Bl. 11.
8 Ebenda, Bl. 13.
9 Ebenda.
10 Ebenda.
11 Ebenda.
12 Ebenda.
13 Vgl. Redlich, a. a. O., S. 80.
14 Vgl. Reitböck, a. a. O., S. 72.
15 Vgl. Das kleine Journal, 3. Juni 1884.
16 Reitböck, a. a. O., S. 72f.
17 Brief von F. Engels an K. Marx vom 5. September 1869, in: Marx/Engels, Werke, Bd. 32, Berlin 1965, S. 370.
18 Vgl. Illustrierte Zeitung, Nr. 1372, 16. Oktober 1869.
19 Ebenda.
20 Zitiert nach Stern, a. a. O., S. 440.
21 Strousberg, a. a. O., S. 296.
22 Spenersche Zeitung, Nr. 138, 16. Juni 1868.
23 Vgl. Niendorf, Mark Anton, Gründergeschichten, o. O. 1875, S. 3.
24 Ebenda, S. 4.
25 Ebenda, S. 8.
26 Ebenda, S. 11.
27 Perrot, Franz, Deutsche Eisenbahnpolitik, Berlin 1872, S. 24.
28 Vgl. Strousberg, a. a. O., S. 127.
29 Illustrierte Zeitung, Nr. 1372, 16. Oktober 1869.
30 Kladderadatsch, 1872, Nr. 8/9.
31 Vgl. Perrot, a. a. O., S. 70f.
32 Vgl. Illustrierte Zeitung, Nr. 1336, 6. Oktober 1869.
33 Perrot, a. a. O., S. 65f.
34 Lewinsohn/Pick, a. a. O., S. 211.
35 Strousberg, a. a. O., S. 78.
36 Ebenda, S. 37.
37 Ebenda.
38 Ebenda, S. 203.
39 Ebenda, S. 293.
40 Lindenberg, Otto, 50 Jahre Geschichte einer Spekulationsbank, Berlin 1903, S. 99.
41 Vgl. Meyer, Rudolph, Politische Gründer und die Corruption in Deutschland, Leipzig 1877, S. 24.
42 Bergengrün, a. a. O., S. 366.
43 Vgl. Meyer, a. a. O., S. 18f.

44 Bergengrün, a. a. O., S. 367f.
45 Vgl. Meyer, a. a. O., S. 25.
46 Bismarck, Gedanken und Erinnerungen, Die drei Bände in einem Bande, Stuttgart/Berlin, o. J., S. 270.
47 Meyer, a. a. O., S. 25.
48 Ebenda, S. 25.
49 Ebenda, S. 26.
50 Vgl. Stern, a. a. O., S. 158.
51 Vgl. Richter, Werner, Bismarck, Frankfurt a. M. 1962, S. 394.
52 Spitzemberg, a. a. O., S. 88.
53 Vgl. Stern, a. a. O., S. 330f.
54 Ebenda, S. 342.
55 Ebenda.
56 Vgl. Richter, a. a. O., S. 394f.
57 Vgl. Meyer, a. a. O., S. 28.
58 Ebenda, S. 34.
59 Ebenda, S. 35.
60 Ebenda.
61 Vgl. Illustrierte Zeitung, 13. März 1870.
62 Strousberg, a. a. O., S. 47.
63 Ebenda, S. 48.
64 Ebenda.

Riss im System

1 Bratisch, a. a. O., S. 10f.
2 Vom Rhein, a. a. O., S. 37.
3 Bratisch, a. a. O., S. 9.
4 Vom Rhein, a. a. O., S. 21.
5 Ebenda, S. 22.
6 Ebenda.
7 Ebenda, S. 25.
8 Siehe ZStA, Dienststelle Merseburg, 2.4.1., Abt. II, Nr. 7676.
9 Bratisch, a. a. O., S. 9.
10 Vom Rhein, a. a. O., S. 41.
11 Vgl. Aus dem Leben König Karls, a. a. O., Bd. 1, S. 350.
12 Radowitz, a. a. O., S. 199f.
13 Ebenda, S. 200.
14 Ebenda.
15 Vom Rhein, a. a. O., S. 29.
16 Zitiert nach Spangenthal, Geschichte der Berliner Börse, Berlin 1903, S. 133.
17 Ebenda, S. 134.
18 Aus dem Leben König Karls, a. a. O., Bd. 2, S. 75.

19 Ebenda, S. 93.
20 Zitiert nach Bismarck, Gedanken und Erinnerungen, Die drei Bände in einem Band, Stuttgart/Berlin o. J., S. 401.
21 Ebenda.
22 Ebenda, S. 402.
23 Ebenda.
24 Ebenda.
25 Ebenda, S. 406.
26 Strousberg, a. a. O., S. 429.
27 Ebenda, S. 427.
28 ZStA, Dienststelle Merseburg, 2.4.1., Abt. II, Nr. 7676, Bl. 83.
29 Ebenda, Bl. 94.
30 Ebenda, Bl. 95.
31 Ebenda, Bl. 96.
32 Ebenda, Bl. 106.
33 Ebenda, Bl. 136.
34 Ebenda, Bl. 146.
35 Ebenda, Bl. 148.
36 Ebenda, Bl. 154.
37 Ebenda, Bl. 163.
38 Ebenda.
39 Ebenda, Bl. 165.
40 Bismarck, Die gesammelten Werke, a. a. O., Bd. 7, S. 440.
41 Dönhoff, Marion Gräfin, Namen, die keiner mehr kennt, Düsseldorf 1962, S. 159.
42 ZStA, Dienststelle Merseburg, 2.4.1., Abt. II, Nr. 7676, Bl. 167.
43 Ebenda, Bl. 167f.
44 Vgl. Strousberg, a. a. O., S. 367.
45 ZStA, Dienststelle Merseburg, 2.4.1., Abt. II, Nr. 7676, Bl. 173.
46 Ebenda.
47 Vgl. Strousberg, a. a. O., S. 404.
48 Aus dem Leben König Karls, a. a. O., Bd. II, S. 136.
49 Ebenda, S. 137.
50 Strousberg, a. a. O., S. 352.
51 Aus dem Leben König Karls, a. a. O., Bd. 2, S. 155.
52 Brief vom 10. Januar 1871, Vgl. Hoppe, a. a. O., S. 71.

Im neuen Reich

1 Stenographische Berichte über die Verhandlungen des Norddeutschen Reichstages, I. Legislaturperiode, 2. außerordentliche Session 1870, S. 152.
2 Seeber/Wolter, a. a. O., S. 217.
3 Strousberg, a. a. O., S. 366.

4 Aus dem Leben König Karls, a. a. O., Bd. 2, S. 155.
5 Ebenda, S. 161.
6 Hoppe, a. a. O., S. 54.
7 Ebenda.
8 Ebenda, S. 77f.
9 Ebenda.
10 Ebenda, S. 27.
11 Ebenda, S. 56.
12 Ebenda, S. 57.
13 ZStA, Dienststelle Merseburg, 2.4.1., Abt. II, Nr. 7676, Bl. 213.
14 Ebenda, Bl. 214.
15 Bismarck, Gesammelte Werke, Bd. 7, a. a. O., S. 484.
16 Ebenda.
17 ZStA, Dienststelle Merseburg, 2.4.1., Abt. II, Nr. 7676, Bl. 206.
18 Vgl. Lange, a. a. O., S. 196.
19 Vgl. Strousberg, a. a. O., S. 371.
20 Ebenda, S. 370.
21 Ebenda.
22 Ebenda, S. 371.
23 Ebenda.
24 ZStA, Dienststelle Merseburg, 2.4.1., Abt. II, Nr. 7676, Bl. 215.
25 Ebenda, Bl. 227.
26 Vgl. Aus dem Leben König Karls, a. a. O., Bd. 2, S. 174.
27 Ebenda, S. 175.
28 Ebenda, S. 181.
29 Radowitz, a. a. O., S. 233.
30 Vgl. Aus dem Leben König Karls, a. a. O., Bd. 2, S. 173.
31 ZStA, Dienststelle Merseburg, 2.4.1., Abt. II, Nr. 7676, Bl. 255.
32 Aus dem Leben König Karls, a. a. O., Bd. 2, S. 182.
33 Radowitz, a. a. O., S. 215.
34 Ebenda.
35 Aus dem Leben König Karls, a. a. O., Bd. 2, S. 185.
36 Zitiert nach Höfele, Karl Heinrich, Geist und Gesellschaft der Bismarckzeit (1870–1890), Göttingen 1967, S. 94f.
37 Vgl. Spangenthal, a. a. O., S. 140f.
38 Vgl. Mottek, Hans/Becker, Walter/Schröter, Alfred, Wirtschaftsgeschichte Deutschlands. Ein Grundriß. Bd. 3: Von der Zeit der Bismarckschen Reichsgründung 1871 bis zur Niederlage des faschistischen deutschen Imperialismus, Berlin 1975, S. 158.
39 Vgl. Soetbeer, Adolf, Die fünf Milliarden. Betrachtungen über die Folgen der großen Kriegsentschädigung für die Wirtschaftsverhältnisse Frankreichs und Deutschlands. In: Deutsche Zeit- und Streitfragen, Jahrgang III, Berlin 1874, Heft 33, S. 43f.

40 Kladderadatsch, 1872, Nr. 38.
41 Zitiert nach Otto Glagau, Der Börsen- und Gründungsschwindel in Berlin. In: Die Gartenlaube, 1875, Nr. 7, S. 115.
42 Vgl. Lange, a. a. O., S. 213.
43 Kladderadatsch, 1873, Nr. 5.
44 Glagau, a. a. O., Nr. 7, S. 118.
45 Vgl. Oelßner, Fred, Die Wirtschaftskrisen, Bd. 1, Berlin 1955, S. 246f.
46 Glagau, a. a. O., Nr. 10, S. 170.
47 Ebenda.
48 Zitiert nach Höfele, a. a. O., S. 97.
49 Vgl. Meyer, a. a. O., S. 112.
50 Vgl. Engelberg, Ernst, Deutschland von 1871 bis 1897, Lehrbuch der deutschen Geschichte (Beiträge), Berlin 1965, S. 49.
51 Vgl. Model, Paul, Die großen Berliner Effektenbanken, Jena 1896, S. 26.
52 Strousberg, a. a. O., S. 38.
53 Vgl. Mottek/Becker/Schröter, a. a. O., S. 159.
54 Strousberg, a. a. O., S. 67.
55 Vgl. Heinig, Kurt, Die Finanzskandale des Kaiserreiches, Berlin 1925, S. 15f.
56 Strousberg, a. a. O., S. 68.
57 Vgl. Stern, a. a. O., S. 448.
58 Strousberg, a. a. O., S. 302.
59 Ebenda.
60 Vgl. Strousberg, a. a. O., S. 325.
61 Ebenda, S. 324.
62 Vgl. Aus dem Leben König Karls, a. a. O., Bd. 2, S. 264.
63 Ebenda.
64 Kladderadatsch, 1871, Nr. 35.
65 Vgl. Beust, Graf Friedrich Ferdinand von, Aus drei Viertel Jahrhunderten. Erinnerungen und Aufzeichnungen, Bd. 2, 1877, S. 476f.
66 ZStA, Dienststelle Merseburg, Rep. 77, Tit. 869, Nr. 1, Bl. 71.
67 Ebenda, Bl. 73.
68 Ebenda.
69 Ebenda, Bl. 74.
70 Ebenda, Bl. 83f.
71 Ebenda, Bl. 84.
72 Aus dem Leben König Karls, a. a. O., Bd. 2, S. 212.
73 Ebenda, S. 217.
74 ZStA, Dienststelle Merseburg, Rep. 77, Tit. 869, Nr. 1, Bl. 16ff.
75 Berliner Börsen-Courier, 19. September 1871.
76 Vgl. Strousberg, a. a. O., S. 372.
77 Bratisch, a. a. O., S. 70.
78 Strousberg, a. a. O., S. 374.
79 Ebenda.

80 Zitiert nach Stern, a. a. O., S. 448.
81 Ebenda.
82 Aus dem Leben König Karls, a. a. O., Bd. 2, S. 227.
83 Ebenda, S. 230f.
84 Ebenda, S. 232.
85 Strousberg, a. a. O., S. 375.
86 Vgl. Stern, a. a. O., S. 449.
87 Strousberg, a. a. O., S. 380.
88 Kladderadatsch, 1872, Nr. 13.
89 Strousberg, a. a. O., S. 447.
90 Lindenberg, a. a. O., S. 124.
91 Strousberg, a. a. O., S. 284.
92 Ebenda, S. 291.
93 Ebenda.
94 Ebenda, S. 306.
95 Heiberg, a. a. O., S. 422.
96 Ebenda.
97 Strousberg, a. a. O., S. 445.
98 Zitiert nach Archiv für Eisenbahnwesen, 1960, Heft 2, S. 183.
99 Ebenda.
100 Kardorff, a. a. O., S. 96.
101 Ottmann, a. a. O., S. 180.
102 Strousberg, a. a. O., S. 95f.
103 Meyer, a. a. O., S. 117f.
104 Ebenda, S. 114.
105 Ebenda, S. 115.
106 Kardorff, a. a. O., S. 66.
107 Strousberg, a. a. O., S. 105.
108 Ebenda, S. 105f.
109 ZStA, Dienststelle Merseburg, 2.2.1., Nr. 29542, Bl. 31ff.
110 Vgl. Meyer, a. a. O., S. 125.
111 Zitiert nach Höfele, a. a. O., S. 107.
112 Vgl. Lange, a. a. O., S. 288.
113 Ebenda, S. 289.
114 Marx, Karl, Das Kapital, Kritik der politischen Ökonomie, Bd. 1, Berlin 1957, S. 18.
115 Siemens, Werner, Ein kurzgefaßtes Lebensbild nebst Auswahl seiner Briefe aus Anlaß der 100. Wiederkehr seines Geburtstages. Hrsg. von Conrad Matschoss, Bd. 2, Berlin 1916, S. 376f.
116 Stern, a. a. O., S. 235.
117 Vgl. Glagau, Otto, Der Börsen und Gründungsschwindel in Deutschland, Leipzig 1877, S. XVII.
118 Lange, a. a. O., S. 293.

119 Heinig, a. a. O., S. 10.
120 Strousberg, a. a. O., S. 50.
121 Ebenda.
122 Ebenda.
123 Vgl. Mottek, Hans, Die Gründerkrise. Jahrbuch für Wirtschaftsgeschichte, Berlin 1966, Teil I, S. 91.
124 Meyer, a. a. O., S. 128.
125 Zitiert nach Kuczynski, Jürgen, Die Geschichte der Lage der Arbeiterklasse, Bd. 12, Berlin 1961, S. 39 (Studien zur Geschichte der zyklischen Überproduktionskrisen in Deutschland 1873/1914).

Silberstreifen am Horizont

1 Norddeutsche Allgemeine Zeitung, Nr. 6, 8. Januar 1874.
2 Ebenda, Nr. 19, 23. Januar 1874.
3 Anonym, Finanzbarone, Berlin 1886, S. 22.
4 Strousberg, a. a. O., S. 456f.
5 Vgl. Berliner Börsen-Zeitung, Nr. 544, 22. November 1875.
6 Strousberg, a. a. O., S. 457.
7 Ebenda, S. 459.
8 Ebenda, S. 460.
9 Ebenda, S. 472.
10 Ebenda, S. 458.
11 Ebenda, S. 472.
12 Ebenda.
13 Ebenda, S. 460.
14 Ebenda, S. 461.
15 Ebenda, S. 481ff.
16 Berliner Börsen-Zeitung, Nr. 52, 1. Februar 1875.
17 Strousberg, a. a. O., S. 465.
18 Ebenda.
19 Berliner Börsen-Zeitung, Nr. 54, 2. Februar 1875.
20 Ebenda, Nr. 93, 25. Februar 1875.
21 Nach Berliner Börsen-Zeitung, Ebenda.
22 Ebenda, Nr. 84, 19. Februar 1875.
23 Ebenda.
24 Ebenda.
25 Ebenda.
26 Ebenda.
27 Ebenda.
28 Geraer Zeitung, Nr. 165, 17. Juli 1875.
29 Ebenda, Nr. 173, 27. Juli 1875.

30 Fischer, R., Geschichte der Schützengesellschaft zu Gera 1825–1886, Gera 1887, S. 70.
31 Strousberg, a. a. O., S. 469.
32 Vgl. Berliner Börsen-Zeitung, Nr. 544, 22. November 1875.
33 Strousberg, a. a. O., S. 470f.
34 Vgl. Berliner Börsen-Courier, Nr. 278, 4. Juni 1884.

Ein böser Zufall

1 Strousberg, a. a. O., S. 472.
2 Vgl. Berliner Börsen-Zeitung, Nr. 548, 24. November 1875.
3 Ebenda.
4 Ebenda.
5 Geraer Zeitung, Nr. 256, 2. November 1875.
6 ZStA, Dienststelle Merseburg, 2.2.1., Nr. 29542, Bl. 33.
7 Ebenda, Bl. 35.
8 Geraer Zeitung, Nr. 256, 2. November 1875.
9 Ebenda.
10 Berliner Börsen-Zeitung, Nr. 254, 3. Juni 1884.
11 Vgl. Berliner Börsen-Courier, Nr. 276, 2. Juni 1884.
12 Strousberg, a. a. O., S. 473.
13 Vgl. Ohlsen, Manfred, Der «Eisenbahnkönig» Strousberg und der Bau der Mehltheuer-Weidaer-Eisenbahn. In: Veröffentlichungen der Museen der Stadt Gera, Historische Reihe, H. 1, 1984, S. 29–38.
14 Vgl. Reitböck, a. a. O., S. 83.
15 Marx/Engels, Werke, Bd. 35, Berlin 1967, S. 116f.
16 Strousberg, a. a. O., S. 172.
17 Ebenda, S. 479.
18 Ebenda, S. 473.
19 Vgl. Berliner Börsen-Zeitung, Nr. 527, 10. November 1876.
20 Ebenda, Nr. 509, 31. Oktober 1876.
21 Ebenda, Nr. 505, 28. Oktober 1876.
22 Ebenda, Nr. 527, 20. November 1876.
23 Ebenda, Nr. 525, 9. November 1876.
24 ZStA, Dienststelle Merseburg, 2.2.1., Nr. 29542, Bl. 43.
25 Ebenda, Bl. 43f.
26 Berliner Börsen-Zeitung, Nr. 535, 15. November 1876.
27 Ebenda.
28 ZStA, Dienststelle Merseburg, 2.2.1., Nr. 29542, Bl. 45.
29 Ebenda, Bl. 46.
30 Ebenda, Bl. 47.
31 Heiberg, a. a. O., S. 422f.

32 Reitböck, a. a. O., S. 83.

33 Heiberg, a. a. O., S. 422f.

34 Strousberg, Bethel Henry, Über den Parlamentarismus. In: Fragen der Zeit, Nr. I, Berlin 1879, S. 66f.

35 Ebenda, S. 126f.

36 Ebenda, S. 102.

37 Ebenda, S. 125.

38 Ebenda, S. 73.

39 Ebenda, S. 71.

40 Ebenda, S. 64.

41 Strousberg, Bethel Henry, Zwei Fragen, die nicht brennen. In: Nord und Süd, Bd. IX, 1879, S. 279.

42 Zitiert nach Wiedenfeld, a. a. O., S. 66f.

43 Mottek, Hans, Die Ursachen der preußischen Eisenbahnverstaatlichung des Jahres 1879, Rer. oec. Dissertation, Berlin 1950, S. 123.

44 Ottmann, a. a. O., S. 172.

45 Heiberg, a. a. O., S. 422.

46 Berliner Börsen-Courier Nr. 276, 2. Juni 1884.

47 Strousberg, Über den Parlamentarismus, a. a. O., S. 129.

48 Heiberg, a. a. O., S. 422.

49 Das kleine Journal, Nr. 150, 3. Juni 1884.

50 Berliner Börsen-Courier, Nr. 280, 5. Juni 1884.

51 Ebenda.

52 Das kleine Journal, Nr. 172, 25. Juni 1884.

53 Strousberg, Über den Parlamentarismus, a. a. O., S. 10.

INHALT